权威·前沿·原创

皮书系列为

“十二五”“十三五”国家重点图书出版规划项目

BLUE BOOK

智库成果出版与传播平台

中国社会科学院创新工程学术出版资助项目

社会蓝皮书
BLUE BOOK OF CHINA'S SOCIETY

2020年中国社会形势分析与预测

SOCIETY OF CHINA ANALYSIS AND FORECAST (2020)

主　编 / 李培林　陈光金　王春光
副主编 / 李　炜　田　丰　邹宇春

社会科学文献出版社
SOCIAL SCIENCES ACADEMIC PRESS (CHINA)

图书在版编目(CIP)数据

2020年中国社会形势分析与预测 / 李培林，陈光金，王春光主编. -- 北京：社会科学文献出版社，2020.1
（社会蓝皮书）
ISBN 978-7-5201-5841-1

Ⅰ. ①2… Ⅱ. ①李… ②陈… ③王… Ⅲ. ①社会分析 - 中国 - 2019 ②社会预测 - 中国 - 2020 Ⅳ. ①D668

中国版本图书馆CIP数据核字（2019）第272343号

社会蓝皮书
2020年中国社会形势分析与预测

主　　编 / 李培林　陈光金　王春光
副 主 编 / 李　炜　田　丰　邹宇春

出 版 人 / 谢寿光
责任编辑 / 桂　芳　张　媛

出　　版 / 社会科学文献出版社 · 皮书出版分社（010）59367127
　　　　　地址：北京市北三环中路甲29号院华龙大厦　邮编：100029
　　　　　网址：www.ssap.com.cn
发　　行 / 市场营销中心（010）59367081　59367083
印　　装 / 天津千鹤文化传播有限公司

规　　格 / 开　本：787mm × 1092mm　1/16
　　　　　印　张：26.75　字　数：403千字
版　　次 / 2020年1月第1版　2020年1月第1次印刷
书　　号 / ISBN 978-7-5201-5841-1
定　　价 / 128.00元

主要编撰者简介

李培林　博士，研究员，全国人民代表大会社会建设委员会副主任委员，中国社会科学院原副院长、学部委员，俄罗斯科学院外籍院士。主要研究领域：发展社会学、组织社会学、工业社会学。主要研究成果:《村落的终结》（专著）、《社会结构转型——中国经济体制改革的社会学分析》（专著）、《和谐社会十讲》（专著）、《另一只看不见的手——社会结构转型》（专著）、《转型中的中国企业：国有企业组织创新论》（合著）、《新社会结构的生长点》（合著）、《社会冲突与阶级意识——当代中国社会矛盾问题研究》（合著）、《国有企业社会成本分析》（合著）、《中国社会发展报告》（主编）、《中国新时期阶级阶层报告》（主编）等。

陈光金　博士，研究员，中国社会科学院社会学研究所所长，《社会学研究》主编。主要研究领域：农村社会学、社会分层与流动、私营企业主阶层。主要研究成果:《中国乡村现代化的回顾与前瞻》（专著）、《新经济学领域的拓疆者——贝克尔评传》（专著）、《当代中国社会阶层研究报告》（合著）、《当代英国瑞典社会保障》（合著）、《内发的村庄》（合著）、《中国小康社会》（合著）、《当代中国社会流动》（合著）、《多维视角下的农民问题》（合著）、《当代中国社会结构》（合著）等。

王春光　博士，研究员，中国社会科学院社会学研究所副所长，中国农村社会学专业委员会理事长。主要研究领域：农村社会学、社会政策、移民和流动人口、社会流动和贫困问题等。主要研究成果:《社会流动和社会重构——京城“浙江村”研究》(专著)、《中国农村社会变迁》(专著)、《中国城市化之路》(著作/合著)、《巴黎的温州人:一个移民群体的跨社会建构行动》(专著)、《超越城乡:资源、机会一体化配置》(专著)、《移民空间的建构》(专著)。

李　炜　博士，研究员，中国社会科学院社会学研究所发展社会学研究室主任。主要研究领域：发展社会学、社会分层、社会研究方法。主要研究成果:《社会福利建设研究的民意视角》(专著)、《提升社会质量的社会政策建设》(著作/合著)、《农民工在中国社会转型中的经济地位和社会态度》(论文/合著)、《当代中国社会阶层的主观性建构和客观实在》(论文/合著)、《中韩两国社会阶级意识比较研究》(论文)。

田　丰　博士，研究员，中国社会科学院社会发展战略研究院。主要研究领域：人口与家庭社会学、青少年与大学生、社会问题与社会治理、社会分层、调查研究方法。主要研究成果:《当代中国家庭生命周期》(专著)、《家庭负担系数研究》(专著)、《城市工人与农民工的收入差距研究》(论文)、《改革开放的孩子们——中国“70后”和“80后”青年的公平感和民主意识研究》(论文)、《消费、生活方式和社会分层》(论文)、《高等教育体系与精英阶层再生产——基于12所高校调查数据》(论文)。

邹宇春　博士，副研究员，中国社会科学院社会学研究所发展社会学研究室副主任。主要研究领域：社会发展与社会治理、社会资本与信任、志愿服务研究、社会调查方法、反贫困研究。主要研究成果:《中国城镇居民的社会资本与信任》(专著)、《当代中国社会质量报告》(著作/合著)、《中国城市居民的信任格局及社会资本的影响》(论文/合著)、《自雇者与受雇者的社会资本差异研究》(论文/合著)、《城镇居民普遍信任的区域间及区域内差异分析——基于“资源因素论”视角》(论文/合著)、《大学生社会资本：内涵，测量及其对就业的差异化影响》(论文)、《中国志愿者现状调查报告》(论文/合著)。

序　当前社会形势和未来发展走势

在世界各大国中，制定长期的发展规划目标并切实地执行和实现，这可能是中国独有的特点。邓小平同志早在改革开放之初，就提出了一个跨越70多年的中国实现现代化的长期发展目标，这个目标随后落实为国家的中期发展战略和五年发展规划。2020年是一个重要的发展节点，我国将如期实现在20年前就提出的“全面建成小康社会”目标，也将如期实现GDP和人均居民收入2020年比2010年翻一番的总目标，并在这个新的起点上，提出到2035年基本实现现代化的路线图和制定2021~2025年的“十四五”发展规划。

在这个新起点上，发展的时代、发展的动力、发展的要求和发展所面临的挑战，都发生了深刻变化，我们似乎在面对一个陌生的新世界。中国已经从高速度发展阶段进入高质量发展阶段，在经历了几十年年均近10%的经济高速增长之后，我国进入一个年均增长5%~6%的经济中速增长的新时期，尽管这样的增长速度在世界范围看也还是较高的，但对我们来说，还是新情况。我们需要对未来十几年的发展，有一个基本的判断和符合规律的预期，也需要对作为起点的当前社会发展形势有一个清醒的认识。

2019年我国社会发展的形势总体上稳定。根据我们多年来进行社会形势分析的经验，判断宏观社会形势，有四个关键性的指标，就是居民收入、失业率、物价和居民总体生活满意度。从居民收入来看，2019年我国居民收入继续保持与经济发展同步增长的态势，也继续保持农村居民收入增长快于城镇居民收入增长的态势，全国居民人均可支配收入实际增长6%以上；从城镇调查失业率来看，2019年我国城镇调查失业率控制在5%左右，城镇调查失业率仍然在自然失业率之下；从物价来看，全国居民消费价格（CPI）同比上涨2.5%，尽管食品价格上涨，特别是猪肉价格上涨较多，但这是短期情况，估计2020年春节后会明显回落；从居民总体生活满意度看，根据中国社会科学院社会学研究所2019年全国社会状况的抽样调查，2019年我国城乡居民总体生活满意度指数均值为7.07分（1到10分量表,1分为不满意,10分为满意），居民总体生活满意度保持在较高水平，没有出现异常。在2019年我国经济增长的下行压力继续加大、面临一系列严峻挑战的情况下，我国社会形势保持了基本稳定，这实属不易，也为关键时期、为今后的持续发展和走上基本实现现代化的新征程奠定了良好的基础。

我国即将开启2021~2025年的“十四五”规划时期的发展建设，也即将制定到2035年的未来15年实现基本现代化的路线图。在新征程上我们面临着一些基本的大趋势和大挑战。

第一，中国将从一个中等偏上收入国家跨入基本实现现代化前期的高收入发展阶段，但在相当长一个时期我国仍是一个发展中国家。按照世界银行的标准，我国目前处于中上收入国家的发展水平，2019年人均GDP达到1万美元左右，按照目前的年均发展速度、人口增长情况和汇率变化，我国即将在第十四个五年规划时期，也就是2021~2025年的某个时间，人均GDP跨过12600美元这一高收入发展阶段的门槛。但这只是世界银行对发展水平的一种划分，我国进入高收入发展阶段之后，也依然是一个发展中国家。“高收入发展阶段国家”与“发达国家”的概念完全不同，人们通常把经合组织（OECD）称为“发达国家俱乐部”，它目前有36个成员国，基本上都是欧美发达经济体，人均GDP通常在2.5万美元到8万美元，亚洲国家只有日本和韩国在里面。从我国的实际发展水平来看，在相当长一个时期，我国仍是一个发展中国家，不能轻言跨越了“中等收入陷阱”。

第二，中国将进入工业化、城镇化发展的后期，但结构变动效应仍然呈现很大的潜力。我国现阶段的经济产出结构中，服务业的比重已经超过工业和农业之和，农业产出占GDP的比重也已经下降到7%，服务业的增长还有很大的潜力。在产业结构上基本实现现代化，将要求把农业产出占GDP的比重进一步下降到3%以下，把服务业的比重提升到70%以上。从城镇化进程看，2019年我国城镇化水平首次超过60%，跨越了一个重要的发展节点。如果今后我国城镇化水平仍能每年提高一个百分点（这略低于我国改革开放40年城镇化的平均水平），到2035年我国城镇化率就会达到75%。我国相对于发达国家的比较优势，就是经济社会结构仍然还有很大的发展弹性和潜力，经济社会结构的转型是持续推动发展的基础性力量。

第三，中国城乡居民的生活消费，将从目前的宽裕型发展到相对富裕型。我国改革开放40年的最大变化，就是人民生活的巨变，衡量全国居民家庭生活水平的恩格尔系数（家庭食品支出占家庭消费总支出的比重），从1978年的63.9%下降到2018年的28.4%，40年下降了35.5个百分点，食品支出与非食品支出比例，大体从“七三开”转变为“三七开”。如果我国能在中速发展阶段继续保持这样的生活改善，我们可以期望到2035年的时候，居民家庭食品支出与非食品支出比例，从“三七开”改进为“二八开”，生活水平就发展到相对富裕型。

第四，我国发展的最大软肋是城乡差距，让农民普遍富裕起来是基本实现现代化的最大难题。从我国与发达国家比较来看，我国现在最大的发展软肋，就是存在着很大的城乡发展差距。现在全国城镇居民人均可支配收入，是农村居民人均可支配收入的2.68倍，而且农村发展本身又存在区域之间的很大差距，比如浙江农村常住居民人均可支配收入，是甘肃农村常住居民人均可支配收入的3.1倍。我国绝大多数农民，还没有摆脱低收入和相对贫困的状况。农民难以普遍富裕起来，最根本的原因还是我国农民人多地少，绝大多数是小农，每个农户的平均耕地面积只有约0.5公顷，相当于欧洲农户平均耕地面积的1/80到1/60，单靠农耕收入微薄，在有限耕地面积上大量投入，尽管单位面积产出较高，但劳动生产率依然较低。在这种情况下，一条常规的使农民富裕起来的道路，就是农业的规模化和机械化，从而大量地减少农民，大幅度提高农业的劳动生产率。但从东南亚一些农地缺乏的国家和地区的现代化经验看，我国农业普遍像西方国家那样实行规模化经营很难做到。当然，这条路我们还要继续走，也已经取得显著成效，我国目前已经有约1/3

的耕地实现了流转，也有近2.9亿农民转移到第二、三产业，成为农民工。这条路目前在我国面临很多新的挑战，能够继续转移的农村劳动力已经为数不多了，务农的农民也过早出现了老龄化，很难再转移成非农劳动力，农民工的增加已经遇到新的瓶颈。理论上依然存在的大量农村富余劳动力，实际上都不再可能是非农产业的后备军。怎样让广大农民普遍富裕起来，进入中等收入群体，是我国现代化面对的最大难题。在大规模转移农村劳动力大潮接近尾声以后，另一条可行的路，也是缺地国家和地区的经验，就是农民更广泛地兼业，大规模地盘活农民的剩余劳动时间，这方面潜力很大，也需要我们对城乡治理体制和农村的产权进行一次大变革。

全国人民代表大会社会建设委员会副主任委员
中国社会科学院原副院长、学部委员
俄罗斯科学院外籍院士
2019年12月

前　言

本书是中国社会科学院“社会形势分析与预测”课题组第28本分析和预测社会形势的年度报告。

2019年，中国以防风险、调结构、强机制、重创新、促开放、激活力等为总基调，确保经济社会继续平稳发展，为2020年全面建成小康社会、开启现代化新征程进一步夯实基础，也为全球和平发展做出了积极贡献。前三季度，中国国内生产总值同比增长6.2%，预计全年增速将不低于6.0%，中国经济仍然具有相当大的韧性和内在发展潜力。

2019年，在经济增长速度下滑的情况下，社会领域的发展保持较好态势。全国劳动就业生态平稳，城镇就业新增1097万人，城镇调查失业率在5.0%至5.3%之间波动，继续保持较低水平；农村外出劳动力继续增长，三季度末，农村外出务工劳动力总量18336万人，比上年同期增加201万人。随着互联网的发展，新经济、新业态不断涌现，形成了各种各样的灵活就业新模式，蕴藏着巨大的就业潜力。

城乡居民收入增长继续保持与经济增长同步态势。前三季度，全国居民家庭人均可支配收入达到22882元，扣除物价因素，实际增长6.1%。其中，城镇居民家庭人均可支配收入31939元，实际增长5.4%；农村居民家庭人均可支配收入11622元，实际增长6.4%，继续高于城镇居民家庭人均收入增长速度。扶贫攻坚进入决战决胜全面收官倒计时，为2020年全面消除现行标准下的绝对贫困迈出关键一步。2019年，中国农村又减少贫困人口1000万人以上，贫困县摘帽300个左右。国家实施精准扶贫战略，在构建长效脱贫机制上下了很大力气。一是建立基本医保、大病保险、医疗救助、政府兜底的保障机制，一系列健康扶贫政策让“小病拖成大病，大病拖垮家庭”问题逐步得到解决。2020年，还有需要脱贫的农村人口600万人左右，2020年底让现行标准下农村贫困人口全部脱贫的任务将如期完成。

城乡居民生活消费支出继续增长，尤其是农村居民家庭人均生活消费支出在前三季度同比实际增长6.7%，继续快于国民经济增长速度。特别需要指出的是，从2019年前三季度居民生活消费支出结构来看，恩格尔系数即食品支出占全部生活消费支出的比重为27.9%，低于30%，全国居民生活消费已经总体达到全面小康水平。另外，中国城乡居民的消费结构趋于合理，交通通信、教育文化、医疗保健三项消费支出总和占消费支出的比重达到了33.9%，高于食品烟酒消费支出的比重。表明城乡居民整体消费正在从相对宽裕向更高水平发展。

2019年中国乡村振兴规划落地见效，相关政策密集出台，几乎涵盖了乡村振兴规划的所有内容，为乡村振兴规划实施构筑了完整的政策体系、提供了有力的政策支持，并且已经产生明显效果。与此同时，新型城镇化继续推进，城镇化水平继续提高。2019年，中国人口城镇化率将超过60%这一关键节点。按国际标准，一个国家的人口城镇化率达到60%，就意味着已经基本实现城镇化，初步完成从乡村社会到城市社会的转型，进入城市社会时代。

2019年是中国医疗卫生事业体制改革攻坚年，国务院办公厅发布了《关于印发深化医药卫生体制改革2019年重点工作任务的通知》，进一步明确各项改革任务的责任部门，对需要制定的政策进一步提出时间表和进度要求。该通知提出了两大类共36项任务，确定了一系列关键性的改革重点。在社会保障体系建设方面，2019年全国社会保险事业平稳运行，健康保障和养老保障事业呈现快速发展态势，退役军人保障政策和实践齐头并进，幼有所育制度建设加快布局。2020年是“十三五”收官之年，届时我国将全面建成小康社会，民生和社会保障将面临全面盘点和新的布局，加快落实十九届四中全会精神是工作重点。

2019年中国经济社会发展也面临若干问题和挑战。国际环境的不确定性仍然显著，国内经济增速下行压力增强，吸纳劳动力就业较多的中小型企业经营困难，都对低技能劳动力和蓝领工人的需求产生抑制作用。另外，就业形态更加多样化，灵活就业大规模增长，现有劳动关系相关发展和政策的不完善问题凸现，拖欠工资现象又有所回潮。城镇居民收入增长速度继续下行，尽管对缩小城乡收入差距有一定的作用，但在城市化水平继续提高的背景下，其总体后果不容乐观。医疗改革进入深水区，彻底解决“看病难、看病贵”问题的难度增大。乡村振兴面临各种难点和瓶颈，有效的解决办法和路径尚在探索之中。环境保护与区域均衡发展间的张力有所加剧，特别是在禁止农户养猪的简单化做法的影响下，生猪生产严重下滑，导致猪肉价格大幅度上涨，对民生影响较大。

2020年中国经济社会发展将迈向社会主义现代化的新征程。在外部环境复杂和不确定性仍然显著的背景下，中国经济增长需要进一步促进和壮大国内消费，要继续实施就业优先政策，加快健全现代化职业技能培训体系，进一步完善劳动关系相关法规和政策，应对灵活就业迅速增长的新趋势。要加大“放管服”改革力度，进一步完善和优化营商环境，增强中小型企业活力和就业吸纳能力。认真贯彻落实党的十九届四中全会做出的《中共中央关于坚持和完善中国特色社会主义制度 推进国家治理体系和治理能力现代化若干重大问题的决定》，不断完善统筹城乡的民生保障制度，完善共建共治共享的社会治理制度，满足人民日益增长的美好生活需要，保持社会和谐稳定，维护国家安全。

本年度“社会蓝皮书”的作者来自专业的研究和调查机构、大学以及政府有关研究部门，除总报告外，各位作者的观点，只属于作者本人，既不代表总课题组，也不代表作者所属的单位。

本年度“社会蓝皮书”涉及的大量统计和调查数据，由于来源不同、口径不同、调查时点不同，所以可能存在不尽一致的情况，请在引用时认真核对。

本课题的研究受到中国社会科学院的重点资助，本课题研究活动的组织、协调以及总报告的撰写，均由中国社会科学院社会学研究所负责。

本年度“社会蓝皮书”由陈光金、王春光、李炜、田丰、邹宇春、朱迪、任莉颖、崔岩、高海燕负责统稿，李培林审定了总报告，傅学军负责课题的事务协调和资料工作。社会科学文献出版社社长谢寿光、皮书分社社长邓泳红、编辑桂芳和张媛为本书的出版做了大量工作，在此表示诚挚谢意。

编者

2019年11月25日

摘 要

本报告是中国社会科学院“社会形势分析与预测”课题组的2019年度分析报告（社会蓝皮书），由中国社会科学院社会学研究所组织研究机构专家、高校学者以及国家政府研究人员撰写。

本报告分析了2019年中国经济社会发展形势。报告认为，2018年是中国改革开放40周年，2019年是中华人民共和国成立70周年，2020年是中国实现全面建成小康社会目标的最后一年，这三年在中国社会主义现代化建设中有着非常重要的意义，是开启中国现代化新征程的承上启下的新起点。新中国70年的发展和建设，特别是改革开放40年的伟大成就，为中国迈向现代化的新征程奠定了坚实的基础，创造了更大的发展空间和机会，但报告也指出，在经济社会发展总体格局平稳的同时中国也面临诸多难题和挑战。2020年是中国应对这些新挑战的关键之年，中国将致力于坚持和巩固中国特色社会主义国家制度、推进国家治理体系和治理能力现代化，稳步踏上现代化新征程。

本报告以翔实的统计数据和实地调查资料为依据，分四大板块，用1篇总报告和19篇分报告（未含附录部分），分别讨论了2019年中国经济社会运行发展的总体状况和未来形势。总报告分析了2019年经济社会运行发展的总体形势以及面临的宏观问题和挑战，提出了2020年应对挑战和难题的若干对策建议。第二板块由6篇报告组成，比较全面地分析了2019年劳动就业、居民收入和消费、教育事业、社会保障事业、医疗卫生体制改革以及社会治安等领域的形势和问题。第三板块包括7篇调查报告，这些报告分别以翔实的调查数据，分析了中国社会发展质量状况、青少年网络素养状况、特大城市社会流动状况、居民对主要社会问题的关注情况、志愿者发展现状、社会救助兜底的农村贫困人口脱贫状况以及中国主要城市营商环境。第四板块由6篇专题报告组成，系统描述和分析了2019年中国互联网舆情状况、食品药品安全形势、环境保护形势以及医疗卫生改革状况、百年变局下的中国职工劳动关系现状、乡村振兴与农村脱贫形势。对所有这些问题，各篇分报告都提出了具有针对性的对策建议。

目录

Ⅰ 总报告

Ⅱ 发展篇

Ⅲ 调查篇

Ⅳ 专题篇

Ⅴ 附 录

皮书数据库阅读使用指南

总 报 告

General Report

B.1

站在中国特色社会主义现代化新征程的历史起点上

——2019~2020 年中国社会形势分析与预测

中国社会科学院“社会形势分析与预测”课题组 王春光 执笔*

摘 要：2019 年，中国国民经济保持稳健发展，就业形势总体平稳；城乡居民收入增长与经济增长同步，居民消费结构趋向合理化；乡村振兴规划落地见效，城镇化水平跨过 60% 的门槛；社会保障事业继续发展，健康中国行动开始启动。但经济社会发展仍然面临诸多困难和挑战，就业发展的结构性矛盾压力更加突出，基层社会

* 王春光，中国社会科学院社会学研究所副所长、研究员。

治理能力亟待提高，乡村振兴面临各种难点和瓶颈，环境保护与区域均衡发展间的张力有所加剧。2020 年，中国将迈入现代化的新征程，经济社会发展将呈现诸多新的特征。

关键词：现代化新征程　城市社会时代　城乡融合发展　健康中国行动

2018 年是中国改革开放 40 周年，2019 年是中华人民共和国成立 70 周年，2020 年是中国实现全面建成小康社会目标的最后一年，这三年在中国社会主义现代化建设中有着非常重要的意义，是开启中国现代化新征程的承上启下的新起点。新中国 70 年的发展和建设，特别是改革开放 40 年的伟大成就，为中国迈向现代化的新征程奠定了坚实的基础，创造了更大的发展空间和机会，但同时我国也面临着一系列新的挑战。2020 年是中国应对这些新挑战的关键之年，中国将致力于坚持和巩固中国特色社会主义国家制度、推进国家治理体系和治理能力现代化，稳步踏入现代化新征程。

一　2019 年中国社会经济发展总态势

2019 年，中国以防风险、调结构、强机制、重创新、促开放、激活力等为总基调，确保经济社会继续平稳发展，为 2020 年全面建成小康社会、开启现代化新征程，进一步夯实了基础，也为全球和平发展做出了积极贡献。

（一）国民经济保持稳健发展，经济结构继续优化，发展质量不断提高

2019 年，中国面对国内外复杂形势，坚持以人民为中心的新发展理念，持续深化供给侧结构性改革，把防风险作为工作重点，着力做好稳就业、稳金融、稳外贸、稳外资、稳投资、稳预期工作，加大逆周期调节力度，有效应对中美贸易摩擦产生的冲击，国民经济总体运行平稳，经济结构不断优化，民生福祉继续改善。前三季度，国内生产总值同比增长 6.2%，预计全年增速

将不低于6.1%，这表明中国经济具有相当大的韧性和内在发展潜力。

2019年国民经济平稳运行，主要得益于产业结构的优化，特别是国内服务业的支撑、消费潜力的释放和转型升级，以及国家连续实施减税降费政策。2019年前三季度，第三产业以7%的速度引领经济增长，特别是服务消费的增长速度超过10%，消费的基础性作用得到了明显加强。

（二）就业形势总体平稳，劳动关系发生明显变化

2019年初中央强调“六个稳定”，“稳就业”排在第一位。就业是民生之本，关系千家万户的收入和生活。国家统计局的数据表明，2019年前三季度全国新增城镇就业1097万人。农村劳动力外出就业依然保持增长趋势，三季度末，农村外出务工劳动力总量18336万人，比上年同期增加201万人，增长1.1%。1~9月份，全国城镇调查失业率为5.0%~5.3%，继续保持较低水平。前三季度，在25~59岁的人群中，调查失业率为4.6%左右，低于平均调查失业率。

与此同时，全国劳动力市场供求基本平衡。前三季度，100个城市公共就业服务机构市场求人倍率为1.24，表明市场用人需求继续高于劳动力供给水平。重点群体就业保持稳定。2019届高校毕业生就业水平与往年基本持平；1~9月就业困难人员实现就业133万人，超额完成全年130万人的目标任务。此外，随着互联网的发展，新经济、新业态不断涌现，形成了各种各样的灵活就业新模式，显示了巨大的就业潜力。工信部中国信息通信研究院发布的《中国数字经济发展与就业白皮书（2019年）》显示，2018年，中国互联网平台雇用598万正规就业者，同时还带动提供共享服务的劳动者7500万人，灵活就业大量增加，对法定劳动关系和社会保障制度如何适应这种变化提出了新的要求。农村劳动力就近从事非农工作的数量也在增加，部分外出务工人员开始返回农村就业创业，体现了劳动力在城乡之间流动的新变化。

（三）城乡居民收入增长与经济增长同步，居民消费结构趋向合理化

2019年，城乡居民收入增长继续保持与经济增长同步态势。前三季度，

全国居民家庭人均可支配收入达到22882元，扣除物价因素后，实际增长6.1%。其中，城镇居民家庭人均可支配收入31939元，实际增长5.4%；农村居民家庭人均可支配收入11622元，实际增长6.4%，继续高于城镇居民家庭人均可支配收入增长速度；城乡收入差距比上年同期缩小0.03个百分点，为2.75∶1。工资性收入仍占主导，但是其他来源收入也出现较快增长，收入来源继续呈现多样化态势。前三季度，全国居民家庭人均工资性收入13020元，同比增长8.6%，占可支配收入的比重为56.9%；人均经营净收入3757元，增长9.3%，占可支配收入的比重为16.4%；人均财产净收入1949元，增长12.3%，占人均可支配收入的比重为8.5%；人均转移净收入4157元，增长7.2%，占可支配收入的比重为18.2%。人均财产净收入的增速快于人均转移净收入和人均工资性收入的增速，表明国家促进城乡居民家庭财产性收入增长的政策措施取得成效。

2019年前三季度，城镇居民家庭人均生活消费支出20379元，增长7.2%，扣除价格因素后，实际增长4.7%；农村居民家庭人均生活消费支出9353元，增长9.5%，扣除价格因素后，实际增长6.7%。这些数据显示，城镇居民生活消费支出增长速度低于其收入增长速度，也低于农村居民消费支出的增长速度；与此相反，农村居民生活消费支出的增长速度高于其收入增长速度。这一方面说明农村居民的生活消费比城镇居民的生活消费更加活跃，另一方面也可能意味着农村居民生活消费负担重于城镇居民生活消费负担。从2019年前三季度居民生活消费支出结构来看，恩格尔系数即食品支出占全部生活消费支出的比重为27.9%，低于30%，说明全国居民生活消费已经总体达到全面小康水平。具体而言，全国居民家庭人均食品烟酒消费支出4310元，增长6.1%，占人均消费支出的比重为27.9%；人均衣着消费支出962元，增长3.8%，占人均消费支出的比重为6.2%；人均居住消费支出3607元，增长10.3%，占人均消费支出的比重为23.3%；人均生活用品及服务消费支出926元，增长3.2%，占人均消费支出的比重为6.0%；人均交通通信消费支出2078元，增长7.6%，占人均消费支出的比重为13.4%；人均教育文化娱乐消费支出1766元，增长13.5%，占人均消费支出的比重为11.4%；人均医疗保健消费支出 1414 元，增长 10.9%，占人均消费支出的比重为 9.1%；人均其他用品及服务消费支出 401 元，增长 11.1%，占人均消费支出的比重为 2.6%。可以看出，城乡居民生活质量越来越高，其中交通通信、教育文化、医疗保健三项消费支出总和占消费支出的比重达到了 33.9%，高于食品烟酒消费支出的比重，表明居民的交往生活、精神生活、能力建设和健康水平等方面需求不断提升，当然也说明教育和医疗保健的消费负担在加重。总的来说，中国城乡居民的消费结构趋于合理，并且从相对宽裕水平向更高水平发展。

（四）扶贫攻坚进入决战决胜全面收官倒计时，为2020年全面消除现行标准下的绝对贫困迈出关键一步

改革开放 40 年，中国的脱贫攻坚取得举世瞩目的成就。仅从 2012 年到 2018 年，中国农村贫困人口就从 9899 万人减少到 1660 万人，平均每年减贫 1300 多万人；建档立卡贫困村从 2013 年的 12.8 万个减少到 2018 年的 2.6 万个。2019 年，中国农村又减少贫困人口 1000 万人以上，贫困县摘帽 300 个左右。2020 年，还有需要脱贫的农村人口 600 万人左右，2020 年底让现行标准下的农村贫困人口全部脱贫的任务将如期完成。

在致贫返贫的诸多原因中，生病特别是生大病是一个主要原因，因病致贫和返贫的贫困人口占 30% 以上。国家实施精准扶贫战略，在构建长效脱贫机制上下了很大力气。一是建立基本医保、大病保险、医疗救助、政府兜底的保障机制，一系列健康扶贫政策让“小病拖成大病，大病拖垮家庭”问题逐步得到解决。2019 年上半年，全国贫困患者医疗费用个人平均自付比例被控制在 10% 左右；大病专项救治病种在全国范围内扩大到 25 种，很多地方增加到 30 多种。截至目前，99% 以上的乡镇和行政村有卫生院及卫生室，全国累计向贫困地区乡、村两级支援医务人员超过 9 万人，98% 的乡镇至少有 1 名全科医生或执业（助理）医师，98.2% 的行政村至少有 1 名合格村医。2019 年上半年健康扶贫动态管理数据系统显示，94.5% 的贫困患者在县域内得到妥善治疗。健康扶贫取得明显实效，初步构建了防止因病返贫和致贫的长效机制。二是许多地方设立了防返贫基金，用以奖励那些在脱贫后积极发展产业

的原贫困人口，帮助脱贫人口获取融资，从而巩固脱贫攻坚成果，实现精准脱贫的可持续性。三是各地还探索建立“留下来不走”的扶贫人才队伍，为后续乡村振兴提供人才支持。

（五）乡村振兴规划落地见效，城镇化水平跨过60%门槛

2019年中国乡村振兴规划落地见效，相关政策密集出台。1月3日发布2019年度1号文件《中共中央国务院关于坚持农业农村优先发展做好“三农”工作的若干意见》，对决战决胜精准扶贫、夯实农业发展基础、加快补齐公共服务和人居环境短板、拓宽农民增收渠道、加大改革力度以激发乡村发展活力、完善乡村治理机制、加强基层组织建设等工作做出了具体部署。5月5日，中共中央、国务院出台《关于建立健全城乡融合发展体制机制和政策体系的意见》，提出要建立健全有利于城乡要素合理配置的体制机制、有利于城乡基本公共服务普惠共享的体制机制、有利于城乡基础设施一体化发展的体制机制、有利于乡村经济多元化发展的体制机制，以及有利于农民收入持续增长的体制机制等五大体制机制。6月28日，国务院发布《关于促进乡村产业振兴的指导意见》，就培育乡村优势产业、优化乡村产业空间结构、促进乡村产业融合、增强产业聚合力、质量兴农绿色兴农、增强乡村产业发展新动能等提出了明确要求和做法。9月1日，中共中央印发《中国共产党农村工作条例》。此外，中共中央办公厅、国务院办公厅陆续印发和转发了多个关于落实乡村振兴规划的文件，如2月21日印发《关于促进小农户和现代农业发展有机衔接的意见》，3月6日转发《中央农办、农业农村部、国家发展改革委关于深入学习浙江“千村示范、万村整治”工程经验扎实推进农村人居环境整治工作的报告》，6月23日中共中央办公厅、国务院办公厅印发《关于加强和改进乡村治理的指导意见》。这些新的政策文件几乎涵盖了乡村振兴规划的所有内容，为实施乡村振兴规划构筑了完整的政策体系，提供了有力的政策支持，并且已经产生明显效果。

与此同时，新型城镇化继续推进，城镇化水平继续提高。2019年，中国人口城镇化率超过60%这一关键节点。按国际标准，一个国家的人口城镇化率达到60%，就意味着已经基本实现城镇化，初步完成从乡村社会到城市社

会的转型，进入城市社会时代。[①] 同时，当一个国家基本实现城镇化后，城镇对乡村的需求将会不断扩大，更多的资源将转而投向乡村。由此，中国的城乡融合发展将获得更大的空间和机会。

（六）十年医改取得阶段性成就，“健康中国”战略开始实施

2009 年中国启动新医改，到 2019 年新医改整整十年。医疗卫生服务是重要的民生事业，事关全国人民的健康和幸福。总的来看，十年医改取得了阶段性成果。一是建立了全覆盖、保基本的医疗保障制度；二是全社会形成基本共识，基本医疗服务是公共服务和公共产品，其公益性得到确认和强化；三是总体医疗服务能力获得显著提升；四是医改从单一项目、单一部门实施向系统性推进转变，医疗、医保和医药的“三医联动”改革受到重视。2018 年，根据《国务院机构改革方案》，医疗、医保、医药即“三医”部门相继改组成立，即国家卫生健康委员会、国家医疗保障局和国家药品监督管理局。

2019 年是医改攻坚年。2009 年提出的一些主要任务还没有彻底完成。国务院办公厅印发《深化医药卫生体制改革 2019 年重点工作任务的通知》，进一步明确各项改革任务的责任部门，对需要制定的政策进一步提出时间表和进度要求。该通知提出了两大类共 36 项任务，包括制定关于实施健康中国行动的意见、发布鼓励仿制的药品目录，并要求于 9 月底前制定以药品集中采购和使用为突破口进一步深化医改的政策文件、医疗机构用药管理办法、互联网诊疗收费和医保支付的政策文件、建立完善老年健康服务体系的指导意见。2019 年还制定了医疗联合体管理办法、公立医院薪酬制度改革的指导性文件、改进职工医保个人账户政策文件等。同时，该通知还明确了以下重点改革：推进癌症防治、国家集采、公立医院薪酬制度改革，完善短缺药品监测预警机制，完善国家基本药物制度，制定医疗器械唯一标识系统规则，在部分医院推进建立健全现代医院管理制度试点等；建立国家基本

① 当然，中国城镇化的质量还有待提高，在占总人口 60% 的常住城镇人口中，有超过 15 个百分点（或四分之一左右）的常住人口尚未获得城镇户籍和完整的城镇居民身份。

药物优先使用激励和约束机制，将基本药物目录内符合条件的治疗性药品按程序优先纳入医保目录范围，把高血压、糖尿病等门诊用药纳入医保报销范围；加快推进医保支付方式改革，开展按疾病诊断相关分组付费试点，继续推进以病种为主的多元复合式医保支付方式改革；扩大长期护理保险制度试点。

（七）“厕所革命”和垃圾分类进展显著，城乡居民环保意识和生态文明观念明显增强

在2015年7月习近平总书记提出“厕所革命”要求之后，中央相关部门以及各地纷纷采取措施，加大投入力度，对城乡厕所进行无害化改造。国家住房和城乡建设部于2018年专门对厕所革命提出了专项规划，原国家旅游局于2015年提出三年内完成旅游景区厕所改造要求。同时，各省市纷纷提出各种各样的行动计划和政策措施，推进厕所改造行动。到2019年，全国“厕所革命”取得非常明显的效果。例如，海南省到2019年10月份累计完成137.77万户农村厕所建设任务，农户厕所普及率超过90%。山东省从2016年开始推动农村厕所革命，到2019年4月，全省农村累计新改户厕1000多万户，惠及全省3000多万农村人口。全国旅游景区和景点的厕所状况得到大幅度改善。当然，一些地方的厕所改造也存在一些问题，如部分厕所质量不高或者使用率低、农民积极性不足等，但从总体上看，农村厕所改造大大地改善了农村人居环境，提升了农民的环境卫生意识；旅游景区厕所和城市公共厕所面貌改善，提升了社会文明形象。

一个时期以来，城乡垃圾与日俱增的问题已经成为中国社会的重大生态环境难题和社会问题。一些城市出现严重的垃圾围城现象，一些农村地区垃圾污染问题也相当严重。更重要的是，垃圾分类处理工作不到位，还造成资源再利用难和浪费的问题。解决这些问题的主要堵点是，多年来城乡垃圾分类行动难以推行。为了解决这些难题，垃圾分类成为2019年全国各地普遍推动的绿色环保和生态文明建设行动，上海、北京等特大城市率先行动，不少省市高度重视，从政策措施、资金投入、设施配套到宣传动员和推动社会

多元参与等方面开展了积极有效的工作，垃圾分类取得长足进展。可以说，2019 年是中国垃圾分类工作得到切实推动的起步年，未来几年全国人民的垃圾分类意识会不断提高，城乡居民的生活习惯和将垃圾当作资源利用的态度都将得到显著改变和增强。

二　2019 年中国经济社会发展面临的问题与挑战

2019 年中国面临的国内外发展形势日趋复杂，不确定因素增多，必须高度重视，精准应对。

（一）就业压力增大，劳动法规和政策不完善问题显现

经济增长率下行压力增大，国际贸易环境恶化，以及吸纳劳动力就业较多的中小型企业经营困难，都对低技能劳动力和蓝领工人的需求产生抑制作用。2018 年 12 月中国城镇调查失业率 4.9%，2019 年 9 月全国城镇调查失业率提高到 5.2%，尽管低于 5.5% 的预期控制目标，但是城镇调查失业率还是增长明显。与之相关的是拖欠农民工工资现象又有所抬头。为此，国家人力资源和社会保障部于 2019 年 7、8 月份开展为期 40 天的根治欠薪夏季专项行动，全国共出动执法人员 5.45 万人次，检查在建工程项目 10.5 万个（占全部在建项目的 78%），为 13.12 万农民工补发工资待遇 21.85 亿元，向公安机关移送涉嫌“拒不支付劳动报酬罪”（俗称“恶意欠薪罪”）案件 202 件，同时向社会公布重大欠薪违法行为 307 件，依法依规被列入欠薪黑名单的达 191 家。当然，除了恶意欠薪现象外，还有一些拖欠现象与企业经营条件恶化有关。无论如何，对拖欠农民工工资回潮现象要予以高度重视。

随着电商、网络平台等的发展，各种灵活就业新业态不断出现，涉及人数越来越多。对于这些新的就业形态，现有的劳动关系法律法规缺少相应规定，国家也没有相应的就业政策予以支持。同时，技能人才普遍供不应求，严重制约产业升级和结构转型。一是总量偏少，截至 2017 年底，拥有一定职

业资格等级的劳动者为1.65亿人，占全国总就业人口的比重仅为21.3%。二是技能人才存在严重的结构失衡，高技能人才只有4791万人，占各类技能劳动者的比重为29%，远远低于发达国家水平。

（二）人们对美好生活的需要快速增加，基层社会治理能力亟待增强

随着国民经济和社会快速发展，人们对良好的基层治理提出了越来越高的要求。现阶段，不少地方出台了各种各样的民生政策，但在落地执行过程中往往面临着“最后一公里”难到位的问题。同时，社会分化越来越明显，社会结构越来越复杂，城乡居民的生活方式、需求和实现方式也越来越多样，现有的基层治理能力跟不上这样的变化和要求。

比较突出的问题是基层行政权力和治理能力与承担的职责不相匹配。从行政垂直体系看，街道、乡镇以及城乡社区是权力最小层级，但所有上级政府下达的任务、要求等都由基层行政机构和组织来执行、落实与完成，基层政府和城乡社区承受的压力越来越大，任务执行能力和社会治理能力的增强却跟不上需求的增加，基层的境况从原来的“上面千条线下面一根针”转变为“上面千把锤下面一根钉”。与此同时，人民群众对良好的公共服务和社会治理的要求越来越高。在农村，乡村振兴、精准扶贫、“三留守”人群、生态保护等，都非乡镇党委政府一己之力所能应对；在城镇，基层社会情况更为复杂，物业问题、养老问题、停车问题、治安问题、社区服务问题以及许多意想不到的新问题不断涌现，街道党政机构和基层社区组织普遍面临缺权、缺人、缺钱也缺有效的专业技术手段的困境，而在城镇社区居民中则面临只提需要却不参与的现象，社会原子化的问题日益严重，导致基层街道党政机构和基层社区组织疲于应付各种问题，工作起来几乎是“五加二”“白加黑”，即便如此，一些社区居民中仍然存在种种不满意甚至是怨言。面对复杂的形势，不少地方努力探索基层治理创新，但总的来说还是跟不上快速增长的生活需求的变化，基层治理体系和治理能力现代化已经成为亟须加快推进的战略任务。

（三）医疗改革进入深水区，彻底解决“看病难、看病贵”问题的难度增大

十年医疗改革取得明显进展，群众满意度有所提高，但“看病难、看病贵”问题还没有得到根本解决。目前，在基层医疗机构看病的自付比例确实降低了，但是由于基层医疗机构服务能力弱，患者就诊率并不高，去大医院看病的就医倾向没有得到根本改变，而大医院的医保报销比例低，自付比例高，基本上在40%左右。大医院人满为患，收入也高，因此它们有能力更有动力扩大自己的规模，反过来吸引更多的患者前来就医，这进一步拉开了其与基层医疗服务机构间能力和患者就医规模的差距。这里关键的问题是，一方面医疗改革强调要坚持公立医院的公益性，另一方面全国公立医院的财政投入占其全部收入的比重还不足10%，导致多数公立医院都采取医生绩效与看病多少直接挂钩的办法，从而很难彻底遏制过度开药、过度检查等问题的出现。因此，今后医改的重点，仍然是继续理顺公立医院的运行体制机制，给予医生稳定和体面的薪酬，改变其行医谋利的做法。

（四）乡村振兴面临各种难点和瓶颈，有效的解决办法和路径尚在探索之中

乡村振兴是一个长期的过程。2019年国家出台了许多重要的政策，但要产生效果还需要一定的时间。从政策上看，土地问题、资金问题、技术问题、人才和人力问题等都可以得到解决，但真正解决起来并不容易。例如，乡村产业发展如果没有建设用地是难以有作为的，目前给乡村振兴的建设用地指标非常少，很多县市都舍不得把有限的土地指标用于乡村振兴，以致乡村振兴所依托的乡村产业融合发展受到严格的土地限制。农村宅基地的租赁使用依然没有充分开放，目前改革试点地区最开放的做法是，在县域范围内，农户可以租赁宅基地建设私人用房。没有宅基地的充分开放，不允许社会资本下乡租赁宅基地和住宅，不允许租赁的宅基地和住房被用于经营与发展产业，就很难推动资本下乡、推动乡村发展旅游产业、推动乡村农业和非农产业融

合发展、推动城乡融合发展。

与此同时，土地资源的使用和开发受到限制，在一定程度上也影响着乡村融资。乡村振兴需要的资本，一是工商资本下乡，二是银行等金融部门融资，三是民间借贷，四是财政投入。由于土地属性和使用限制，前两者因为风险大而缺乏动力，而财政投入大多用于基础设施、公共服务和一些产业发展补贴，因此，目前乡村发展融资只能借助于小额信贷和财政补贴等。

技术推广是乡村振兴的另一个瓶颈。农民对技术的需求很大，很急迫。目前，农村技术推广主要有各种培训、科技人员下乡指导、农民自费学习等渠道，但是依然不能满足农民对技术的需求。相关部门推出的培训，时间段、培训内容与农民需求相差大，不实用。科技人员不定期下乡，远水不解近渴。自费学习成本高，不少农民没有相应的能力。国家对农村技术推广的投入不足，并且尚未形成长效的技术推广体系和机制。现有科技人员和推广人员难以获得应有的报酬，不安心从事推广，这种状况也不利于吸引新的年轻的科技人员加入农村科技推广行列，为乡村振兴提供技术支持。除了科技人才外，乡村振兴所需要的经营管理人才、创业人才、创意人才乃至普通的劳动力都严重短缺。

农户生产在产业化、市场化过程中与市场对接难也是一个亟须解决的问题。当前解决这一问题的困难还不少。第一，农村青壮年劳动力大量外出，农村劳动力老龄化现象非常普遍，中老年农村劳动力对农业生产组织化的兴趣和能力都比较低。第二，在现有的农村专业合作社中，存在不少空壳合作社、僵尸合作社，目前国家农业农村部正在对其进行清理。第三，企业加合作社加农户或企业加农户等新型农业生产组织模式，覆盖范围较小，相关机制还不稳定，进入这些组织模式的农户的谈判能力不强，处于弱势地位。第四，由于缺少青壮年劳动力，家庭农场、新型职业农民等也难以推广和发展。

总的来说，乡村振兴和农村发展还要突破一些体制机制瓶颈，还需要更大、更多的投入以及更加强有力的政策支持，才能克服目前所存在的瓶颈。

（五）环境保护与区域均衡发展间的张力有所加剧，要防止民生问题演变为社会事件

2019 年对人民群众生活影响比较大的一个事件是猪肉价格飞涨，涨幅超过 40%，社会舆情显示人民群众对此意见较大。猪肉价格猛涨，与非洲猪瘟和国际贸易摩擦有一定关系，但与一些地方出于环保考虑对农户养猪过度执法的关系更大，一些地方把农户养猪与生态环境保护严重对立起来，在不少省份，农民养猪被一律禁止，这不但引起养猪农户的不满，而且让一些规模养猪的农户损失惨重，最终引发中国猪肉供应严重短缺。国家已经向市场投放上万吨储备猪肉，解决供应短缺问题，平抑市场价格。目前，猪肉价格上涨势头已经得到遏止，预计2020年春节过后将会明显回落。但这个事例说明，生态环境保护与区域均衡发展和乡村振兴存在一定的张力。一方面，要建设美丽乡村，建设生态保护区，自然需要加大环境保护执法力度，提高生态保护标准；但另一方面，关系民生供给的粮、菜、油、肉、蛋等基础原料供给也全赖于乡村，在农业生产现代化、规模化发展尚不足以满足这些基础供给的情况下，不能采取简单化的“一刀切”禁止农户生产的做法。要切实提高社会治理能力，处理好生态环境保护与区域均衡发展的关系。要防止农产品价格的大幅度起伏波动对农户生产积极性的伤害，更要高度警惕生活必需品的价格异常上涨引发社会事件，对社会稳定造成威胁。这方面已有不少前车之鉴。

三　2020 年中国经济社会发展展望和任务

2020 年，中国要实现决胜脱贫攻坚和全面建成小康社会的伟大目标，开启新的现代化建设征程，同时，全球形势还有许多不确定性，特别是中美贸易摩擦还没有得到最终解决。因此，2020 年中国改革和发展任务相当繁重，面临诸多新的挑战，需要采取有力措施予以有效应对。

（一）应对经济下行压力，壮大国内消费这一推动经济增长的基础性力量

中国经济发展的动力结构已经发生深刻变化，国内消费已经成为推动经济增长的基础性力量。近几年，国内最终消费支出对经济增长的贡献率都超过了60%。在实现全面建成小康社会目标之后，人民对美好生活的需求会进一步提升，消费需求将进入快速升级阶段。服务性消费、假日经济等将会更加强劲。2019年中秋节期间，中国国内旅游总计接待1.05亿人次，同比增长7.6%；实现国内旅游收入472.8亿元，同比增长8.7%。2019年“双十一”期间消费总成交额再创新高。同时，中国的出国旅游消费也处于快速增长阶段。扩大国内消费仍然具有巨大的发展空间，要采取有力措施，促进国内消费理性健康发展。

（二）深入推进“放管服”改革，提升全社会发展活力和能力

中国的“放管服”改革在改善营商环境方面已经取得显著的效果。世界银行2019年10月24日发布的《全球营商环境报告2020》显示，中国营商环境全球排名从2018年的第46名再上升15位，位列全球第31名，连续两年入列全球营商环境改善幅度最大的十大经济体。这一方面说明，中国营商环境在快速改善，对经济发展起到了重要的支撑作用；另一方面也表明，中国营商环境还是有很大改善空间的。

“放管服”改革直接拉动了中国就业。2013年以来，中国各类市场主体数量日均新增6万多户，目前已达1.15亿户。其中个体工商户7600多万户，企业3600多万户（90%是中小微企业），为增加就业提供了巨大空间。仅2018年，全国城镇新增就业1361万人，这是连续第六年城镇新增就业超过1300万人。2019年新增就业仍将维持这一水平。下一步的“放管服”改革要在多个方面发力。

一是更大力度简政放权。要进一步缩减市场准入负面清单，清单之外不得另设门槛，确保实现“非禁即入”，让市场主体能够自由进入更多领域。要

大力压减行政许可，大力清理简并种类过多、划分过细的资质资格许可事项。要整治管理措施中的各类变相审批做法，对经营许可证要尽可能多地按照直接取消、许可改备案、实行告知承诺三类方式进行处理。要把各类技术审查、强制性评估、中介服务等全部纳入改革范围，积极推行承诺制，加快推进“互联网+施工许可”。要协同推进“放管服”改革和更大规模减税降费，形成优化营商环境合力。

二是实施公平公正监管。要健全公开透明的监管规则，规范行政执法。要推动“双随机、一公开”监管和信用监管、重点监管等结合，推行“互联网+监管”。要推进社会信用体系建设，按市场主体信用情况分级分类确定差异化的监管措施。要在更多领域加快推广信用承诺制，基于信用和契约实行宽进严管，提高监管效能，也方便企业和群众。

三是提升政务服务水平。要切实增强服务意识，大力提升政务服务效率，打造全国政务服务“一张网”，在更大范围内实现“一网通办”、异地可办。要充分发挥社区和社会力量作用，促进社会服务消费大发展，多方面满足民生需求。要加强政务服务标准化建设，抓紧研究制定优化营商环境的法制规则。

（三）继续实施就业优先战略，加快健全现代化职业技能培训体系

就业是民生之本。尽管2019年就业形势总体稳定，但是经济增长压力加大，难免会传导到就业领域，2020年就业形势面临严峻挑战。做好就业工作是经济发展的优先战略。要通过“放管服”改革不断改善营商环境，鼓励社会投资，鼓励各种创业和就业，缓解就业压力。

要加快培育一批符合高质量发展要求和现代化经济体系建设需要的技术人才。国家人力资源和社会保障部已经会同其他相关部门专门印发了《关于提升公共职业技能培训基础能力的指导意见》，推出了一系列加快培训技术人才的政策，包括在全国建设公共实训基地；整合政府、职业院校和企业的培训资源，实现共享；扩大师资供给渠道，建立健全培训老师到企业进行培训的制度；提供技能培训包，实现下岗再就业培训、转岗培训、岗位技能提升

培训、创业培训等多类型培训相结合，短期培训和中长期培训等多期限培训相结合，劳动力输入地和输出地等多区域培训相结合。要加大工作力度，让这些政策落地见效，推动中国人力资源供给结构调整，更好地满足产业升级和经济结构调整的需要。

（四）推动脱贫攻坚与乡村振兴有效衔接，实现城镇化发展与乡村振兴良性互动

2019年有1000多万人顺利实现脱贫，剩下600多万深度贫困人口，到2020年也要实现脱贫，任务依然艰巨。目前，国家推出了脱贫不脱政策的规定，确保政策延续性。同时，要总结好脱贫攻坚中积累的好经验，为乡村振兴服务。实施乡村振兴战略需要在脱贫攻坚基础上延续和巩固脱贫攻坚的发展成果，搞好产业发展对接，完善基础设施，做强做好社会保障，改善人居环境。

乡村振兴涉及面宽，并不限于精准脱贫地区。全国意义上的乡村振兴要有一整套管用、实用、见效明显的政策和机制。农村产业发展是关键，城乡融合和一、二、三产业融合是前提。需要挖掘城乡各种发展资源的潜力，包括人力资源、市场资源、技术资源、金融资源、土地资源、经营管理资源、生态资源、社会资源、智力资源以及文化文明资源等。既要继续推进以人为本的新型城镇化，解决农村流动人口的市民化问题，又要吸引年轻人、城市技术和资本进入乡村，助力乡村振兴发展。总之，构建城镇化与乡村振兴的良性互动机制，是解决城乡发展不均衡问题的重要途径。目前，已经出现部分城镇青年下乡创业的苗头，也有部分农村外出青壮年回乡发展。国家要出台相应政策，促进新型城镇化与乡村振兴良性互动、融合发展。

（五）加快医疗卫生体制改革进程，全面实施健康中国建设战略

国家已经对下一步医疗卫生体制改革提出了明确的要求，就是进一步确立公立医院的公益性，增强基层医疗卫生服务能力，解决“看病难和看病贵”问题，提升全民健康水平，实施健康中国行动，从“治已病”转向“治

未病”，普及卫生健康知识，鼓励全民健身，改善生态和大气环境。中央层面建立了健康中国行动委员会和深化医改领导小组，下一步需要两个机构之间建立协同推进健康中国行动的关系，要进一步增强医改领导小组的领导力和协调力，促进医疗、医保、医药之间的“三医联动”改革，医联体和医共体建设，公立医院改革和基层医疗服务能力建设。从实践层面看，目前最需要解决的是医生薪酬问题，让医生有稳定的、体面的岗位薪酬，解决看病行医中的过度营利倾向问题。要通过医共体建设，重点解决医疗资源下沉不足的问题；要合理提高基层医疗服务人员的薪酬水平，改善基层医疗卫生机构工作环境，吸引和留住年轻医务人员在基层医疗服务机构从事医务服务。要运用有效手段解决医药耗材价格居高不下的问题，消除年轻医疗卫生专业人才不从事医疗卫生服务，转行从事报酬丰厚的医药代理的现象，这也有利于解决“看病贵”问题。还要鼓励医科学校和专业加大力度培养全科医生、妇科医生、儿科医生等重要学科的专门人才，满足日益增长的相应服务需要。总之，医疗卫生体制改革的任务仍然非常重要、非常急迫和非常艰巨，需要有更大的决心攻坚克难。

（六）加快国家治理体系和治理能力现代化，更好地落实以人民为中心的发展理念

党的十八届三中全会提出国家治理体系和治理能力现代化是全面深化改革的总要求，党的十九届四中全会又就此做出了专门决定。随着党的十九届四中全会精神和相关决定的贯彻落实，国家治理体系和能力现代化建设步伐将不断加快，那些长期不能解决、难以解决或解决不好的体制机制和制度问题，将得到更快更好的解决，真正实现以人民为中心的新发展理念。

2020 年，在实现全面建成小康社会目标之后，中国下一步的经济社会发展将呈现如下特点。

第一，经济发展不再以单纯追求数量增长为目标，更重视高质量发展要求。国内外形势决定了中国经济不可能继续高速度增长，一方面是因为中国经济总量已经相当巨大，以增长率为指标刻画的经济发展速度必然不可能维

持以往那样的高水平，而且以往粗放高增长模式也是生态环境所无法容纳的；另一方面是因为全球经济竞争加剧，国际贸易保护主义抬头，全球治理机制跟不上发展变化形势等，都会对中国经济发展产生影响。在现代化新征程中，中国在经济上将以创新驱动、产业升级为基点，更好地满足国内人民的生活需求，提升在全球产业链中的位置和竞争能力。在这种情况下，今后十年中国经济能确保5%以上的增长速度，就相当可喜。

第二，民生事业建设将受到更高程度的重视。经济发展的成果要通过民生事业的发展而实现全体人民共享。随着生活水平的不断提高，人民群众对民生事业的要求将越来越高。义务教育发展从数量导向转为质量导向，一些地方开始实施12年义务教育制度，推动城乡教育从全面普及转向全面高质量均衡发展。高等教育将有更多新的形态出现，职业教育更加受到重视。医疗卫生、健康、体育、文化、生态建设将呈现融合发展态势，其主导理念是“健康中国”和“美丽中国”。社会服务尤其是养老服务事业会有更大的发展空间和更快的发展速度。劳动就业在继续保持增长势头、努力满足特殊人群的就业需求的同时，更加关注就业质量的提升，就业技能培训需求将快速增长，需要一系列相应的政策和体制创新。

第三，2019年中国已经实现基本城镇化，今后在继续推进新型城镇化进程的同时，要着力提升城镇化的质量，一是不断改善和提升城镇治理与服务能力；二是进一步促进城镇社会服务、公共服务和社会政策的均等化，让所有常住人口享受同等的公共服务和社会福利。城镇化质量提升与乡村振兴发展同步推进，在产业上实现城乡融合，在政策体制、市场以及基础设施、公共服务等方面实现城乡一体化。城乡融合将是今后中国在推动社会主义现代化发展的征程中需要长期坚持的基本原则和理念。

第四，互联网以及由科技创新引导的深刻变化，将会对中国社会结构产生重大影响，社会分化机制变化加快，社会组织方式和机制变化也将日新月异，社会发展中的各种不确定性也会越来越多，社会秩序将会面临各种新的挑战。

第五，国家治理体系和治理能力现代化将是今后相当长时间内引领中国现代化建设的核心工作。不论是产业创新和升级，还是民生事业发展、高质量城镇化和乡村振兴乃至新的社会结构变化，都需要实现国家治理、政府治理、市场治理、社会治理的现代化，这就不仅要在治理制度体系上深化改革、不断创新，而且要把中国特色社会主义制度的优势转化为促进国家高质量发展的制度效能。

2020年，中央将提出国民经济和社会发展的“十四五”规划的总体思路，并制定分阶段实现现代化的路线图。届时，中国将真正启动中国社会主义现代化的新征程。

参考文献

人力资源和社会保障部:《2019 年第三季度新闻发布会实录》，http://www.china.com.cn/zhibo/content_75316262.htm。

国家统计局:《前三季度国民经济运行总体平稳　结构调整稳步推进》，http://www.stats.gov.cn/tjsj/zxfb/201910/t20191018_1703299.html。

张毅:《前三季度就业形势保持总体稳定》，http://www.stats.gov.cn/tjsj/sjjd/201910/t20191021_1704279.html。

发展篇

Reports on Social Development

B.2
2019年中国城乡居民收入和消费报告

贾德刚 *

摘　要： 2019年，中国居民收入较快增长，收入差距趋向缩小；居民消费水平稳步提高，生活质量继续提升；消费者信心高位运行，就业和收入信心较强。预期2020年中国经济将探明周期底部并开启发展新征程，预计全年经济增长6%左右。为促进中国城乡居民收入和消费持续增长，建议政府和有关部门：拓展社会就业渠道，提升居民就业能力；合理调节收入分配，扩大中等收入群体；坚持房住不炒定位，改善居民消费预期；提升供给质量水平，促成强

* 贾德刚，国家统计局中国经济景气监测中心统计师。

大国内市场；营造良好消费环境，增强居民消费意愿。

关键词：居民收入　居民消费　消费者信心

一　居民收入较快增长，收入差距趋向缩小

（一）居民收入持续较快增长

2010~2018 年，全国居民家庭人均可支配收入由 12519.5 元增加到 28228.0 元，按可比价格计算，2011~2018 年累计增长 85.7%，年均增长 8.0%，再连续两年年均增长 3.8% 以上即可实现到 2020 年居民家庭人均收入实际增长翻番目标。从目前经济社会发展总体形势看，这一目标是可以实现的（见表 1）。

表 1　2010~2018 年居民人均可支配收入及增长情况

年份	全国居民		城镇居民		农村居民	
	绝对数（元）	指数（上年 =100）	绝对数（元）	指数（上年 =100）	绝对数（元）	指数（上年 =100）
2010	12519.5	—	18779.1	—	6272.4	—
2011	14550.7	10.3	21426.9	8.4	7393.9	11.4
2012	16509.5	10.6	24126.7	9.6	8389.3	10.7
2013	18310.8	8.1	26467.0	7.0	9429.6	9.3
2014	20167.1	8.0	28843.9	6.8	10488.9	9.2
2015	21966.2	7.4	31194.8	6.6	11421.7	7.5
2016	23821.0	6.3	33616.2	5.6	12363.4	6.2
2017	25973.8	7.3	36396.2	6.5	13432.4	7.3
2018	28228.0	6.5	39250.8	5.6	14617.0	6.6

资料来源：《中国统计年鉴 2019》。

从表1可以看到，城镇居民家庭人均可支配收入由18779.1元增加到39250.8元，按可比价格计算，2011~2018年累计增长71.6%，年均增长7.0%；农村居民家庭人均可支配收入由6272.4元增加到14617.0元，按可比价格计算，2011~2018年累计增长92.2%，年均增长8.5%。农村居民家庭收入增速持续快于城镇居民。

2019年前三季度，全国居民家庭人均可支配收入22882元，比2018年同期名义增长8.8%，扣除价格因素，实际增长6.1%。其中，城镇居民家庭人均可支配收入31939元，同比名义增长7.9%，实际增长5.4%。农村居民家庭人均可支配收入11622元，同比名义增长9.2%，实际增长6.4%；贫困地区农村居民家庭人均可支配收入8163元，同比名义增长10.8%，实际增长8.0%。总的来看，农村居民家庭收入增速继续快于城镇居民家庭人均收入增速，贫困地区农村居民家庭人均收入增速相对更快。

（二）居民财产净收入占比稳步提高

全国城乡居民家庭财产净收入占比稳步提高，转移净收入占比保持高位。2018年，全国居民家庭人均财产净收入占人均可支配收入的比重由2013年的7.8%提高到8.4%，提高0.6个百分点；人均转移净收入占人均可支配收入的比重由2013年的16.6%提高到18.3%，提高1.7个百分点（见图1）。2019年前三季度，全国居民人均财产净收入占比继续提高，达到8.5%；人均转移净收入占比继续保持高位，为18.2%。

党的十八大报告提出，要“多渠道增加居民财产性收入”；十九大报告再次提出，要“拓宽居民财产性收入渠道”。近年来，通过深化农村土地制度改革，完善承包地“三权”分置，农村居民获得更多分享土地增值收益的机会；受益于加快培育和发展住房租赁市场，城镇居民闲置房屋得到更充分利用。2019年前三季度，农村居民家庭人均转让承包土地经营权租金净收入和城镇居民家庭出租房屋净收入延续快速增长态势，同比增幅分别达到15.4%和15.1%，有效提升了城乡居民家庭财产净收入。

转移净收入的较快增长得益于三个方面的民生保障水平提升。一是社会

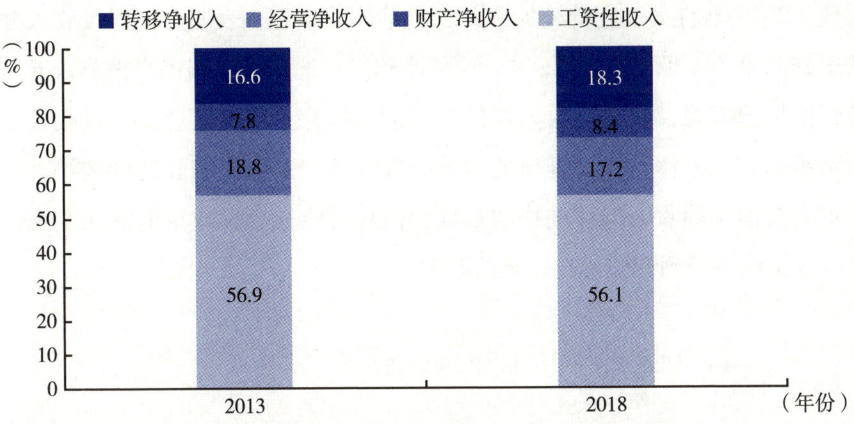

图 1　2013 年及 2018 年居民人均可支配收入结构

医疗保障水平持续提升。近年来，中国大力推进城乡居民医疗保险并轨和异地就医直接结算，不断提高居民基本医疗保险补助标准和大病保险报销比例。2019 年，全国城乡居民医疗保险参保人员的人均财政补助标准新增 30 元，达到每年不低于 520 元；大病保险报销比例由 50% 提至 60%。二是退休金和养老金标准稳步提高。近年来，全国退休人员月均基本养老金上调幅度虽有所放缓，但 2019 年仍上调 5% 左右；同时，城乡居民基础养老金最低标准从每人每月 70 元提至 88 元，2019 年部分省份依据动态调整机制进一步提高了标准。三是深入推进精准扶贫精准脱贫，上调最低生活保障标准，提高社会救济和补助水平等，这些措施使贫困群体的收入状况得到明显改善。

（三）居民收入差距趋向缩小

1. 居民收入中位数增长加快

居民收入中位数不易受收入极端值影响，相较于平均数，能够更好地刻画居民收入的集中趋势。2016 年全国居民家庭人均可支配收入中位数增速降至平均数增速以下，2017 年与平均数增速差距拉大，反映出全国居民收入分配状况有所恶化。同时，我们也注意到，全国基尼系数经历连续 7 年回落后于 2016~2017 年有所回升。可喜的是，2018 年全国居民收入中位数增速明显加快，2019 年前三季度继续加快并超过平均数增速，表明全国居民收入分配状况趋向改善（见图 2）。不过，这种改善尚不充分。从居民户按收入五等份分组的情况来看，农村高收入户的收入增长较快，助推了全国居民收入中位数水平提高，但作为关键群体的城镇中低收入户的收入增长持续放缓，增加了扩大全国中等收入群体规模的难度。但随着收入分配改革的深入实施，居民收入结构将得到调整优化、全面改善。

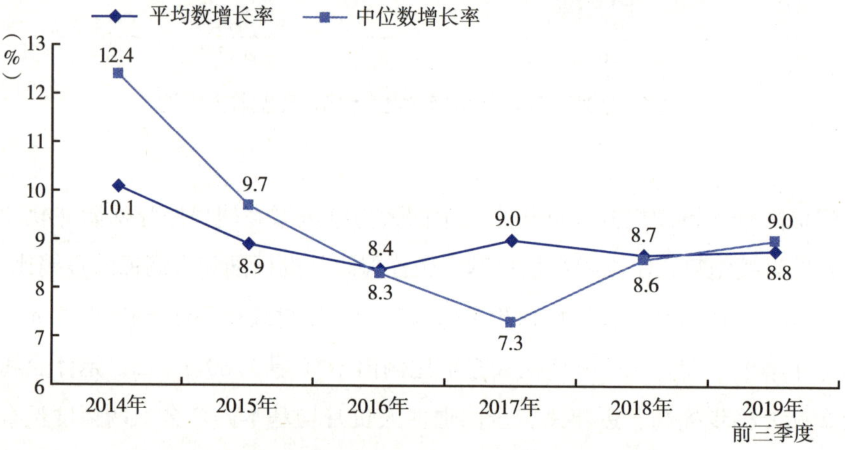

图 2　全国居民可支配收入平均数和中位数增长率

资料来源：国家统计局网站。

2. 居民收入城乡差距稳步缩小

随着农村居民收入快速增长，近些年城乡居民收入差距呈现逐年缩小态势。2002 年中国城乡收入差距明显加大，城乡居民收入比（以农村居民收入为 1）攀升至 3.03，并自 2002 年起连续 8 年处在“3”以上，其中，2007 年达到改革开放以来的最高值 3.14。① 2010 年起，城乡居民收入比重回“2”时代。十八大以来，党中央持续加大强农惠农富农政策力度，建立健全城乡融

① 《中国统计年鉴 2019》指出，2013~2018 年人均可支配收入来源于住户收支与生活状况调查，1978~2012 年数据是根据历史数据按住户收支与生活状况调查可比口径推算获得。按照原来的统计方法，2007 年的城乡居民家庭人均收入比为 3.33∶1。

合发展体制机制和政策体系，全面深化农村改革，稳步实施乡村振兴战略，深入推进精准扶贫精准脱贫，农村居民收入增速持续“跑赢”城镇居民收入增速，有力地保证了城乡收入差距稳步缩小。截至 2018 年，城乡居民收入比已连续 9 年回落，并降至 2.69 ：1(见图 3)。不过，2015 年以来城乡居民收入比降幅较小，每年减少 0.01~0.02，一个重要原因是城镇人口比重占优后，农村较高收入者继续向城镇迁移，这种迁移对农村居民收入的拉低效应更大。但随着脱贫攻坚战进入收官阶段，农村劳动力价格洼地消除，农村居民收入保持较快增长，城乡收入差距仍有望继续缩小。

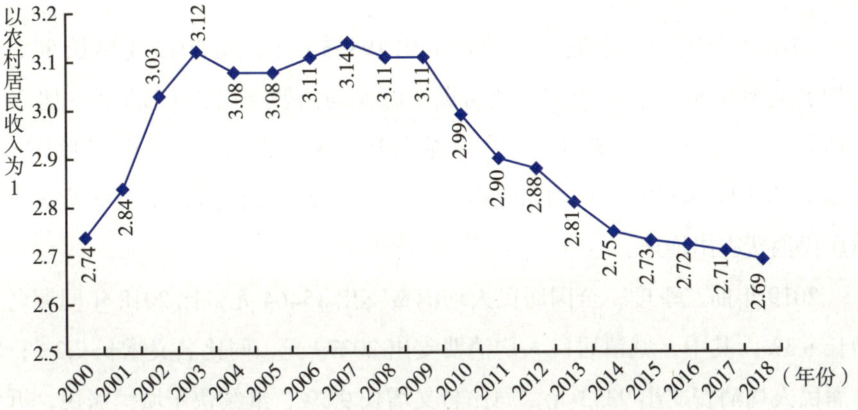

图 3　2000~2018 年城乡居民收入比

资料来源:《中国统计年鉴 2019》。

3. 居民收入地区差距总体缩小

改革开放以来，东部地区依靠自身区位优势和先发优势，抓住发展机遇，实现率先发展，为其他地区经济成长提供了重要基础和成功经验。进入 2000 年后，随着西部开发、东北振兴、中部崛起等区域发展战略的实施，区域经济走上协调发展轨道。十八大以来，党中央实施“一带一路”建设、京津冀协同发展、长江经济带发展、粤港澳大湾区建设等重要措施，加大对老少边穷地区发展的支持力度，区域发展协调性显著增强，发展差距逐渐缩小。2013~2018 年，西部地区居民人均可支配收入年均增长 9.5%，比中部地区高 0.2 个百分点，比东部地区高 0.6 个百分点，比东北地区高 2.1 个百分点。这期间，东部、中部、东北地区与西部地区居民人均收入比值（以西部地区居民收入为 1）分别由 1.70、1.10、1.29 缩小到 1.65、1.08、1.16。

二 居民消费水平稳步提高，生活质量全面提升

（一）居民消费水平稳步提高，服务消费较快增长

1. 居民消费水平稳步提高

2018 年全国居民家庭人均消费支出 19853.1 元，比 2013 年增长 50.2%，年均名义增长 8.5%。其中，城镇居民家庭人均消费支出 26112.3 元，比 2013 年增长 41.2%，年均名义增长 7.2%；农村居民家庭人均消费支出 12124.3 元，比 2013 年增长 62.0%，年均名义增长 10.1%。农村居民消费支出增速快于城镇居民消费支出增速。

2019 年前三季度，全国居民人均消费支出 15464 元，比 2018 年同期名义增长 8.3%。其中，城镇居民人均消费支出 20379 元，同比名义增长 7.2%；农村居民人均消费支出 9353 元，同比名义增长 9.5%，继续快于城镇居民。近年来，随着消费市场持续较快增长，国内消费对经济增长的拉动作用明显增强，成为经济增长的第一驱动力。

2. 恩格尔系数不断下降

2018 年，全国居民家庭人均食品烟酒支出 5631.1 元，比 2013 年增长 36.5%，年均名义增长 6.4%；全国居民家庭人均食品烟酒支出占消费支出的比重（恩格尔系数）为 28.4%，较 2013 年下降 2.8 个百分点（见图 4），连续两年处于联合国标准下 20%~30% 的富足区间。其中，城镇居民家庭人均食品烟酒支出 7239.0 元，比 2013 年增长 29.9%，年均名义增长 5.4%；城镇居民家庭生活消费恩格尔系数为 27.7%，较 2013 年下降 2.4 个百分点。农村居民家庭人均食品烟酒支出 3645.6 元，比 2013 年增长 42.7%，年均名义增长 7.4%；

农村居民家庭生活消费支出恩格尔系数为 30.1%，较 2013 年下降 4.0 个百分点，已趋近生活富足区间。2019 年前三季度，全国居民家庭生活消费支出恩格尔系数为 27.9%，比 2018 年同期下降 0.6 个百分点。恩格尔系数的下降，反映出中国居民消费结构持续升级，居民生活水平不断提高。

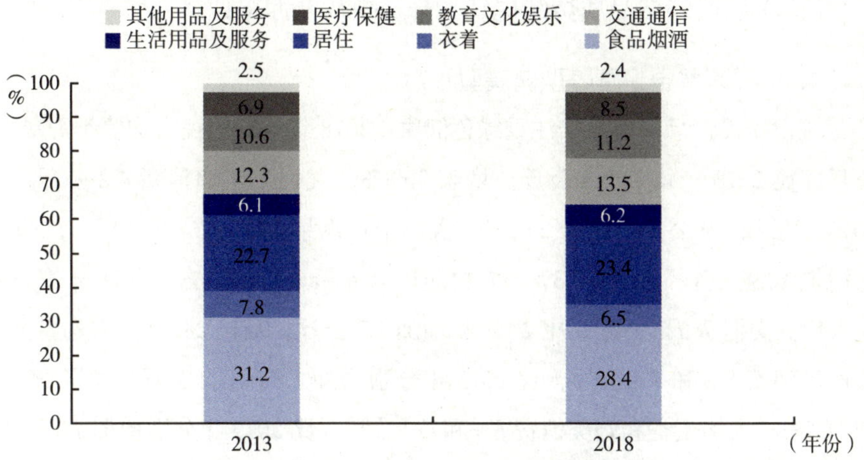

图 4　2013 年及 2018 年居民消费结构

3. 居民服务消费保持较快增长

2018 年全国居民家庭人均交通通信支出 2675.4 元，比 2013 年增长 64.4%，年均名义增长 10.5%，比全国居民家庭人均消费支出年均增速快 2.0 个百分点，占人均消费支出的比重为 13.5%，比 2013 年提高 1.2 个百分点（见图 4）。2018 年全国居民家庭人均教育文化娱乐支出 2225.7 元，比 2013 年增长 59.2%，年均名义增长 9.8%，比全国居民家庭人均消费支出年均增速快 1.3 个百分点，占人均消费支出的比重为 11.2%，比 2013 年提高 0.6 个百分点。2018 年全国居民家庭人均医疗保健支出 1685.2 元，比 2013 年增长 84.8%，年均名义增长 13.1%，比全国居民家庭人均消费支出年均增速快 4.6 个百分点，占人均消费支出的比重为 8.5%，比 2013 年提高 1.6 个百分点。2019 年前三季度，全国居民家庭人均教育文化娱乐支出、医疗保健支出分别快速增长 13.5% 和 10.9%，在网络提速降费行动下，交通通信支出仍增长 7.6%。随着居民生活水平的稳步提高和市场供给端的长足进步，消费形态从满足人民群众物质生活需求的实物消费向体现人民美好生活需要的服务消费转变，休闲旅游、文化娱乐、教育培训、健康养生等服务消费热点将继续呈现较快增长态势。

（二）居民消费品质持续提升，升级换代全面提速

1. 居民消费更趋营养型健康型

城镇居民食品消费更加注重绿色健康。2018年城镇居民人均薯类消费2.4公斤，比2013年增加0.5公斤，增长26.3%；人均牛羊肉消费4.2公斤，比2013年增加0.9公斤，增长27.3%；人均干鲜瓜果类消费62.0公斤，比2013年增加10.9公斤，增长21.3%。农村居民营养摄入更加丰富。2018年农村居民人均豆类消费7.7公斤，比2013年增加1.7公斤，增长28.3%；人均禽类和水产品消费8.0和7.8公斤，比2013年分别增加1.8和1.2公斤，增长29.0%和18.2%；人均蛋类和奶类消费8.4和6.9公斤，比2013年分别增加1.4和1.2公斤，增长20.0%和21.1%。

2. 居民消费升级换代全面提速

近年来，在城镇居民多数耐用品需求得到满足后，家用汽车成为消费升级换代的主力。2018年末城镇居民平均每百户汽车拥有量为41.0辆，比2013年末增加18.7辆，增长87.8%；另外，城镇每百户电动车和空调拥有量也增长较快，比2013年末分别增长41.1%和39.1%。农村居民耐用品消费升级全面提速。其中，汽车、空调和排油烟机拥有量迅速增长。2018年末农村居民平均每百户汽车拥有量为22.3辆，比2013年末增加12.4辆，增长125.3%；空调拥有量65.2台，比2013年末增加35.4台，增长118.8%；排油烟机拥有量为26.0台，比2013年末增加13.6台，增长109.7%。同时，农村每百户电动车和热水器拥有量快速增长，2018年末分别为64.9辆和68.7台，比2013年末分别增长61.1%和57.4%。另外，农村每百户电冰箱、微波炉、移动电话和计算机拥有量也增长较快，比2013年末增长25%~35%不等。

（三）城乡人居环境明显改善，公共服务体系更加健全

1. 城乡居住条件明显改善

近年来，党和政府通过建设廉租房和经济适用房、棚户区改造、贫困地区危旧房改造等举措千方百计解决居民住房难的问题，城乡居民居住条件明显改善。2018 年，城镇居民人均住房建筑面积达到 39.0 平方米，比 2012 年增加 6.1 平方米，增长 18.5%；农村居民人均住房建筑面积达到 47.3 平方米，比 2012 年增加 10.2 平方米，增长 27.5%。2018 年，城乡居民居住在钢筋混凝土或砖混材料结构住房的户比重为 95.8% 和 71.2%，比 2013 年分别提高 4.0 个和 15.5 个百分点。

2. 城乡居民生活环境明显改善

城市市政设施逐渐完备，居住环境更加美丽。2018 年，城市用水普及率为 98.4%，比 2013 年提高 0.8 个百分点；燃气普及率为 96.7%，比 2013 年提高 2.4 个百分点；生活垃圾无害化处理率为 98.2%，比 2013 年提高 8.9 个百分点。2018 年，城市人均公园绿地面积为 14.1 平方米，比 2013 年增加 1.5 平方米；城市建成区绿化覆盖率为 41.1%，比 2013 年提高 1.4 个百分点。

随着乡村振兴战略稳步实施，美丽宜居乡村加快建设，农村生活环境明显改善。2018 年，农村居民住宅外道路为水泥或柏油路面的住户比重为 75.4%，比 2013 年提高 24.0 个百分点；有管道供水入户的住户比重为 79.7%，比 2013 年提高 18.8 个百分点；使用卫生厕所的住户比重为 56.0%，比 2013 年提高 20.4 个百分点。83.6% 的住户所在自然村实现垃圾集中处理，比 2013 年提高 34.9 个百分点。65.3% 的住户所在自然村实现饮用水集中净化处理，比 2013 年提高 19.7 个百分点。

3. 公共服务体系更加健全

十八大以来，覆盖城乡居民的公共服务体系日益完善。2018 年，全国小学学龄儿童净入学率历史性地达到 100%。2018 年底，全国基本养老保险参保人数达 9.4 亿人，基本医疗保险覆盖人数达 13.4 亿人，建成世界上最庞大的社会保障体系。更值得关注的是，贫困地区公共服务水平不断提高。2018 年，

贫困地区87.1%的农户所在自然村上幼儿园便利，89.8%的农户所在自然村上小学便利，比2013年分别提高15.7个和10.0个百分点。贫困地区有文化活动室的行政村比重为90.7%，比2012年提高16.2个百分点。贫困地区农村拥有合法行医证医生或卫生员的行政村比重为92.4%，比2012年提高9.0个百分点；93.2%的农户所在自然村有卫生站，比2013年提高8.8个百分点。

三　消费者信心高位运行，支撑消费持续增长

（一）消费者信心处于高水平

国家统计局中国经济景气监测中心开展的中国消费者信心调查[①]显示，十八大以来，中国消费者信心指数呈现波动走强的态势，尤其是十九大以后指数持续在高水平上运行。具体来看，2013~2016年，消费者信心指数基本在100~110点的偏乐观区间波动；2017年初指数突破110点后继续明显提升，当年10月站上120点景气线；2018年中受中美经贸摩擦影响，指数短暂略低于120点，第四季度在个人所得税改革利好带动下较快回升；2019年各月，消费者信心指数始终处在120点以上的较高景气区间（见图5）。消费者信心的增强，表明居民消费实力增强和消费预期更好，支持消费市场不断扩张和消费继续成为经济增长的主要驱动力。

近年来，中国消费者信心较强不仅缘于就业形势总体较好、居民收入较快增长和促进消费政策陆续出台，社会心态趋向成熟也有提振作用。随着居民财富较快累积和生活质量全面提升，大国国民自信更多显露，对中国发展道路更有信心，对中国社会制度更加认同，对中国经济前景更为看好。中国消费者信心调查也显示，2019年各月均有超过80%的居民表示对中国经济长期发展的信心“很强”和“比较强”，并呈现稳步上行走势。

① 国家统计局中国经济景气监测中心针对19~64岁城乡常住居民，以电话调查方式开展月度消费者信心调查。编制的中国消费者信心指数由就业信心、收入信心和消费意愿指数构成，指数取值均在“0~200”，“0”表示“极端悲观”，“200”表示“极端乐观”，“100”为“乐观”和“悲观”的临界值。指数大于100时，表明消费者趋于乐观，越接近200，乐观程度越高；小于100时，表明消费者趋于悲观，越接近0，悲观程度越深。

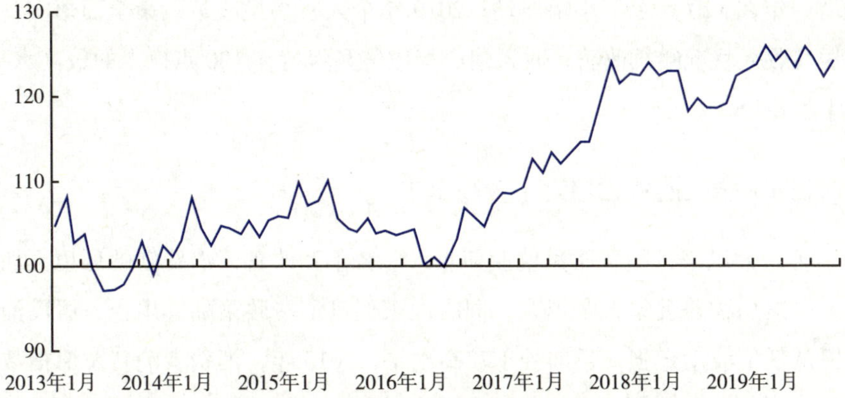

图 5　近七年中国消费者信心指数

资料来源:《中国经济景气月报》。

（二）消费者就业信心显著增强

十八大以来，在 16~59 岁劳动年龄人口开始减少的背景下，党中央实施就业优先政策，大力发展服务业，突出创业带动就业，2013~2018 年全国城镇每年新增就业 1300 万人以上，2019 年 1~10 月城镇新增就业 1193 万人并提前完成全年目标。就业市场景气度不断上升，消费者就业信心显著增强。2013~2016 年，消费者就业信心指数基本在 95~110 点，多数时间偏于乐观；2017 年初指数突破 110 点后继续大幅提升，10 月达到阶段性高点 128.4，此后高位持续小幅波动；2019 年国家将就业优先政策置于宏观政策层面，强化了重视就业、支持就业的导向，就业信心指数各月保持在 126.0 点以上的高水平，9 月为 130.4。

（三）消费者收入信心明显增强

近年来，与就业形势改善相伴随的是国家健全城乡居民社会保障体系，加大脱贫攻坚投入力度，优化个人所得税政策，消费者收入信心也明显增强。具体来看，2013~2016 年，消费者收入信心指数基本在 100~110 点的偏乐观区间波动；2017 年初指数突破 110 点后有较大幅度提升，10 月触及 120 点景气线，此后一年在120点上下小幅波动；2019年个人所得税改革政策全面落实，城乡居民收入状况继续改善，收入信心指数各月保持在120点以上的较高水平，9月为121.5。

（四）居民消费意愿处于较高水平

十八大以来，随着居民就业和收入形势不断改善，消费软硬环境更加友好，网络购物普及率大幅提升，同时国家促进消费政策陆续出台，居民消费意愿从低位波动走强，目前处于较高水平。2013年，消费者消费意愿指数总体略低于90点；2014~2016年，指数基本在90~100点的区间波动；2017年指数明显走强，10月站上110点景气线，达到114.5，此后两年基本在110点以上运行。2019年1~9月，消费意愿指数整体较强，但在食品价格较快上涨等因素影响下，三季度居民消费意愿有所减弱，7月指数为115.6，9月降至109.1，仍处于历史较高水平。应该看到，2019年食品价格上涨主要由猪肉价格大涨带动，随着生猪供给逐步恢复，预期2020年食品价格整体回落，价格因素也将从压抑转为提振居民消费意愿。

（五）关注居民负债水平较快上升

居民家庭资产和负债状况也是影响消费的重要因素，家庭长期负债在一定程度上对消费产生挤出效应。近年来，以住房贷款为主的家庭负债水平较快上升的情况应引起重视。2018年末，住户部门杠杆率（以金融机构人民信贷收支表中的住户贷款/GDP来衡量）为53.2%，比2013年末提高19.7个百分点，年均提高3.94个百分点，增长较快；2019年三季度末，住户部门杠杆率攀升至56.3%，比2018年末提高3.1个百分点，增势不减（见图6）。

四　2020年促进城乡居民增加收入和消费的建议

2019年，面对国内外风险挑战明显增多的复杂局面，在以习近平同志为

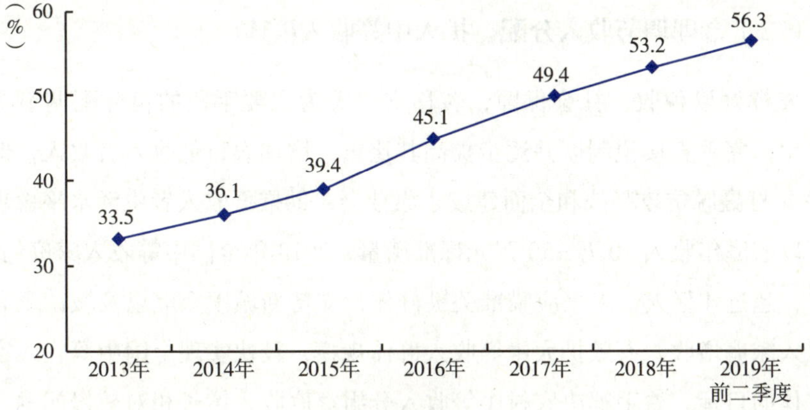

图 6　住户部门杠杆率

资料来源：根据中国人民银行、国家统计局数据计算。

核心的党中央的坚强领导下，各地区各部门认真贯彻党中央、国务院决策部署，坚持稳中求进工作总基调，坚持新发展理念，持续深化供给侧结构性改革，加大逆周期调节力度，着力做好稳就业、稳金融、稳外贸、稳外资、稳投资、稳预期工作，狠抓各项政策落实落地，国民经济运行总体平稳，预估全年经济增长 6.2%。2020 年中国经济将探明周期底部并走上发展新征程，预计全年经济增长 6% 左右。为更好地促进中国城乡居民收入和消费持续增长，还需要做好以下几个方面的工作。

（一）拓展社会就业渠道，提升居民就业能力

就业是提高城乡居民收入的基础，各地区各部门要贯彻就业优先政策，多措并举稳定和扩大就业。充分发挥传统动能的潜力，积极培育壮大新动能，大力发展服务业，鼓励创新创业，支持共享经济健康发展，支持民营企业和小微企业发展，拓展就业渠道和领域。做好高校毕业生、退役军人、农民工等重点群体就业工作，对就业困难人员进行托底帮扶；在经济转型升级背景下，继续实施职业技能提升行动，扩大高职院校招生范围，提升高职院校办学质量，助力传统产业职工转岗转业，增加新产业新业态人才供给。

（二）合理调节收入分配，扩大中等收入群体

发挥好以税收、社会保障、转移支付等为主要手段的再分配调节机制的作用，完善直接税制度并逐步提高其比重。增加农村低收入者收入，保障2020年打赢脱贫攻坚战和全面建成小康社会，助推低收入者生活水平稳步提高。以家庭年收入10万~50万元标准衡量，2018年全国中等收入家庭约1.4亿户，超过4亿人，未来应瞄准关键群体，支持新城镇家庭以及城镇现有中低收入家庭增收，有效扩大中等收入群体规模，较快实现全国中等收入家庭占主体的目标。着手解决农村中等收入分组家庭收入增长相对较慢问题，促进农村形成橄榄形收入分配格局。

（三）坚持“房住不炒”定位，改善居民消费预期

坚持“房子是用来住的，不是用来炒的”这一定位，落实房地产长效管理机制，不将房地产作为短期刺激经济的手段。加快建立多主体供给、多渠道保障、租购并举的住房制度，让全体人民住有所居。稳定城镇居民房价预期，缓解居民财富过度配置房产的局面，避免住房贷款或租金支配居民现金流。房价稳，百业兴；百业兴，收入增。收入较快增长，价格平稳有序，有助于居民增强消费能力和改善预期，推动消费市场繁荣发展。

（四）提升供给质量水平，促成强大国内市场

顺应居民消费升级大趋势，引导企业提升供给质量和水平。中国拥有全球规模最大的中等收入群体，企业一旦突破高质量供给瓶颈，将能明显摊薄成本并创造出新的市场需求。除了开发中高端商品外，中国尤其需要提升高质量教育、医疗等服务的供给能力和规模，留住中高收入群体消费能力，既可促进形成强大的国内市场，又能优化服务贸易收支结构。数据显示，近几年中国对外服务贸易中旅行项目（含留学、旅游、就医等）逆差维持在2000亿美元以上，2019年上半年仍高达1100亿美元。

（五）营造良好消费环境，增强居民消费意愿

加快补齐道路、停车场、能源、电信、物流、新能源汽车充电设施等方面的建设短板，完善中小城市、农村以及边远地区等区域基础设施网络，为扩大和升级居民消费提供强大硬件环境支撑。加快建立健全高层次、广覆盖、强约束的质量标准和消费后评价体系，强化消费领域企业和个人信用体系建设，加大消费者权益保护力度，探索建立集体诉讼制度，创建安全放心的消费软环境。

参考文献

国家统计局网站发布《新中国成立70周年经济社会发展成就系列报告》，2019。

国家统计局中国经济景气监测中心编《中国经济景气月报》2019 年第 10 期。

李培林、陈光金、张翼主编《2018 年中国社会形势分析与预测》，社会科学文献出版社，2018。

中华人民共和国国家统计局编《中国统计年鉴 2019》，中国统计出版社，2019。

B.3

2019 年就业形势与未来展望

莫荣　陈云*

摘　要：2019 年在经济增速下行压力加大的背景下，我国就业局势保持总体稳定，就业增长仍维持在较高水平，失业水平相对较低，失业率处于控制目标之内。但同时也要看到当前外部环境中的不利因素和国内发展两难多难问题增加，地区和行业经济发展走势分化明显，就业主要指标走势趋弱，稳就业压力有所增加，未来就业发展面临更多挑战。坚持就业优先，将经济增速保持在合理区间，推动高质量发展，加强就业新动能，就业总体稳定局势仍将得以保持。

关键词：就业　劳动力市场　稳岗

2019 年，我国政府工作报告确定的年度工作目标中，经济增长指标为国内生产总值增长 6%~6.5%；就业方面的主要目标为城镇新增就业实现 1100 万人以上，城镇调查失业率维持在 5.5% 左右，城镇登记失业率控制在 4.5% 以内。[①] 一年来，我国经济运行环境复杂严峻，经济增速下行压力持续加大，但仍保持基本平稳，全年增速有望维持在政府工作预期目标区间，在世界主要经济体中，仍处于较高增长水平，总体经济规模继续扩大。经济结构调整和转型升级持续深化，经济发展质量逐步提升。在此基础上，我国就业增长维持在较高水平，失业水平相对较低，城镇调查失业率和城镇登记失业率均处

* 莫荣，中国劳动和社会保障科学研究院副院长，研究员；陈云，中国劳动和社会保障科学研究院就业创业研究室副主任，副研究员。

① 李克强：《政府工作报告》（2019），人民出版社，2019。

于年初确定的控制目标之内。就业局势保持总体稳定。但同时也要看到当前外部环境中的不利因素和国内发展两难多难问题增加，内忧外患并存，地区和行业经济发展走势分化明显，一些地方主要经济指标增速较大幅度下滑，就业主要指标走势趋弱，点上风险积聚，稳就业压力有所增加。从下一步走势看，未来就业发展面临更多挑战，坚持就业优先，保持经济增速在合理区间，推动高质量发展，加强就业新动能，就业总体稳定局势仍将得以保持。

一　就业局势承压持稳

（一）就业局势保持总体稳定

根据统计和调查监测数据，就业增长、失业水平、企业用工、劳动力市场供求变化等主要就业指标仍运行在合理区间，结合调研情况研判，当前就业发展的基本态势没变，就业局势总体稳定。

就业增长目标如期实现。2019年1~10月，全国城镇新增就业1193万人，是自2008年以来同期第二高位（见图1），提前完成政府确定的年度目标任务。按照目前情况及以往增长趋势，有望保持全年超过1300万人的实际增长目标。至三季度末，城镇失业人员实现再就业403万人，就业困难人员实现就业133万人，均保持历史同期的较高水平。①

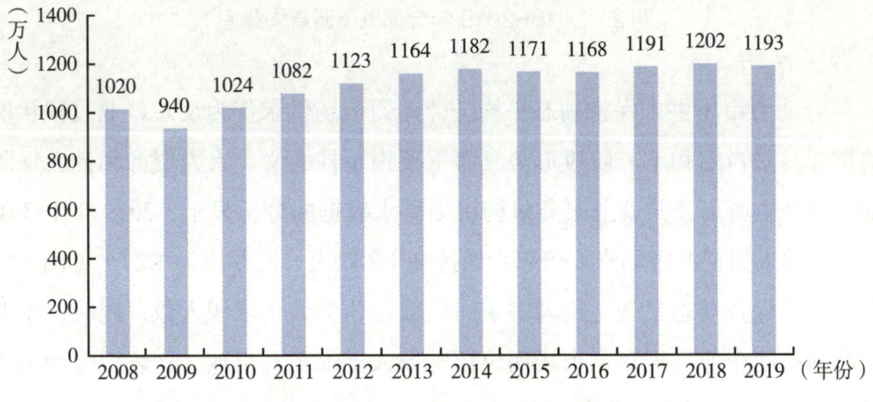

图1　历年1~10月城镇新增就业数

① 本报告城镇新增就业、城镇登记失业率、就业困难人员就业、监测企业岗位增减、人力资源市场求人倍率等数据来自人力资源和社会保障部统计调查资料。

失业水平仍处目标区间。1~10月份，全国城镇调查失业率保持在5%和5.3%之间波动，从走势看，与往年基本相似，在一季度和三季度前期出现季节性攀升后逐步回落，10月份为5.1%（见图2）。[①] 城镇登记失业率连续三个季度低于4.0%，三季度末为3.61%，同比下降0.2个百分点。“两率”均在2019年工作调控目标范围之内，失业率保持在正常区间，没有出现明显异动。

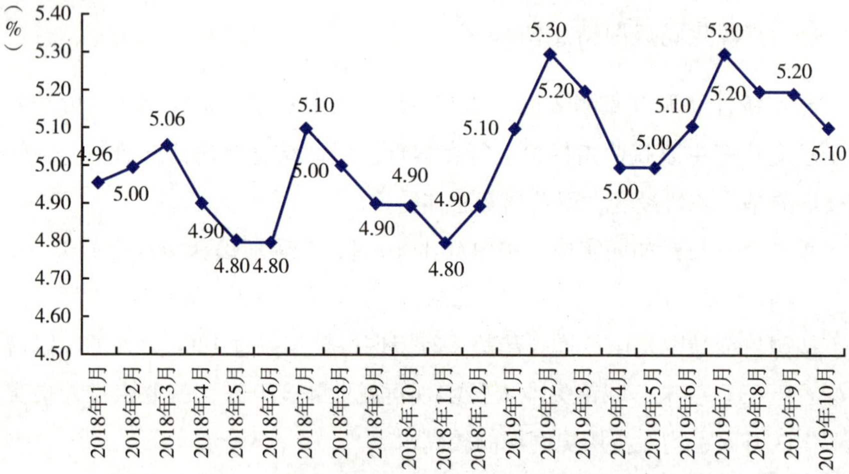

图2　2018~2019年全国城镇调查失业率

劳动力市场供求保持动态平衡。劳动力市场供求作为反映就业过程状况的指标，对当期和下一阶段形势具有重要指示性意义。人力资源和社会保障部对100个城市公共就业服务机构市场供求数据的分析显示，2019年1~3季度，公共人力资源市场求人倍率均保持在1.2以上，三季度为1.24（见图3），市场供求保持动态平衡，招聘需求岗位数总体上大于求职人数。同时，主要互联网招聘企业数据显示市场岗位招聘数大于求职人员数。这表明劳动力市场供求仍具有一定调节弹性。

---

① 城镇调查失业率相关数据来源于国家统计局网站，根据各月数据汇总整理。

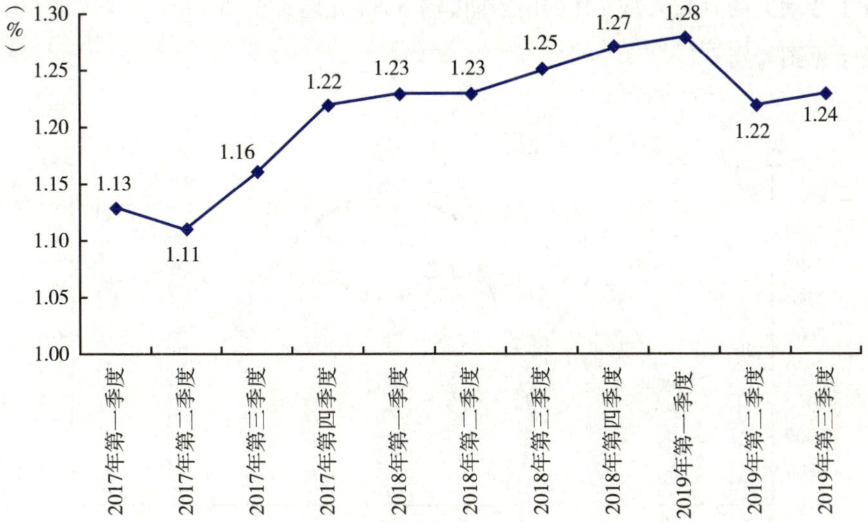

图3　2017~2019 年各季度公共人力资源市场求人倍率

企业用工总体保持平稳。企业作为最重要的就业载体，其经营与用工情况，直接决定就业形势的好坏。从对全国 5 万多家企业 2700 多万个岗位的监测数据来看，监测企业的增减幅度也没有出现大幅波动，岗位流失数没有大幅上升，新招工企业比例和招工数量没有大幅减少。涉美贸易企业用工也没有出现大面积、规模性裁员，用工总体上仍保持稳定。从调研情况看，各地反映企业用工情况相对稳定，部分企业仍然存在缺工和招工难现象。

重点群体就业基本稳定。虽然 2019 届高校毕业生规模再超历史水平，但根据调研情况，高校毕业生签约水平同比基本持平，就业形势保持总体稳定。7 月份，由于毕业季高校毕业生短期内集中求职就业，毕业生失业率有所上升，随着离校毕业生就业工作加力推进，毕业生就业状况不断向好，三季度末失业率回落到往年同期水平左右。农民工作为另一个就业规模庞大的群体，其就业形势也保持总体稳定。根据有关调查监测数据，农村劳动力有序转移，在外务工人数同比增长，各地新返乡人数与新外出人数保持稳定，没有出现明显的规模回流现象。据国家统计局数据，三季度末，外出农村劳动力达 18336 万人，同比增加 201 万人，外出农村劳动力收入也保持稳定增长。外出务工劳动力的月收入从2017年一季度的3483元增长至2019年二季度的3913元（见图4）。

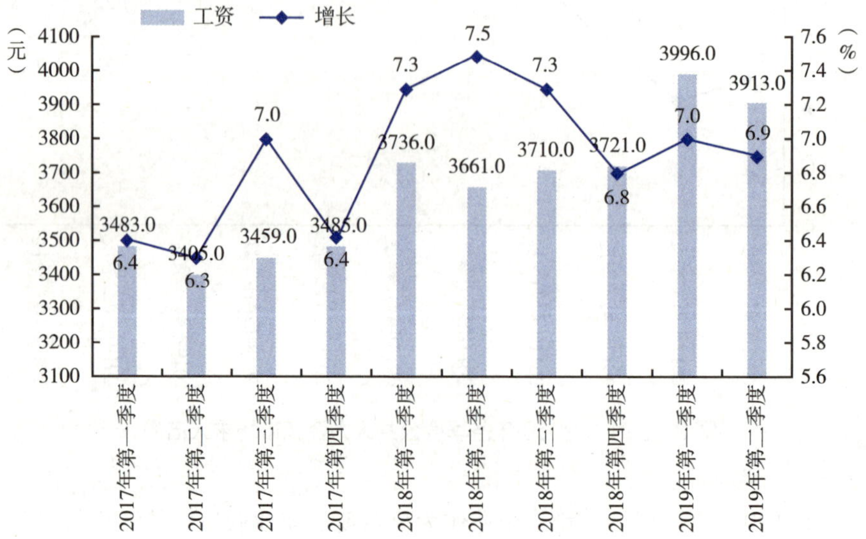

图4　2017~2019年外出务工劳动力月均工资水平及变化

在国内外形势更加复杂、不确定性加大、世界经济增长趋缓、国内经济增速继续下行的情况下，2019年的就业局势承压持稳，实属不易。既有经济基本面保持稳定、结构不断优化、新动能不断加强的因素在起作用，也有就业优先政策全面发力的助力推动。2019年前三季度，我国国内生产总值为697798亿元，经济总量持续扩大。三季度GDP增速为6.1%[①]，经济增速虽缓步下行，但总体上仍在预期合理区间。与此同时，经济结构进一步调整，吸纳就业能力更强的第三产业增长率和占比明显提高。前三季度，第一产业增加值同比增长2.9%；第二产业增加值同比增长5.6%；第三产业增加值同比增长7.0%，比上年同期回落0.7个百分点。三次产业增加值占GDP的比重分别为6.2%、39.8%和54.0%。与上年同期相比，第一产业比重持平，第二产业比重下降0.7个百分点，第三产业比重提高0.6个百分点。三次产业对经济增

① 数据来源于国家统计局网站。

长的贡献率分别为 3.2%、36.3% 和 60.6%。第三产业对经济增长的贡献率高于第二产业 24.3 个百分点。[①] 经济规模的扩大、经济结构的优化，为实现就业增长和稳定就业局势提供了坚实的基础。

政策层面，在经济下行压力持续的背景下，党中央、国务院更加重视就业问题，持续加大就业政策支持力度。自 2018 年明确将稳就业作为“六稳”之首以来，对就业工作做出了一系列决策部署，一系列相关政策措施相继出台实施。2019 年政府工作报告进一步明确将就业政策作为三大宏观政策之一，加大宏观政策的协调配合力度，同时明确提出就业优先政策全面发力。从减税降费、鼓励发展平台经济等新兴产业、进一步推进“放管服”改革、优化营商环境、有序推进环保治理和实施包容审慎监管政策等各方面夯实就业发展的宏观经济基础。2019 年，小微企业普惠性减税、个人所得税专项附加扣除、深化增值税改革措施等多项政策相继实施，数据显示，2019 年前三季度全国累计新增减税 15109 亿元。同时，就业优先政策全面发力，深入实施援企稳岗政策。部署开展政策落实、服务落地专项行动，推动政策效力充分发挥。据有关统计，1~9 月共降低社会保险费 2725 亿元，社保降费成效显著；稳岗返还政策加快落地，1~9 月共返还失业保险费 275 亿元，惠及企业 75 万户、职工 3993 万人。[②] 此外，支持多渠道就业、强化就业权益保护、扩大就业见习规模、扩大求职创业补贴对象范围、加大贫困劳动力就业扶持力度、开展大规模职业技能培训等政策相继实施。与出台扶持政策相配合，职能部门进一步加强各项公共就业服务工作，逐步推进全方位就业服务体系建设，加强对重点群体的就业服务和扶持。如，面对规模日益扩大的高校毕业生，为加强对离校求职毕业生的服务，人社部门组织开展了百日攻坚行动，出台了创业就业新政策，推出就业指导公开课，开展就业服务专项行动。第三季度，各地共举办招聘活动 5100 余场，提供就业岗位 287 万个，组织 26 万人参加就业见习。这些政策的实施和就业服务的加强为稳就业目标的实现提供了有力的政策保障，为重点群体就业稳定提供了有力支撑。

---

① 数据来源于国家统计局网站。

② 数据来源于人力资源和社会保障部网站。

（二）经济形势对就业的压力显现

当前在就业总体稳定的同时，也要看到经济下行压力和中美经贸摩擦影响持续发酵，周期性、结构性、摩擦性因素叠加作用，就业局势稳中有变、稳中增压。部分就业指标持续走弱，劳动力市场波动加大，结构矛盾更加复杂，点上和局部风险积聚，一些问题需要高度关注。

一是就业增长弱于上年。虽然城镇新增就业提前实现目标任务，但其增长趋势弱于上年。1~10 月全国城镇新增就业累计同比减少 9 万人。从各月走势看，城镇新增就业累计同比持续减少，与 2009 年和 2015 年时的形势相似。宏观经济形势对就业增长动能的影响逐步显现。

二是失业水平同比走高。2019 年以来，全国城镇调查失业率持续高于上年同期，7 月升至 5.3% 的高位，10 月略降至 5.1%，仍比上年同期高 0.2 个百分点。同时，失业保险金领取人数也比上年有所增加。

三是市场需求有所减弱。受订单下滑、成本上升、预期不稳等多重因素挤压，企业慎招、减招、停招现象增多，市场需求下滑。网络招聘大数据显示，网络市场招聘需求趋弱，且环比减幅逐步扩大。公共人力资源市场机构需求人数也有所下降，需求人数降幅大于求职人数。据对 5 万家监测企业新招和减员数据预测偏离度分析，2019 年企业新招和减员预测偏离度的提高，一定程度显示企业用工需求总体呈递减趋势，劳动者就业机会较 2017 年和 2018 年有所减少，就业压力有加大趋势。

四是企业用工稳岗压力持续。从监测企业用工情况看，自 2018 年下半年以来，监测企业岗位增减的波动幅度略大于上年，显示企业用工稳定性有所减弱。岗位流失的行业和地区波及面有所扩大，一些往年岗位持续增长的行业和地区，增幅明显下降，甚至由增转负。国家统计局发布的采购经理指数也显示，PMI 总体弱于上年，从业人员指数长期处于 50% 的荣枯线以下，且持续下滑，低点运行。10 月份，制造业 PMI 从业人员指数为 47.3%，同比下降 0.8 个百分点；非制造业从业人员指数为 48.2%，同比下降 0.7 个百分点。[1] 这也说明制造业和非制造业企业用工都在持续缩减，走势疲弱，就业形势面临挑战。从调研和监测情况看，受中美贸易摩擦等因素影响，部分外资企业的用工需求有所下降。

五是部分行业和地区就业压力有所加大。在外部经济环境趋紧和国内经济下行，以及经济转型和结构调整等多重因素的作用下，国内经济的行业和区域发展分化更加明显。受行业发展和地区经济表现的影响，部分行业和地区的用工状况有所弱化，就业压力有所加大。从行业看，除了传统制造业用工持续缩减，金融、房地产、计算机和电子产品，以及汽车等行业的用工需求也有所减少。从地区看，除了东北地区就业形势持续承压外，广东、河南、贵州等东部地区和中西部地区的一些省份市场用工需求也有所减少，监测企业岗位持续流失，失业水平略有抬升。

二　未来趋势与挑战

纵观未来我国就业形势发展，总体而言，保持就业局势的稳定仍具有诸多有利条件。宏观经济基本面保持稳定态势不会改变，经济规模还将进一步明显扩大，经济增速仍有望保持在中高速合理区间，经济结构将进一步优化；创新驱动的新技术、新经济、新业态加速发展，持续扩大开放和深化改革会拓展更多空间；科技创新能力提升、绿色发展加快、城乡区域协调发展加力推进，将提供新的增长空间和增强抗压韧性；教育改革和大规模职业培训将提升劳动者就业能力，就业优先政策进一步完善加强将提供强有力的政策保障，等等。这些积极因素的共同作用，将为未来就业局势的稳定发展提供全方位的强力支撑和保障。

同时，不容忽视的是外部环境可能更加复杂，不确定性和挑战更多，国内经济下行压力不减、发展方式转变，优化经济结构、转换增长动力进入换挡关键时期，新技术变革广泛推进带来冲击等因素也将对劳动力市场造成深

① 采购经理人指数数据来源于国家统计局网站，根据各月数据整理。

刻影响，保持就业局势稳定和促进实现更充分更高质量就业目标仍将面临诸多挑战。

（一）宏观经济趋弱，就业局势的不确定性增大

就业局势的未来走势与宏观经济走势密切相关。从部分国际机构目前的经济预测情况看，未来世界经济充满不确定性。经济合作与发展组织2019年11月21日发布最新的《OECD经济展望》，预测2020年全球经济增长2.9%，比9月份的预测下调了0.1个百分点。报告认为全球经济增速将进入2008年国际金融危机以来最慢时期。国际货币基金组织和世界银行虽然相对乐观，预测2020年世界经济或温和回升，但也都认为亚洲新兴经济体增速将有所下降，中国经济增速或降至6%以下。① 宏观经济增长走弱，对就业的影响将进一步显现，加大就业局势的不确定性。

（二）部分先行指标走弱，企业用工或进一步缩减

制造业等行业用工可能持续流失。受内外需增速同时放缓的叠加共振影响，制造业用工形势面临严峻挑战。PMI总体弱于上年，从业人员指数长期处于50%的荣枯线以下，且持续下滑、低点运行。制造业新订单指数、原材料库存指数和从业人员指数均低于临界点。10月份，制造业新订单指数为49.6%，比上月下降0.9个百分点，降至临界点之下，同比下降1.2个百分点，表明制造业市场需求有所回落。原材料库存指数为47.4%，同比上升0.2个百分点，环比下降0.2个百分点，仍低于临界点2.6个百分点，表明制造业主要原材料库存量减少。如导致下一步生产压缩，可能引起用工需求的进一步缩小，制造业企业用工流失或将进一步加大。尤其汽车、计算机通信和其他电子设备制造、化工、家具以及家电等传统重点产品行业增速明显放缓，其用工规模将进一步缩小。非制造业方面，新订单指数为49.4%，比上月下降1.1个百分点，同比下降0.7个百分点，至临界点之下，表明非制造业市场订单有

① 根据OECD、IMFH和Wold Bank等机构发布的经济发展报告整理。

所减少。分行业看，服务业新订单指数为 48.4%，比上月下降 1.3 个百分点；建筑业新订单指数为 54.8%，比上月回落 0.3 个百分点。新订单指数和原材料库存指数等先行指数趋弱，预示其从业人员指数也难以回升，企业用工或将进一步收缩。与此同时，新动能拉动就业能力或有所减弱。在经历了前期高速发展，甚至盲目扩展后，以互联网数字经济为代表的新动能也进入新一轮的盘整期。在资本退热、监管加强、成本上升等多重因素的作用下，部分大型平台企业增速放缓。电子商务、网络游戏、互联网金融、移动出行等新经济、新业态领域将进入深度调整期，部分企业招用工规模有所缩小。

（三）中小微企业经营困境难解，就业基本盘压力加大

从制造业 PMI 数据看，中小微企业经营困境尤其难解，就业基本盘将进一步承压。2019 年 10 月份，大型企业 PMI 为 49.9%，比上月下降 0.9 个百分点；中型企业 PMI 为 49.0%，高于上月 0.4 个百分点；小型企业 PMI 为 47.9%，低于上月 0.9 个百分点。中小型企业 PMI 长期位于 50% 的临界点之下。综合市场需求、成本价格、金融信贷、产值利润等各方面情况看，中小企业经营困难难以在短期内得到明显纾解。同时需要注意的是，随着经济下行压力加大和外部市场不振，部分行业大型企业和优质企业为保增长目标，实施出口转内销或市场下沉，与中小企业争夺低端市场，或将进一步压缩同行业中小企业生存空间。同时美国新一轮扩大加征关税范围、提高关税额度，涉及行业范围更广、受波及企业更多，中小企业预期信心不足和避风险心态增加。这些都将进一步抑制其用工需求，部分中小企业可能被迫减产甚至关停，以致职工失业，稳岗压力将进一步加大。

（四）全产业转型升级，就业结构矛盾或更加突出

与外部经济环境和经济下行压力并行，我国经济发展目前正进入转型升级和结构调整的关键时期，新兴产业发展，新技术、新模式和新业态不断涌现。在传统制造业向机械化、自动化转型的同时，信息化、数字化、智能化发展加速推进，技术应用跨代升级。互联网等新兴产业在经历二十多年发展

之后，也进入新的战略调整期，一些互联网企业进行发展战略规划调整、业务和组织架构重组。传统的服务业也在新技术、新模式应用中加速转型升级。从机械化、自动化将劳动者从体力劳动中解放出来，向智能化、数字化进一步将劳动者从智力劳动中解放出来转变，导致对劳动者的素质要求从技能提升向整体知识素质能力提升转变。不同经济部门同时转型升级，使得就业结构性矛盾将更加突出。

（五）中美经贸摩擦对就业的潜在影响需持续关注

2018 年下半年以来，中美经贸摩擦成为我国经济发展外部环境中不确定性的最大因素，也是影响就业的最直接外部因素。美方持续扩大加征关税范围、提高关税水平，对我国就业的影响逐步显现。从直接影响看，主要体现在几个方面：一是部分企业涉美订单下降，产量减少导致用工数量减少；二是少数企业将涉美产品的产线产能外迁，导致相关岗位人员流失；三是部分大中型企业将外销产品转入内销，压缩国内同类产品其他生产企业的市场空间，导致行业企业用工减少；四是部分企业为应对关税成本提高，加快自动化、智能化生产进程，技术替代劳动幅度加大。今后这些影响将进一步显现，但总体上看，这种直接影响对我国就业总体局势的冲击仍将是可控的。需要更加重视的是，中美经贸摩擦实质上是世界经济结构不平衡的体现。经贸摩擦的持续发展，以及相关的世界经济关系的持续调整，将导致产业链、供应链在全球范围内的深度调整，会对我国就业增长和就业结构调整产生更广泛和深入的影响。在此轮调整中，可能出现行业、区域、企业之间此消彼长的分化加剧，一些企业为应对经济危局将加快转型升级、“瘦身”求存，缩小用工规模，行业性和区域性失业风险也可能进一步扩大，需要持续予以高度关注。

（六）重点群体和部分地区就业压力将加大

从群体看，高校毕业生规模持续扩大，2020 年应届毕业生达到 874 万人的历史新高，比 2019 年增加 40 万人。加之 2019 年及之前积累的历届离校未就业毕业生，人力资源市场上毕业生供给人数将有所增加。从需求侧看，往年吸纳高校毕业生较多的金融、计算机、房地产、汽车等相关行业的发展不容乐观，其用人需求难以有效扩大。供求之间此消彼长的变化，将导致高校毕业生就业压力高于往年。农民工作为另一个重点就业群体，其就业状况仍需持续关注。2019 年以来，外来农业户籍劳动力调查失业率持续高于上年同期，且有逐步走高趋势。从往年经验看，在经济波动时期，农民工是受影响最直接、幅度最大的就业群体。在此轮经济下行和经济冲突中，农民工未来就业形势不容乐观。按往年走势，春节前后调查失业率将出现季节性上扬。同时还需注意的是，与以往城镇失业人员以传统低端制造业从业人员为主不同，2018 年以来，汽车、计算机、信息技术和服务、金融和互联网等高新技术行业减员较多，知识型白领人员失业数量有所增加。未来，随着中美在高技术产业领域的竞争加剧，此类群体的就业压力或将进一步加大。

从区域看，部分地区就业将承压更大。东北地区城镇调查失业率长期处于较高位。由于经济增长乏力，经济下行压力进一步加大，一些城市甚至出现经济负增长，叠加国企改革、厂办大集体改革等历史遗留问题的影响，就业领域的矛盾风险或更加突出，就业困局仍将持续甚至进一步加深。此外，需要注意的是东部地区就业市场出现波动，城镇新增就业增速放缓，监测企业岗位持续流失，求人倍率环比下降。受中美经贸摩擦及自身产业升级和结构转型等的影响，东部地区经济增速放缓，产业链和供应链调整将加速进行，地区用工需求或将进一步下降，化解经济变化对就业冲击的能力和空间将进一步受限。其对中西部地区的传递效应也将在下一年进一步显现，部分在一线城市找工作的人员受就业形势趋紧和城市生活成本高企的双重挤压，可能加速向中西部城市转移。

三　政策建议

从当前形势和未来走势看，我国就业局势保持稳定，既有基础和条件，也有压力和挑战。进一步做好“稳就业”工作，仍需多方协同，在防风险、稳岗位、促发展等方面重点着力，加大政策保障力度。

（一）坚持就业优先导向，着力扩大就业

按照经济高质量发展的要求，夯实就业发展的经济基础。要坚持保增长就是保就业的思路，以稳定、持续和高质量的经济发展为实现就业局势稳定、推进更高质量和更充分就业目标提供最坚实的保障。创新、完善宏观调控方式，促使经济政策、产业政策、区域政策与就业政策协同发力。做好重大投资项目储备，适时推出一批吸纳就业效果好的大型基建项目和重大惠民工程，健全公共投资和重大项目建设带动就业机制。落实支持服务业发展政策，多渠道、多方式鼓励民营企业、中小企业和劳动密集型企业发展。抓住新一轮科技革命和产业变革机遇，加快数字经济、AI 经济等新动能产业发展，促进高端装备和制造业数字化转型升级。对汽车、手机、家电等电子产品、信息消费等采取措施、扩大消费。同时，大力发展现代养老、托幼、文体教育、家政服务，进一步提升传统行业就业岗位的质量。推动社会领域改革，加大投入，推进公共服务均等化，推进基层公共服务领域社会化、市场化，不断拓展就业创业新空间。

（二）完善和贯彻落实就业优先政策，确保重点群体就业稳定

加大力度贯彻落实“稳就业”系列政策措施，建立健全有利于实现更充分和更高质量就业的体制机制，确保重点群体稳定就业。坚持就业导向、坚守就业底线，进一步完善就业优先政策内容和工作机制，理顺制定和实施就业优先政策的体制机制。按照保障兜底、稳定岗位、扩容增长、优化结构、提升能力、提高质量、优化效率、防控风险等方面的要求，不断完善政策体系，丰富政策工具箱。加大援企稳岗政策实施力度。落实降低社会保险费率综合方案，切实降低企业用工成本。加大失业保险稳岗返还力度，支持企业不裁员、少裁员。落实社保补贴、税收减免、担保贷款等政策措施，鼓励企业吸纳就业。促进重点群体实现稳定就业。把高校毕业生等青年群体就业摆在工作首位，大力实施就业促进、创业引领、基层成长计划，保持青年就业稳定。对转岗下岗失业人员开展针对性就业服务，对受影响职工普遍开展职业培训，及时开展困难

职工救助帮扶。落实属地管理原则，将受影响下岗失业人员稳在当地。加强对返乡农民工的跟踪帮扶，加强对贫困劳动力、去产能安置职工、失业人员特别是就业困难人员和零就业家庭的政策支持和就业服务，帮助其尽快实现就业。

（三）进一步把“大众创业、万众创新”引向深入，加强就业发展的新机制新动能

继续深化“放管服”改革，进一步减少资质资格审批项目，落实阶段性降低社保费率等降成本措施。加强对新经济形态的规范引导，多措并举推动其可持续发展。实施有利于创业创新的宏观政策，加大财政引导资金投入，实施普惠性减税降费，加大创业担保贷款政策力度，鼓励多层次、多形式的金融资本支持创业创新和实体经济。加快土地、知识产权等要素领域改革，为创业创新持续“减负”“输血”“赋能”，推动创业创新工作升级，做大做实做强扩大就业的新源泉和新动能。

（四）提供全方位就业服务，引导就业稳定发展

加快落实《关于推进全方位公共就业服务的指导意见》，推进城乡统筹、覆盖全民、贯穿全程、辐射全域、便捷高效的全方位公共就业服务，搭建多方参与的高效协同机制，打造高效率公共就业服务网络。深入开展“10+N”公共就业服务系列活动。鼓励、支持人力资源市场服务机构开展服务对接、专场招聘、就业创业指导等活动，引导就业稳定发展。加强对企业用工的服务指导，加强地区、行业和企业间的用工信息沟通，搭建交流协作平台，规范企业规模裁员行为。

（五）完善就业监测和失业预警制度，防控系统性、规模性失业风险

要加快完善就业监测和失业预警体系，加强对社会就业情况的跟踪监测，及时了解劳动力流动趋势。加强就业形势监测分析，建立对重点地区、重点行业和重点群体的就业监测体系。建立和落实分级分类的风险防控机制和应对预案，防止系统性、规模性失业风险发生。

B.4
2019年中国社会保障事业在改革中前进

王永梅　孙 月　李天娇*

摘　要：新中国成立70年来，我国社会保障事业取得了历史性成就：从部分民众享有的选择性福利转向全面共享的制度安排，从生存型福利转向发展型福利，从保障人民福祉转向追求社会主义公平共享的制度设计。2019年，我国社会保险事业平稳运行，健康保障和养老保障事业呈现快速发展态势，退役军人保障政策和实践齐头并进，幼有所育制度建设加快布局等。然而，我国社会保障仍存在不少问题，比如社保征缴体制改革在实施中面临一定阻力、长期护理保险筹资和结构不太合理、机构改革带来新的部门分割、政策和规章制度绩效评估存在挑战等。2020年是“十三五”收官之年，届时我国将全面建成小康社会，民生和社会保障将面临全面盘点与新的布局，加快落实十九届四中全会精神是工作重点。

关键词：健康保障　养老保障　退役军人保障　幼有所育

2019年是新中国成立70周年。70年来，中国社会保障制度经历了从无到有、从传统到现代的发展过程，实现了从部分覆盖向全民共享的发展目标，反映了我国人民民生福利的持续改善与社会权益的持续扩大，同时社会保障制度在中国经济腾飞过程中扮演了重要角色。[①] 中国特色社会保障制度不仅充

* 王永梅，首都经济贸易大学劳动经济学院讲师；孙月，首都经济贸易大学劳动经济学院硕士生；李天娇，首都经济贸易大学劳动经济学院硕士生。

① 郑功成：《新中国70年社会保障发展的理论与实践逻辑》，《光明日报》2019年10月8日。

分体现了社会主义制度的优越性，更被视为国家推进治理体系和治理能力现代化的重要政策工具和手段。[①] 总的来看，新中国成立 70 年来我国社会保障事业实现了从部分民众享有到全民共享、从生存型福利向发展型福利、从保障人民福祉到追求社会主义公平共享的制度设计的三个转变，全民福祉不断增进。新中国成立的第 70 周年，也是全面建成小康社会前夕，我国的社会保障事业更上一个新的台阶。

一　2019 年我国社会保险事业平稳发展

（一）社会保险覆盖面进一步扩大，各险种待遇水平继续提高

根据人力资源和社会保障部（以下简称“人保部”）的统计数据，截至 2019 年 9 月底，全国基本养老保险、基本医疗保险、失业保险、工伤保险以及生育保险的参保人数分别为 9.56 亿、13.48 亿、2.03 亿、2.50 亿、2.11 亿，分别比 2018 年底增加了 1323 万、335.34 万、642 万、1136 万和 669.11 万；建档立卡贫困人口参加基本养老保险已达到 5976 万人，基本做到应保尽保[②]；社保卡快速普及，全国持社保卡人数已达 12.99 亿人，社保卡的普及率达到了 93.1%。同时，长期护理保险制度试点工作总体进展顺利，截至 2018 年底，15 个城市的参保人数已达到 6360 万人，共 25.5 万参保人员享受了长期护理保险待遇。[③] 人保部表示下一步将深入研究新业态从业人员职业伤害保障问题，研究制定小微民营企业优先参加工伤保险政策，推进工伤保险实现更高水平的全覆盖。[④]

2019 年退休人员基本养老金持续调整，继续采取定额调整、挂钩调整与

---

① 郑功成：《新中国 70 年社会保障发展的历史启示》，光明网，2019 年 11 月 1 日。

② 卢爱红：《2019 年第三季度人力资源和社会保障部新闻发布会》，人力资源和社会保障部官网，2019 年 10 月 21 日。

③ 国家医疗保障局：《国家医疗保障局对十三届全国人大二次会议第 4964 号建议的答复》，国家医疗保障局官网，2019 年 7 月 25 日。

④ 卢爱红：《2019 年第一季度人力资源和社会保障部新闻发布会》，人力资源和社会保障部官网，2019 年 4 月 23 日。

适当倾斜相结合的办法，并实现企业和机关事业单位退休人员调整办法基本统一。总体调整水平按照2018年退休人员月人均基本养老金的5%左右确定。医疗保险方面，城乡居民医保待遇水平稳步提高，大病保险保障功能持续增强。2019年城乡居民医保人均财政补助标准新增30元，达到每人每年不低于520元，新增财政补助一半用于提高大病保险保障能力（在2018年人均筹资标准上增加15元）；个人缴费同步新增30元，达到每人每年250元。与此同时，降低并统一大病保险起付线，原则上按上一年度居民人均可支配收入的50%确定，低于该比例的可不做调整；政策范围内报销比例由50%提高至60%；加大大病保险对贫困人口的支付倾斜力度，贫困人口起付线降低50%，支付比例提高5个百分点，全面取消建档立卡贫困人口大病保险封顶线，进一步减轻大病患者、困难群众医疗负担。[①] 失业保险、工伤保险的降费有了更加优惠的政策。自2019年5月1日起，实施失业保险总费率1%的省份，延长阶段性降低失业保险费率的期限至2020年4月30日；同时延长阶段性降低工伤保险费率的期限至2020年4月30日，工伤保险基金累计结余可支付月数在18~23个月的统筹地区可以现行费率为基础下调20%，累计结余可支付月数在24个月以上的统筹地区可以现行费率为基础下调50%。这些举措受到企业和民众的广泛好评。社会保险公共服务平台的规范化、信息化、专业化建设不断加强。2019年9月人保部发布了《关于建立全国统一的社会保险公共服务平台的指导意见》，对建立全国统一的社会保险公共服务平台、提升社会保险公共服务均等化和便捷化水平进行了决策部署。新业态从业人员职业伤害保障、小微民营企业优先参加工伤保险等也被纳入议程。[②]

（二）社会保险基金收支基本平衡，失业保险基金支出大幅上涨

2019年1~9月，五项社会保险基金合计总收入5.96万亿元，同比增

① 国家医疗保障局：《财政部关于做好2019年城乡居民基本医疗保障工作的通知》，国家医疗保障局官网，2019年4月26日。

② 人力资源和社会保障部：《关于建立全国统一的社会保险公共服务平台的指导意见》，人力资源和社会保障部官网，2019年9月24日。

长 8.37%。其中，基本养老、基本医疗、失业、工伤、生育基金分别收入 40251.1 亿元、17259.88 亿元、903.5 亿元、588 亿元、626.51 亿元，分别同比增长 6.44%、13.72%、14.95%、-11.71%、13.50%。1~9 月，五项社会保险基金总支出 5.40 万亿元，同比增长 14.90%。其中，基本养老、基本医疗、失业、工伤、生育基金分别支出 37628.7 亿元、14368.23 亿元、849.6 亿元、582.5 亿元、567.98 亿元，分别同比增长 12.67%、20.12%、40.43%、10.53%、2.90%。[①] 其中，失业保险基金支出出现大幅增长，这与 2019 年国家深入贯彻落实做好当前和今后一个时期促进就业工作的举措密切相关，更加充分发挥失业保险支持企业稳定就业岗位的作用。总的来看，全国社保基金当期收入仍大于当期支出，基金收支保持相对平衡。

（三）中央调剂金制度稳步推进，国有资本继续充实社保基金

中央调剂金制度是发挥养老金余缺调剂作用并逐步实现全国统筹的有效过渡手段。2018 年 7 月 1 日，我国正式建立了企业职工基本养老保险基金的中央调剂制度，各地按 3% 比例上缴养老保险基金资金形成中央调剂基金。2019 年，中央调剂比例从 3% 提高至 3.5%。财政部数据显示，2019 年中央调剂基金预算规模将达到 4844.6 亿元。从预算情况来看，广东、北京、浙江、江苏、上海、福建、山东等 7 个省份是“贡献”省份，预计“贡献”将达 1220.6 亿元。辽宁、黑龙江、四川等 22 个地区（含兵团）为“受益”省份。[②] 总的来看，中央调剂金制度合理均衡了地区间的基金负担，提高了养老保险基金的整体抗风险能力。

国有资本划转社保基金的行动加速。自 2018 年开展试点工作以来，分三批共完成 67 家中央企业和中央金融机构划转工作，划转国有资本总额约 8601

---

① 人力资源和社会保障部:《2019 年人力资源和社会保障部前三季度统计数据》，人力资源和社会保障部官网，2019 年 11 月 4 日；国家医疗保障局:《2019 年三季度医疗保险和生育保险运行情况》，国家医疗保障局官网，2019 年 10 月 24 日。

② 梁宙:《30 省份养老保险费率降至 16%，中央调剂金将更多地发挥余缺调剂作用》，凤凰网财经频道，2019 年 5 月 22 日。

亿元。[1]从试点情况来看进展比较顺利，全面推开划转工作的条件已基本成熟。为了进一步加强社保基金的可持续发展和与民共享国企发展成果，2019年7月国务院常务会议决定全面推行划转部分国有资本充实社保基金，9月财政部、人力资源和社会保障部、国资委、税务总局、证监会联合印发了《关于全面推开划转部分国有资本充实社保基金工作的通知》，制定了《关于划转部分国有资本充实社保基金有关事项的操作办法》，明确了划转对象、具体划转程序以及划转后的管理和配套政策等，这将为下一步全面推开划转工作提供有力支撑和指引。

（四）社保扶贫工作取得新的进展，各险种积极参与扶贫大计

自2017年发布《关于切实做好社会保险扶贫工作的意见》以来，社会保险扶贫作为落实中央提出的“社会保障兜底一批”的重要抓手，发挥了积极作用。在养老保险方面，截至2018年底，全国有2195万参加城乡居民养老保险的贫困人员享受代缴参保费政策，2741万贫困老年人按月领取城乡居民养老保险待遇，城乡居民养老保险让4936万贫困人口直接受益。在医疗保险方面，2019年持续加大医保对贫困人口的支付倾斜力度，在起付线降低50%、支付比例提高5个百分点的基础上全面取消封顶线。坚持目标导向，确保将贫困人口全部纳入基本医疗保险、大病保险和医疗救助制度保障范围。在失业保险方面，2019年继续提高了深度贫困地区失业保险金标准，各地逐步将失业保险金标准提高到最低工资标准的90%，深度贫困地区企业稳岗补贴标准由50%提高到60%。在工伤保险方面，针对扶贫车间劳动者经常出现因工伤致贫、返贫的情况，各地人保部门出台相关政策提高扶贫车间工人的参保率，惠及人数达200多万人；同时，各地人保部门努力推进扩面，工程建设项目参保率达到了90%以上，充分发挥了工伤保险在打赢脱贫攻坚战中预防和减少贫困的作用。[2]

---

① 董碧娟：《央企和中央金融机构已划转国资约8601亿元充实社保基金》，《经济日报》2019年10月11日。

② 人力资源和社会保障部：《兜底保障让贫困人员生活好起来》，人力资源和社会保障部官网，2019年8月21日。

二　养老保障事业呈现新气象

（一）养老保障事业的体制机制开创新局面

为积极应对人口老龄化挑战，2018 年国务院机构改革对老龄事务进行了分工。一是组建了国家卫生健康委员会（以下简称“国家卫健委”），下设老龄健康司，主要组织拟订并协调落实应对老龄化的政策措施，组织拟订医养结合政策、标准和规范，以及建立和完善老年健康服务体系等①，使得健康老龄化（Health Aging）有了明确的实施单位。二是在民政部内组建了养老服务司，主要承担老年人福利工作，协调推进农村留守老年人关爱服务工作，指导养老服务、老年人福利、特困人员救助供养机构管理工作等。②不难看出，养老服务司及其省级部门的成立为切实增加老年人（特别是兜底保障群体）民生福利提供了重要的组织保障。老龄健康司和养老服务司在 2019 年出台的一系列养老保障政策中都发挥了极为重要的作用。

为了更好地推进我国养老服务发展，2019 年国务院办公厅建立了由民政部牵头的 21 个部门联合组成的养老服务部际联席会议制度，主要研究解决养老服务工作重大问题、出台政策法规、监督养老服务政策落实情况，并通过部门协作提高工作成效等。③该制度的建立将大大推进我国养老服务体系建设，并提高养老服务体系建设的整体成效。在后续出台的有关养老服务人才培养、特困人员供养服务实施等政策上，部际联席会议制度发挥了重要的协调作用。

（二）各部门协同发力促使养老服务体系不断完善

针对养老服务市场活力不足、发展不平衡不充分、服务质量不高等问题，国务院办公厅于 2019 年 6 月出台了《关于推进养老服务发展的意见》（以下简称

---

① 周程程等:《国家卫健委“三定”方案亮相》，新浪网财经频道，2018 年 9 月 12 日。

② 国务院办公厅:《关于印发〈民政部职能配置、内设机构和人员编制规定〉的通知》，中国政府网，2018 年 11 月 22 日。

③ 国务院办公厅:《关于同意建立养老服务部际联席会议制度的函》，中国政府网，2019 年 7 月 27 日。

《意见》)，着力部署十九大报告中关于破解养老服务“堵点”和“痛点”等发展障碍的任务。《意见》围绕深化“放管服”改革、拓宽养老服务投融资渠道、扩大养老服务就业创业、扩大养老服务消费、促进养老服务高质量发展和促进养老服务基础设施建设等出台了28条措施。可以说，这是自2016年国务院办公厅出台《关于全面放开养老服务市场提升养老服务质量的若干意见》之后，国家层面推动我国养老服务发展的又一力作。目标是确保到2022年在保障人人享有基本养老服务的基础上，有效满足老年人多样化、多层次的养老服务需求。

民政部2019年9月出台了《关于进一步扩大养老服务供给，促进养老服务消费的实施意见》，围绕如何扩大养老服务供给的六个方面出台了17条促进意见。同时，为了促进养老服务业持续健康发展，民政部在11月发布了《关于印发〈养老服务市场失信联合惩戒对象名单管理办法（试行）〉的通知》，针对养老机构、居家社区养老服务机构以及养老服务机构的法定代表人、主要负责人、高级管理人员以及养老护理员等相关人员出台了详细且具操作性的管理办法，为推进养老服务市场的合规合法发展提供了重要依据。同时，关于养老服务机构的监督管理也提上日程，由民政部拟定的强制性国家标准《养老机构基本服务安全规范（征求意见稿）》正在征求意见当中[①]，如养老机构不得兜售保健品、为失智老人佩戴GPS定位装备等民众关注的问题都被写入其中。失智老年群体及其服务也受到多方关注，国务院出台的《关于推进养老服务发展的意见》中正式将失智纳入失能的范畴。后续出台的医养结合、特困老人救助等文件中也将失智老人纳入服务范围。同时，农村养老服务也在乡村振兴的大背景下开始全面布局。

（三）依托机构改革推进医养结合服务发展

老龄健康司和医疗保障局的成立为深入推进健康老龄化提供了重要平台。在经过多年的实践调研和理论研究之后，广受瞩目的医养结合政策终于在2019年10月发布，国家卫健委等12个部门联合印发《关于深入推进医养结

① 民政部养老服务司:《关于征求〈养老机构基本服务安全规范（征求意见稿）〉强制性国家标准意见的通知》，民政部官网，2019年11月4日。

合发展的若干意见》(以下简称《意见》)。《意见》围绕强化医疗卫生与养老服务衔接、推进医养结合机构“放管服”改革、加大政府支持力度、优化保障政策、加强队伍建设等五个方面提出 15 项政策措施，不仅有国家战略的高度，也有务实的举措，对于医养结合发展是极大的利好。这对于全国近 4000 家医养结合机构和 2 万家建立了签约合作关系的医疗机构与养老机构来说起到了明显的激励作用，可以为其后开展医养服务提供诸多便利。2019 年 11 月 6~8 日，老龄健康司在烟台举办全国老年健康和医养结合工作省级培训班，并提出今后要加强社区居家和农村医养结合工作、加强医养结合服务和工作监管、加大人才培养力度等，并督促各省级单位加快落实。

此次《关于深入推进医养结合发展的若干意见》的出台建立在部门职责分工的基础上，设在国家卫健委的老龄健康司在调动各方面资源上具有显著的优势，基本打通了阻碍医养结合发展的体制机制障碍。

(四)养老服务人才队伍建设迎来新的发展机遇

2019 年国家和各部门在养老服务人才队伍建设方面做了重大努力。一是在产业机构目录中增设“养老和托育服务”。2019 年 10 月 30 日，国家发改委修订发布了《产业结构调整指导目录(2019 年版)》，其中“养老与托育服务”等行业进入鼓励类目录。教育部在出台的《关于教育支持社会服务产业发展 提高紧缺人才培养培训质量的意见》中明确提出：原则上每个省份至少有 1 所本科高校开设家政服务、养老服务、托育服务相关专业，并且在一流本科专业建设“双万计划”、中国特色高水平高职学校和专业建设计划等项目实施过程中，向家政、养老、育幼等相关领域专业倾斜。财政部在《关于养老、托育、家政等社区家庭服务业税费优惠政策的公告》中也对社区养老、托育、家政等服务机构提供了诸多税费优惠政策和举措。

二是重新颁布实施《养老护理员国家职业技能标准(2019 年版)》。2019 年 9 月份，人力资源和社会保障部、民政部颁布实施《养老护理员国家职业技能标准(2019 年版)》，与 2011 年的版本相比，2019 年版增加了对养老护理员的技能要求、放宽了养老护理员入职条件、拓展了养老护理员职业发展空间、缩短了职业技能等级的晋升时间等。本次修订对于指导养老护理员培养培训、开展职业技能等级认定、提升养老护理员职业技能、缓解养老护理人才短缺矛盾、规范和发展老年人生活照料和护理服务、扩大养老服务供给、促进养老服务消费等具有重要推动作用。①

三　生命全周期全过程健康保障事业全面布局

人民健康是民族昌盛和国家富强的重要标志，全方位保障民众健康是我国现代化建设过程中的一项重要内容。在机构改革的推动下，2019 年我国健康保障事业加速推进，成为 2019 年社会保障的一大亮点。

（一）“健康中国”从战略层面落实到行动

2016 年《“健康中国 2030”规划纲要》的出台，标志着“健康中国”被提到国家战略高度。2017 年习近平总书记在党的十九大讲话中提出“为人民群众提供全方位全周期健康服务”，将全生命周期健康作为建设健康中国的着力点，2019 年国务院及政府各部门围绕民众健康保障做了系列部署。

2019 年 7 月，国务院颁布《关于实施健康中国行动的意见》，从全方位干预健康影响因素、维护全生命周期健康以及防控重大疾病三个方面提出实施健康知识普及行动、实施合理膳食行动、实施全民健身行动等 15 项重点任务，全面布局“健康中国”战略。同时，国务院办公厅还出台了《关于成立健康中国行动推进委员会的通知》以及《关于印发健康中国行动组织实施和考核方案的通知》，成立健康中国行动推进委员会（简称推进委员会），明确其工作职责与机制，对监测评估和考核工作进行了部署。

（二）老年健康促进与老年健康服务加大推进力度

在人口老龄化日趋严峻的背景下，老年人口的健康是我国全民健康水平

---

① 人社部职业能力建设司:《民政部养老服务司负责同志就颁布实施〈养老护理员国家职业技能标准（2019 年版）〉有关问题答记者问》，人社部官网，2019 年 10 月 16 日。

的重要影响因素。在此背景下，2019 年 7 月由国家卫生健康委员会、全国老龄委主办的老年健康促进行动主题推进活动在北京举行，发布了“老年健康促进行动”，围绕个人和家庭、社会、政府提出了 9 项指标和 23 项具体的行动内容。[①]8 月，国家卫健委办公厅发布了《关于印发老年失能预防核心信息的通知》，针对老年失能这一影响老年人健康的状况提出了 16 项举措。10 月颁布《关于建立完善老年健康服务体系的指导意见》，从加强健康教育、加强预防保健、加强疾病诊治、加强康复和护理服务、加强长期照护服务、加强安宁疗护服务等六个方面提出了未来三年老年健康服务的主要任务。全方位的布局为改善我国人口在老年期的健康状况提供了重要保障。

（三）各阶段人群健康保障立体式展开

妇幼健康一直是人口健康的重点和关键。2018 年 4 月国家卫健委印发了《母婴安全行动计划（2018—2020 年）》，2019 年 7 月对其实施情况进行总结，一年内母婴安全行动计划取得显著成效，并涌现出一大批工作业绩突出的医疗机构。[②]

职业群体的健康直接关系我国人力资本的质量。2019 年国家卫健委修订实施《职业健康检查管理办法》，明确了职业健康检查机构的职责，增加质量控制管理有关规定，明确地方卫生健康主管部门的事中事后管理职责，增加了对职业健康检查机构相关的罚则等。

青少年是祖国的未来，提高青少年健康水平是全过程健康管理的关键。2019 年 11 月国家卫健委等八部门联合印发了《关于进一步加强青少年控烟工作的通知》，强调“把做好青少年控烟作为当前控烟工作重点”、“预防为主，关卡前移”和“建立完善青少年控烟长效机制”，并从强化青少年控烟宣传引导、严厉查处违法向未成年人销售烟草制品、加大对违法烟草广告的打击力

---

① 国家卫生健康委员会：《健康中国行动推进委员会办公室 2019 年 7 月 29 日新闻发布会文字实录》，卫健委官网，2019 年 7 月 29 日。

② 国家卫健委妇幼健康司：《国家卫生健康委办公厅关于 2018 年度母婴安全行动计划实施情况的函》，国家卫健委官网，2019 年 7 月 19 日。

度、加强对影视作品中吸烟镜头的审查、全面开展电子烟危害宣传和规范管理以及全力推进无烟中小学校建设六个方面做了部署。

此外，国家卫健委2019年还围绕精神卫生健康、口腔健康、生殖健康等做了部署，同时出台了打造健康企业①和促进健康产业高质量发展②的文件，为全面布局我国健康保障事业添砖加瓦。

四 退役军人保障政策与实践齐头并进

为了维护军人军属合法权益，加强退役军人服务保障体系建设，建立健全集中统一、职责清晰的退役军人管理保障体制，让军人成为全社会尊崇的职业，2018年4月16日，退役军人事务部正式组建。截至2019年4月，退役军人事务部已先后出台12个法规文件，2019年将着手制定11个法规和17个政策性文件③，各地方也加快了退役军人服务管理体制机制改革的步伐。截至2019年1月，我国31个省、自治区、直辖市的退役军人事务厅（局）均已挂牌成立。各地区的省、市、县、乡、村五级退役军人服务中心（站）已于2019年5月底前全部挂牌运行。

（一）改进退役军人安置办法，拓展安置渠道

2018年8月1日起开始实行的《关于进一步加强由政府安排工作退役士兵就业安置工作的意见》是组建退役军人事务部后，政府出台的首个专门针对由政府安排工作退役士兵的政策性文件。该意见从提高思想认识、明确安置责任、提高补助标准、接续基本保险、落实岗位待遇、实行阳光安置、加强监督考核等方面，进一步完善政策制度，明确退役安置责任，对于做好新时代退役士兵安置工作具有较为重要的意义。

---

① 国家卫生健康委员会:《关于开展健康企业建设的通知》和《健康企业建设规范（试行）》，国家卫健委官网，2019年11月7日。

② 国家发展和改革委员会:《关于印发〈促进健康产业高质量发展行动纲要（2019—2022年）〉的通知》，国家发改委官网，2019年8月28日。

③ 周群峰:《退役军人事务部这一年》，《中国新闻周刊》总897期，2019年5月9日。

数据显示，2018 年已落实 8.2 万名军转干部、40 多万名退役士兵、2400 名复员干部、9000 多名军休干部和退休士官接收安置任务，并首次将 123 家中央企业全覆盖纳入年度退役士兵计划安置单位，为退役士兵提供 1.5 万多个岗位。[①] 为积极引导退役军人参与“大众创业、万众创新”的实践，2018 年 7 月，退役军人事务部等军地 12 个部门联合印发《关于促进新时代退役军人就业创业工作的意见》（以下简称《意见》），《意见》首先提出建立多层次、多样化的教育培训体系，依托高校、职业院校等教育资源，不断提升退役军人就业创业能力；其次，加大就业支持力度，强调县级以上地方人民政府每年至少组织 2 次退役军人专场招聘活动；最后，积极优化创业环境，鼓励有条件的地方因地制宜加大对退役军人创业的支持力度。

各地在《意见》的指导下，积极拓展退役军人安置渠道。2019 年 7 月北京市退役军人事务局即与中国人民大学签订军转干部进高校专项培训合作协议，面向军转干部开设了新闻、法律专业，精品课程全部向参训军转干部开放，提供全方位的培训服务[②]；重庆市于 2019 年 8 月 20 日开展退役军人专场招聘会活动，共组织企业220家，提供7048个就业岗位[③]；山东设立了退役军人创业扶持和困难帮扶基金，省、市政府共同出资50亿元，市场化管理运作，专项用于开展退役军人创业扶持和困难帮扶[④]；山西省根据金融优惠政策标准，规定退役军人自主创业的，可申请最高 15 万元创业担保贷款，并按规定享受贷款贴息[⑤]。

① 周群峰：《退役军人事务部这一年》，《中国新闻周刊》总 897 期，2019 年 5 月 9 日。

② 北京市退役军人事务局：《北京市退役军人事务局与中国人民大学签订军转干部进高校专项培训合作协议》，退役军人事务部官网，2019 年 7 月 17 日。

③ 重庆市退役军人事务局：《重庆举办退役军人就业创业活动周暨专场招聘》，退役军人事务部官网，2019 年 8 月 27 日。

④ 山东省退役军人事务局：《山东设立退役军人创业扶持和困难帮扶基金》，退役军人事务部官网，2019 年 8 月 8 日。

⑤ 山西省退役军人事务局：《山西大力扶持退役军人就业创业》，退役军人事务部官网，2019 年 8 月 9 日。

（二）重视退役军人社会保障，明细缴费责任主体

伴随着20世纪90年代国有企业的集中调整，部分退役士兵未能及时参加基本养老、基本医疗保险或参保后出于企业经营困难、下岗失业等原因中断缴费，享受养老、医疗保障待遇面临困难。为保证退役士兵享有的待遇保障与服役贡献相匹配、与经济社会发展水平相适应，切实维护他们的切身利益，2019年4月，中共中央办公厅、国务院办公厅专门下发了《关于解决部分退役士兵社会保险问题的意见》，其中主要针对社会保险缴纳费用的责任主体和具体要求做了相关解释，以解决他们养老、医疗等方面的后顾之忧。

（三）推进优待抚恤工作，退役军人优抚待遇再提高

近年来，国家连年以10%~15%的幅度提高优抚对象定期抚恤补助标准。抚恤补助标准自然增长机制全面建立并发挥效益，中央财政下达的优抚经费从2005年的76亿元增加到2018年的463亿元，实现了由保障优抚对象基本生活向提高生活质量转变。2019年以来由政府机构强力主导、事业单位积极作为、社会力量广泛参与的退役军人工作“三驾马车”新格局正在形成。2019年3月19日，退役军人事务部与10家银行签署拥军优抚合作协议，优抚对象可以申请办理专属银行卡，享受免收卡工本费、卡年费、跨行转账费等个性化专属金融优惠服务。[①]9月24日，退役军人事务部与3家电信运营商签署拥军优抚合作协议，电信运营商承诺为军人军属、退役军人和其他优抚对象提供专属通信套餐，设计专属的个性化通信服务产品，提供优先、优质、优惠的服务。[②]上述具体实践是动员社会力量服务优抚对象的有益尝试。

① 《退役军人事务部与10家银行签署拥军优抚合作协议》，新华网，2019年3月19日。

② 《退役军人事务部与3家电信运营商签署拥军优抚合作协议》，央广网，2019年9月25日。

五　弱有所扶和幼有所育事业稳步推进

（一）社会救助持续发挥兜底保障作用，成效显著

社会救助兜底保障工作取得重大成就，脱贫成绩有目共睹。近年来，中国 1863 万建档立卡贫困人口均被纳入农村低保或特困人员救助供养范围，实现了应保尽保。截至 2019 年 5 月底，全国共有城乡低保对象 4400 万人，其中城市低保对象 940.7 万人，农村低保对象 3459.3 万人，支出低保资金 627.7 亿元。2019 年减少贫困人口 1000 万以上，约 330 个贫困县脱贫摘帽；预计到 2019 年底，全国 95% 左右现行标准下的贫困人口将实现脱贫，90% 以上的贫困县将实现摘帽；至 2020 年底，我国将实现现行标准下农村贫困人口全部脱贫、贫困县全部摘帽。①

为探索建立防止因病致贫返贫长效机制，中国人口福利基金会以中国大病社会救助平台为依托，正式推出“中国大病救助工程”，将在 2020 年之前联合大病救助工程成员机构投入不低于 200 亿元（含药品援助），对 20 个以上深度贫困县开展联合救助行动，实施三大计划六大行动，努力发挥脱贫新助力作用，助力健康扶贫，助力健康中国建设。②

（二）幼有所育制度建设加快布局，试点稳步推进

实现“幼有所育”是党的十九大做出的新的重大决策部署，是重大民生工程之一。《2018 年我国卫生健康事业发展统计公报》显示，2018 年我国新生儿数量达 1523 万人，0~3 岁婴幼儿也已接近 5000 万人。然而，原国家卫计委 2016 年在全国十个城市的抽样调查数据，以及 2017 年中国人民大学与国务院妇儿工委联合进行的四省市的城市 0~3 岁托育服务需求和供给抽样调查数据均显示，城市居民家庭对婴幼儿托育服务的需求率为 33.3%~50%，但实

---

① 民政部：《2019 年第三季度例行新闻发布会》，民政部官网，2019 年 7 月 29 日。

② 《中国大病救助工程在京启动，2020 年前投入至少 200 亿元》，中新网，2019 年 9 月 18 日。

际入托率仅为4%~6%。[①] 目前“全面二孩”政策也遭遇“孩子没人带”的现实困境。随着居民收入水平的提高和育儿观念的转变，更多家庭倾向于寻求高质量、专业性强的婴幼儿照护产品和服务。可见，目前国内育幼机构的数量与质量远远不能满足家庭的现实需求，婴幼儿托育服务供需矛盾比较突出。

针对上述情况，国务院办公厅于2019年4月出台了《国务院办公厅关于促进3岁以下婴幼儿照护服务发展的指导意见》(以下简称《指导意见》)。首先，加强对家庭婴幼儿照护的支持和指导。强调以家庭为主，落实产假政策，通过入户指导、亲子活动等方式提供婴幼儿早期发展指导服务。其次，加大对社区婴幼儿照护服务的支持力度。充分调动社会力量的积极性，优先支持普惠性婴幼儿照护服务机构。在新建居住区、老城区和已建成居住区建设婴幼儿照护设施及配套安全设施，提供全日托、半日托、计时托、临时托等多样化的服务。最后，规范发展多种形式的婴幼儿照护服务机构。建立健全婴幼儿照护服务机构备案登记制度、信息公示制度和质量评估制度。2019年10月8日，按照《指导意见》的要求，国家卫生健康委组织制定的《托育机构设置标准(试行)》和《托育机构管理规范(试行)》开始施行，进一步加强托育机构专业化、规范化建设。

值得一提的是各部门在促进婴幼儿照护服务方面开始形成合力，在硬件方面，住房和城乡建设部针对托儿所和幼儿园的建筑设计规范进行逐步修订，在托儿所的防火栏杆、室内环境、户外环境等细节方面都做了具体规定。在软件方面，针对照护服务人员紧缺、素质相对不高等问题，2019年10月，教育部发布《教育部办公厅等七部门关于教育支持社会服务产业发展 提高紧缺人才培养培训质量的意见》，意见要求每省至少有1所本科高校开设家政养老托育专业。

目前，地方的普惠托育机构的试点行动有序进行。上海市率先颁布3岁以下幼儿托育服务“1+2”文件，将华泾托育园等50个普惠性托育点建设纳入上海市政府实事项目。截至2019年8月，上海全市共有提供托育服务的机

① 杨菊华:《理论基础、现实依据与改革思路：中国3岁以下婴幼儿托育服务发展研究》,《社会科学》2018年第9期。

构 535 家，托额达 2.4 万个。全市普惠性托育机构占比达 53%，提供普惠性托育服务的金额占比达 56%。[①] 以上政策与试点行动促进了我国的婴幼儿照护服务体系的发展，到 2020 年，要做到初步建立起婴幼儿照护服务的政策规范体系和标准规范体系，继续提升婴幼儿照护服务水平，使家庭的婴幼儿照护服务需求得到初步满足。

六　当前我国社会保障领域存在的问题

（一）机构改革解决了旧问题，但带来了新的部门分割

毋庸置疑，2018 年的机构改革对于社会保障改革起到了巨大的推动作用。例如，老龄健康司的成立对于全面落实国际社会所倡导的健康老龄化、从生命全程和健康全过程推进全人口健康起到了重要作用；医疗保障局的成立将分散在人社部门、卫生部门的三项基本医保管理职能并入，为制度的整合协调创造了条件。然而，机构改革也带来了新的部门分割，目前已有所显露，例如在医养结合问题上就有所体现。一是就人才队伍建设而言，新出台的医养结合文件提到，将医养结合人才队伍建设分别纳入卫生健康和养老服务发展规划，鼓励支持医务人员到医养结合机构工作，并享受与医疗机构同等的晋升渠道，而归口民政部门的养老护理员则处于完全不同的发展路径，这就为从事相同工作但发展渠道迥然不同埋下了隐患。二是就医疗服务和养老服务融合而言，在现行政策下更侧重医疗服务扩展至养老服务领域，其业务范围延伸到一部分养老机构，然而医养融合强调的是医疗诊治、康复护理和养老服务之间的有机融合，但从目前发展趋势来看医养服务之间的融合关系仍不甚清晰。从另一个角度来看，内嵌于社区的服务机构和养老机构是承载我国大量老年人医养服务需求的主体，如何提高它们的医养服务能力仍然需要深入思考。

---

① 徐瑞哲:《普惠性托育点超 50 个，百门老年教育慕课发布！“一老一小”翘起微笑曲线》，搜狐网，2019 年 8 月 3 日。

（二）社会保险基本实现制度全覆盖，但人群全覆盖仍是难点

新中国成立以来特别是改革开放40多年以来，我国社会保障制度不断发展完善，建立起覆盖城乡全体居民的社会保障制度，为城乡居民提供年老、疾病等保障。但在实现社保制度全覆盖的同时，人群全覆盖尚未完成。仍有一些重点人群以及新业态从业人员未被纳入这个制度体系之中，因此社保机构应进一步考虑如何“精准扩面”的问题，应当以非公有制企业、灵活就业人员、农民工和被征地农民为重点，加大扩面征缴力度，努力做到应保尽保、应收尽收，推动社会保障由制度全覆盖向人群全覆盖转变。同时进一步提升社会保险统筹层次和质量，健全行政监督与社会监督相结合的监管体系，提高社保基金监管水平，确保社保基金的完整、安全。

（三）社保征缴体制改革有序开展，但仍存在一定阻力与问题

2019年1月1日起，我国社保缴费工作由税收部门统一征收，即由税务部门负责承担确定的社保缴费基数、核定缴费对象、登记审核、核查追缴欠款等任务。这在一定程度上，有利于税务部门和社保部门相关工作得到优化，进一步增强社会保险费整体征收工作的规范性，有利于保证社保基金的稳定和可持续性。但在实际的改革进程中仍然存在一些问题。首先，虽然目前各省份统一实行了降低社保费率的政策，但整体来看，企业的社会保险缴费刚性显著增强，从而使部分企业的劳动成本上升，尤其是中小企业易出现裁员或者非正式用工现象。因此在改革过程中相关部门需要控制好征缴制度改革的节奏，给企业留出适应新政的过渡期。其次，改革方案中缺乏针对灵活就业人员、农民工、失地农民等特殊群体的保费征缴明确规定。这就涉及在做好顶层设计的同时，需要科学合理的配套措施与具体全面的实施方案来助力改革。最后，部分地区的社会保障、医保、税务部门在建立标准一致、运转畅通的信息共享机制方面存在较大的困难，征缴信息化管理水平较为落后。这就需要多个部门综合运用数据网络平台，整合征管信息系统，建立信息实时共享平台，进一步提高征缴工作效率。

（四）长期护理保险试点虽范围逐渐扩大，但仍有难题待解

长期护理险领域目前最突出的问题是护理人员短缺，专业化的护理市场并未形成。实行长护险的地区，其养老院有资质与专业化的护理人员与其需照顾人口远不成比例，供需处于严重失衡状态。其次，当前长期护理的条件设施整体而言还较为落后，护理人员队伍建设滞后、服务意识薄弱，还不能满足老年人日益增长的社会服务需求。最后，目前的长护险制度对护理服务的价值引导作用尚未充分体现。长护险试点城市普遍发现，服务项目之间没有级差，没有考虑到不同等级、不同规模之间的服务水平。此外，由于长护险的特殊性，其服务的稽查难度很大。各地长护险经办人员反映，最为突出的是对深受居民欢迎的居家上门护理服务模式，因其具有私密性、隐秘性，不可能做到实时监控。

（五）制度和规章政策出台密集，如何落实并评估绩效成为挑战

进入 21 世纪特别是 2010 年以来，我国社会保障领域出台政策和规章制度可谓非常密集，仅 2019 年围绕社会保险、健康保障、养老保障、退役军人保障、幼有所育、弱有所扶、精准扶贫等出台的政策就让人目不暇接。虽然在制度建设层面已成体系，尽管各个政策在出台时都会附上保障措施或者评估机制，但还有待于设立和应用科学化的治理评估指标体系。从提升治理体系与治理能力现代化的视角来看，目前的政策规章仍有相当的不足。

七　2020 年我国社会保障事业发展展望

2019 年我国社会保险事业运行平稳，企业职工基本养老保险中央调剂金制度稳步推进，国有资本划转社保基金行动加速，提振了民众对于社保基金尤其是养老保险基金的信心；降低社会保险费率综合方案出台，受到了企业和民众广泛好评；各险种积极参与扶贫大计，社保扶贫取得新进展。在机构改革的推动下，2019 年我国的健康保障事业更上一个台阶，面向生命全周期

和健康全过程的健康保障事业开始全面布局。养老保障事业也呈现新气象，多部门协作推进养老服务体系不断完善，深入推进医养结合工程，老年健康服务体系朝着精细化方向发展。退役军人保障进入新阶段，国家和地方围绕退役军人的社会保险、安置办法、优待抚恤等出台了一系列政策。“幼有所育”事业顶层设计加快布局，推进抚育事业向专业化、规范化和职业化发展。当然，处于改革发展中的我国社会保障仍存在一些问题，比如机构改革带来新的部门分割、保险的制度全覆盖和人群全覆盖矛盾待解、社保征缴体制改革在实施中存在一定阻力、长期护理保险筹资和结构不太合理、政策和规章制度绩效评估存在挑战等。党的十九届四中全会在“坚持和完善统筹城乡的民生保障制度，满足人民日益增长的美好生活需要”中提出要“完善覆盖全民的社会保障体系”“强化提高人民健康水平的制度保障”，这为2020年及全面建成小康社会之后我国社会保障事业的发展指明了方向。

2020年是“十三五”的收官之年，也是全面建成小康社会的最后一年，届时我国民生和社会保障事业将面临大盘点，同时开启“十四五”的布局，2020年注定将是不平凡的一年。总的来看，2020年我国社会保障事业可能有以下几个重点任务需要推进。

第一，各项社会保障事业将在2019年基础上继续推进。关于退役军人保障的科学研究、政策布局以及实践将深入推进，幼有所育事业将在多方推动下深入开展。即将开展的第四次妇女地位调查将提供更为丰富的数据，世界妇女大会召开25周年纪念活动也将在2020年隆重举行，将有助于推动妇幼事业更进一步发展。

第二，健康保障和养老保障事业将进一步引发社会关注。健康、养老可以说是当前和未来一段时间内我国民众对于美好生活向往的一种集中体现。2019年的全方位布局为后续工作提供了一个良好的开端，十九届四中全会也明确提出要“强化提高人民健康水平的制度保障”，接下来这将在政府、社会和个人的多方努力下深入推进，所暴露出来的矛盾和问题也将成为提升治理体系和治理能力现代化水平的挑战。

第三，长期护理保险能否上升为“第六险”吸引各方关注。2019年以来，在国家和医疗保障局的推动下，长期护理保险有望成为“第六险”。然而，在试点推进过程中遇到筹资渠道单一、筹资结构不合理等问题，这些障碍如何破解以及上升为“第六险”还需要做出哪些努力等，都将成为关注的焦点。

第四，全面落实十九届四中全会精神，开启“十四五”布局。十九届四中全会提到要“完善覆盖全民的社会保障体系”“强化提高人民健康水平的制度保障”，在十九大报告的基础上又有新的提法，比如健康保障、住房保障、妇女全面发展等，这在即将开启的“十四五”规划中必将有所涉及和布局。

B.5
2019年中国教育改革和发展报告*

李涛 张文婷**

摘 要： 2019年是中国全面建成小康社会的冲刺之年，教育事业发展呈现稳中求进的态势。各级各类教育取得显著成绩，教育改革发展取得突破性进展，高素质专业化的创新型教师队伍逐步形成，教育资源公平配置更促进了各级各类教育发展。今后，要持续全面落实立德树人的根本任务，深化教育体制改革，推进教育治理体系和治理能力现代化建设。

关键词： 教育改革 教育发展 教育公平

2019年是中华人民共和国成立70周年，中国教育建设与发展取得巨大成就，教育事业的中国特色更加鲜明。2019年是我国全面建成小康社会的冲刺之年，是开启社会主义现代化建设新阶段的预备之年，一年来，全国各级各类教育坚持党的领导，加强和改善思想政治工作，大力弘扬社会主义核心价值观，加速推进教育现代化进程，教育改革不断深化，人民对教育的获得感不断增强，中国教育在国际上的影响力也不断提高。随着《国家中长期教育改革和发展规划纲要（2010—2020年）》（以下简称《规划纲要》）和《国家教育事业发展“十三五”规划》（以下简称《教育“十三五”规划》）渐近收官，成果丰硕的同时，新的机遇与挑战又对教育新征程提出了新的时代要求。

---

* 本报告受国家“万人计划”青年拔尖人才支持计划的资助。

** 李涛，教育部人文社会科学重点研究基地东北师范大学中国农村教育发展研究院教授、博士生导师，国家“万人计划”青年拔尖人才，中国社会科学院社会学研究所博士后；张文婷，教育部人文社会科学重点研究基地东北师范大学中国农村教育发展研究院硕士研究生。

一　总体教育事业稳中求进

到 2018 年，全国教育经费总投入 46135 亿元，比上年增长 8.39%，其中，国家财政性教育经费 36990 亿元，比上年增长 8.13%。总体教育事业发展比较平稳，预期可达到《规划纲要》与《教育“十三五”规划》的建设目标。

（一）各级各类教育取得显著成就

学前教育在园幼儿数量增多，毛入园率持续提高。2018 年全国共有幼儿园 26.67 万所，同比增长 4.60%。学前教育入园幼儿 1863.91 万人，同比下降 3.82%；在园幼儿 4656.42 万人，同比增长 1.22%。学前教育的毛入园率比上年提高 2.1 个百分点，达到 81.7%。学前教育规模增长的同时，教师队伍配置状况持续改善，不过，根据“十三五”规划目标，2020 年全国学前教育在园幼儿达到4500万人，毛入园率达到85%，如今在园幼儿数量已超过计划目标，但毛入园率还差 3.3 个百分点，因此在接下来的一年里还需继续加大学前教育的发展力度，让普惠性幼儿园惠及更多群体。

义务教育规模稳定增加，学校数量有所减少。具体来看，全国共有普通小学 16.18 万所，比上年下降 3.11%。另有小学教学点 10.14 万个，比上年减少 0.16 万个。招生 1867.30 万人，比上年增长 5.70%；在校生 10339.25 万人，比上年增长 2.43%；毕业生 1616.49 万人，比上年增长 3.23%。小学学龄儿童净入学率达到 99.95%。小学专任教师 609.19 万人，比上年增长 2.47%；专任教师学历合格率 99.97%，比上年提高 0.01 个百分点，生师比 16.97：1。初中阶段，全国共有初中学校 5.20 万所，值得注意的是含有 11 所职业初中，初中学校比上年增加 88 所，增长 0.17%。招生 1602.59 万人，比上年增加 55.37 万人，增长 3.58%；在校生 4652.59 万人，比上年增加 210.52 万人，增长 4.74%；毕业生 1367.77 万人，比上年减少 29.70 万人，下降 2.13%。总体来看，义务教育的规模还在继续增加，而学校和教学点数量因为布局调整有所减少。

特殊教育提升计划持续发力，以多种形式扩大教育规模。全国共有特殊教育学校2152所，比上年增长2.14%；特殊教育学校共有专任教师5.87万人，比上年增长4.78%。招收各种形式的特殊教育学生共12.35万人，比上年增长11.43%；在校生66.59万人，比上年增长15.05%，其中，附设特教班在校生3316人，占特殊教育在校生的0.50%；随班就读在校生32.91万人，占特殊教育在校生的49.42%；送教上门在校生11.64万人，占特殊教育在校生的17.48%。随班就读是特殊教育中占比最大的教育形式，另有半数特殊儿童无法随班就读，通过其他形式接受教育则存在多个方面的实际困难，仅就师资、器材、教室等来说缺口仍然很大。

高中阶段教育普及程度提高，在校生数量缓慢回落。全国高中阶段教育共有学校2.43万所，比上年下降1.21%；招生1349.76万人，比上年下降2.37%；在校学生3934.67万人，比上年下降0.91%。高中阶段毛入学率88.8%，比上年提高0.5个百分点。高中阶段教育主要包括普通高中和中等职业学校，以及少量的成人高中。其中普通高中1.37万所，招生792.71万人，在校生2375.37万人，毕业生779.24万人，普通高中教职工274.25万人，专任教师181.26万人。中等职业教育共有学校1.02万所，其中，普通中等专业学校3322所，成人中等专业学校1097所，职业高中3431所，技工学校2379所，中等职业教育招生557.05万人，占高中阶段教育招生总数的41.27%。从这组数据来看，普通高中整体规模在增加，中职教育规模有所减小。

高等教育毛入学率持续提升，教育规模趋近普及化阶段。全国各类高等教育在学总规模达到3833万人，高等教育毛入学率达到48.1%。共有普通高等学校2663所（含独立学院265所），比上年增长1.22%；其中，有高职（专科）院校1418所，有本科院校1245所。共有成人高等学校277所，研究生培养机构815个。研究生招生85.80万人（其中，全日制73.93万人），招收博士生9.55万人，招收硕士生76.25万人。普通本专科招生790.99万人，比上年增长3.87%；在校生2831.03万人，毕业生753.31万人。高等学校教职工248.75万人，专任教师167.28万人。从数量规模上看，当前高等教育规模的发展处于从大众化到普及化的关键时期。

民办教育占比提高。全国共有各级各类民办学校18.35万所，占全国总数的35.36%；招生1779.75万人，比上年增长3.36%；各类教育在校生达5378.21万人，比上年增长5.03%。[①] 民办教育贯穿整个教育阶段，从幼儿园到初、中、高等教育均扮演重要角色，尤其是学前教育阶段，民办幼儿园接收了半数在园幼儿。

（二）国家财政性教育经费占比连续七年超过4%

2018年，全国教育经费总投入为46135亿元，比上年增长8.39%。历年来，国家都非常重视财政性教育经费占GDP的比重，2018年这一比例为4.11%，连续第七年超过4%。[②] 教育经费投入力度最大的当属义务教育阶段，共计20858亿元，学前教育投入经费在“大中小幼”各阶段中最少，共计3672亿元；而在经费投入年增长率上，学前教育涨幅最大，比上年增长12.79%，义务教育涨幅最小，为7.73%。[③] 教育经费的投入不仅要看数额，也要看增减幅度，同时还要看不同发展阶段的侧重点，如义务教育巩固率不断攀升，更加注重优质和均衡；学前教育则靠民办园撑起普惠的“半壁江山”，需要逐年加大投入力度。具体各个阶段教育经费投入情况如图1所示。

二　教育改革发展取得突破性进展

2018年召开全国教育大会以来，推进教育现代化进程、建设教育强国有了更明确的方向和目标。近一年里，各项教育事业锐意改革促发展，不断取得新的突破，在完善教育管理体制机制、加强教师队伍建设、促进城乡义务教育一体化发展、助推教育精准扶贫等方面既有沿袭又有创新。

---

① 《2018年全国教育事业发展统计公报》，中华人民共和国中央人民政府网站，http://www.gov.cn/xinwen/2019-07/24/content_5414053.htm，2019年7月24日。

② 《我国教育经费占GDP比例连续7年超过4%，世界平均水平为4.9%》，新浪财经，https://finance.sina.com.cn/roll/2019-04-30/doc-ihvhiewr9150321.shtml，2019年4月30日。

③ 《教育部关于2018年全国教育经费统计快报》，中华人民共和国教育部网站，http://www.moe.gov.cn/jyb_xwfb/gzdt_gzdt/s5987/201904/t20190430_380155.html，2019年4月30日。

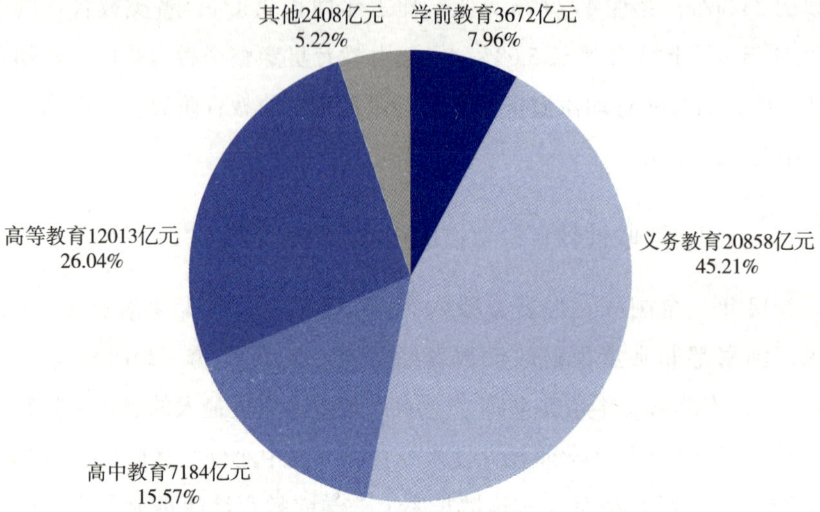

图1 2018 年教育经费在各级教育间的分配情况

（一）进一步完善教育管理体制机制

注重顶层设计，推进中国教育现代化。2019 年 2 月，中共中央、国务院印发了《中国教育现代化 2035》，提出了推进教育现代化的八项基本理念，即：更加注重以德为先、更加注重全面发展、更加注重面向人人、更加注重终身学习、更加注重因材施教、更加注重知行合一、更加注重融合发展、更加注重共建共享。[①] 伴随印发的还有《加快推进教育现代化实施方案（2018—2022 年）》，为教育现代化发展制定了五年计划，在指导思想、实施原则、重点任务和保障措施方面给予明确引导，为完善教育管理体制机制提供了顶层支持。

贯彻“放管服”改革精神，扩大高校办学自主权。为推动高等教育内涵式发展，完善中国特色的现代大学制度，近几年国家部门连续出台若干文件，给高校放权减负、扩大办学自主权、激发创新管理制度，总体围绕学科专业、

① 《中共中央、国务院印发〈中国教育现代化 2035〉》，中华人民共和国中央人民政府网站，2019 年 2 月 23 日。

编制、岗位、进人用人、职称评审、薪酬分配、经费使用管理等几个方面展开，因此高校内部治理体系正处于变动较为频繁的时期，这也是压力与动力并存的新契机。

全面推进依法治教，加强普法教育。目前，教育部正在推动对职业教育法、教师法、学位管理制度等的修订，致力于补充和完善不同教育阶段及不同教育形式的法规，加强依法治教的法律保障。同时，加强对青少年的普法教育和对教师法治教学技能的培训，推动《青少年法治教育大纲》的宣传，推进教育系统“学宪法讲宪法”活动，强化青少年法治教育实践基地、法治资源教室等建设。①

深化考试招生制度改革，重视综合素质评价。2019 年是实行新高考改革的第三年，在新一轮考试招生制度改革中，8 个省份成为第三批启动高考改革的试点，包括河北、辽宁、江苏、福建、湖北、湖南、广东、重庆。高校录取实施“两依据，一参考”模式，即既要依据高考学科科目成绩、学业水平选择性考试成绩，还要将综合素质评价作为录取的重要参考。② 从 2018 级学生开始采用“3+1+2”的考试模式，“3”指语文、数学、外语，计原始分；“1”指从学业水平考试的物理、历史中选一门计原始分；“2”指从思想政治、地理、化学、生物学中选两门计等级赋分，相加得到总成绩，不分文理科。与传统的高考模式相比，新的考试模式给学生更多的选择空间，但考试科目选择与未来专业选择紧密相关，学校不同专业会明确要求选考科目与专业报考之间的关系。

优化教育经费投入使用结构，加强教育经费使用管理。2018 年国务院办公厅印发了《关于进一步调整优化结构提高教育经费使用效益的意见》，进一步优化经费使用：一方面，持续保障财政投入，确保一般公共预算教育支出逐年只增不减，鼓励社会投入；另一方面，合理规划教育经费支出，严格管理教育经费的使用，提高使用效率，落实监管责任。

---

① 《教育部 2019 年工作要点》，中华人民共和国中央人民政府网站，http://www.gov.cn/xinwen/2019-03/10/content_5367914.htm，2019 年 3 月 10 日。

② 《风好正是扬帆时——写在全国教育大会召开一周年之际》，《中国教育报》2019 年 9 月 9 日。

（二）多方力量助推教育精准扶贫

为打赢脱贫攻坚战、实现全面建设小康社会目标，教育扶贫发挥了不可或缺的重要作用。2018 年国务院和教育部联合发布《深度贫困地区教育脱贫攻坚实施方案（2018—2020 年）》，对“三区三州”[①]建立精准教育扶贫台账，对各类教育加大倾斜力度，提高教育服务水平，出台关于教师队伍建设、减免和补助各项费用的多种优惠政策，注重成人教育和岗位技能培训，努力助推教育精准扶贫。从长远发展的视角看，教育精准扶贫承担着阻断贫困代际传递的社会功能，承担着提高贫困地区教育水平、培养贫困地区学生知识技能、帮助贫困人口就业等多重社会职能。尤其是针对深度贫困地区，全面推进教育扶贫工作，汇集多方力量，探路脱贫攻坚方向尤具战略意义。

“控辍保学”是提高义务教育巩固率的重点工作，也是“教育扶贫”的基本任务。“辍学失学”问题多发于老少边穷地区，2017 年国务院办公厅发布《关于进一步加强控辍保学提高义务教育巩固水平的通知》，要求确保实现到 2020 年全国九年义务教育巩固率达到 95% 的目标。这就要求教育部门帮助辍学儿童克服困难重返校园，更要协助提高乡村办学条件和教育质量，在学业上给予升学机会或培养职业技能，在生活上关心思想状况，根据实际情况给予必要的帮扶。

高校参与教育扶贫，对乡村振兴发挥巨大作用。2018 年底，教育部印发《高等学校乡村振兴科技创新行动计划（2018—2022 年）》，各方高校围绕产业发展、人才培训、文化传播等制定服务计划，设立帮扶站点，推动农业、农村、农民的发展。在推进乡村振兴的过程中，高校的创新技术和科学文化知识通过专家和人才团队以农业技术推广的形式与农村各项产业结合，有力地推动了产值提升。高校的参与既能推动农村地区尤其是贫困地区产业升级和脱贫攻坚，也能为自身专业技术的精进创新提供实践的平台。

---

① 三区三州：位于西藏、新疆、甘肃、四川和云南，是国家层面的深度贫困地区，三区指西藏、新疆南疆四地州和四省藏区，三州指临夏州、凉山州和怒江州。

此外，除了国家各级政府部门以外，各类企业、社会组织也参与其中，通过派出各类人才、实施帮扶项目，成为国家脱贫攻坚工作中不可或缺的力量。教育精准扶贫作为根本上解决贫困问题的关键路径之一，在决战脱贫攻坚战的关键时期既显即时成效，更属长远战略。

（三）全力打造高素质专业化创新型教师队伍

县管校聘，优化义务教育教师资源配置。2018 年中共中央、国务院发布《关于全面深化新时代教师队伍建设改革的意见》，着力于“编制改革”和“职称评审”两个方面，力图强化教师队伍素质和活力。在“编制改革”方面，教师准入和聘用方式不断被创新，进一步在义务教育阶段深化“县管校聘”制度改革，完善“区域内校长和教师交流轮岗制度”，使教师由“学校人”变为“系统人”，促进师资均衡配置，提升学校教育质量；在“职称评审”方面，在中小学教师职称和考核评价制度中增加了中级、高级教师岗位比例，并通过聘后管理、定期注册等方式增强队伍能力。

完善职业院校“固定岗”和“流动岗”相结合的资源配置新机制。“学习内容”与“应用实践”之间的衔接是“企业用工”与“学校培养”之间的关键，我国职业教育发展起步较晚，职业院校“双师型”教师比例偏低，是职业教育发展的核心短板，2019 年我国高职院校新扩招 100 万人，这就对职业教育教师数量、质量、结构都提出更高要求。配合高校人事管理自主权的下放，培养“双师型”教师势在必行，这对于推动产教融合、校企合作、提高就业质量有显著成效，对缓解企业技能型人才刚需矛盾大有裨益。

政策倾斜持续惠及农村边远地区教师队伍建设。数据表明，2013 年至 2019 年七年间，中央财政对农村义务教育特岗教师提供的工资性补助达到了 430 亿元，对实施义务教育乡村教师生活补助政策的地方奖补资金累计达到 198.2 亿元，每年惠及约 127 万名乡村教师。①《乡村教师支持计划（2015—2020 年）》的政策实施也进入收尾期，政策福利对乡村教师在“生活补助”、

① 《教师队伍建设的历史性成就》，《中国教育报》2019 年 9 月 18 日。

“住房条件”和“工作条件”等方面予以了积极改善，有效提升了教师在乡村任教的积极性，但乡村教师队伍的提质增能还需更多系统性和科学性的政策干预给予持续发力。另外，由于城镇化和人口流动趋势，农村地区县城的“大班大校”现象依然较为突出，这类学校教师承担的教育教学与行政事务工作量繁重，无论乡村还是城镇，教师发展仍任重道远。

三　优质教育资源促进各级各类教育公平发展

教育公平一直广受社会各界关注，发展各级各类教育，注重不同层级和同一层级不同地域教育资源的公平分配，并根据各自所处发展阶段制定当前和接下来一个时期的发展计划，是教育纵深发展的必然要求。促进学前教育的普惠、义务教育的均衡、高中教育的普及、高等教育的内涵发展，同时把立德树人贯穿各级教育体系之中，是教育发展的时代命题。

（一）立德树人作为教育的根本任务

作为教育的根本任务，立德树人是各级各类教育的首要任务，融入在高等教育、高中阶段教育、义务教育、学前教育不同教育阶段和公办、民办、特殊、成人、在线教育等不同教育形式之中。2019 年 8 月，中办、国办印发了《关于深化新时代学校思想政治理论课改革创新的若干意见》，就新时代中国特色社会主义思想、学校思想政治理论课改革创新提出意见，要求完善思政课课程教材体系。根据大中小学学生特点，在规划思政课课程目标、调整思政课课程体系、统筹思政课课程内容建设等方面循序渐进，螺旋上升地开设思政课；着重建设一支“政治强、情怀深、思维新、视野广、自律严、人格正”的思政课教师队伍；增强思政课的理论性、思想性、亲和力、针对性，加强党对思政课建设的领导。[①]

① 《中共中央办公厅 国务院办公厅印发〈关于深化新时代学校思想政治理论课改革创新的若干意见〉》，新华社，2019 年 8 月 14 日。

（二）推进高等教育内涵式发展

自2018年《关于高等学校加快“双一流”建设的指导意见》颁布以来，第一批高等教育“双一流”建设对象的工作步入正轨、颇具成效。42所一流大学建设高校和95所一流学科建设高校聚焦立德树人的根本任务，围绕课程体系、师资队伍、人才培养、教育评价和科研创新等主题，推动高等教育教学改革向内涵式发展转变。教育部门以简报的形式持续发布各个高校不同主题内容的建设情况和代表性建设案例，总体工作正在有条不紊地推进。

注重以教学为中心的制度体系，引导教师重视教学。“不抓本科教育的高校不是合格的高校、不重视本科教育的校长不是合格的校长、不参与本科教育的教授不是合格的教授”，根据2018年中办、国办《关于深化项目评审、人才评价、机构评估改革的意见》文件精神要求，针对“唯论文、唯职称、唯学历、唯奖项”的专项清理行动取得成效，在规范人才项目、职称评审的同时，引导教师将更多的精力投入教育教学中，扭转重科研、轻教学的现象，对于助力高等教育内涵式发展、提升本科教学质量尤为重要。

振兴本科教育，给大学生“增负”。2018年6月21日，教育部召开改革开放40年来首次全国高等学校本科教育工作会议，吹响了建设一流本科教育的集结号。随后印发《关于加快建设高水平本科教育 全面提高人才培养能力的意见》，被称为“新时代高教40条”，确立了未来5年建设高水平本科教育的阶段性目标和到2035年的总体目标。①目标直指本科“严进宽出”下产生的教育质量问题，如今，淘汰“水课”打造“金课”、扭转“玩命的中学、快乐的大学”等新话语渐入人心，提高毕业难度、注重过程考核等高校教育改革已在路上。

2019年高职院校扩招100万人。根据2019年《政府工作报告》，高职院校要大规模扩招100万人，直接推动高等教育迈入普及化阶段。②从数据上看，

---

① 《扎根中国大地 奋进强国征程——新中国70年高等教育改革发展历程》，《中国教育报》2019年9月22日。

② 《2019年高职扩招100万人推动我国高等教育迈入普及化阶段》，新华社，2019年5月8日。

预计2019年毛入学率将会超过50%，高等教育普及在即。虽然高考报名已经结束，但为配合此次扩招，各地将会组织补报工作。招生对象主要是普通高中毕业生、中职毕业生、农民工、新型职业农民、退役军人和下岗失业人员等群体。针对不同群体需求，考试方式也有所区别，对于高中阶段毕业生，采取现行“文化素质＋职业技能”考试方式，对于退役军人和下岗失业人员、农民工、新型职业农民，则免除文化课考试。

（三）高中阶段教育普及在望

“提质增量”是高中阶段教育发展的重要任务。2018年高中阶段毛入学率为88.8%，普及高中教育的阶段目标即将实现，在这种情况下，质量提升是高中教育发展的必然要求。2019年6月，国务院办公厅发布《关于新时代推进普通高中育人方式改革的指导意见》，要求到2022年，高中阶段教育的德智体美劳全面培养体系更加完善，普通高中新课程新教材全面实施，适应学生全面而有个性发展的教育教学改革深入推进，科学的教育评价和考试招生制度基本建立，等等。由此可见，提高教育质量将被摆在更加突出的战略位置。

改善中等职业学校基本办学条件，提高中等职业教育发展水平。高中阶段教育主要有“普通高中”和“中等职业教育”两个大类，“普职结合”是普及高中阶段教育的主体模式，二者办学规模大致相当的结构将长期存在。发展中等职业教育是普及高中阶段教育和建设中国特色职业教育体系的重要组成部分，在高职院校扩招的形势下，提升中等职业教育质量对培养社会急需的技能型职业人才极为紧迫，对高等教育体系发展至关重要。2019年2月《国务院关于印发国家职业教育改革实施方案的通知》，要求加强省级统筹，使绝大多数城乡新增劳动力接受高中阶段教育，建好办好县域职教中心，重点支持集中连片特困地区，每个地（市、州、盟）原则上要求至少建设一所满足当地经济社会发展、技术技能人才培养需要的中等职业学校。

（四）义务教育进入高质量发展新阶段

义务教育基本均衡发展进入攻坚阶段。《关于统筹推进县域内城乡义务教育一体化改革发展的若干意见》提出，到 2020 年，城乡二元结构壁垒基本消除，义务教育与城镇化发展基本协调，义务教育普及水平进一步巩固提高，九年义务教育巩固率达到 95%。文件精神要求下一步工作重点主要在于统一县域内义务教育学校建设标准、教师编制、生均公用经费基准定额、基本装备配置、“两免一补”等，到 2019 年这些工作已基本实现。根据全国义务教育均衡发展督导评估工作最新的报告，2018 年又有 338 个县通过国家督导评估，全国累计数量已达 2717 个县，占全国总县数的 92.7%，16 个省份整体通过认定。①

义务教育进入全面提高质量的新时期。2019 年 7 月，《关于深化教育教学改革全面提高义务教育质量的意见》印发，这是党中央、国务院印发的第一个聚焦“义务教育阶段教育教学改革”的重要文件，是新时代我国深化教育教学改革、全面提高义务教育质量的纲领性文件。义务教育生涯跨度长，是学生身心成长的重要时期，也是各级各类教育体系的基础部分，文件围绕立德树人、素质教育、课堂教学、教师队伍等几个方面展开，全方位就义务教育阶段教育教学改革给出指导意见。

近年来，针对乡村地区学校发展的倾斜政策效果显著。到 2018 年底，“全面改薄”工作基本完成规划任务和目标，但进一步加强农村地区学校建设的工作难度依然不减。由于社会转型和经济形势的变化，人口流动的主要趋势仍是农村向城镇转移。2019 年 7 月，教育部、国家发展改革委、财政部三部门联合发布《关于切实做好义务教育薄弱环节改善与能力提升工作的意见》，② 直击义务教育学校“城镇挤、乡村弱”症结，在即将完成“全面改薄”工作的历史节点，下一步工作的重点是“乡村学校薄弱环节”和“县城学校规划管理”。

（五）学前教育向优质普惠方向推进

学前教育法草案文本已初步形成。2019 年 8 月，教育部成立的学前教育立法工作领导小组已经初步形成草案文本，当前正处于修改完善阶段，拟列

① 《2018 年全国义务教育均衡发展督导评估工作报告》，教育部网站，http://www.moe.gov.cn/fbh/live/2019/50415/sfcl/201903/t20190326_375275.html，2019 年 3 月 26 日。

② 《开辟义务教育面向未来发展的道路》，《中国教育报》2019 年 9 月 26 日。

入国务院2020年立法计划。2018年11月，中共中央、国务院发布《关于学前教育深化改革规范发展的若干意见》，进一步完善学前教育公共服务体系。截至2018年，全国共有幼儿园26.67万所，其中普惠性幼儿园18.29万所，占幼儿园总数的68.6%，其中农村地区普惠性幼儿园占73.3%，占比较高。要达到2020年毛入园率85%、普惠性幼儿园占80%的目标，需继续扩大学前教育规模、扶持民办园向公益普惠方向转型。

在学前教育行动计划等专项计划的刺激下，学前教育着力破解“入园难”“入园贵”的问题，近几年这些矛盾大为缓和，努力方向开始向提升学前教育质量转变。2019年2月《国务院关于印发国家职业教育改革实施方案的通知》，要求对包括学前教育在内的几个专业扩大招收初中毕业生的规模，实行中高职贯通的培养方式，提高幼师队伍素质和扩大师资规模。此外，在教材编写、游戏设计、机构编制管理、规范配套幼儿园、确定生均公用经费财政拨款和补助标准等“硬件”“软件”方面全方位提升学前教育水平。

四　教育热点概览

在全面推进教育现代化战略中，公共舆论生成了若干“热词”“新词”。战略规划、教师减负、高职院校扩招、“互联网+”教育、校园安全、乡村教育等热点，切实关乎人民利益与诉求。

（一）《国家中长期教育改革和发展规划纲要（2010—2020年）》进入压轴之年

《国家中长期教育改革和发展规划纲要（2010—2020年）》是国家中长期教育发展的纲领性文件，即将进入2020年收官阶段。时至今日，当前教育目标达成情况良好，促使“长板”从扩大规模总量向提升内涵质量发展，“短板”在攻坚克难下后来居上，总体教育水平显著提升，预计2020年可顺利完成总体任务。接下来，以《中国教育现代化2035》为代表的新时期系列文件将继续接棒，为新时代踏上教育现代化建设新征程指明方向。

（二）教师职业的“减负”与“增收”

2019 年被中央确立为“基层减负年”，在教育领域，教师减负、学校减负日渐成为主流话语。主要针对中小学教师承担过多教学以外任务的问题，要精简和去除不应由教师承担的事务，以便教师有更多的时间和精力投入教育教学本职工作，提升学校教育质量、帮助学生成长。

国际国内顶尖名校博士、硕士毕业生进入发达地区中小学校任教渐成常态。有关中小学教师的人才争夺战日益激烈，2019 年校招季，部分发达地区用人单位允诺给予“高额年薪”与“人才奖励”等多重优惠措施，配合编制、户口、带薪休假、职业发展等条件，吸引了众多国际国内顶尖名校博士、硕士前往中小学任教。结合近几年全国发达地区多所中小学许诺优厚条件吸纳名校博士硕士任教的事例，以及当前中小学教师学历硕博士比普遍攀增的事实，可见中小学师资队伍学历提升的同时，由用人市场所认定的知识价值也日益增质，“抢人才大战”成为一个缩影。

（三）全国高职院校扩招100万人

2019 年《政府工作报告》要求全国高职院校大规模扩招 100 万人。1 月国务院印发《国家职业教育改革实施方案》，5 月教育部等六部门印发《高职扩招专项工作实施方案》，贯彻落实此项扩招工作。各省份安排扩招计划，重点布局在优质高职院校，招生对象除了常规生源外，还加大对退役军人、下岗失业人员、农民工、新型职业农民等群体的宣传力度并根据实际情况单列计划。根据高职院校改革的需要，高职教师队伍通过校企合作、专项培训、挖掘“双师型”教师等途径以作补充。我国高等教育即将迈入大众化阶段，高职扩招对全民学习、构建学习型社会至关重要。

（四）乡村教育取得突出进展

2019 年，多所乡村小学尝试“在地化”的教育实践，努力探索乡村教育办学的“乡土性”特质。互联网话语下部分“网红学校”成为乡村教育改革中的“舆论新星”而进入公众视野。因办学理念和工作方式有别于传统，借助舆论宣传成为“舞台上的学校”，这些“舞台上的学校”在生源“从村到城”单向流动的教育人口流向中，吸引了一批“从城到村”来的生源，成为教育人口“洪流”中的一股“逆流”，也是一股涓涓“清流”，其背后是在传统话语体系下没有优势的乡村学校发挥自身特质优势实施“在地化”实践的有益探索。在乡村振兴战略发展中，形成乡村学校的独特优势，是乡村教育发展的关键。

（五）教育产业化发展渐盛

近年来，教育行业的市场融资规模日渐扩大，教育产业化发展势头不减。自2014年开始，教育行业一级市场融资激增，经历了2016年的略微趋冷，2017年开始回暖，总体而言投资人更趋于理性。教育行业一级市场中，好未来、新东方两大教育行业巨头持续占据榜首，人民币基金在教育行业的投资表现得比较活跃，其中蓝象资本、真格基金、创新工场活跃度占据前三位。在A股并购活跃度方面，2018年上半年公告的并购案例显示，教育信息化、K12、职业培训及国际教育领域是并购行业的主要对象。此外，早幼教、素质教育、STEM等也是不容小觑的教育产业化板块，预计到2020年，中国教育行业的市场规模可以达到3万亿元。[①]

（六）平安校园的重要性得到空前重视

近年来，校园安全问题备受关注。以食品安全为例，包括“营养餐”在内的学生饭菜问题一经媒体曝光，常能迅速引发舆论声讨和责任追究，因此教育部每年发布工作通知，对相关问题高度重视。2019年9月，教育部、市场监管总局联合印发了《关于开展2019年秋季学校食品安全风险隐患排查工作的通知》，重点检查了学校食堂、学生集体用餐配送单位和学校周边的食品店。

---

① 《桃李资本发布〈2018上半年教育行业融资并购报告〉》，新浪教育，http://edu.sina.com.cn/l/2018-05-30/doc-ihcffhsv4607758.shtml，2018年5月30日。

除食品安全以外，其他方面的校园安全防范也不断升级。目前，全国有70% 以上的中小学幼儿园安全防范体系建设达到了国家建设标准，涉校刑事案件连续 6 年下降。“互联网 +”“摄像监控”的技术手段有效弥补了校园管理中人力资源的不足。证据表明，技术手段在校园安全中的运用颇有成效，但作为一把“双刃剑”，也需高度警惕技术手段对学生隐私空间的占领。

（七）中国已经成为亚洲最大留学目的国

当前，国际社会对中国教育的关注度也日益升高，2019 年中国已经成为亚洲最大留学目的国。早在三年前，中国政府就印发了《推进共建“一带一路”教育行动》，目前中国教育部已与 24 个共建“一带一路”国家签署高等教育学历学位互认协议，在 54 个国家联合建立了 154 所孔子学院和 149 个孔子课堂，支持 60 所高校在 23 个国家开展境外办学。教育践行“引进来”与“走出去”的国际化道路，对外不断扩大国际影响力，对内拉动地方高校积极参与，以“一带一路”建设为抓手，我国高等教育的国际影响力日益显著。

五　未来教育展望

2020 年即将来临，《国家中长期教育改革和发展规划纲要（2010—2020 年）》《国家教育事业发展“十三五”规划》的预期发展目标即将完成，未来两年的工作重点将聚焦《加快推进教育现代化实施方案（2018—2022 年）》，鉴于此，统筹推进各级各类教育向“高质量”“内涵式”方向发展，深化教育创新改革，成为教育发展可以预见的未来。根据 2019 年中共中央、国务院印发的《中国教育现代化 2035》的要求，到 2020 年，全面实现“十三五”发展目标，教育总体实力和国际影响力显著增强；到 2035 年，总体实现教育现代化，迈入教育强国行列。因此，持续全面落实立德树人根本任务、推动各级教育高水平高质量普及、实现基本公共教育服务均等化、构建服务全民的终身学习体系、提升一流人才培养与创新能力、建设高素质专业化创新型教师队伍、加快信息化时代教育变革、开创教育对外开放新格局、推进教育治理体系和治理能力现代化等目标将是中国教育事业发展艰巨的主任务。

参考文献

《国务院办公厅关于新时代推进普通高中育人方式改革的指导意见》，中华人民共和国中央人民政府网站，2019 年 6 月 11 日。

《国务院关于印发国家职业教育改革实施方案的通知》，中华人民共和国中央人民政府网站，2019 年 2 月 13 日。

《教育部有关负责人就统筹推进县域内城乡义务教育一体化改革发展答记者问》，新华社，2016 年 7 月 12 日。

《义务教育阶段教育教学改革纲领性文件出炉》，新华社，2019 年 7 月 8 日。

《中国教育概况——2018 年全国教育事业发展情况》，教育部网站，2019 年 9 月 29 日。

《合力编就“安全网”，科技撑起“保护伞”——让全国的校园长久安宁》，新华社，2019 年 9 月 15 日。

《教育部：三项成果纳入第二届“一带一路”国际合作高峰论坛成果清单》，教育部网站，2019 年 4 月 28 日。

B.6
2019年中国社会治安形势分析报告

周延东　宫志刚*

摘　要：2019年，在新中国成立70周年大背景下，我国境内反恐态势良好，未发生严重影响社会安全的暴恐事件，但香港暴力冲突事件严重影响了香港社会安全稳定。公安机关立案和受理的刑事案件、治安案件均呈下降趋势，与人民群众人身安全密切相关的杀人、伤害、抢劫案件和与社会公共秩序相关的扰乱秩序、枪支、违禁物品类违法犯罪行为数量逐步下降，确保了社会整体安全有序。通过深入开展扫黑除恶斗争，打击隐藏在黑恶势力保护下的卖淫嫖娼、寻衅滋事案件数量呈上升趋势。目前我国社会治安还面临着部分地区扫黑除恶、涉众型经济犯罪、网络生态空间风险、诈骗案件防治、食品安全、涉税犯罪等六大“困境”。建议坚定政治立场、持续深入扫黑除恶斗争，充分发挥社会联动合作机制作用，深入推进公安大数据建设，构建多元诈骗防治体系，协同作战、切实保障群众食品安全，通过强化云端打击、分层侦控涉税领域等方式，提升社会治安防控水平。

关键词：社会治安　防控体系　社会秩序

随着中国社会经济的高速发展和改革进程的不断推进，中国社会治理模

* 周延东，中国人民公安大学治安学院副教授、硕导，首都社会安全研究基地研究员；宫志刚，中国人民公安大学治安学院教授、博导，首都社会安全研究基地主任。

式不断完善，社会综合治理成效日益显现。但是，我国改革进入攻坚期和深水区，“牵一发而动全身”的问题日益突出，外部环境严峻与内部发展不充分不平衡问题叠加，新老问题交织，社会治安形势复杂，传统安全与非传统安全问题亟待解决。

一　2019 年社会治安总体状况与趋势

（一）境内反恐态势良好　外部势力影响我国政治稳定

2019 年 3 月，国务委员、国家反恐怖工作领导小组组长赵克志在国家反恐怖工作领导小组会议暨全国反恐怖工作视频会议上强调，要以习近平新时代中国特色社会主义思想为指导，增强“四个意识”、坚定“四个自信”、做到“两个维护”，以做好新中国成立 70 周年大庆安保维稳工作为主线，以防范化解涉恐风险为基点，坚持底线思维、强化责任担当，从严从实从细抓好反恐防恐各项措施的落实，坚持不懈深化反恐怖斗争，以优异成绩庆祝新中国成立 70 周年。[①] 过去一年，我国针对新疆、西藏、云南等反恐重点地区开展的密集警力部署和有计划性的巡查、布控工作，对于当地治安环境的改善发挥了重要作用。在未来，公安机关将继续深入开展基层普法工作和反恐活动宣传教育工作，并且扩大公安机关反恐力量部署范围，增加警力资源投入，杜绝未来中国境内严重暴力性恐怖活动的发生。

需要特别注意的是外部势力利用我国国内事件插手我国内政，破坏国内政治稳定、威胁社会秩序的问题。自 2019 年 2 月香港反修例事件发生以来，外部势力利用我国“一国两制”、非必要情况下不干涉香港政权的制度，大肆煽动西方民粹主义，美国、英国、欧盟、德国等国家和地区的西方政客不间断地发表不负责言论，同时对香港暴徒煽风点火，把香港的暴力示威、殴打警察、破坏政府和公共设施行为当作民主的表现，赞美香港部分群众的过激行为，企图分裂中国。我国政府对此表示抗议并指出，这些外部势力利用香

① 《赵克志在国家反恐怖工作领导小组会议暨全国反恐怖工作视频会议上讲话》，中国政府网，2019 年 3 月 25 日。

港事件，捏造不实言论，鼓动香港独立，表明目前“外部势力插手我国内政频繁”等动态趋势，对于未来中国政治环境的稳定具有警示作用。

（二）打赢70周年大庆安保维稳硬仗　公安机关立案数量下降趋势明显

自 2015 年以来，我国公安机关立案的刑事案件数量和受理的治安案件数量总体呈现不断下降趋势（见图 1），且趋势稳定。国家统计局公布的数据显示，同 2015 年比，2018 年公安机关立案的刑事案件由 7174037 起下降到 5069242 起，下降率为 29.34%；公安机关受理的治安案件由 11795124 起下降到 9721130 起，近九年来第一次案发数在千万以内，下降率为 17.58%，标志着我国社会治安治理模式不断进步和完善，随着社会改革进程的推进，社会治安防控的手段和方式能够及时根据社会形势做出相应的变化与调整，保证了 2019 年中国社会秩序的总体稳定，为新中国成立 70 周年大庆打下了良好的基础。

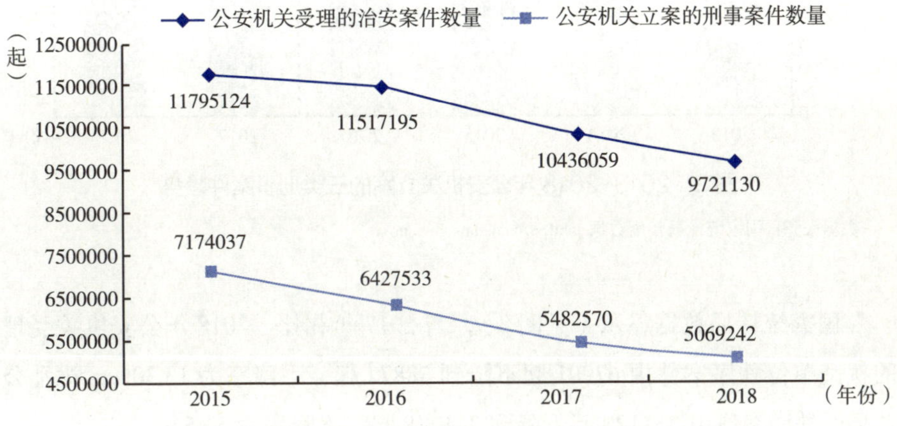

图 1　2015~2018 年公安机关立案的刑事案件和受理的治安案件数量

数据来源：国家统计局年度数据，http://data.stats.gov.cn。

为保证新中国成立 70 周年大庆活动顺利开展，提高人民群众的获得感、幸福感、安全感，公安机关加大对百姓最为关心的人身安全案件的防控与打击力度，国家统计局数据显示（见图 2），2013~2018 年，公安机关立案的杀人、伤害、抢劫案件均呈明显下降趋势，2018 年三类案件总数为 130329 起，较 2017 年的158344起下降率达到17.69%，较2013年的318743起下降率达到59.11%。随着视频监控系统布控范围的增大、公安机关大数据应用的普及与人脸识别技术的不断完善，公安机关可以及时抓取生活动态轨迹，及时对社会上有可能威胁人们人身安全的相关情况进行研判，防患于未然，公安机关在近五年来对人民群众人身、生命安全的保障不断强化，人民群众安全感不断提升。

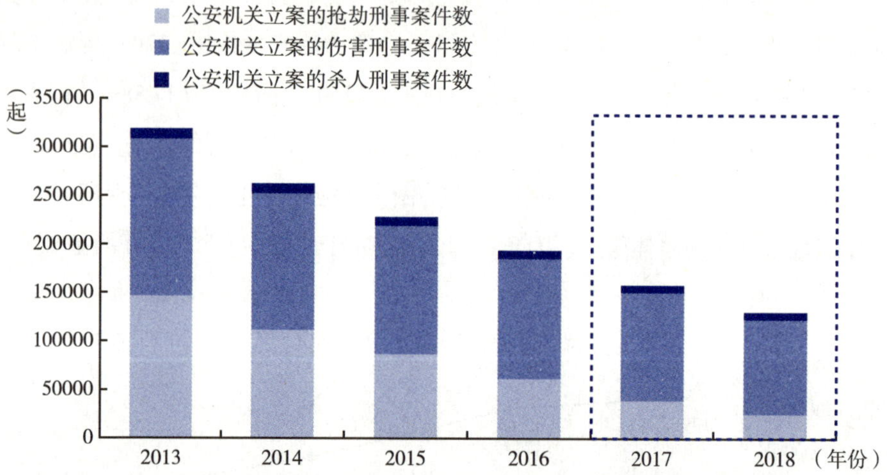

图2　2013~2018年公安机关立案的三类刑事案件趋势

数据来源：国家统计局年度数据，http://data.stats.gov.cn。

国家统计局数据显示（见图3），与2017年相比，2018年公安机关受理的扰乱单位秩序案件由67901起下降到58872起，下降率为13.30%；扰乱公共场所秩序案件由361120起下降到341448起，下降率为5.45%。

涉枪涉爆违法犯罪打击治理工作直接关系到公共安全和社会大局稳定，更直接关系到人民群众的切身利益和国家长治久安，当前打击整治枪爆违法犯罪工作具有重要性和紧迫性，我国公安机关强化底线思维、坚持问题导向，深入推进“打击整治枪爆违法犯罪”专项行动，在公共汽车站、地铁站、火车站、机场等公共交通站点加大了对非法携带枪支、弹药、管制工具、危险物资等有可能危害公共安全的人、物品、事件的盘查力度。国家统计局数据

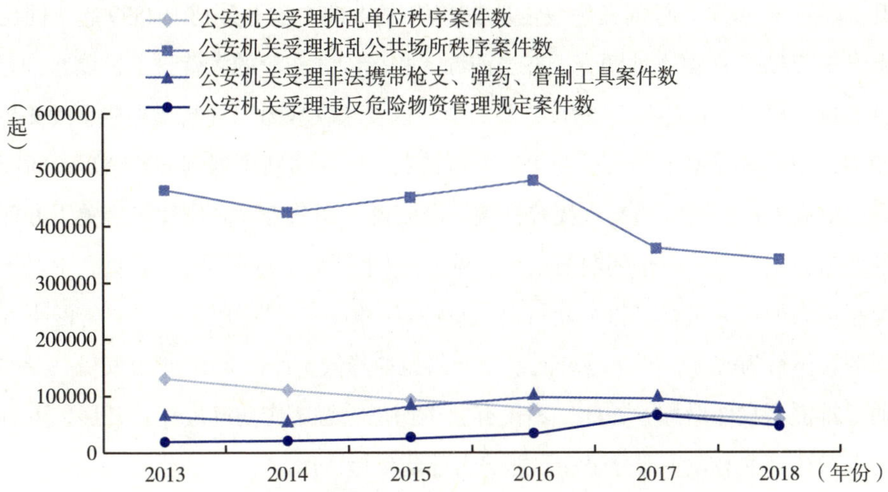

图 3　2013~2018 年公安机关管理的四类治安案件趋势

数据来源：国家统计局年度数据，http://data.stats.gov.cn。

显示（见图 3），2018 年公安机关受理非法携带枪支、弹药、管制工具案件数为 78697 起，相比 2017 年的 95067 起，下降率达 17.22%，成功遏制了近三年来有上升趋势的非法携带枪支、弹药、管制工具案件和违反危险物资管理规定案件发案数。截至 2019 年 4 月，全国共破获涉枪涉爆案件 1940 起，打掉团伙 56 个，捣毁窝点 112 处，抓获违法犯罪嫌疑人 2300 余名，排查整治枪爆从业单位 5.6 万家次，清理网上违法枪爆信息 2.5 万条，接到群众举报的违法犯罪线索 1000 余条，[①] 公安机关严管严控枪爆物品，严打严治枪爆犯罪，消除枪爆隐患，做到维护社会大局稳定和人民群众生命财产安全。

（三）寻衅滋事、卖淫嫖娼案件数量上升

在 2019 年整体立案的刑事案件和受理的治安案件数量显著下降的情况下，两类案件却仍然呈上升趋势。国家统计局数据显示（见图 4），公安机关受理的寻衅滋事案件数量从 2017 年的 86493 起上升到 2018 年的 107813 起，同比上

① 《孙力军在打击整治枪爆违法犯罪专项行动视频推进会上强调》，中华人民共和国公安部，2019 年 4 月 10 日。

升 24.65%；卖淫、嫖娼案件数量从 2017 年的 88091 起上升到 104599 起，同比上升 18.74%。根据实地调查，在当前深入扫黑除恶斗争的大背景下，黑恶势力具有以“村霸”、宗族恶势力、“保护伞”以及“软暴力”等新老犯罪手段交替使用，团伙规模不定、人员变化快等新特点。针对实践中遇到的新情况、新问题，最高人民法院、最高人民检察院、公安部、司法部联合印发了《关于办理黑恶势力犯罪案件若干问题的指导意见》(以下简称《意见》),《意见》中对于黑恶势力的行为进行了符合新情况、新特点的解释，其中就有对于寻衅滋事方面的具体行为解释，对于寻衅滋事定罪门槛的降低，使得 2018 年公安机关受理的寻衅滋事案件增加。如此，不仅有利于扫黑除恶工作向基层深入开展，更有利于对社会中潜在犯罪分子和黑恶势力起到威慑作用。

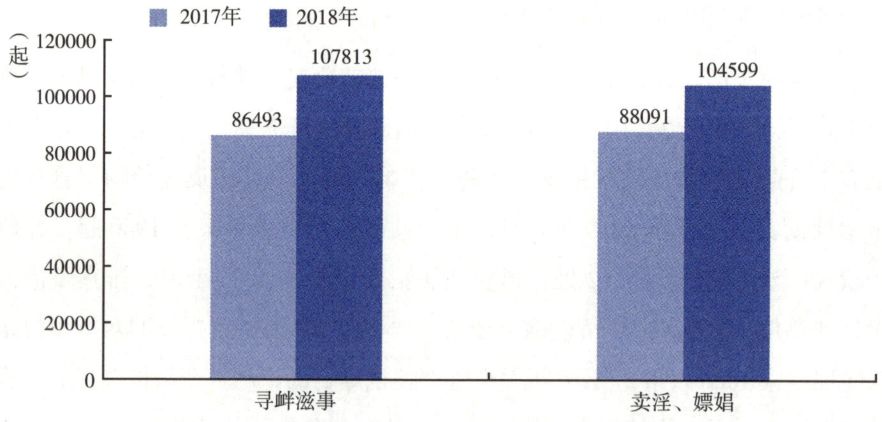

图 4　公安机关受理寻衅滋事和卖淫、嫖娼案件数

数据来源：国家统计局年度数据，http://data.stats.gov.cn。

当前，一些卖淫、嫖娼行为确实是黑恶势力范围内重要的经济来源之一，黑恶势力在势力范围内，发展各种形式的卖淫产业，构成“卖淫灰色产业链”，公安机关在以往打击这些卖淫嫖娼案件时，是依据犯罪团伙的组织性特征将其划归为 1 起案件；随着扫黑除恶深入开展，原本呈组织化的卖淫团伙因失去庇护者而成为“散户”，故在对这些从事卖淫行为的“散户”进行查处时，其案件数量必然多于以往。因此，公安机关受理查处卖淫、嫖娼案件数量的增加在一定程度上说明了扫黑除恶行动成功打击了这些产业所依托的黑恶势力组织，缩小了黑恶势力在当地的影响范围，一定程度上表现了扫黑除恶行动的成效。

（四）经济犯罪大要案频发　新手段特征层出不穷

2019 年，我国经济面临着中美贸易摩擦带来的外部严峻环境和自身发展不充分的内部复杂情形，总体形势复杂，涉案总价值进一步攀升，涉案金额巨大，特别是涉众、涉税领域重大案件不断暴露，对于经济金融健康发展和社会稳定的影响进一步凸显。2019 年上半年，我国经济犯罪构成类别中占比居第一的是扰乱市场秩序案件，第二为金融诈骗案件，第三为破坏金融管理秩序案件，第四为妨害公司、企业管理秩序案件，其他占比较多的还包括危害税收征管等案件。[①]

在非法集资领域，2019 年上半年数据显示，犯罪涉案金额达历史峰值；在发案范围上，波及范围广，覆盖渗透率高；从地域看，存在由东部沿海向中西部省份蔓延，由一、二线向三、四线城市扩散的特点，现已覆盖全国所有省份和 87% 以上的地级市，跨区域作案普遍。

在传销犯罪方面，平均涉案金额增幅显著，并发生多起大案要案，如深圳“云集品”案件；聚集型传销屡打不绝，犯罪分子以“资本运作”“1040 工程”“连锁经营”“直销”等名义，采取“一日游”“看房团”“集中授课”等手段诱骗强迫群众加入传销组织；犯罪团伙组织严密、行踪隐蔽、人员分散，骨干分子幕后操纵、异地遥控，发现和侦查难度大；网络传销发展迅速，不法分子依托互联网及微博、微信、手机 App、QQ 等社交工具和第三方支付手段发展会员、划拨资金，蔓延传播加速，涉及人员广泛，湖南邵阳、江苏盐城等地先后发生跨境网络传销案件。

在假币领域，已出现作坊式生产、人员分工明确、手段复制传播的灰色

① 因涉及公安机关数据的保密性要求，具体数据不能公开。

产业链。另外，伪造外币犯罪多发，境内外犯罪分子相互勾结，以制造冥币为掩护，机器和纸张专业、仿真程度高，影响国家形象。自2013年开始，公安机关立案的伪造、变造货币，出售、购买、运输、持有、使用假币刑事案件就一直呈现上升趋势，2018年社会治安形势分析报告中便得出“假币类案件2019年有可能继续上升，应当予以关注”的预测，这在2019年的假币犯罪案件频发中得到了印证。

在洗钱和地下钱庄领域，大要案频发，且地下钱庄多与虚开骗税、非法集资、传销、资恐等犯罪交织共生，并滋生助长相关犯罪。此外，涉恐融资犯罪采用虚假网店虚构交易、第三方支付平台等新型手段，犯罪隐蔽性不断增强；合同诈骗、涉税犯罪也是2019年经济犯罪中需要重点关注的问题。

二　新时期社会治安的六大“困境”

（一）扫黑除恶斗争形势依旧严峻

尽管扫黑除恶专项斗争已取得明显成效，但黑恶势力仍严重影响群众安全感。第一，犯罪组织呈现日趋隐蔽化特征。随着打击力度的不断加大，一些涉黑涉恶违法犯罪分子“漂白”身份，以各种方法培养社会中有正当社会地位的“代理人”，通过其实施违法犯罪，本人身居幕后、遥控指挥。第二，黑恶势力反侦查意识越来越强。为规避侦查打击，黑恶势力以多种方式组织、参与犯罪，聘请法律专业人才进行幕后策划，寻求法律盲点，并采取变换住所、更换手机等多种多样的反侦查手段。第三，黑恶势力由传统暴力向“软暴力”演化。一些黑恶势力不再直接使用传统危害手段，而更多地使用跟踪尾随、言语恐吓、电话骚扰等“软暴力”的方法给被害人施加压力，这些行为既会给被害人造成极大的精神恐慌，又使公安机关难以搜集证据，不能及时对黑恶势力进行惩治，致使黑恶势力逍遥法外。

（二）涉众型经济犯罪造成巨大经济损失

2019年，涉众型经济犯罪存量化解缓慢，风险持续外溢传导。非法集资、传销等涉众型经济犯罪延续高发态势，多类型犯罪复合交织，案件规模屡创新高，风险系数剧增。非法集资犯罪方面，大要案件增速放缓，但破坏力明显增强，社会关注度急剧上升。受国内外复杂经济形势的综合影响，当前我国非法集资等涉众型经济犯罪发案总量仍居高不下，严重破坏国家经济安全，给人民群众造成巨大经济损失。

第一，犯罪方式更加多样化。犯罪分子作案手法层出不穷，多利用公众的投资需求，以金融创新的名义巧立各种投资项目，许以高额利息，并通过网络、杂志、讲座等手段进行虚假宣传以增加可信度，甚至以公司为合法外衣，同时进行一些正常合法的经营活动，这就导致公安机关很难及时发现犯罪，往往到案发时，已经造成巨大损失。第二，犯罪产业化、手段专业化日趋明显。涉众型经济犯罪有着严密的组织体系，架构清晰，分工明确，有专门的人员与团队为犯罪组织提供相应服务，并有一些相关行业为其提供各项支持，形成了较为完备的上下游产业链，不仅使得犯罪团伙规模扩张、收益暴涨，也使得犯罪团伙的行动更为复杂、隐蔽。第三，涉及范围越发广泛并呈国际化趋势。涉众型经济犯罪多依托互联网进行，不受特定时间与地点的约束，具有十分便利的条件。犯罪分子可利用网络实现远程操控，并通过第三方支付平台支付流转，或者利用虚拟货币进行交易，设法使资金流向境外，以更好地规避行业监管和犯罪侦查，不利于公安机关追踪其犯罪痕迹。一些犯罪人员在案发前就已经办好出国证件，以便案发后直接逃往境外，从而躲避公安机关的抓捕。

（三）网络生态空间风险较大

公安机关开展“净网”专项行动以来，组织侦破各类网络犯罪案件5.7万余起，抓获犯罪嫌疑人8.3万余名，行政处罚互联网企业及联网单位3.4万余家次，清理违法犯罪信息429万余条，专项打击整治工作取得了显著成效。[①]但是随着信息技术的进一步发展，网络空间安全受到的威胁加重，网络

---

① 《公安部“净网2018”专项行动取得显著成效》，中华人民共和国公安部，2019年3月7日。

违法犯罪突出，2019 年，更有外媒利用香港事件在网络媒体上散播各种不当言论，已经对我国区域性社会安全稳定形成了严重干扰。

目前，我国网络生态空间存在以下问题：一是违法犯罪信息传播泛滥；二是网约暴力刑事犯罪高发；三是部分互联网企业不认真履行网络安全管理义务，助推网络违法犯罪频发。近些年来，热度较高的网络游戏、网络直播、网络短视频、网络自媒体等通过游戏对话、直播互动、短视频等方式向青少年网民传播违法犯罪信息，为我国绿色健康的网络空间发展埋下了隐患。

（四）诈骗案件防治难度大

根据国家统计局数据（见图 5、图 6），2012~2018 年，公安机关受理的诈骗案件从 270114 起上升到 395335 起，上升了 46.36%，公安机关立案的诈骗刑事案件从 555823 起上升到 1156351 起，上升了 108.04%，均呈明显上升趋势，2017~2018 年上升尤为明显。盗窃类案件在近几年呈下降趋势，且占比趋于减小，说明以盗窃为代表的传统型侵财犯罪在信息化时代逐渐减少，而在治安案件、刑事案件数量总体逐年下降的大趋势下，诈骗类案件依然呈上升趋势，表明目前我国治理诈骗案件形势严峻。

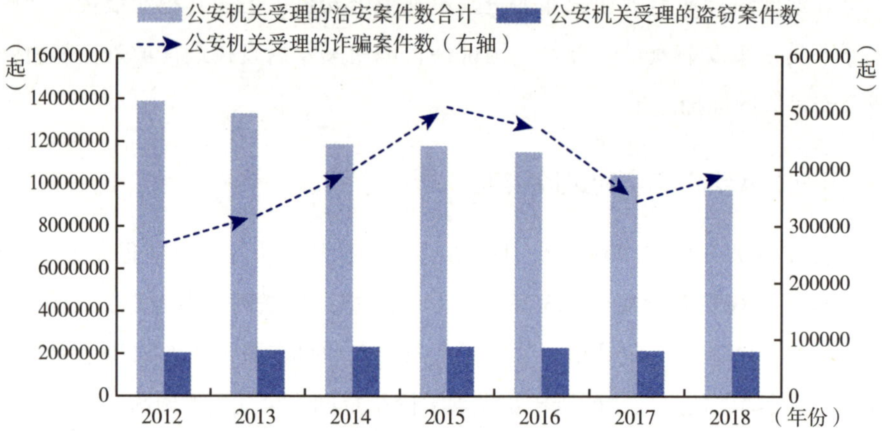

图 5　2012~2018 年公安机关受理的盗窃、诈骗案件

数据来源：国家统计局年度数据，http://data.stats.gov.cn。

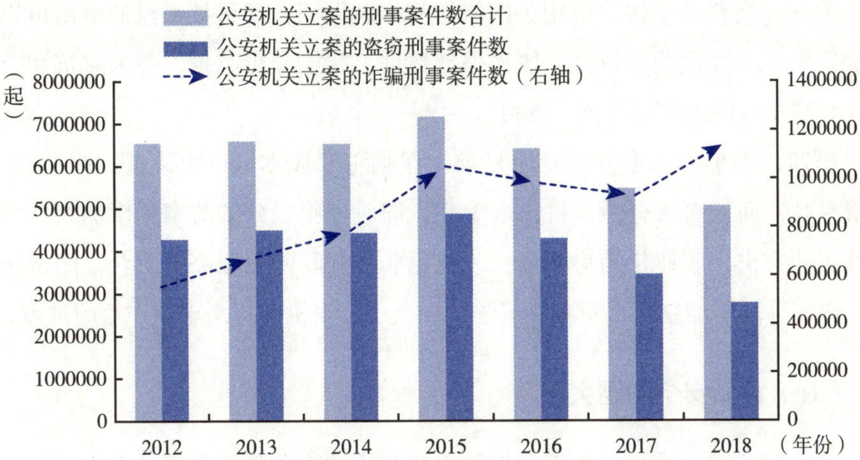

图 6　2012~2018 年公安机关立案的盗窃、诈骗刑事案件

数据来源：国家统计局年度数据，http://data.stats.gov.cn。

无论是传统诈骗、电信诈骗、金融诈骗还是网络诈骗，近年来其运作模式日趋专业化、公司化，犯罪手段日趋智能化，活动地域呈现跨境化，并逐渐形成恶意注册、引流、诈骗、洗钱等上下游环节勾连配合的完整链条，各环节精细分工、专业运作，技术应用迭代升级，衍生出多种新类型、新手法。这些新型诈骗手段更加隐蔽，利益关联更加复杂，给诈骗犯罪的防范和治理带来了新困境。

第一，信息网络对生活的高渗透，为诈骗提供更多空间场域。全面进入移动互联网时代以后，社会公众在网络空间投放了大量的时间、精力与财富，为诈骗提供了场景丰富的犯罪环境。同时，不断开发使用的移动应用程序，为诈骗提供了丰富的应用场景，一些新类型、新套路随着互联网新型业态而产生。

第二，网络黑色产业日趋链条化、生态化。难以规制的网络黑色产业是电信诈骗屡禁不止的重要因素，严重威胁整个互联网生态安全。“恶意注册养号”黑产为电信诈骗供应各类账号资源，并在养号过程中不断窃取公民个人信息，营造出一种真实、连贯的工作场景和生活场景，使诈骗场景更加立体化、生态化，让被害人更容易放松警惕，使得诈骗更容易成功。

第三，高科技手段的应用为网络诈骗推波助澜。高科技手段的应用可以帮助犯罪分子大量获取数据、快速整理数据、智能分析数据，并为对抗和突破互联网安全保护措施提供了支持。

第四，刑事打击愈发困难。目前，诈骗犯罪成本低、风险低、收益高、回报率高，而被害人分散，打击成本高。同时，犯罪分子流窜程度加大、地域性犯罪突出、职业化趋势明显，传统犯罪与互联网犯罪高度融合，团伙构成、作案手段更加复杂，隐蔽性更强，加大了公安机关打击电信诈骗的难度。

（五）食品安全问题突出

2019 年以来，全国公安机关持续深化打击危害食品安全等民生领域的违法犯罪，全力保障人民群众“舌尖上的安全”。1~5 月，全国共侦破食品安全犯罪案件 4500 余起，抓获犯罪嫌疑人 8500 余名，捣毁黑工厂、黑作坊、黑窝点 3800 余个，有力地震慑了犯罪活动，巩固了食品安全持续稳定向好的态势。① 但是，食品安全问题仍严重影响着人民群众的身体健康、生命安全，严重威胁着社会的和谐稳定。一是食品监管体制尚未完善，监管不到位的现状使得食品安全犯罪乱象丛生。二是食品安全教育尚未普遍，尤其是农村消费者，维权意识薄弱，当自身遭遇食品安全事件时只求息事宁人。② 三是食品安全犯罪组织严密，手法隐蔽。食品安全犯罪多借助于互联网平台进行，有害食品销售渠道不断拓展，使有害食品流转呈现扩大化、分散化趋势。这都对公安机关打击食品安全犯罪造成了较大困难。

（六）涉税犯罪严重扰乱国家正常税收秩序

近年来，我国涉税犯罪已经严重扰乱了国家正常税收秩序，造成国家大量“失血”。2019 年上半年，公安部挂牌督办 56 起重大案件，并通过组织开展集中会战等方式，指挥全国公安机关侦破了一大批涉税违法犯罪案件，摧

---

① 《公安部：强化专业力量重拳打击危害食品安全犯罪》，2019 年 6 月 27 日。

② 吴元元:《食品安全治理中的声誉异化及其法律规制》,《法律科学》(西北政法大学学报）2016 年第 34 期。

毁了一批职业犯罪团伙，重拳打击和震慑了此类犯罪，有力地维护了国家税收安全和市场经济秩序，进一步优化了营商环境。但是，涉税犯罪案件仍呈高发态势，给国家造成的经济损失日益增加，近年来涉税犯罪具有如下特征。

第一，虚开犯罪高位运行。一是主打“短平快”，借用空壳公司实施犯罪。二是利用虚假信息、虚假资金、虚假货物流逃避监管。三是涉案人员地域化、团伙化、职业化趋势明显。四是行政管理人员参与犯罪，诸如税务、海关工作人员与犯罪嫌疑人内外勾结，利用专业特长为犯罪嫌疑人设置防火墙以逃避监管打击。

第二，骗税犯罪隐蔽性强。出口退税率高、产品体积小、附加值高的软件电子类产品和市场价格差异大、难以核定价值的纺织、毛皮等农副产品行业中骗税犯罪多发。在犯罪手法方面，多利用监管漏洞，利用海关对小额电子产品出口监管不严、外贸产品出口退税等政策漏洞，采用多批次小额报关出口等方式逃缴税款。

第三，假发票犯罪走势趋低。“营改增”税制改革后，普通发票的使用范围大幅缩减，非法制售、虚开普通发票类案件发案数明显下降，但犯罪手法不断升级。

三　未来与展望

（一）深入扫黑除恶斗争　进一步净化社会环境

针对当前部分黑恶势力存在的治理难题，各部门首先要高效联动，进一步加大依法打击力度。各级党委、政府要切实加强对扫黑除恶工作的领导，健全完善综合治理体系，加大对专项斗争的支持力度，保障扫黑除恶斗争经费充足，协调纪委、法院、检察院等部门相互配合，持续推动扫黑除恶专项斗争不断向纵深发展，彻底根除黑恶势力。其次，拓宽情报信息获取渠道。各级公安机关要构建情报信息平台，积极摸排、搜集黑恶势力犯罪线索，及时掌握黑恶势力人员违法犯罪动态。同时，要畅通举报途径，鼓励广大群众进行检举、揭发。再次，加强社会关切。各级公安机关要主动贴近人民群众，密切关注辖区范围内涉嫌黑恶势力犯罪的重点高危人员，重点排查易隐藏、滋生黑恶势力的公共场所，切实维护好人民群众的根本利益。最后，创新和完善基层扫黑除恶工作机制。公安机关应协同相关部门严厉打击基层黑恶势力，监督基层扫黑除恶斗争的开展情况。同时，公安机关还应经常对基层群众进行思想文化教育和普法宣传，提高基层群众法治素养，充分发挥基层群众的监督作用，结合基层自身环境，制定切合基层实际情况的扫黑除恶工作机制。

（二）充分发挥社会联动合作机制作用　避免落入涉众经济犯罪陷阱

有效防控和打击涉众型经济犯罪，需要充分发挥社会联动合作机制作用，多元治理涉众型经济犯罪。首先，完善涉众型经济犯罪的相关法律，提高侦办案件的能力。一方面，立法机关要完善法律及相关规定，建立健全相关制度，弥补原有法律法规的疏漏，确保执法机关做到有法可依，避免犯罪分子有机可乘。另一方面，政法机关应当配合金融监管部门等其他相关部门，拓宽涉众型经济犯罪情报搜集渠道，通过多种方式调查取证，深挖犯罪线索，为涉众型经济犯罪的调查与定罪提供证据支持，确保立案、侦查、审查起诉、审判等各阶段顺利进行，最大限度地打击犯罪分子。其次，提高群众防范意识，引导群众理性投资。一方面，有关部门应当加大宣传力度，利用各种传播媒介宣传涉众型经济犯罪的相关知识，使民众了解涉众型经济犯罪的行为方式及危害，提高群众对涉众型经济犯罪的预防意识。另一方面，政府要提升民间资本的活跃程度，拓宽民间投资的渠道，使社会中的金融产品越来越丰富、规范。同时，政府还应强化对金融机构的监管，进行不定期的巡视与监察，督促金融行业平台树立自律意识。最后，加强打击涉众型经济犯罪的跨境合作。在经济全球化的大背景下，各国之间的金融联系愈加密切，应通过强化国与国之间的合作，并强化与国际组织之间的信息互联互通，共同打造预防与打击涉众型经济犯罪的国际合作机制，以达到在打击涉众型经济犯罪过程中保障国家间共同利益的目的。[①]

① 戴涛:《大数据背景下涉众型经济犯罪的成因及治理研究》,《荆楚学刊》2019 年第 20 期。

（三）深入推进公安大数据建设　坚决维护网络空间秩序

针对当前网络空间问题，提出如下建议。首先，深入推进公安大数据建设应用，提升公安工作整体效能和高科技前端战斗力，始终坚持基础工作与专项打击整治相结合，全面提升公安机关利用大数据研判、管控互联网空间的能力与水平，努力营造安全、清朗的网络空间，切实维护人民群众上网安全感。其次，全国各级公安机关坚持问题导向，加大巡查发现、研判处置工作力度，重点关注网上治安突出问题，大力整治违法犯罪信息传播泛滥现象。同时，公安机关要重点聚焦人民群众关心关注的重点热点问题，进一步加强宣传，教育引导广大网民遵纪守法，鼓励人民群众举报违法犯罪线索，推动形成依法办网、依法上网的良好氛围，及时预警处置网络相约犯罪，切实维护好人民群众的生命财产安全。再次，进一步加大互联网安全监管力度，督促企业落实主体责任，依法严厉查处不履行网络安全义务、为网络违法犯罪提供支持帮助等违法违规行为。[①] 最后，强化责任担当，加强协调联动，建立健全网络综合治理体系，充分运用前沿科技提升对黑客攻击破坏活动的防控能力和打击水平。

（四）利用科技提升反诈能力　构建多元诈骗防治体系

通过分析诈骗案件高发的深层原因，着眼于互联网平台运行现状，结合现有打击工作成效，提出如下建议对策。首先，不断改进互联网治理策略。互联网服务提供者要不断研究、升级各种反欺诈治理工具，强化审查涉及欺诈内容的能力，推动建立互联网信息审查处置机制，依法拦截欺诈信息并及时清理，加大安全建设投入，提高安全技术水平与风险防控能力，积极消除安全隐患。其次，完善黑产治理相关法律法规。政法机关应进一步规范黑产治理的立法、司法、执法等各个程序，正确使用法律，不断完善规制黑产行为的法律法规，加强对源头黑产问题的打击治理，以便彻底斩断电信诈骗产

① 《公安部召开“净网 2018”专项行动总结暨“净网 2019”专项行动部署会》，《中国防伪报道》2019 年第 2 期。

业链条的各个环节。再次，加强网络安全教育。面对利用高科技智能化手段的各种新型诈骗，强化社会公众防骗意识，是有效防治新型诈骗的根本。政府等部门应广泛宣传，开展普法教育，强化公众网络安全意识，教育公众学会运用法律武器维护自身合法权益，鼓励公众积极参与到反诈骗活动中来。最后，各领域、各行业进一步加深合作。社会各方应充分发挥立体化社会治安防控体系的优势，要互信、互通，主动破除合作壁垒，调动各方优势资源及技术能力，更新治理策略和强化治理方案，共同打击和防范各种诈骗犯罪。

（五）协同作战　切实保障群众食品安全

食品安全关乎群众身体健康和生命安全，关乎经济有序运转与社会和谐稳定，必须切实保障群众食品安全。首先，完善食品安全监督管理体制。一方面，各监管部门应进一步提高对食品安全工作的认识，重视对专业技术人员的培训，加大对设备的投入，加大对食品安全犯罪的处罚力度。另一方面，不同监管部门要实现信息共享，发挥各自优势，建立联络协作机制，共同提升食品安全保障水平，加强食品安全风险预警交流，更好地维护群众的合法权益。其次，增强群众的食品安全意识。政府应联合相关部门，通过多种媒介向群众宣传食品安全知识，做好食品安全的宣传教育工作，帮助群众树立正确的食品安全观念，并调动广大群众的积极性，建立举报机制，激励群众广泛参与食品安全管理。最后，强化专业力量，重拳打击食品安全犯罪。各地公安机关应针对食品安全犯罪的新形势、新特点，紧紧围绕“打源头、端窝点、摧网络、断链条、追流向”的打击目标，强化网上作战，提升侦查打击的信息化、智能化水平，积极运用大数据导侦机制，及时研判串并，开展扩线经营，深挖犯罪链条，摧毁犯罪网络，牢牢把握预警、防范、打击食品安全犯罪工作的主动权，并积极会同有关部门开展联动排查、联动查处、联动打击，确保有序对接，推动源头上强化监管，有力地铲除食品安全犯罪土壤。

（六）强化云端打击　分层侦控涉税领域

面对涉税犯罪新形势，提出如下建议。首先，明确侦查重点，增强打击效果。公安机关应明确侦查重点，对重点行业和领域进行严格审查，对严重涉税犯罪进行严厉打击，适当增大对涉案人员的惩罚力度，确保能够及时侦破大案、要案，尽可能地减少受害群众的经济损失，以最大限度地消除在社会上产生的不良影响与恐慌。其次，强化云端打击。各级公安机关应始终密切关注全国性、跨区域涉税犯罪案件，依托公安部经侦局“云端指挥调度系统”研判生成犯罪线索，深挖犯罪团伙，部署多地开展联合收网，对涉税犯罪网络实施全程打击。再次，强化数据导侦，注重情报搜集。各级公安机关应持续实施“信息化建设、数据化实战”战略，构建信息情报平台，拓宽情报搜集渠道，通过数据化情报导侦，不断提升对涉税犯罪的主动、精确、集约打击能力。同时，建立多层级侦控机制，以多层融合审查方式判断是否犯罪。对税务流程进行逐级划分，分解为多层架构、需要融合审查方可进行操作的组合型税务系统，任何子环节出现错误，系统均会研判并提前做出涉税犯罪预警，依次降低涉税犯罪发案数。最后，各级公安机关应加强与税务、海关、银行等部门的合作，明确各方责任，发挥各方专长，实现信息共享，进行联合执法，不断提升对涉税犯罪的惩治能力。

参考文献

《赵克志在国家反恐怖工作领导小组会议暨全国反恐怖工作视频会议上讲话》，中国政府网，2019 年 3 月 25 日。

《人民日报：外部势力乱港实录》，新浪微博，2018 年 8 月 21 日。

《赵克志在全国公安厅局长会议上强调》，中华人民共和国公安部，2019 年 1 月 17 日。

《孙力军在打击整治枪爆违法犯罪专项行动视频推进会上强调》，中华人民共和国公安部，2019 年 4 月 10 日。

《关于办理黑恶势力犯罪案件若干问题的指导意见》（法发〔2018〕1 号）。

《全国公安机关扫黑除恶专项斗争取得明显成效》，中华人民共和国公安部，

2019 年 1 月 28 日。

《公安部：重拳打击非法集资等涉众型经济犯罪》，中华人民共和国公安部，2019 年 5 月 10 日。

《公安部"净网 2018"专项行动取得显著成效》，中华人民共和国公安部，2019 年 3 月 7 日。

《十九大报告透露的十件民生实事》，新华网，2017 年 10 月 21 日。

《公安部：强化专业力量重拳打击危害食品安全犯罪》，2019 年 6 月 27 日。

《习近平出席中央政法工作会议并发表重要讲话》，新华网，2019 年 1 月 16 日。

《公安部召开"净网 2018"专项行动总结暨"净网 2019"专项行动部署会》，《中国防伪报道》2019 年第 2 期。

戴涛：《大数据背景下涉众型经济犯罪的成因及治理研究》，《荆楚学刊》2019 年第 20 期。

B.7

2019 年中国公共卫生事业发展报告

袁蓓蓓*

摘　要：在新医改走过十年历程后，2019 年是健康中国战略进入了实质性决策部署之年，医改的重点工作除了深化医疗、医保、医药联动改革外，开始将公共卫生体系纳入优先和重点改革的清单。本报告在概述医改十年成绩和挑战的基础上，解读了 2019 年医改重点政策和规划转向的必然性与重要性。我国公共卫生服务体系为人民健康水平的提高、国家经济社会的发展做出了重要的贡献；2009 年医改启动后，财政对专业公共卫生机构和基本 / 重大公共卫生项目的投入稳定增长，但相对于医疗服务提供系统投入和费用的快速增长仍表现得相对缓慢。医防系统发展不平衡和整个卫生服务体系碎片化成为制约医改进一步推进和健康中国建设的瓶颈问题。此外，本报告也总结了各地在疾病预防控制机构功能业务的调整和拓展、疾病预防控制机构运行和激励机制的改革、疾病预防控制机构融入区域医共体建设上的尝试。

关键词：公共卫生　新医改　医共体建设　健康中国

2019 年是新医改走过十年历程和健康中国战略进入实质性决策部署之年，2019 年医改的重点工作是在围绕解决“看病难、看病贵”问题的基础上，明

---

* 袁蓓蓓，北京大学中国卫生发展研究中心副研究员，全球卫生新兴之声理事会成员，世界卫生组织卫生体系研究证据整合专家委员会成员。主要研究领域为基层卫生服务体系、卫生人力资源激励机制、公共卫生体系的改革等。

确地将“以治病为中心”转向“以人民健康为重心，落实预防为主，加强疾病预防与健康促进”。在改革任务上，除了深化医疗、医保、医药联动改革外，还将公共卫生体系纳入优先和重点改革的清单。本报告重点解读2019年医改重点政策和规划的转向，突破“医疗体系”，以“卫生体系”的视角分析公共卫生体系和医疗体系协同发展的趋势，并总结和分析典型地区在公共卫生体系改革和建立整合型卫生服务体系上的探索。

一 新医改十年与2019年医改重点政策的转向

2009年新医改确立了分两阶段、分步骤的目标，旨在建立全覆盖的基本医疗保障制度，建立全覆盖的城乡医疗卫生服务体系，普及基本的公共卫生服务，建立现代医院制度，明确公立医院改革的公益性方向，构筑比较规范的药品供应保障体系和比较科学的医疗卫生机构管理体制与运行机制，致力于解决“看病难、看病贵”问题。医改的重点政策从建立医疗保障制度、提升医疗保障覆盖率到推进医疗保险整合和提高统筹层级，从加强基本卫生服务体系建设到攻坚公立医院改革再到推进分级诊疗，以及持续推进基本药物制度和药品供应保障体系的改革，过去十年医改做了大量的工作，取得了一定的成效，一些目标得以实现。比如基本医疗保障制度已经实现全覆盖。比如在公共卫生方面也取得明显的效果，其中，传统的妇幼儿童保健服务（3岁以下儿童系统管理、7岁以下儿童系统管理、儿童定期体检、儿童生长指标监测等具体服务项目）在2008年覆盖了74.59%的0~3岁儿童，到2018年提高到91.2%（见图1）；糖尿病患者的管理服务（包括糖尿病患者筛查、定期随访和健康教育等服务项目）在2009年前处于空白状态，经过近10年的发展，管理服务覆盖的糖尿病患者绝对数量从2011年的1858.9万人增长到2018年的3239.1万人（见图2）。管理总人数平均年增长率为7.3%，高于同期糖尿病患者绝对数量的年增长率4.1%。

但是，“看病难、看病贵”问题依然存在，尤其表现为：优质医疗资源短缺导致的医院特别是三级医院医疗服务可及性相对较差，基层医疗服务能

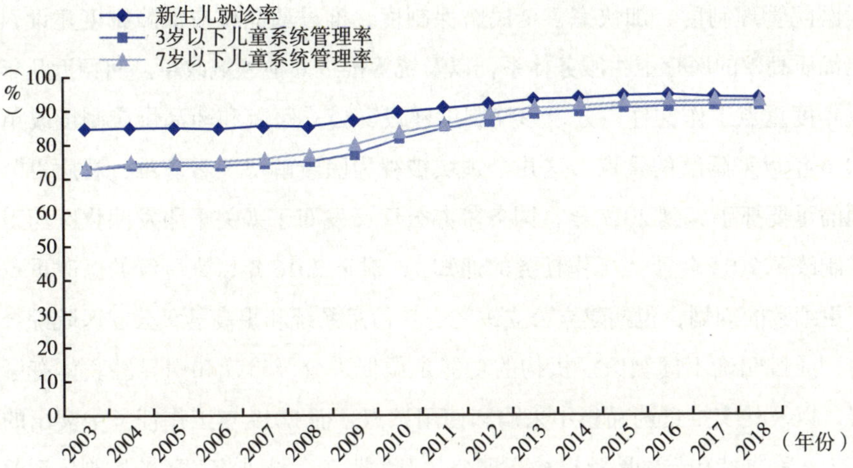

图1　儿童管理服务覆盖率

数据来源：历年《中国卫生统计年鉴》《中国卫生健康统计年鉴》。

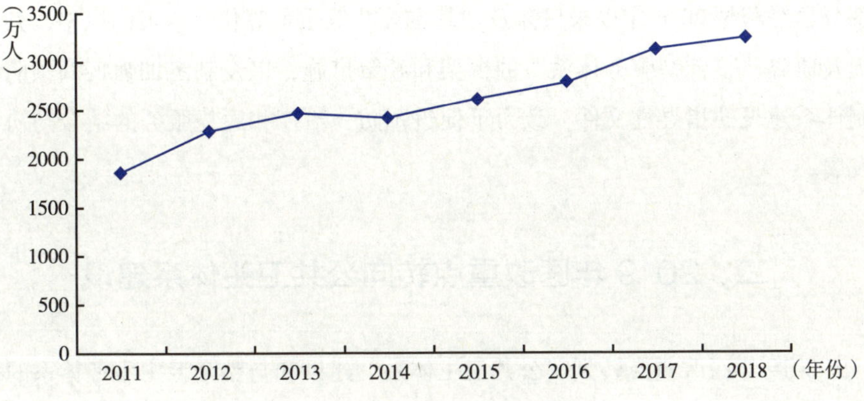

图2　糖尿病患者规范管理人数

数据来源：国家卫健委医改监测数据。

力不足以满足就近看病的基本需求；现代医院管理制度和分级诊疗体系都还在探索和构筑之中。医改任务依然繁重、艰难。2018年8月，中共中央办公厅、国务院办公厅转发《深化医药卫生体制改革2018年下半年重点工作的通知》，列示了医改重点核心内容为：有序推进分级诊疗制度建设、建立健全现代医院管理制度、加快完善全民医保制度、推进药品供应保障制度建设、建立优质高效的医疗卫生服务体系，以及统筹推进其他领域改革。回顾近几年医改年度重点工作文件，分级诊疗制度建设、公立医院和药品供应制度改革是2016年以来延续的重点，这几个领域被视为医改解决“看病难、看病贵”问题的重要抓手。到2019年，国务院办公厅又发布了《关于印发深化医药卫生体制改革2019年重点工作任务的通知》，对于2016年以来延续的医改重点做了更细致的规划，包括建立公立医院考核信息系统和提高县级公立医院综合能力、通过明确不同级医疗机构的功能定位促进分级诊疗和引导医联体有序发展，以及扎实推进药品集中采购和使用试点。而2019年工作任务中突出的变化为：将支持和鼓励医疗机构开展公共卫生服务、推进疾病预防控制体系改革列为最优先的工作任务；在推进县域综合医改中，在传统的医疗、医保和医药联动之外，强调“公共卫生”也要被列入区域医疗卫生体系建设的格局中。这种转变也并不突兀，在2018年重点工作任务中，优质高效医疗服务体系建设部分已经跨越2016年以来只涉及“基本公共卫生均等化”政策的风格，开始提及研究“整合型服务体系”的框架和政策措施，以及制定加强疾病预防控制体系建设的指导性文件，致力于促进预防、治疗和康复服务的结合与协同发展。

二　2019年医改重点转向公共卫生体系建设

2019年医改重点转到“公共卫生体系”建设和与整个卫生服务体系的协同发展、推进整合型卫生服务体系建设上，是实施健康中国战略的重要举措，符合卫生发展的基本规律，有助于将卫生体系发展转为以人民健康和人民的美好生活追求为导向，这也是巩固医疗卫生服务体系改革成就和突破改革瓶颈的必然选择。

1. 为实施健康中国战略提供服务体系保障

“健康中国2030”战略规划提出了明确的卫生工作指标有助于改善人民的健康状况，确立了跨部门合作、全民共建共享的大卫生、大健康战略，明确了建立整合型优质高效医疗卫生服务体系的要求。大健康战略的实施必须重视健康领域各部门的协调发展，并强化我国“以基层为重点”和“预防为主”的卫生与健康工作方针的落实，以基层和预防为核心和纽带整合各类医疗和公共卫生服务部门。

2. 人口老龄化、疾病谱和疾病危险因素的变化，需要更多优质高效和整合的健康服务而不是单纯的疾病治疗服务

我国已经完成从高出生率、高死亡率、传染性疾病和营养不良为主的疾病模式向低出生率、低死亡率、慢性病为主的疾病模式转变。人口的快速老龄化、迅速的城镇化、生活方式和社会环境等外部环境的变化，使得脑卒中、慢性阻塞性肺病等慢性病排在死因前列。新发传染病防控的形势不容乐观。吸烟、酗酒、不合理膳食、缺少锻炼等生活方式问题是中国最重要的慢性病影响因素。应对这些疾病及其危险因素的控制需要整合优质的预防、治疗、管理和康复等卫生服务，其中预防和健康管理、社会动员和群众参与健康生产尤为重要。

3. 深化医药卫生体系改革，需要加强改革的系统性和整体性，解决医疗卫生服务系统中的碎片化问题才能突破改革的瓶颈

新医改走过了 10 年，加强了卫生服务体系制度建设，在解决“看病难、看病贵”问题方面取得了明显成效。制度建设上，公共财政卫生投入不断加大，基本医疗保障制度实现全民覆盖，基本医疗卫生服务更加可及，基本公共卫生服务均等化不断推进，深化公立医院改革取得突破。同时，分级诊疗、家庭医生签约、全科医生培养制度等正在推进中。

然而，我国医改目标的推进仍然受体系碎片化和不同系统发展不平衡的瓶颈问题所限制。第一，我国医疗服务体系和公共卫生服务体系分设造成了临床治疗服务和预防性服务的人为分割；虽然基层卫生服务机构是需要同时提供基本医疗和公共卫生服务的主体，但其内部临床医生和公共卫生人员往往分设在不同部门、受不同上级机构监管，并缺乏有效机制激励他们合作提供整合和连续的服务。第二，卫生资源和服务利用继续向医院与治疗服务集中，例如，2016 年我国医院病床数翻了一番，住院服务增长远远快于门诊服务增长，医院

服务量增长远远快于基层卫生机构服务量增长。第三，基层卫生服务功能相对仍然薄弱，专业公共卫生机构缺乏拓展业务的动力，目前没有承担起慢性病服务提供者的重任。第四，卫生费用增长迅速，2007~2016年，我国卫生总费用由1.2万亿元上升到4.6万亿元，并且新增的卫生费用主要用于昂贵的医院治疗，给放缓增长的宏观经济带来很多的压力。

这些瓶颈问题植根于我国卫生服务体系中一些体制机制缺乏协调性。第一，在我国目前的治理体制下，由于地方决策权、财政空间的限制，及对短期政绩的追求，一些地方更热衷于建设高精尖、大规模的三甲医院，加剧了供给侧的结构性失衡，出现了以医院为重点的卫生服务体系发展结构的路径依赖。第二，行政管理体制上，医疗服务、公共卫生服务、基层卫生服务归属卫生行政部门中不同的司局管理；卫生系统之外，卫生筹资、人力资源政策包括人才培养和使用的协调，还涉及医疗保障、教育、人力资源等多个职能部门；卫生系统与其他领域之间、卫生系统内部不同部门之间缺乏协调，竞争政治和经济资源的问题仍然突出。第三，筹资上“基本医保负责治疗、财政经费负责预防”仍较难突破，导致无法整合不同来源渠道的资金并统筹使用，降低了资金使用效率；也无法从经济激励上引导医疗服务机构有效利用资源、优先关注预防性服务和健康的改善。

4. 医改以来，公共卫生体系发展得到了国家财政持续和稳定的支持，但相对于医疗服务体系的发展有弱化趋势；公共卫生体系亟待改革以应对经济社会发展和新的健康需求

“公共卫生”虽然广义上覆盖所有以预防疾病和促进人民身体健康为目的的更广领域，但在政策实践和相关研究中，我国“公共卫生服务”的内容则常常被从提供主体的视角进行界定，即“由公共卫生服务机构提供的服务类型”，并区别于医疗服务机构提供的“医疗服务”。“公共卫生服务机构”则被界定为包括专业公共卫生机构和基层卫生服务机构。自新中国成立以来，始终坚持“预防为主、防治结合”的卫生工作方针，不断加大疾病预防控制的工作力度，基本控制了烈性传染病、寄生虫病和地方病等重大疾病流行，建立了儿童计划免疫服务体系，依法监督管理公共卫生，大力开展爱国

卫生运动，对人民健康水平的提高、国家经济社会的发展做出了重要的贡献。2009 年医改启动后，财政对专业公共卫生机构的投入稳定增长，国家财政补助收入在专业公共卫生机构的收入中占比持续提高：卫生监督所（中心）财政收入占总收入的比重从 2003 年的 61.83% 增加到 2016 年的 94.28%，增长了 32.45 个百分点（年均增速 18.88%）；疾病预防控制中心的财政补助收入增速为 15.84%。同时，中央财政对基本公共卫生和重大公共卫生项目投入从 2009 年的 2488.5 万元增加到 2018 年的 8017.6 万元，年均增速 30.2%，这两项投入集中支持基层和专业公共卫生机构。

但医改后，即便有上述公共卫生体系的稳定投入和发展，相对于医疗服务提供系统的投入和费用快速增长仍表现得相对缓慢。

首先，在服务体系建设上，公共卫生相对于整个医疗卫生体系的发展有滞后。专业公共卫生机构数量虽然比较稳定，但占卫生机构总数的比重下降；2003~2009 年，公共卫生机构卫生总费用的增速达到每年 24.99%，但 2009~2016 年增速降低到 9.87%（见表 1）。公共卫生机构卫生总费用在国家卫生总费用中的占比在 2007 年以后逐年下降（见图 3）。2009 年医改以后，医疗服务体系建设和医疗保障制度建设的长足进步释放了对医疗服务的需求，更多的医疗服务利用进一步促进了医疗服务提供机构的发展和医疗机构卫生总费用的增长；另外，公共卫生体系的建设在 2009 年以后主要表现为常规财政投入的稳定增长和重大公共卫生项目经费的投入，虽然自身投入仍然保持增长趋势，但远落后于医疗体系的投入和费用的增长。

表 1　医院和公共卫生机构卫生总费用的年均增长率变化

单位：%

年份	卫生总费用	医院卫生总费用	公共卫生机构卫生总费用
1990~2016	16.77	17.22	16.42
2000~2016	15.44	15.10	16.73
2003~2009	19.18	17.20	24.99
2009~2016	14.69	14.58	9.87

数据来源：历年《中国卫生健康统计年鉴》。

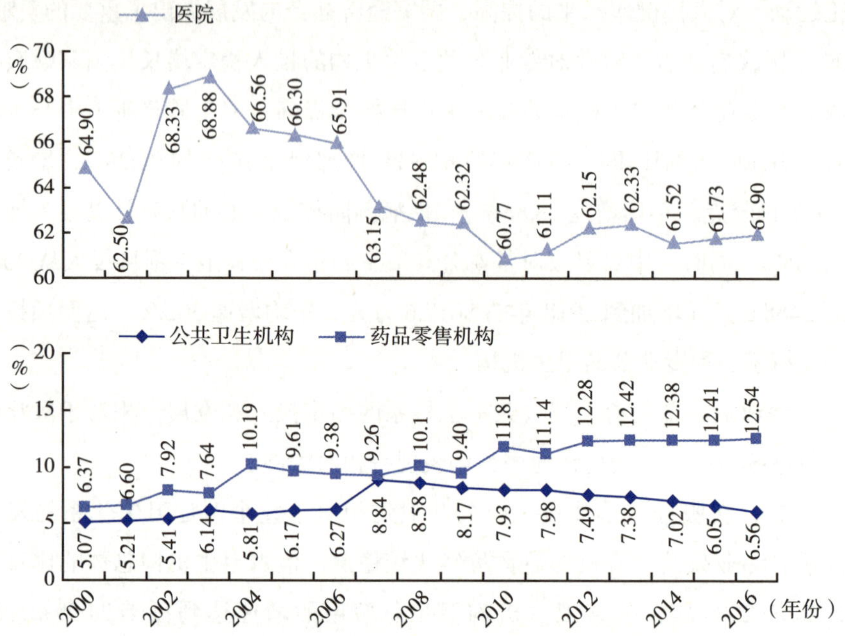

图3　2000~2016年各机构卫生总费用占比变化

数据来源：历年《中国卫生健康统计年鉴》。

另外，公共卫生体系人员的结构和激励面临较大挑战：2017年，我国每千人口专业公共卫生人员为0.63人，距规划的每千常住人口公共卫生人员数达到0.83人的目标有一定距离；2007~2017年，疾控中心卫生技术人员年均下降速度为0.7%（见图4），并且45岁以下执业医师占比由64.5%下降到42.7%，同期医院卫生技术人员年均增速超过6%。其原因是对公共卫生体系的功能要求和其运行机制间存在矛盾，机构和人员的工作激励出现了问题：随着疾病谱的变化和服务需求的提高，对于公共卫生体系新的要求增长迅速，相应地公共卫生机构职能的调整和规范、基本公共卫生项目和重大公共卫生项目的实施都让公共卫生机构增加了工作内容和负担；但是，公共卫生机构的运行机制没有及时调整，单一依靠财政拨款的筹资渠道限制了机构拓展业务的动力，在公益一类机构性质定位下，绩效工资制度的限额无法起到激励人员承担增加的工作量的作用。

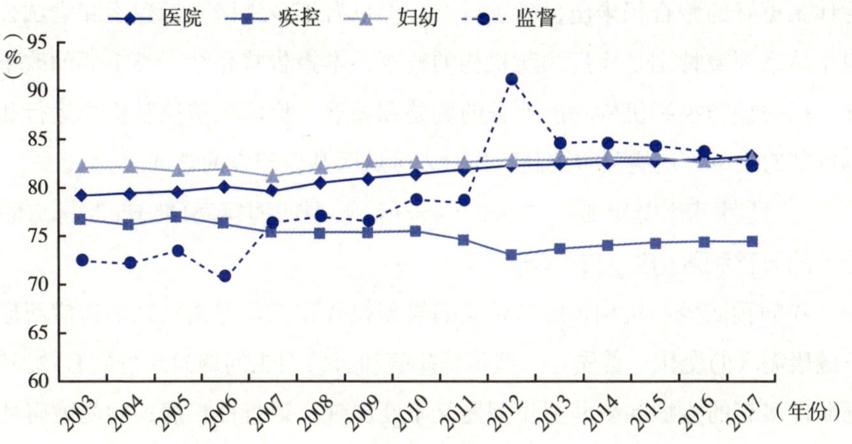

图 4　2003~2017 年各类机构卫生技术人员占比变化

数据来源：《中国卫生健康统计年鉴 2019》。

从 2009 年开始，我国公共卫生体系改革重点放在“基本公共卫生均等化”上，一方面明确了国家基本公共卫生服务项目，逐步根据健康需求增加服务内容，由基层卫生机构承担提供服务，确保基本公共卫生项目对全体居民的可得性；另一方面通过财政投入和中央转移支付，确保基层提供的服务有足够资源、对居民免费可及，并保证地区之间基本筹资水平和服务包的一致性。但在“基本公共卫生服务”政策的实施上，专业公共卫生机构及其人员缺乏足够的激励监督和提高服务质量的动力，这是由于“基本公共卫生均等化”中“基本公共卫生服务包”经费由政府直接支付给基层卫生服务机构，虽然专业公共卫生机构负责制定规范和指导监督，但是专业公共卫生机构对基层卫生机构在基本公共卫生服务的经费支付上无约束力，这导致专业公共卫生机构特别是疾控中心对基层医疗卫生机构的技术指导很大程度上是以行政手段来推行的，存在指导无动力、不尽责、不专业或流于形式的现象。

三　2018~2019 年公共卫生体系改革的典型地方案例

近两年，国家针对公共卫生服务体系的架构、功能和如何与整个医疗卫生体系更好的整合仍未出台顶层设计，但已有不少地区开始探索和尝试公共卫生体系领域特别是疾病预防机构的改革，本报告将总结三类主要的改革探索：疾病预防控制机构功能业务的调整和拓展、疾病预防控制机构运行和激励机制的改革、疾病预防控制机构融入区域医共体建设的尝试。

1. 江苏苏州健康城市“531”行动计划中加强疾病预防控制机构职能定位的调整和服务能力的提升

疾病预防控制机构传统的传染病管理模式和工作方式已经不适应新形势下健康需求的变化：首先，一些传统疾病和公共卫生问题尚未得到有效控制，同时许多新的疾病和公共卫生问题又不断出现，退行性疾病、功能障碍性疾病预防控制任务繁重，恶性肿瘤、高血压、心脑血管病、糖尿病等慢性非传染性疾病已成为威胁群众生命安全的杀手；其次，深化医药卫生体制改革中各项政策，例如基本公共卫生均等化政策，以及涉及医院和基层医疗机构的建设和医共体的发展、居民对医疗服务需求的释放等政策，都极大地增加了对现行疾控机构和整个公共卫生体系定位与功能的思考。

疾病预防控制机构要积极应对新的疾病发展形势，并发挥自身特长，在目前医疗卫生服务体系发展中找到新的定位和立足点：疾病预防控制机构应发挥其在人群健康信息收集管理上的优势，强调区域健康风险因素分析，为区域卫生政策优先次序制定和服务提供体系功能动态调整提供证据，开展社会政策健康影响评价，收集、管理和分析区域医疗健康相关数据，定期向社会公布健康发展报告；专业公共卫生机构可适当调整某些个体层面服务的直接提供功能，更多地与各级各类医疗和社会服务组织协作提供服务；重点强化专业公共卫生机构在人群层面健康策略支持、设计和组织针对性健康干预项目实施的功能。

苏州市在其健康城市“531”行动计划中特别注重加强疾病预防控制机构职能定位的调整和服务能力的提升。首先，找准慢性疾病预防控制的重点内容，实施慢性病综合防治：开展慢性病及其危险因素监测，加强全人群死因登记报告和肿瘤登记报告；完善慢性病防治服务网络，加强对高血压、糖尿病等慢性病患者的管理服务，完善对癌症等患者的随访和康复指导；建立心脑血管疾病、肿瘤筛查机制，开展心脑血管疾病、肿瘤高危人群筛查和综合干预工作，减缓心脑血管疾病致残率、死亡率上升的趋势，提升肿瘤早期发现、早期诊断和早期治疗的能力，提高患者五年生存率。其次，苏州开始利用人群数据分析，重点干预当地影响市民健康常见的、人群患病率高的、综合干预效果好的特定五类健康问题：成人儿童呼吸系统慢病、全人群睡眠障碍、中老年骨质疏松及骨关节炎、儿童常见健康问题、成人“三高”临界。在服务提供方式上，以全方位全周期保障人民健康为出发点，形成健康人群队列，通过建立基于区域医疗卫生中心的五大类健康问题区域慢病防治指导中心，联动市民健康管理综合服务平台早期识别及健康管理机制，借助发扬专病健康教育、专项健身运动与专方中医药服务三大适宜技术，形成更加精准的市民健康管理及防病治病服务的有效供给。

2. 北京市疾病预防控制机构运行机制改革，提高人员工作积极性

国家财政对公共卫生机构的保障水平逐步提高，但仍显不足；加之行政事业性收费改革导致公共卫生体系筹资渠道单一、发展动力不足；目前的补偿机制与疾病预防控制机构的技术性服务机构性质和亟待拓展业务的需求不一致，导致疾病预防控制机构普遍存在人员工作积极性不高、人才流失严重、在职人员老龄化的问题。

在疫苗采购逐级加价和卫生行政事业收费取消后，北京市、区两级疾控中心人员待遇均有所下降，以市疾控中心为例，职工年人均收入较 2015 年下降 3.1 万元，25 名业务骨干流失。为此，北京市探索将市疾控中心于 2016 年申请并入市人社局、市卫生计生委，确定其为绩效管理试点单位，工资总额可根据考核结果上浮 0~50%，用于补充大幅下降的人员经费；怀柔区疾控中心在事业单位标准的基础上年增加 50 万元用于绩效工资分配；丰台区、顺义区将参照社区和市疾控中心绩效核增的政策，积极与财政部门沟通协调，来调动疾控机构人员的工作积极性。

3. 浙江省专业公共卫生机构融入县域医共体建设的改革模式

县 / 区域内建立基层卫生服务机构和医院之间的服务提供共同体已成为我国优化区域资源结构、增强区域内医疗卫生服务连续性的主流途径。但是，

疾病预防服务和健康管理服务是连续的医疗卫生服务的核心部分，在慢病和人口老龄化时代，长期将其与医疗服务分离将不利于患者和人群健康改善。

“健康浙江”建设考核中纳入18个疾控指标，强化属地管理的主体责任，明确健康不是卫生一家的责任，重大工程需要疾控部门做卫生健康评价后才能批准建设。在医共体建设中，实施“两员一中心一团队”建设。公共卫生专员从县级疾病预防控制机构领导班子成员中遴选产生，列席医共体内党委会和院长办公会，参与医共体内公共卫生重大决策，对公共卫生类事宜决策具有建议、督查权。公共卫生联络员由县级疾病预防控制机构选派具有公共卫生专业背景的业务骨干担任，负责医共体成员单位公共卫生服务的技术指导、业务培训、工作检查等，视工作需要，其他专业公共卫生机构也可选派联络员，合力开展医共体内相关公共卫生工作。医共体公共卫生管理中心负责医共体内公共卫生相关机构建设、公共卫生事务管理及指导等，落实医共体内公共卫生任务。以疾病预防控制机构、妇幼保健机构、卫生监督机构等公共卫生机构为主体，组建医共体公共卫生指导服务团队，由公共卫生专员担任队长，以“团组驻点”“团组蹲点”等方式融入医共体，协同强化公共卫生体系建设、能力提升、风险管理、监测评价、绩效考核、落实措施和保障服务等工作。

四　结语

2009年医改全面启动后，医疗、医保、医药联动改革一直致力于解决“看病难、看病贵”的问题；重点政策从建立医疗保障制度、提升医疗保障覆盖率到推进医疗保险整合和提高统筹层级，从加强基本卫生服务体系建设、到攻坚公立医院改革，再到推进分级诊疗，以及持续推进基本药物制度和药品供应保障体系的改革。分析代表性“看病难、看病贵”指标显示：基本医疗保障制度实现了全民覆盖，基本医疗卫生服务覆盖率提高，“看病难”问题得到基本解决；但要解决大医院医疗服务上相对的“看病难”问题仍然存在较大挑战，分级诊疗的实现任重道远；“看病贵”问题得到一定程度的缓解，个人医疗费用自付比例从 2009 年的 37.5% 下降到 2018 年的 28.6%；灾难性卫生支出的比例从 2010 年的 22.9% 下降到 2016 年的 16.8%，但较高收入群体与较低收入群体在灾难性卫生支出发生率上仍存在较大差异。

截至 2018 年，近几年医改重点均在分级诊疗制度建设、公立医院和药品供应制度改革；随着改革进入深水区，我国医疗卫生服务体系碎片化和发展不协调问题并未解决，成为制约“看病难、看病贵”问题进一步解决的瓶颈。同时，“健康中国 2030”战略规划进入具体部署和实施阶段，它明确了改善人民健康的发展目标和大卫生、大健康的战略。人口老龄化、疾病谱和疾病危险因素的变化，又需要更多优质高效和整合的健康服务而不是单纯的疾病治疗服务。因此，2019 年医改工作任务中突出的变化为：将支持和鼓励医疗机构开展公共卫生服务、推进疾病预防控制体系改革列为最优先的工作任务；在推进县域综合医改中，在传统的医疗、医保和医药联动之外强调“公共卫生”也要列入区域医疗卫生体系建设的格局中。然而，医改以来，公共卫生体系发展虽然延续政府经费支持的稳定增长，但相对于医疗服务体系的发展有弱化趋势：专业公共卫生机构卫生总费用增长速度明显低于医疗机构；激励机制设置与机构性质的不符合导致专业公共卫生机构尤其是疾病预防控制机构面临人员流失和技术人员短缺的挑战；面对日益增长的新的健康需求，公共卫生体系机构和人员缺乏拓展新业务的能力与动机。在国家出台公共卫生体系改革顶层设计之前，各地已开始探索和尝试公共卫生体系领域特别是疾病预防控制机构的改革，主要包括三种类型：疾病预防控制机构功能业务的调整和拓展、疾病预防控制机构运行和激励机制的改革，以及疾病预防控制机构融入区域医共体建设的尝试。

未来在实施健康中国战略、深化医药卫生体制的改革中，应在评价和总结各地实践的基础上，继续完善各类体系的功能定位，平衡医疗服务体系和公共卫生体系的整体发展；通过组织创新加强医院在预防性服务和促进健康中的重要作用，扭转医院追求扩大医疗服务规模的趋势；建立激励机制以鼓励疾控机构功能转型和能力提升；整合统筹卫生体系各类资金来源，解决医防分立的筹资、监督与购买等问题；在对地方进行考核时，中央提高卫生服务结果和过程指标的权重，促进完善部门分工、跨部门协调甚至改革卫生健康部门内部结构。最终目的是进一步强化联动改革的系统性和全面性，真正解决体系碎片化背后的机制问题。

调 查 篇

Reports on Social Survey

B.8

2019 年中国社会发展质量调查报告*

崔 岩**

摘 要：随着中国特色社会主义进入新时代，人民群众的物质生活水平得到了大幅提升，对国家基本公共服务制度体系各个方面的改革成效普遍表示认同。同时，人民群众对就业质量给予了较高的满意水平评价。社会主义核心价值观在社会公众中取得了广泛的共识，人民群众普遍认为当前社会包容水平不断上升，社会发展更加注重普惠性和社会公平。人民群众对社会参与和政治参与的参与渠道、参与水平和参与效能感也给出了积极的评价。

关键词：社会发展质量 基本公共服务 社会凝聚 社会赋权

---

* 本报告是国家社科基金重大项目“中国社会质量基础数据库建设”、中国社会科学院登峰计划重点学科发展社会学建设、“2019 中国社会状况综合调查”项目、中国社会发展综合指标实验室后期资助项目的阶段性研究成果。

** 崔岩，中国社会科学院社会学研究所副研究员，中国社会科学院国情调查与大数据研究中心特邀研究员。

党的十九大报告指出，中国特色社会主义进入新时代，我国社会的主要矛盾已经转化为人民日益增长的美好生活需要和不平衡不充分的发展之间的矛盾。一方面，随着小康社会的全面建成，人民群众对物质的需求从基本温饱逐渐转向高层次的消费需求；另一方面，人民群众对美好生活的需求也存在着不同层次和不同维度。这就对在实现社会主义现代化过程中的社会发展质量提出了更高的要求。换言之，经济发展不等同于社会发展，只有实现社会高质量的发展，才能提高人民群众的“获得感”，才能实现社会的长治久安与和谐稳定。

为了测量当前我国社会发展质量，中国社会科学院社会学研究所于2006年起，持续开展了“中国社会状况综合调查”（CSS）。此项全国抽样调查覆盖了全国31个省区市的150多个县、市、区，共600多个村、居委会。在2019年的调查中，以社会发展质量评价为主题，从多个方面全面了解当前我国社会发展现状和水平，对我国社会发展在各个方面的情况进行了分析和评价。从具体测量指标来说，在本次调查中，针对社会发展评价中的重要维度，分别从经济就业、基本社保等国家基本公共服务评价、社会价值观和社会凝聚、社会排斥与社会包容、社会赋权等多个方面对社会发展质量进行了评价。

一　当前我国基本就业、住房等民生建设情况

在评价社会发展水平时，基本民生建设是最为核心的一个维度。特别是与人民群众生活息息相关的教育、就业、医疗、养老、住房等方面，更是和人民群众的“获得感”“幸福感”紧密相连，直接影响社会的和谐稳定。党的十九届四中全会指出，我国国家制度和国家治理体系具有多方面的显著优势，其中一个显著优势就是坚持以人民为中心的发展思想，不断改善民生、增进人民福祉，实现共同富裕。增进人民福祉、促进人的全面发展更是党立党为公、执政为民的本质要求。所以，一个高水平发展的社会，必须有完善的国家基本公共服务制度体系，在民生建设的重要基础性方面，实现有力的兜底功能。在这一前提下，才能谈得到进一步满足人民多层次多样化需求，让更

多人享受改革发展的成果。所以在问卷调查中，重点从城乡居民收入、居住情况、社保体系覆盖率和社保待遇水平、就业质量等几个方面，对当前我国基本民生建设情况进行了评价。

（一）城乡居民收入稳步上升，收入差距持续缩小

评价社会发展的重要维度之一是人民的物质生活水平。党的十八大提出到2020年全面建成小康社会。全面小康社会的本质是经济社会发展惠及全体人民，实现全体人民共同富裕，这一方面要求在经济增长的同时实现居民收入同步增长，确保城乡居民收入稳步上升；另一方面要求在中高收入群体持续扩大的同时，低收入群体的收入水平应当保持较高的增速，缩小贫富差距。只有这样，才能实现在物质生活水平普遍上升的同时，降低低收入者的“相对剥夺感”，提升各个社会阶层的“获得感”。

国家统计局数据表明，全国居民人均可支配收入逐年稳步提升，2013年全国居民人均可支配收入为18311元，2018年为28228元。[①] 从“中国社会状况综合调查”数据来说，2018年全国被访居民人均收入25588元，按全国被访居民五等份收入分组，低收入组人均收入5379元，中低收入组人均收入12662元，中等收入组人均收入22566元，中高收入组人均收入36781元，高收入组人均收入89043元。同时，数据也显示，低收入组和高收入组之间仍然存在一定的差距，最高收入组和最低收入组的均值比为16.55：1。

（二）广大城乡居民的居住状况获得显著改善

在城镇化水平不断提升的背景下，多维度的城乡住房供给格局已经形成。随着政府对住房市场政策调控能力的不断增强，城乡居民的住房条件得到了明显的改善。从2019年“中国社会状况综合调查”数据来看，当前受访居民家庭住房自有率为93.88%；其中城镇居民家庭住房自有率为91.85%，农村居

① 国家统计局：《2018年居民收入和消费支出情况》，http://www.stats.gov.cn/tjsj/zxfb/201901/t20190121_1645791.html；《2017年全国居民人均可支配收入》，中国政府网，http://www.gov.cn/guoqing/2018-03/28/content_5362699.htm。

民家庭住房自有率为97.24%。其中，就城镇居民来说，24.15%的家庭拥有两套以上住房，较2017年的调查结果增加了3.26个百分点（2017年为20.89%，2015年为19.71%）。2019年受访城镇居民家庭人均建筑面积为49.32平方米，而2017年受访城镇居民家庭人均建筑面积为47.67平方米。就房产估值来看，城乡居民对第一套房产的自我估值平均为48.74万元/户，而2017年居民对第一套房产的自我估值平均为37.84万元/户。2019年城镇居民房产的自我估值平均为60.18万元/户，而2017年城镇居民房产的自我估值平均为57.36万元/户；2019年农村居民的房产自我估值平均为30.34万元/户，而2017年农村居民的房产自我估值平均为24.89万元/户。

随着国家对房地产市场的持续大力调控以及对政策性住房供给的增加，住房供求关系逐渐趋于平衡，有效避免了房价的大幅波动，房地产市场进入稳健发展阶段。中央政治局会议多次强调房住不炒的定位，广大人民群众实现住有所居，其对住房的多层次需求逐步得到满足。

（三）我国社保制度进一步完善，覆盖范围持续扩大，待遇水平得到更多公众认可

社保是民生的安全网，具有重要的兜底功能。正如党的十九大报告提出的，要全面建成多层次社保体系，只有通过持续完善制度和政策，才能筑牢社保网，让社会公众更有安全感。从统计数据来看，社保制度运行平稳，全民参保工作稳步推进。截至9月底，基本养老、失业、工伤保险参保人数分别为9.56亿人、2.03亿人、2.5亿人，较上年底分别增加1323万人、642万人、1136万人。[①]

从公众对政府提供社保的态度与评价来看，有63.76%的受访者表示提供社保是政府的基本责任，不应当由普通百姓负担，这一比例比2017年的调查数据显著下降（2017年的比例为73.91%）；57.60%的人表示现在的社保水平比较低，起不到实质的作用，这一比例同样比2017年的调查数据显著下降（2017年该比例为62.23%）；另有39.18%的受访者认为现在政府提供的社保

① 《人社部举行2019年第三季度新闻发布会》，http://www.mohrss.gov.cn/SYrlzyhshbzb/dongtaixinwen/buneiyaowen/201910/t20191021_337313.html。

水平低，对相关政府部门的工作有一定负面评价，这一比例比 2017 年的调查数据下降 7.64 个百分点（2017 年的比例为 46.82%），见表 1。

表 1　受访者对政府提供社保的态度与评价

单位：%

项目	不同意		同意		不好说	
	2019 年	2017 年	2019 年	2017 年	2019 年	2017 年
提供社保是政府的基本责任，不应当由普通百姓负担	30.96	24.17	63.76	73.91	5.28	1.92
现在的社保水平太低，起不到实质的作用	36.01	34.99	57.60	62.23	6.39	2.78
现在政府提供的社保太差了，所以我对政府工作有一定负面评价	55.00	50.51	39.18	46.82	5.82	2.67

党的十九大报告指出，要按照兜底线、织密网、建机制的要求，全面建成多层次社保体系。织好社保安全网是重要的基础性民生建设，应当建立并完善与经济发展相适应、与人民需求相匹配的社保制度，为全面提升社会发展质量奠定坚实的基础。

（四）就业形势总体向好，就业优先战略和积极就业政策成效显著

2019 年我国就业形势基本稳定。从统计数据来看，前三季度全国城镇新增就业 1097 万人，基本完成全年目标任务，全国城镇调查失业率、登记失业率均低于控制目标，稳就业各项政策措施持续发力，失业保险援企稳岗工作力度不断加大。[①]

从调查数据来看，在询问未来 6 个月失业的可能性时，2017 年有 26.03% 的非农就业人员表示完全有可能和有可能，在 2019 年的调查中，有 25.41% 的非农就业人员表示完全有可能和有可能，较之前略有下降。同时，在 2019

① 《人社部举行 2019 年第三季度新闻发布会》，http://www.mohrss.gov.cn/SYrlzyhshbzb/dongtaixinwen/buneiyaowen/201910/t20191021_337313.html。

年的调查中，有 27.15% 的受访者表示，在过去一年生活方面较为突出的问题是家人无业、失业或工作不稳定，这一比例在 2017 年的调查中为 39.50%，可见这一比例有 10 个百分点以上的降幅。

但是在就业形势总体向好的同时，2019 年“中国社会状况综合调查”数据中的劳动合同签订情况值得注意，有 43.13% 的受访者表示没有和雇主签订劳动合同。由此可见，没有签订合同的比例偏高。

近年来，国际国内环境发生了深刻复杂变化，虽然经济长期向好的基本面没有改变，但是随着经济发展进入新常态，经济发展方式加快转变，在调整经济结构的同时，在政策上更应该重视稳增长，对就业形势予以持续高度关注。党的十九大报告指出，要坚持就业优先战略和积极就业政策，实现更高质量和更充分就业。十九届四中全会指出，要健全有利于更充分更高质量就业的促进机制。就业是民生中的重要维度，只有实现充分就业和高质量就业，才能确保经济转型升级的顺利进行，才能通过高质量的就业实现人民高水平的生活，从而满足人民日益增长的美好生活需要。

二　当前我国社会价值观和社会凝聚水平评价

一个具有高度内在凝聚力的社会才能实现高质量发展，所以本次调查分别从社会公众对道德法治建设的评价、对社会主义核心价值观的认知，以及社会信任等方面，对当前我国社会凝聚水平进行了测量与评价。其中，社会价值观是本次调查和研究的重点。

具体来说，评价社会发展质量高低的重要指标之一是社会公众在价值观方面是否能够对正向社会价值形成共识。只有当社会普遍具有积极向上的正向价值取向，其才具有较强的凝聚力。正向社会核心价值观的形成，有助于社会公众形成正确价值体系，有利于对不同意识形态进行整合与融合，有效地消除错误思潮的负面影响，从而维持社会和谐稳定，实现国家长治久安。党的十八大以来，培育和践行社会主义核心价值观的各项举措在广大人民群众中取得了良好的效果，社会主义核心价值观逐步融入社会发展各方面。党的十九届四中全会指出，坚持共同的理想信念、价值理念、道德观念，弘扬中华优秀传统文化、革命文化、社会主义先进文化，促进全体人民在思想上精神上紧紧团结在一起，是我国国家制度和国家治理体系的显著优势。因此，树立正确的社会普遍价值取向，不仅是社会建设、文化建设的重要组成部分，更是关乎国家治理体系建设和国家治理能力的提升。

（一）公众充分认同当前社会道德法治环境，对社会主义核心价值观有高度共识

在调查中，我们对当前我国社会凝聚力、社会公众价值观认同等几个方面进行了测量。首先，从数据可以看出，69.98% 的受访者认为我国社会当前的道德水平普遍比较高和很高，而在 2017 年的调查中有 60.72% 的受访者持相同看法，在 2015 年的调查中这一比例只有 56.7%。通过对历年数据进行比较，可以看出公众对社会道德水平的评价呈现显著上升趋势。这从一个侧面反映出近年来在精神文化建设方面取得了显著成效，社会正能量得到充分彰显，公众道德自律性不断增强，代表正确导向的社会舆论声音不断加强。

与此同时，数据表明，78.29% 的受访者认为我国社会公众的遵纪守法水平比较高和很高，而在 2017 年有 70.58% 的受访者认为我国社会公众的遵纪守法水平比较高和很高，在 2015 年的调查中这一比例为 63.7%，可见公众对社会遵纪守法水平的评价同样呈现明显上升趋势。随着中国特色社会主义法治体系的不断完善，法治国家、法治政府、法治社会建设全面推进，社会公众的法治意识不断提升。

调查对社会公众的国家认同感和爱国热情进行了测量。数据显示，在当前社会公众中，90.40% 的受访者表示对国家取得的成就感到自豪；95.95% 的受访者表示，如果有下辈子，还是愿意做中国人。这说明，广大群众对国家从站起来、富起来到强起来的建设历程给予了高度评价，对中国特色社会主义道路有高度认可。

高质量地发展社会，应当具有强大的社会凝聚和价值观整合能力。所以，得到社会公众普遍认同的价值观是社会发展的内在动力。“中国社会状况综合

调查”对当前社会公众的社会利益优先、诚实守信与社会规范优先进行了测量。数据表明，66.76%的受访者更倾向于认同社会利益优先的价值观，仅有33.24%表示个人利益比社会利益更为重要。在2017年的调查中，倾向于认同社会利益优先价值观的受访者占比为62.51%，有37.49%表示个人利益比社会利益更为重要。而在2015年的调查中，有40.81%的受访者认为个人利益比社会利益更为重要，有59.19%的受访者更倾向于认同社会利益优先的价值观。由此可见，在社会公众中，认同社会利益优先的比例逐年上升。

对于诚实守信与社会规范优先的价值观，79.40%的受访者表示认同，在2017年的调查中有72.51%的受访者表示认同，在2015年的调查中这一比例为67.39%。可见，在社会公众中，认同社会规范优先、注重诚实守信的比例同样呈现逐年上升的趋势。

同时，“中国社会状况综合调查”对社会主义核心价值观的共识情况进行了测量。从数据可以看出，公众对社会主义核心价值观有较高共识。其中，有40.77%的被访者认为“和谐”对社会最为重要，排名第一；有40.46%的被访者认为“文明”对社会最为重要，排名第二；有37.06%的被访者认为“爱国”对社会最为重要，排名第三；有36.66%的被访者认为“平等”对社会最为重要，排名第四；有32.90%的被访者认为“富强”对社会最为重要，排名第五（见表2）。

表2　受访者对社会价值观的评价

单位：次，%

排序	社会价值观	频数	百分比	排序	社会价值观	频数	百分比
1	和谐	3833	40.77	11	尊崇宪法	2119	22.54
2	文明	3804	40.46	12	公正	2114	22.49
3	爱国	3484	37.06	13	自由	1817	19.33
4	平等	3446	36.66	14	创新	1389	14.78
5	富强	3093	32.90	15	包容	1321	14.05
6	民主	3035	32.28	16	友善	1261	13.41
7	法治	2702	28.74	17	敬业	1008	10.72
8	诚信	2656	28.25	18	崇尚科学	825	8.78
9	团结	2385	25.37	19	集体主义	322	3.43
10	尊重人权	2367	25.18				

社会要高质量发展应当实现物质文明建设与精神文明建设的协调同步。在物质生活水平提升的同时，社会公众应当形成正向积极价值取向。随着社会主义核心价值观不断弘扬，和谐文明、爱国敬业等思想意识不断增强，社会整体正在形成积极向上的社会风尚，社会公众的思想道德素质有明显提高。只有不断加强社会主义核心价值观的宣传，让正向价值观在社会公众中形成高度共识，才能进一步建立良好的社会风气，增强社会凝聚力。

（二）当前社会公众的信任水平显著提高，有力地提升了社会整体的凝聚力

社会信任水平是评价社会发展质量的重要维度。“中国社会状况综合调查”对当前我国社会的信任程度进行了测量和分析。

首先，就社会人际信任来看，当前社会公众的人际信任水平较高。在调查中，请被访者对社会整体信任水平进行评分，1 分为最低，10 分为最高。从调查数据来看，社会公众对社会整体信任情况评分的均值为 6.33 分。

从当前社会公众对组织机构的信任情况来看，广大人民群众对各级政府部门均表现出较高的信任水平。具体来说，93.2% 的受访者表示信任中央政府，70.38% 的受访者表示信任区县政府，61.85% 的受访者表示信任乡镇政府。可见，随着国家治理体系和治理能力现代化取得重大进展，法治政府基本建成，政府公信力明显提高。各级政府部门在服务意识和服务能力等方面也有着显著积极的变化，取得了人民群众的认可。

但是从数据也可以看出，社会公众对基层政府部门的信任水平显著低于对中央政府的信任水平。这从一个侧面说明，基层政府作为各项政策的落实者和执行者，在服务人民群众的能力与水平上仍有进一步提升的空间。只有加强基层政府的治理能力，才能确保中央各项惠民政策得到落实，才能真正提高广大人民群众对政府整体的满意程度。

就当前社会公众对其他机构的信任来看，70.09% 的受访者对医院表示信任，73.24% 的受访者对法院表示信任，77.52% 的受访者对公安部门表示信任；57.88% 的受访者对工、青、妇等群团组织表示信任，67.09% 的受访者对新闻

媒体表示信任，55.9%的受访者对慈善机构表示信任。从社会公众对金融机构的信任来看，84.9%的受访者对银行表示信任，54.03%的受访者对保险公司表示信任（见表3）。

表3 受访者的社会信任水平

单位：%

机构	完全不信任	不太信任	比较信任	非常信任	不好说
中央政府	1.21	3.49	29.74	63.46	2.10
区县政府	4.87	19.00	42.59	27.79	5.75
乡镇政府	9.48	21.78	38.67	23.18	6.90
工、青、妇等群团组织	3.88	14.03	40.18	17.70	24.21
所在工作单位/公司	3.71	10.89	52.54	27.01	5.86
慈善机构	5.15	21.06	38.00	17.90	17.89
新闻媒体	2.85	19.30	46.12	20.97	10.76
银行	1.65	6.83	51.05	33.85	6.62
保险公司	7.79	25.75	38.40	15.63	12.43
医院	5.60	19.89	46.95	23.14	4.43
法院	2.92	10.59	44.85	28.39	13.25
公安部门	2.83	10.11	45.99	31.53	9.53

整体来看，当前社会具有较高的信任水平，人民群众对各类“公权力”机构给予了充分的信任，这就为进一步全面深化改革奠定了良好的基础。只有精神文明与物质文明建设同步推进，才能实现社会可持续发展；只有大力弘扬社会主义核心价值观，才能增强社会公众对正向价值的认知和内化，创造和谐、友善的社会氛围，促进社会质量的稳步提升。

三 当前我国社会歧视与社会不同群体间的包容情况评价

社会包容水平是评价社会发展质量的重要维度。如果一个社会在发展过程中，不能及时消除具有歧视性和差异性的社会制度，有效减少不同社会群体间的社会排斥，则无法做到对社会关系的有效调节，会增加社会成员之间的隔阂。所以，要提高社会发展质量，应当提升社会公众现代性水平，加强社会成员之间、社会团体之间的互信。只有这样，才能更好地提升社会宽容水平，减少社会冲突，降低社会风险。在社会包容发展的评价中，本次调查重点对当前社会制度性歧视、社会群体间的宽容水平等几个方面进行了测量。

（一）部分社会公众宽容程度一般，对弱势群体表现出一定的社会排斥

在评价社会发展质量时，一方面需要考虑社会整体是否具有凝聚力和价值整合能力，另一方面社会不同群体间的包容程度也是评价的重要维度之一。也就是说，具有较高凝聚力的社会才可能实现不同群体间的社会包容，不同群体间的包容性又会对社会共识的形成有着重要的影响。就社会宽容程度来说，其既是公民在社会认知上现代性水平的体现，也是现代化进程中人的全面发展的题中应有之义。只有社会公众具有较高的社会包容水平，才能对与自身有差异的群体，尤其是弱势群体，表现出宽容和接纳。

"中国社会状况综合调查"数据表明，当前社会公众对部分群体的宽容和接纳程度一般。具体来说，83.29% 的受访者表示不能接纳同性恋群体，68.63% 的受访者表示不能接纳艾滋病患者群体，50.35% 的受访者表示不能接纳婚前同居行为，49.16% 的受访者表示不能接纳乞讨要饭者，33.50% 的受访者表示不能接纳刑满释放者群体，还有 33.91% 的受访者表示不能接纳有不同宗教信仰的群体（见表 4）。

表 4　受访者对不同群体的社会宽容与接纳水平

单位：%

群体	非常不能接纳	不太能接纳	比较能接纳	非常能接纳
婚前同居者	25.53	24.82	40.20	9.45
同性恋	63.41	19.88	13.33	3.38
乞讨要饭者	20.08	29.08	41.00	9.84
刑满释放者	12.90	20.60	56.54	9.96
有不同宗教信仰者	15.72	18.19	51.13	14.96
艾滋病患者	44.37	24.26	26.56	4.80

数据表明，部分群体对和“己群”有一定差异的“他群”表现出一定的对立态度，反映出较低的社会宽容水平。一个和谐的社会要求具有宽容、开放的社会环境。如果社会成员对一些弱势群体表现出排斥，则会加强社会不同群体间的隔阂，影响社会整体的凝聚力。

（二）当前我国的社会歧视并不显著，为实现社会公平正义提供了良好的基础

社会歧视的存在必然会影响社会整体发展水平，影响社会公众的“公平感”。从“中国社会状况综合调查”数据来看，当前我国社会各种制度性和非制度性的社会歧视并不显著。

在接受调查的受访者中，对当前社会歧视现象评价最显著的是由家庭背景及社会关系导致的歧视和不公正待遇，有46.16%的受访者认为由家庭背景及社会关系导致的歧视和不公正待遇现象非常严重及比较严重；其次是由受教育程度导致的歧视和不公正待遇，有44.36%的受访者认为由受教育程度因素导致的歧视和不公正待遇非常严重及比较严重；由职业和年龄因素导致的歧视和不公正待遇现象也不容忽视，有40.07%的受访者认为由职业因素导致的歧视和不公正待遇非常严重及比较严重，有37.90%的受访者认为由年龄因素导致的歧视和不公正待遇非常严重及比较严重；与之相对应，大部分被访者都表示，由户籍、性别、种族/民族、宗教等因素导致的歧视和不公正待遇并不严重和没有相应的社会歧视现象存在，歧视问题在当前我国社会中并不显著。例如，有88.54%的受访者认为由种族/民族差异导致的歧视和不公正待遇并不严重及没有歧视现象存在，有88.08%的受访者认为由宗教差异导致的歧视和不公正待遇并不严重及没有歧视现象存在，有75.72%的受访者认为由户籍差异导致的歧视和不公正待遇并不严重及没有歧视现象存在，有74.92%的受访者认为由性别差异导致的歧视和不公正待遇并不严重及没有歧视现象存在（见表5）。

在社会和谐与社会融合的实现过程中，必须消除各种社会歧视现象，为社会公众无差异地提供平等的发展机会。近年来，国家在户籍制度改革、教

育资源均等化改革等方面取得的显著成效，极大地降低了社会歧视水平，强化了公众对公平公正的社会环境的肯定。

表 5　受访者对社会歧视水平的评价

单位：%

因素	非常严重	比较严重	不很严重	无此问题
年龄	12.14	25.76	38.08	24.02
性别	6.24	18.83	42.47	32.45
种族 / 民族	3.18	8.28	41.39	47.15
户籍	7.45	16.84	37.26	38.46
宗教	3.51	8.41	37.46	50.62
受教育程度	14.13	30.23	29.68	25.96
职业	11.77	28.3	33.14	26.78
家庭背景及社会关系	18.13	28.03	29.6	24.25

（三）社会公众的公平感在各个方面有显著的提升

在评价社会发展水平时，社会公众的“公平感”是重要测量标准之一。社会公平既是一个高质量发展的社会的起点，也是社会发展所追求的目标。近年来，随着各项改革全面深化，改革举措的成效逐步显现，社会资源在分配上更为平等，人民群众的社会公平感有了显著的提升。

“中国社会状况综合调查”对社会公平的各个维度进行了分析，分为经济公平、政治公平、教育公平、社会公共服务公平等几个维度。数据表明，社会公众在各个方面都有着较高的公平感。

就经济公平维度来看，有 58.13% 的受访者认为当前工作与就业机会非常公平和比较公平，有 54.43% 的受访者认为当前财富及收入分配情况非常公平和比较公平，有 45.13% 的受访者认为当前城乡之间的权利、待遇非常公平和比较公平。就政治公平维度来看，有 68.47% 的受访者认为当前公民实际享有的政治权利非常公平和比较公平，有 69.12% 的受访者认为当前司法与执法非常公平和比较公平。就教育公平维度来看，有 76.50% 的受访者认为高考制度非常公平和比较公平。就社会公共服务公平维度来看，有 69.80% 的受访者认为当前社会公共医疗总体来说非常公平和比较公平，有 66.79% 的受访者认为当前养老等社保待遇总体来说非常公平和比较公平（见表 6）。

表 6　受访者的社会公平感

单位：%

维度	非常不公平	不太公平	比较公平	非常公平	不好说
高考制度	4.48	9.33	44.64	31.86	9.68
公民实际享有的政治权利	5.49	16.19	48.76	19.71	9.85
司法与执法	3.94	14.25	49.20	19.92	12.70
公共医疗	5.44	18.95	53.27	16.53	5.81
工作与就业机会	5.35	25.45	47.39	10.74	11.08
财富及收入分配	8.66	27.28	44.30	10.13	9.63
养老等社会保障待遇	7.44	19.76	51.05	15.74	5.99
城乡之间的权利、待遇	13.23	32.75	37.37	7.76	8.90

将 2019 年公众的社会公平感数据和 2015 年的调查数据进行对比，可以看出，公众在各个方面的公平感都有显著的提升。具体就各个领域来说，财富及收入分配的公平程度认知显著上升，上升比例为 13 个百分点；在司法与执法方面的社会公平程度认知也有显著上升，增加幅度为 11 个百分点。在公民实际享有的政治权利和工作与就业机会方面，社会公众的公平程度认知也有较大提升，增长幅度均在 9 个百分点（见图 1）。

党的十八大以来，各项全面深化改革的举措都直指社会公平正义的实现，人民的福祉成为各项社会制度改革的重要考量。对历年数据的比较充分反映出，社会公众对十八大以来更加公平的社会环境的感知，对社会公平水平提升的高度认可，以及对全面深化改革的高度认同。随着各项改革的不断推进，我国社会的公平水平必然得到进一步提升，为高质量的社会发展奠定了坚实的基础。

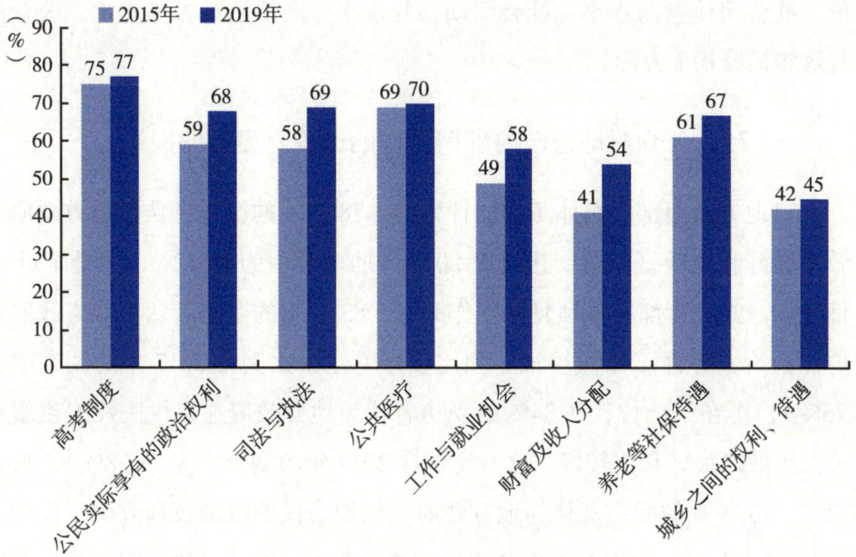

图1　2015年和2019年受访者的社会公平感比较

四　当前我国社会赋权水平较高，公众社会参与、政治参与水平有待提升

党的十九届四中全会公报指出，坚持人民当家做主，发展人民民主，密切联系群众，紧紧依靠人民推动国家发展，是我国国家治理体系和治理能力的显著优势。在高质量发展的社会中，社会治理水平的重要体现之一是公众在社会生活和政治生活中的充分参与。一方面，社会公众能够出于对政治社会制度的高度认同，通过组织化、制度化的形式，广泛高效地参与到社会治理中，形成社会与政府部门的良性互动。另一方面，高质量发展的社会通过制度创新，充分保证每个社会成员的参与渠道和参与效能，增强社会成员社会生活、政治生活的参与热情，真正建成人人有责、人人尽责、人人享有的社会治理共同体，有效提升社会治理水平。

本次调查中，就社会赋权部分，主要测量了当前社会公众对政府部门的评价、社会团体参与水平、社会活动参与水平、政治活动参与水平、公众的参与效能感等几个方面。

（一）社会公众对地方政府部门工作的评价有显著的提升

在对地方政府部门总体工作的评价中，78.84% 的受访者认为地方政府工作做得很好和比较好，这一比例在 2017 年的调查中为 69.12%，上升了近 10 个百分点。就政府部门各项具体工作来看，85.33% 的受访者认为地方政府在维护社会治安方面工作做得很好和比较好（这一比例在 2017 年的调查中为 76.25%），排在第一位；76.84% 的受访者认为地方政府在提供医疗卫生服务方面工作做得很好和比较好（这一比例在 2017 年的调查中为 71.78%），排在第二位；73.79% 的受访者认为地方政府在保护公民的政治权利方面工作做得很好和比较好（这一比例在 2017 年的调查中为 66.40%），排在第三位。与此同时，受访者对地方政府为群众提供社保、保护环境与治理污染、依法办事和执法公平、提供优质教育资源与维护教育公平、监管食品药品安全等方面的工作，也表现出较高的满意水平，均有 70% 以上的受访者认为地方政府的工作做得很好和比较好（见表 7）。

但是同时，受访者对地方政府部门在是否具有服务意识、回应百姓诉求是否及时、政府信息是否充分公开、政府工作是否具有较高透明度等方面，满意水平排名较为靠后，说明地方政府部门在上述方面有一定的提升空间。

表 7　受访者对政府部门工作评价

单位：%

政府部门工作	很好	比较好	不是很好	很不好	不清楚	排序
提供医疗卫生服务	22.45	54.39	14.56	3.11	5.48	2
为群众提供社保	20.08	52.98	16.94	3.31	6.69	4
保护环境，治理污染	23.27	49.65	18.74	5.06	3.28	5
保护公民的政治权利	20.40	53.39	13.48	2.96	9.77	3
维护社会治安	30.50	54.83	7.96	2.14	4.56	1
廉洁奉公，惩治腐败	20.66	43.34	18.27	5.79	11.93	10

续表

政府部门工作	很好	比较好	不是很好	很不好	不清楚	排序
依法办事，执法公平	21.72	49.62	15.31	3.61	9.74	8
发展经济，增加人们的收入	19.55	46.78	21.11	4.63	7.93	9
扩大就业，增加就业机会	18.28	44.74	21.28	4.68	11.02	11
政府信息公开，提高政府工作的透明度	18.97	43.00	18.78	5.42	13.83	12
有服务意识，能及时回应百姓的诉求	17.77	42.89	21.88	6.22	11.25	13
提供优质教育资源，维护教育公平	21.24	51.53	14.59	3.78	8.86	6
监管食品药品安全	20.97	50.46	15.26	3.81	9.50	7
地方政府工作总评价	19.17	59.67	13.52	2.80	4.85	

（二）社会公众线上线下社会参与水平较低

从数据可以看出，当前我国社会公众的社会团体参与水平一般。具体来看，有2.29%的受访者表示参加了宗教团体的线下活动，1.20%的受访者表示加入了宗教团体的网上社交圈；有4.94%的受访者表示参加了宗亲会/同乡会的线下活动，13.10%的受访者表示加入了宗亲会/同乡会的网上社交圈；就同学会/校友会来看，有14.44%的受访者表示参加了线下活动，28.86%表示加入了网上同学群、校友群；就文体娱乐等兴趣组织来看，有12.12%的受访者表示参加了线下活动，11.89%表示加入了网上兴趣群；就民间公益社团来看，有4.93%的受访者表示参加了线下活动，5.75%表示加入了网上公益社团朋友群；就职业团体来看，有6.64%的受访者表示参加了线下活动，11.09%表示加入了网上朋友圈（见表8）。

在社会治理中，公众参与有着重要的意义。公众社会参与水平更是社会发展评价的重要标准。只有当社会公众在志愿服务、社会互助、职业行业自律等方面充分参与，切实发挥社会自我管理、自我服务的作用，才能够更为有效地化解社会风险，提高社会资源的有效利用率。从政策来说，在社会治理中，只有进一步为公众参与提供资源和空间，才能提高社会公众的参与率，提高国家的社会治理水平。

表 8　受访者线上线下社会团体参与情况

单位：%

社会团体 \ 选项	近 2 年来，您是否参加了下列团体的线下活动		近 2 年来，您是否加入了以下网上社交群 / 圈	
	是	否	是	否
宗教团体	2.29	97.71	1.20	98.80
宗亲会 / 同乡会	4.94	95.06	13.10	86.90
同学会 / 校友会	14.44	85.56	28.86	71.14
文体娱乐等兴趣组织	12.12	87.88	11.89	88.11
民间公益社团（如志愿者、业主委员会、环保组织）	4.93	95.07	5.75	94.25
职业团体（如商会、农村合作组织、专业学会、行业协会等）	6.64	93.36	11.09	88.91

（三）当前社会公众的实际政治参与较少，但是公众参与意愿较高

从当前社会公众的政治参与情况来看，公众的参与较少，比例较高的是参加村（居）委会选举，25.24% 的受访者表示曾经参加选举活动。同时，15.41% 的受访者表示最近五年来参加过区县人大代表的选举。除了参加选举活动，当前社会公众其他形式的政治参与活动则较不普遍，仅有 7.33% 参加所在村居 / 单位的重大决策讨论，仅有 5.83% 的受访者曾经向政府部门反映意见，2.89% 的受访者表示曾经参加线上 / 线下集体性维权行动。同时，从政治参与的意愿来看，大部分社会公众希望通过选举等制度化形式参与到政治生活中。具体来说，82.04% 的受访者表示愿意参加村（居）委会选举活动，82.70% 的受访者表示愿意参加区县人大代表的选举。除了参加选举活动外，64.86% 的受访者表示愿意参加所在村居 / 单位的重大决策讨论（见表 9）。

表 9　受访者社会参与和政治参与情况

单位：%

参与情况	是	参与情况	愿意
给报刊、电台、网络论坛等媒体反映社会问题	2.46	您是否愿意向报刊、电台、网络论坛等媒体反映社会问题	52.41
向政府部门反映意见	5.83	您是否愿意向政府部门反映意见	61.33
参加村（居）委会选举	25.24	您是否愿意参加村（居）委会选举	82.04
参加所在村居 / 单位的重大决策讨论	7.33	您是否愿意参加所在村居 / 单位的重大决策讨论	64.86
参加线上 / 线下集体性维权行动	2.89	您是否愿意参加线上 / 线下集体性维权行动	55.74
参加区县人大代表的选举	15.41	您是否愿意参加区县人大代表的选举	82.70

（四）部分社会公众的政治参与效能感不高，但大部分公众对当前各级政府部门的国家和社会治理能力表示高度认同和肯定

从政治参与效能感来看，数据表明，48.84% 的被访者表示有能力和知识对政治进行评论，但是有部分受访者表示言论自由会受到各种限制，也有部分受访者表示参与政治活动没有用处，对政府部门不能产生什么影响。但是同时，数据也表明，大部分被访者对国家各级政府的治理能力表示肯定，约 65% 的受访者表示，老百姓应该听从政府的，下级应该听从上级的；约一半的受访者表示，国家大事由政府来管，老百姓不必过多考虑（见表 10）。这充分表现出社会公众对政府工作的高度认可，也从一个侧面表明各级政府的治理能力提升了。

表 10　受访者的政治效能感

单位：%

政治参与	很同意	比较同意	不大同意	很不同意	不清楚
我有能力和知识对政治进行评论	15.86	32.98	34.30	10.23	6.63
我的言论自由会受到各种限制	10.51	24.68	41.92	14.71	8.18

续表

政治参与	很同意	比较同意	不大同意	很不同意	不清楚
老百姓参与政治活动没有用，对政府不能产生什么根本的影响	17.21	27.21	35.68	12.62	7.29
老百姓应该听从政府的，下级应该听从上级的	28.60	36.00	25.02	6.94	3.44
国家大事由政府来管，老百姓不必过多考虑	23.93	26.06	34.19	12.41	3.42

五　推动社会高质量发展，是应对我国社会主要矛盾变化和全面建成小康社会、全面建设社会主义现代化国家的必然要求

随着中国特色社会主义进入新时代，我国社会主要矛盾已经转化为人民日益增长的美好生活需要和不平衡不充分的发展之间的矛盾。要有效化解当前社会主要矛盾，满足人民群众日益增长的美好生活需要，就必须推动社会高质量发展。

社会的高质量发展，首先意味着人民群众生活更富裕，有更多的获得感和幸福感。新中国成立以来，中国经济快速发展，中华民族从“站起来”“富起来”走向“强起来”。改革开放以来，民生各个方面的建设取得了长足发展，人民的物质精神文化水平得到了大幅提升。随着中国特色社会主义进入新时代，中国基本建成覆盖城乡居民的社保体系，基本养老保险已覆盖超过9.5亿人；失业、工伤保险的参保人数均在2亿人以上，覆盖大多数职业群体。同时，社保水平不断提升，基本养老金持续增加，失业、工伤待遇稳步提高。[①] 当然，不可否认的是，当前社保水平与人民日益增长的美好生活需要之间还有一定的距离。这就需要坚持和完善中国特色社会主义制度、推进国家治理体系和治理能力现代化，进一步推动相关制度的改革，稳步推进制度

① 《庆祝新中国成立70周年活动新闻中心举行第二场新闻发布会》，http://www.mohrss.gov.cn/SYrlzyhshbzb/rdzt/zyjntsxd/zyjntsxd_xdzn/201909/t20190929_335623.html。

创新，健全幼有所育、学有所教、劳有所得、病有所医、老有所养、住有所居、弱有所扶的国家基本公共服务制度体系，注重加强普惠性、基础性、兜底性民生建设，使改革发展成果更多更公平惠及全体人民。

其次，在社会发展水平的评价中，社会价值观和社会凝聚水平是重要的维度之一。数据表明，当前我国社会公众对社会主义核心价值观高度认同，和谐等价值理念在广大人民群众中形成了高度的社会共识。党的十九届四中全会公报指出，在推进国家治理体系和治理能力现代化过程中，要坚持共同的理想信念、价值理念、道德观念，弘扬中华优秀传统文化、革命文化、社会主义先进文化，促进全体人民在思想上、精神上紧紧团结在一起。① 坚持社会主义核心价值体系，增强社会整体凝聚力，是国家治理体系和治理能力现代化的深厚支撑。在精神文化建设中，必须把社会效益放在首位，实现社会效益和经济效益的统一，才能建成社会主义现代化文化强国。同时，人民日益增长的美好生活需要，不仅是对物质水平的需求，也包括对公平公正、爱国团结的良好社会环境的需求。只有提升全民文化道德水平，才能增强社会凝聚力，从而实现中华民族“两个一百年”的奋斗目标。

同时，促进社会包容性发展、铸牢中华民族共同体意识，是全面提升社会发展水平、实现中华民族伟大复兴的前提条件之一，也是维护社会稳定和长治久安的重要保证。数据表明，当前我国社会包容水平不断提升，社会公众的公平感显著提升。同时，随着全面深化改革的推进，各种制度性社会差异化待遇逐渐消除，户籍差异、地域差异等方面导致的社会不公正和社会歧视现象逐渐消失，已经不再成为影响社会发展水平的因素。数据也表明，当前我国社会各个群体间的包容水平大幅提高，社会不同群体间的疏离感与排斥感明显降低。只有消除社会歧视和不公平不公正现象，提高社会包容水平，促进社会不同群体间的团结，才能维护良好的社会风气，才能保持社会稳定发展，有效防范和化解各种社会风险挑战。

从社会参与和政治参与来看，社会公众有着较高的社会参与、政治参与

① 《中国共产党第十九届中央委员会第四次全体会议公报》，http://www.gov.cn/xinwen/2019-10/31/content_5447245.htm。

热情，这就为进一步完善共建共治共享的社会治理制度奠定了坚实的基础。但是，数据也表明，要完善社会治理体系，应当进一步拓宽社会公众的参与渠道，增强参与效能感，建立更为充分的“政府 - 公众”互动机制。正如党的十九届四中全会公报指出的，社会治理是国家治理的重要方面，必须加强和创新社会治理，完善社会治理体系，建设社会治理共同体。只有进一步全面深化改革，完善党委领导下的公众参与制度，勇于突破创新，才能充分发挥人民群众参与社会治理和国家治理的主动性，才能切实发挥出我国坚持人民当家做主、发展人民民主、依靠人民推动国家发展的显著优势。数据同时表明，人民群众对政府各方面工作的满意水平有一定的提升，对政府部门给予了高度的肯定。当然，地方政府部门在及时回应人民群众诉求、强化服务意识、提升政府工作透明度等方面，还有进一步改进的空间。

综上所述，要进一步提高社会发展水平，必须实现以完善基本民生建设为重点的社会兜底功能，增强以社会主义核心价值观为重点的社会凝聚功能，提升以社会包容水平为重点的社会整合功能，以及健全以公众参与为重点的社会赋能功能。只有在这几个维度上实现全局谋划、统筹推进，才能将社会高质量发展理念贯穿于各项社会政策的制定和举措的落实上。坚持推动社会高质量发展，是化解我国社会主要矛盾的必然要求，是全面建成小康社会、全面建设社会主义现代化国家的必然路径，更是坚持以人民为中心的发展思想的必然体现。只有推动社会高质量发展，才能让改革发展的成果惠及更多的人民群众，有效解决社会发展不平衡不充分问题，提高社会发展的整体质量和效益，满足人民群众多样化的美好生活需要。

B.9

新时代中国特大城市社会流动调查报告*

——基于上海、广州、天津、重庆、武汉等五城市的调查

张海东　姚烨琳　杨城晨　袁　博　刘晓曈**

摘　要：本报告基于"新时代特大城市居民生活状况调查"的相关数据，从地域流动、职业流动和代际流动等方面对上海、广州、天津、重庆、武汉五城市居民的社会流动状况进行描述性分析。研究发现，当前我国特大城市对外来人口包容度高、吸引力强，居民职业流动适度、跨体制流动现象明显，代际流动呈现高水平向上流动趋势。而不同城市在地域流动、职业流动、代际流动等方面也存在各自明显的特点和差异。改革开放与市场化改革为城市居民社会流动注入了持续的动力，而不断深化的改革也将使流动的中国更有活力。

关键词：特大城市　社会流动　地域流动　阶层流动　代际流动

习近平同志指出："一个流动的中国，充满了繁荣发展的活力。"随着我国经济发展进入新常态，一方面，社会结构进入转型时期相对稳定的常态；而另一方面，社会结构仍在转型变化的过程中，社会流动的频率仍然很高，

---

* 本报告为中国社会科学院—上海市人民政府上海研究院立项资助的"新时代特大城市社会结构变动趋势及其治理"课题的阶段性成果，在此对中国社会科学院—上海市人民政府上海研究院表示感谢。课题负责人为上海研究院第一副院长、城市社会治理研究中心主任李友梅教授，本报告为课题组集体研究成果的一部分。

** 张海东，上海大学社会学院教授，上海大学上海社会科学调查中心常务副主任；姚烨琳，上海工程技术大学社会科学学院讲师，博士；杨城晨、袁博、刘晓曈，上海大学社会学院博士研究生。

社会仍充满活力。[①] 高水平的社会阶层流动是现代社会的重要特征之一，不仅有利于人力资本竞争，而且有利于社会和谐。[②] 考察我国的社会流动状况首先应着眼于社会主义市场经济最发达的区域。长三角、珠三角、京津冀、长江中游、成渝作为我国五大超级城市群，面积占全国的11%，人口占全国的40%，经济总量占全国的55%，是我国最具发展潜力的地区。研究五大城市群的社会流动状况能够研判我国特大城市社会流动水平，对于提高我国城市治理能力、完善城市治理体系、激发社会发展活力具有重要意义。社会流动包含了地域流动、职业流动和代际流动，本报告将从这三方面展开，对特大城市的社会流动状况进行描述性分析。

本报告采用的数据来源于2019年在全国10个特大城市实施的“新时代特大城市居民生活状况调查”。调查采用分层多阶段整群PPS抽样的方法，在长三角、珠三角、京津冀、长江中游、成渝等五大城市群中分别抽取两个代表性城市进行问卷调查。城市内部分为新城区和老城区两个抽样层。分别以县区－镇街－居委会为三级抽样单元，随机抽取家庭户，再在户内随机抽取1人。10个特大城市的总样本量为10000个，根据调查的实际进展情况，本研究报告仅基于上海、广州、天津、重庆、武汉五个特大城市的4961个样本进行分析，其有效样本量分别为：上海1001个，广州963个，天津999个，重庆998个，武汉1000个。性别方面，男性占46.73%，女性占53.27%；年龄方面，18~29岁占15.36%，30~39岁占21.13%，40~49岁占21.30%，50~59岁占20.87%，60岁及以上占21.35%。

一　特大城市居民的地域流动

地域流动是社会流动中的一种水平流动，是指社会成员在不同地区之间的迁移和变动。地域流动不仅反映了城市人口构成和人力资源结构，同时体现了城市持续发展的活力。通过地域流动把握城市人口的来源和构成，对于

① 李培林等:《当代中国阶级阶层变动（1978—2018）》，社会科学文献出版社，2018。

② 李友梅:《当代中国繁荣发展的重要密码：流动的中国充满繁荣发展的活力》,《人民日报》2019年7月26日，第8版。

城市管理和未来建设具有重要意义。本部分将从人口构成、城市吸引力以及人口迁居情况三个方面对五城市地域流动的基本状况进行描述和比较。

（一）特大城市经济活力和竞争力强，外来人口及新移民比重较高，上海和广州尤为明显

2018 年统计年鉴显示，五个特大城市常住人口构成存在显著差异，外来人口占比从高到低依次为上海（40.28%）、广州（37.76%）、天津（32.56%）、武汉（20.25%）、重庆（5.72%）。其中，上海和广州外来人口的比重均超过三分之一。上海和广州在就业机会、工资水平、城市公共服务等方面具有多重优势，对于外来人口具有极强的吸引力。

户籍人口的来源也能在一定程度上反映特大城市人口地域流动状况。调查数据显示，特大城市户籍人口以土生土长的本地人为主，但新移民[①]的比例存在差异。广州新移民的占比最高，达到 22.95%，远远高于其他城市；武汉新移民的比重也较高，超过 15%；重庆户籍人口中新移民的比例最低，仅 3.18%（见图 1）。值得注意的是，上海常住人口中外来人口的占比最高，而户籍人口中新移民的占比却相对较低，与其户籍开放程度不高有关。

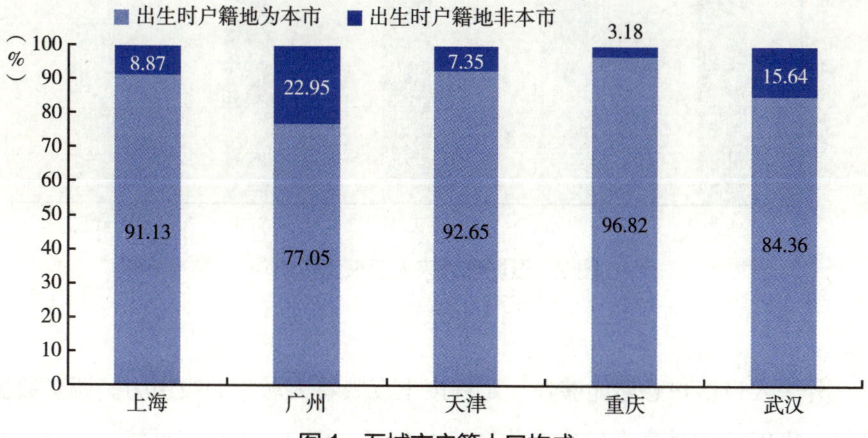

图 1　五城市户籍人口构成

① 学界对于新移民的概念并没有统一界定，本报告将新移民定义为出生时户籍不在本地而目前为本地户籍的居民。

（二）特大城市对不同层级城市人口的吸引力存在显著差别，将近一半的外来人口想要落户特大城市

外来人口的来源构成能够反映特大城市的辐射力和吸引力。上海、天津、重庆同属直辖市，但外来人口来源略有不同。26.93% 的重庆外来人口来自外省省会城市，分别高出上海和天津 14.43 个百分点与 11.78 个百分点；上海和重庆均有超过半数的外来人口来自外省地级市，而天津则不到 40%；天津外来人口中来自外省县 / 县级市的比例最高，达到 47.47%，分别高出上海和重庆 15.27 个百分点与 26.32 个百分点（见图 2）。作为本区域的经济增长极，省会城市吸引了较多本省其他城市的人口，武汉和广州分别有 73.38% 和 44.36% 的外来人口来自本省其他城市，广州对于外省城市人口的吸引力明显高于武汉，外来人口中外省各级城市的人口占比均明显高于武汉。

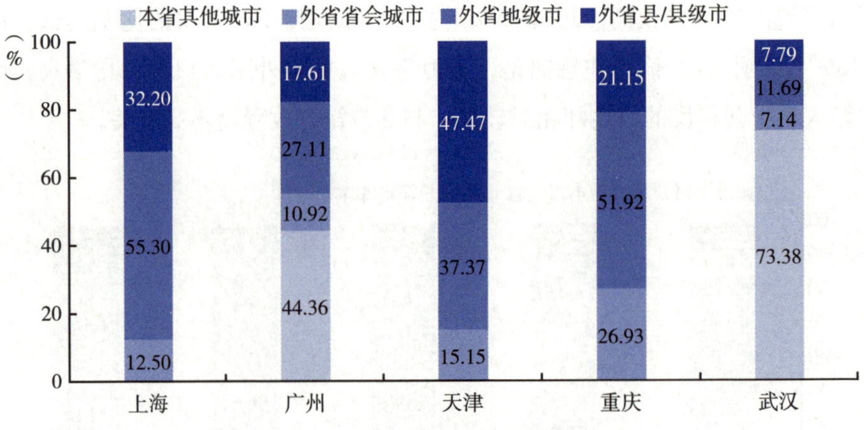

图 2　五城市外来人口来源构成

外来人口落户意愿能够在一定程度上反映特大城市的吸引力。调查数据显示，48.97% 的外来人口想要落户特大城市。其中，重庆、天津、上海三城市想要落户本地的外来人口比重均超过一半；武汉想要落户本地的外来人口比例最低，但是也超过了 40%（见图 3）。

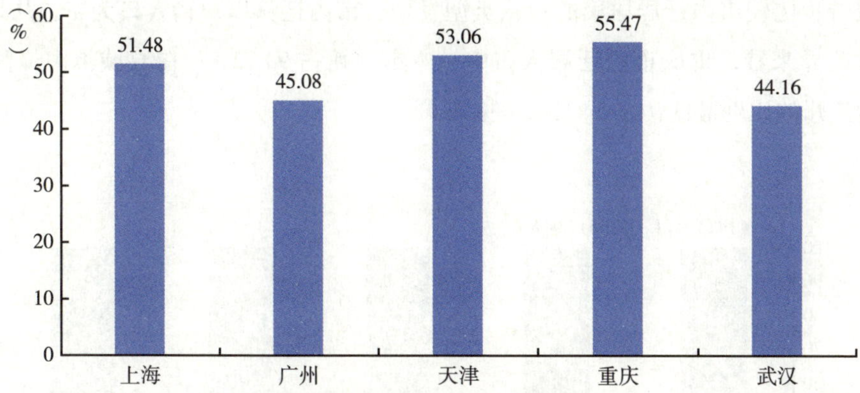

图 3　五城市外来人口落户意愿

（三）特大城市人口以市内迁居为主，户籍人口相较于非户籍人口表现出更高的自主择居能力

在迁居频率方面，调查数据显示，五个特大城市居民近五年发生过迁居的比例均超过 70%，其中重庆最高，达到 77.13%；上海最低，为 71.60%。从迁居次数来看，在近五年发生过迁居行为的居民中，绝大多数居民仅迁居过 1 次，其中天津和上海均超过了 85%。此外，重庆迁居 2 次的居民比例最高，武汉迁居 3 次及以上的居民比例最高（见表 1）。

表 1　五城市居民近五年搬家情况

单位：%

分类	上海	广州	天津	重庆	武汉
迁居 1 次	85.21	77.42	85.82	75.66	75.52
迁居 2 次	6.69	10.08	8.96	13.27	10.79
迁居 3 次及以上	8.10	12.50	5.22	11.06	13.69

在迁居类型方面，迁居包括跨市迁居和市内迁居。调查数据显示，在所有近五年发生过迁居行为的居民中，83.81% 最近一次迁居类型为市内迁居。

进一步比较市内迁居居民的户籍类型发现，市内迁移以户籍人口为主。从地区差异来看，重庆市内迁居人口中，本市户籍占94.12%，在五城市中最高；而广州的比例最低，仅54.19%（见图4）。

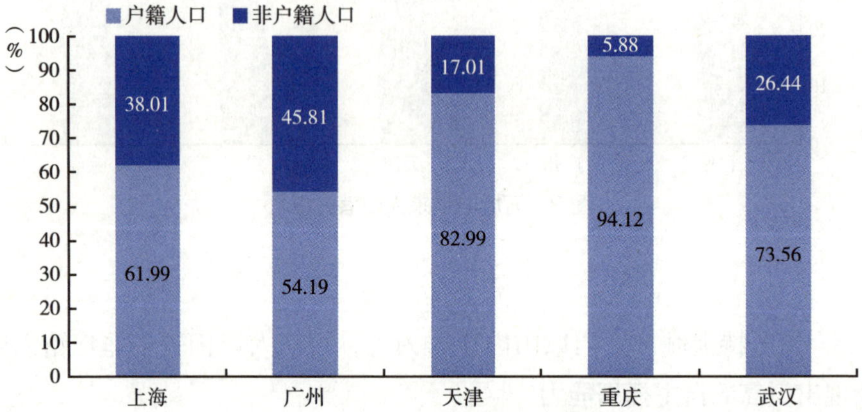

图4　五城市市内迁居人口户籍分布

特大城市户籍人口和非户籍人口市内迁居的原因存在明显差异。改善居住条件为户籍人口市内迁居的首要原因，其中广州有56.84%的户籍人口为了改善居住条件而进行市内迁居，在五城市中最高（见表2）。工作原因[①]是非户籍人口市内迁居的首要原因，重庆和上海均有不低于40%的非户籍人口因为工作进行市内迁居，在五城市中最高。改善居住条件是非户籍人口市内迁居的第二大原因，广州超过40%的非户籍人口为了改善居住条件而迁居，远远高于其他城市；天津非户籍人口为了改善居住条件而迁居的比例最低，仅23.08%。此外，房租上涨也是非户籍人口市内迁居的重要原因，天津和重庆都有不低于五分之一的非户籍人口由于房租上涨而搬家。

① 工作原因包括本人或家人找工作或更换工作、本人或家人工作地点变动。

表 2　五城市不同户籍人口市内迁居原因

单位：%

类型	原因	上海	广州	天津	重庆	武汉
户籍人口	工作原因	13.46	17.89	9.60	25.00	7.94
	房租上涨	0.96	2.11	1.01	3.13	2.38
	改善居住条件	33.65	56.84	44.95	32.50	37.30
	本人或家人上学	19.23	7.37	7.07	8.75	11.90
	拆迁 / 单位分房 / 集资建房	17.31	6.32	25.25	15.63	25.40
	本人结婚	10.58	5.26	5.05	3.75	8.73
	其他	4.81	4.21	7.07	11.25	6.35
	小计	100.00	100.00	100.00	100.00	100.00
非户籍人口	工作原因	41.94	38.27	23.08	40.00	33.33
	房租上涨	12.90	9.88	20.51	20.00	2.22
	改善居住条件	32.26	40.74	23.08	30.00	26.67
	本人或家人上学	4.84	0.00	5.13	10.00	6.67
	拆迁 / 单位分房 / 集资建房	0.00	1.23	0.00	0.00	8.89
	本人结婚	1.61	1.23	0.00	0.00	6.67
	其他	6.45	8.64	28.21	0.00	15.56
	小计	100.00	100.00	100.00	100.00	100.00

二　特大城市居民的职业流动

本部分从职业结构特征、职业流动率、职业流动方式、职业流动原因和跨体制流动情况等几个方面来描述特大城市居民职业流动的状况。

（一）特大城市居民就业稳定性好，以体制外就业为主，职业结构呈现代化特征

调查数据显示，就业情况方面，57.34% 的特大城市居民目前处于在职状态。上海和广州在职居民的比例均超过了 60%，重庆和武汉分别有 57.96% 与

57.82% 的居民目前从事非农工作，天津仅有 48.46% 的居民目前处于在职状态，在五城市中最低（见图 5）。

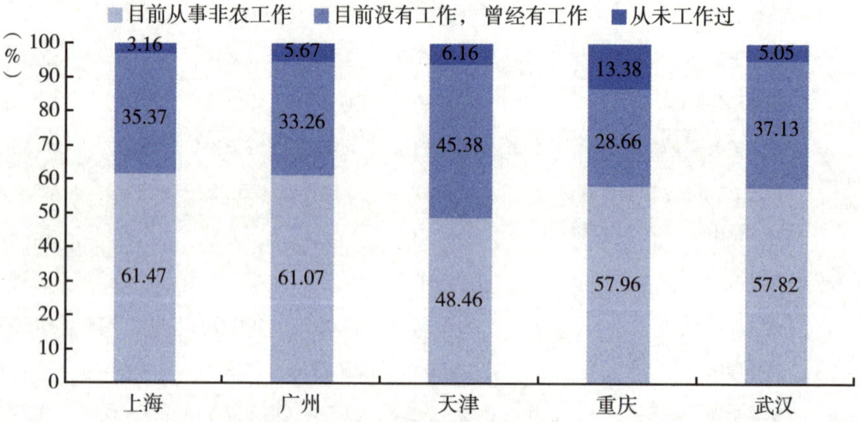

图 5　五城市居民就业情况

在就业身份方面，调查数据显示，83.23% 的特大城市居民拥有稳定就业[①]身份。具体来说，上海最高，达到90.23%；其次为天津（88.59%）；广州和武汉略低，但也均超过了 80%；重庆居民目前处于稳定就业状态的比例最低，仅 70.70%（见图 6）。

在单位类型方面，特大城市居民在体制外就职的比例高于体制内。具体来说，43.57% 的特大城市居民就职于体制内，56.43% 就职于体制外。从地区差异来看，重庆居民就职于体制外的比例在五城市中最高（69.05%），其次为广州（63.65%），上海和武汉的比重略低，但也均超过了 50%；天津最低，仅 41.61%。进一步考察体制内单位的分布发现，分别有 30.65% 和 20.11% 的天津居民就职于国有企业和事业单位，远远高于其他城市（见表 3）。

① 稳定就业身份包括雇主 / 老板、固定雇主（单位）的雇员（工薪收入者）；不稳定就业身份包括自营劳动者、自由职业者、家庭帮工、劳务工 / 派遣人员和无固定雇主的零工和散工。

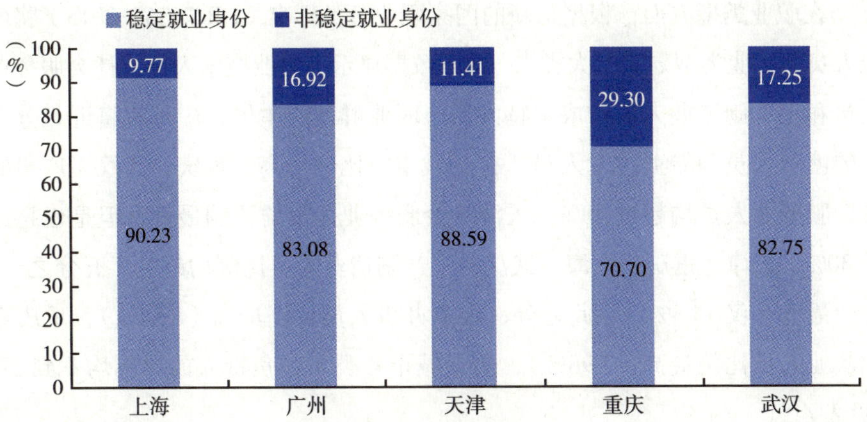

图6　五城市居民就业身份

表3　五城市居民工作单位类型

单位：%

类型		上海	广州	天津	重庆	武汉
体制内	党政机关、国家机关、人民团体	4.35	3.80	4.84	1.62	2.67
	国有企业、国有控股企业	22.72	16.78	30.65	12.93	25.37
	国有/集体事业单位	13.59	13.31	20.11	11.89	15.14
	集体所有、集体控股企业	3.40	2.46	2.80	4.50	3.73
	小计	44.06	36.35	58.39	30.95	46.91
体制外	私有/民营、私有/民营控股企业	38.32	36.02	24.09	32.56	26.65
	三资企业（如中外合资、外企）	6.16	3.36	2.58	0.81	2.45
	民非组织、社会团体/社会组织、村居委	3.18	5.15	1.83	4.39	5.65
	个体工商户	4.14	8.72	6.77	13.97	10.87
	无单位	3.50	9.84	6.13	16.17	7.14
	其他	0.64	0.56	0.22	1.15	0.32
	小计	55.94	63.65	41.61	69.05	53.09
合计		100	100	100	100	100

在职业类型方面，根据最新的国家职业分类标准（GB/T6565-2015）将就业人员的职业类型划为七大类[①]。调查数据显示，专业技术人员、社会服务业人员和生产制造业人员构成了特大城市职业群体的主体。广州有将近三分之一的就业人员为专业技术人员，在五城市中比例最高。重庆、武汉、广州的社会服务业人员均超过40%，天津社会服务业人员的比例最低，但是也超过了30%。天津、重庆、上海、武汉的生产制造业人员比例均超过了五分之一，广州最低，仅14.3%。除此之外，天津办事人员比例最高（8.84%），重庆农业从业人员比例最高（7.98%），而五城市各类单位负责人的比例均不到5%（见表4）。

表4　五城市居民职业类型

单位：%

类型	上海	广州	天津	重庆	武汉
党政 / 国家机关 / 各类团体 / 企事业单位负责人	3.81	3.43	3.06	2.74	4.80
专业技术人员	25.60	32.51	25.17	15.12	22.49
办事人员和有关人员	8.06	5.08	8.84	4.88	7.42
社会生产服务和生活服务人员	36.60	40.90	32.20	44.88	42.36
农林牧渔生产及辅助人员	2.83	3.66	3.06	7.98	2.73
生产制造及有关人员	22.98	14.30	25.40	24.40	20.20
不便分类的其他从业人员	0.11	0.12	2.27	0	0
合计	100	100	100	100	100

（二）特大城市居民职业流动比例较高，以主动流动为主，求职方式凸显市场化特征

在换工作比例方面，50%的特大城市居民换过工作。比较不同出生世代居民换工作的比例发现，70后和80后换工作的频率明显高于50后/60后和

① 2015年版国家职业分类标准将就业人员的职业类型划分为八大类，其中第七类“军人”因本次调查未涉及而去除。

90后。在地区差异方面，超过四分之一的武汉50后/60后换过工作，显著高于其他四城市；33.33%的重庆70后换过工作，在五城市中最高；41.55%的上海80后换过工作，在五城市中最高；天津和重庆90后换过工作的比例均超过五分之一，明显高于其他三城市（见图7）。

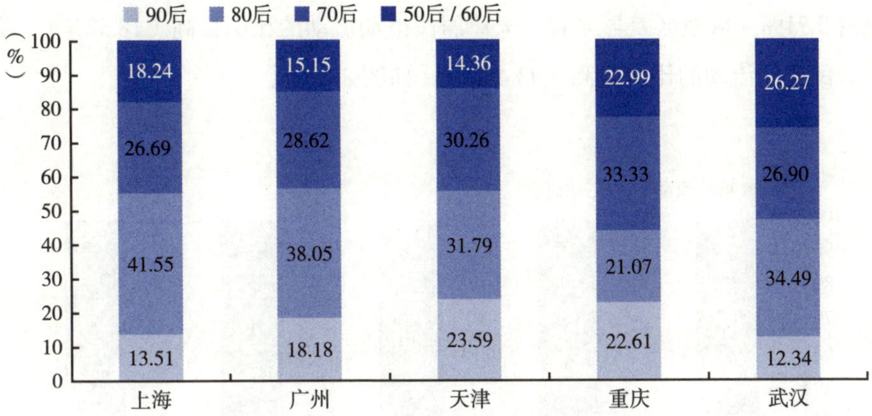

图7　五城市居民分出生世代的换工作比例

在换工作的频率方面，特大城市居民工作变动较为频繁。调查数据显示，三分之一左右的特大城市居民更换过1次工作，约四分之一的人更换过2次工作，还有超过三分之一的居民换过3次及以上工作。从地区差异来看，广州和重庆居民更换过3次及以上工作的比例均超过45%，明显高于其他城市；上海居民仅换过1次工作的比例在五城市中最高，达到42.21%（见表5）。

表5　城市居民更换工作的次数

单位：%

类型	上海	广州	天津	重庆	武汉
换过1次	42.21	27.49	36.07	31.03	30.53
换过2次	24.35	24.74	25.14	22.61	25.86
换过3次及以上	33.44	47.77	38.80	46.36	43.61
合计	100	100	100	100	100

在换工作的原因方面，本研究将换工作的原因分为主动流动和被动流动。[①] 主动流动的原因包括“挣钱少”、“工作太苦太累”、“自己创业”、“原单位的人际环境不佳”和“家庭相关（如小孩上学、照顾老人等）”，而被动流动的原因包括“组织调动”、“单位倒闭”和“被解雇”。调查数据显示，特大城市居民的代内职业流动以主动流动为主（90.29%），被动流动的居民仅占9.71%。从地区差异来看，天津居民被动流动的比例最高（18.52%），重庆居民主动流动的比例最高（93.48%），如图8所示。

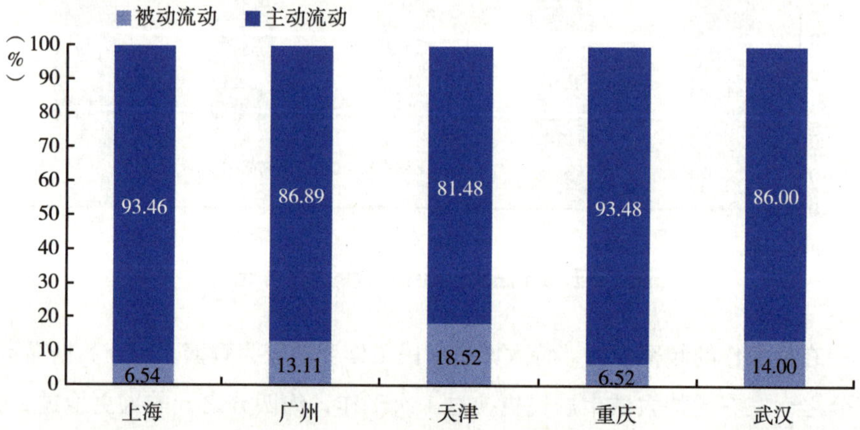

图8 五城市居民换工作的原因

在求职方式方面，绝大多数特大城市居民以市场方式获得职业地位。求职方式可以分为计划分配方式（通过“顶替父母/亲属”和“国家招录、分配/组织调动”获得职位）、市场方式（个人直接申请/应聘获得职位）和社会关系方式（包括“他人推荐”和“家族企业/公司”）。[②] 调查数据显示，超过60%的居民通过个人直接申请或应聘的方式获得目前/最后一份工作。从地区差异来看，天津居民通过计划分配方式获得职位的比例在五城市中最高，达

① 吕晓兰、姚先国：《农民工职业流动类型与收入效应的性别差异分析》，《经济学家》2013年第6期。

② 边燕杰、张文宏：《经济体制、社会网络与职业流动》，《中国社会科学》2001年第2期。

到 38.90%；广州居民通过市场方式获得职位的比例在五城市最高（68.21%）；武汉居民通过社会关系方式获得职位的比例在五城市最高（16.54%），如表 6 所示。

表 6　五城市居民求职方式

单位：%

类型		上海	广州	天津	重庆	武汉
计划分配方式	顶替父母 / 亲属	3.28	2.89	4.00	6.38	5.29
	国家招录、分配 / 组织调动	26.09	15.03	34.90	14.13	25.20
	小计	29.37	17.92	38.90	20.51	30.49
市场方式	个人直接申请 / 应聘	62.23	68.21	56.17	64.13	52.98
社会关系方式	他人推荐	7.21	11.33	4.47	14.38	14.74
	家族企业 / 公司	1.20	2.54	0.47	1.00	1.80
	小计	8.41	13.87	4.94	15.38	16.54
合计		100	100	100	100	100

（三）特大城市居民的跨体制流动呈现明显的单向流动特征

跨体制流动是指居民在体制内和体制外之间的职业流动。根据实际的流动情况，本研究将跨体制流动分为“未流动”、“从体制内向体制外流动”和“从体制外向体制内流动”三类。调查数据显示，特大城市居民的跨体制流动呈现明显的单向流动特征，具体来说，从体制内向体制外的职业流动占 17.67%，而反向流动的比例则仅为 8.31%。这说明从体制内向体制外的流动渠道是开放和畅通的，而反过来从体制外向体制内的流动虽然不是完全封闭的，但是流动的渠道是十分有限的。[①] 因此，绝大多数（74.02%）的特大城市居民不是跨体制的职业流动，而是体制内外的循环。从地区差异来看，将近四分之一的武汉居民从体制内向体制外流动，在五城市中最高；重庆最低，仅 12.60%。从体制外向体制内流动的情况来看，天津最高达到 12.50%，重庆最低，仅 6.87%（见图 7）。

① 张海东等:《中国新社会阶层：基于北京、上海和广州的实证分析》，载《2019 年中国社会形势分析与预测》，社会科学文献出版社，2018。

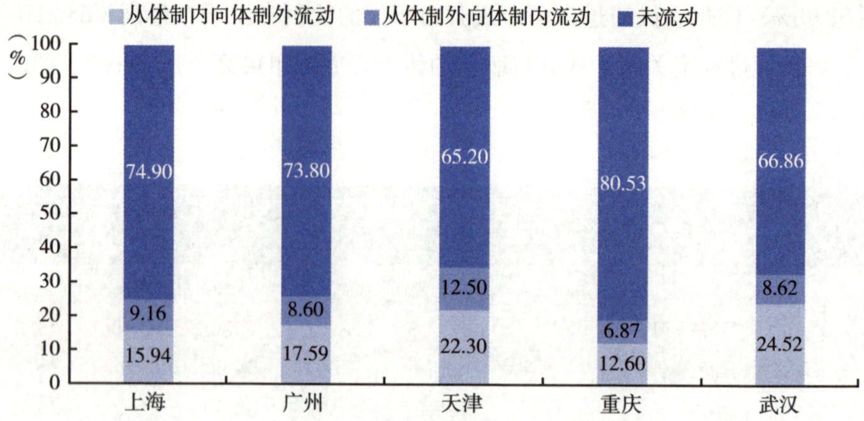

图 9　五城市居民跨体制职业流动情况

三　特大城市居民的代际流动

代际流动是标志阶层结构状况及其变化的基本指标。阶层位置在两代社会成员中的传递，显示了社会阶层的延续性和封闭性；而阶层位置在两代成员间发生了改变，则显示了社会阶层的流动性与开放性。随着现代化的推进以及经济结构、职业结构的变迁，阻碍阶层流动的障碍逐步消失，代际向上流动的机会大大增加。本部分将从阶层的代际流动、教育的代际流动和阶层认同的变化趋势三个方面对五个特大城市居民的代际流动状况进行描述性分析。

（一）特大城市居民代际流动以向上流动为主，向上流动率波动上升，代际流动呈现地区差异

本报告采用李路路等人五阶层划分框架[①]，将五城市居民划分为“管理者阶层”、“专业技术阶层”、“一般非体力阶层”、“工人阶层”和“农民阶层”，通过对受访者目前 / 最后一份职业阶层情况以及受访者 14 岁时父亲的职业阶

① 李路路、朱斌:《当代中国的代际流动模式及其变迁》,《中国社会科学》2015 年第 5 期;李路路、石磊、朱斌:《固化还是流动？——当代中国阶层结构变迁四十年》,《社会学研究》2018 年第 6 期。

层情况的对比，考察新时代特大城市居民代际流动水平。

调查数据显示，工业化、城市化与现代化推动了特大城市居民职业阶层地位的变迁。与父辈相比，我国特大城市居民中农民阶层的比例比他们的父代降低了 28.55 个百分点。一般非体力阶层和专业技术阶层的比例则大幅上升，两类职业阶层占比超过 70%。计算样本中子代与父代分属不同职业阶层占总样本的比例，可以得出当前我国特大城市代际总流动率为 69.11%，其中向上代际流动率（子代阶层位置高于父代的样本占总体样本的比例）为 52.54%，向下代际流动率（子代阶层位置低于父代的样本占总体样本的比例）为 16.57%。这从整体上反映出当前我国社会流动以向上流动为主，阶层向上流动的壁垒逐步打破，阶层结构呈现开放、有活力并有序流动的景象（见表 7）。

表 7　特大城市居民与其父代的职业阶层分布

单位：%

职业阶层（按高低次序排列）	受访者	受访者父亲
管理者阶层	3.28	5.53
专业技术阶层	24.64	14.14
一般非体力阶层	46.53	23.07
工人阶层	22.21	25.37
农民阶层	3.33	31.88
合计	100.0	100.0

一直以来，考察不同时期代际流动水平的变迁都是学界关注的重点。由于本报告使用的是截面数据，无法直接考察我国代际流动率的变迁。为此，我们采取了“世代换年代”的策略，将调查样本划分为“50 后 /60 后”、“70 后”、“80 后”以及“90 后”4 个出生世代，分别计算其总流动率、向上流动率和向下流动率，从不同出生世代的角度比较不同职业流动期受访者相对于父代的代际流动情况，从而从侧面反映出 60 多年来我国社会代际流动率的总体变化情况。

图 10 反映了 60 多年来我国特大城市不同年龄段居民代际流动的状况。从图中可以看出，随着时间的推移，代际总流动率与向上代际流动率稳步上升，向下流动率持续下降。尤其是对于 80 后、90 后这些改革开放以后出生的

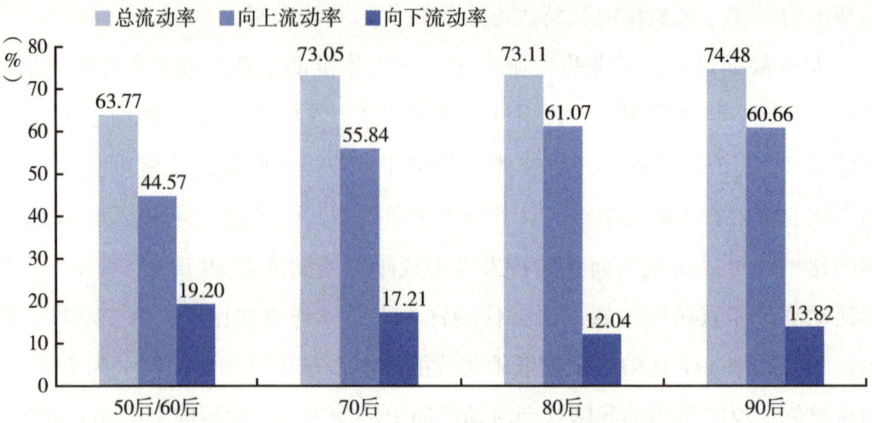

图 10　特大城市居民不同出生世代的代际流动状况

群体来说，市场化改革的深入使得这一时期社会流动发生了巨大的变化，向上流动率大幅上升，比 50 后 /60 后群体上升了至少 15 个百分点。虽然 90 后群体的向下流动率略有上升，但向上流动率仍然维持在 60% 这一高水平区间上。这一现象鲜明地反映了工业化进程和市场化改革所带来的职业结构变迁及经济体制转型为我国特大城市的社会流动注入了持续的活力。

不同城市社会代际流动的差异也映射了工业化、城市化程度的不同以及社会结构的开放程度。图 11 反映了当前上海、广州、天津、武汉和重庆五个特大城市居民代际流动率的状况。数据表明，重庆居民的代际向上流动率最高（58.01%），居五城市之首，广州次之（55.87%），武汉、天津与上海的向上流动率较为接近，均在 50% 以下。在代际向下流动方面，武汉、上海与天津的比例同样较为接近，分布在 19%~22%，广州的向下流动率次之（14.61%），重庆最低（12.91%）。

上述结果显示，新时代我国特大城市居民的代际流动呈现开放特征，且这种高水平的向上流动趋势与经济体制转轨和改革进程密切相关。而不同城市之间的代际流动差异提示我们社会结构的变化与代际流动率的提升是市场化改革的阶段性成果，当代中国的社会转型还远未结束，新时代下我国各领域内深度改革的进程刚刚开始，相应的，阶层结构、职业结构与代际流动还会发生诸多巨大和深刻的转变。

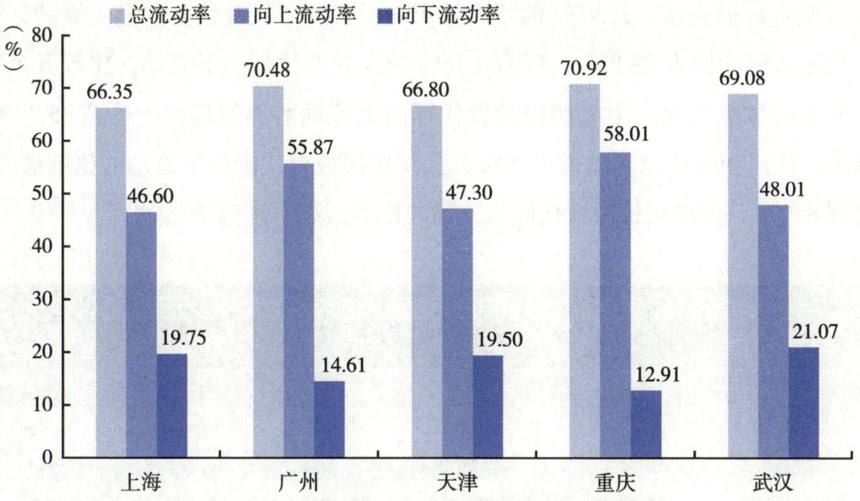

图11 特大城市之间代际流动率的比较

（二）特大城市居民子女教育代际流动以向上流动为主，非户籍居民教育代际向上流动的比例高于户籍居民

教育代际流动既是改变人们生活际遇的重要途径和手段，也是家庭社会地位传承与延续的重要途径，更是一个社会良性运转和健康公平发展的重要保证。本报告将所有教育代际流动分为三类：未流动、向下流动和向上流动。通过对比受访者和其父亲的受教育程度，考察新时代五城市居民教育代际流动的相关情况（见表8）。

表8 五城市居民及其父代的受教育程度分布

单位：%

类型	受访者	受访者父亲
小学及以下	9.04	31.17
初中	25.14	30.01
高中（包括职高和中专）	27.75	25.58
大专及以上	38.08	13.25
合计	100	100

调查数据显示，71.96% 的特大城市居民实现了教育代际的向上流动，教育代际未流动的占 23.88%，仅有 4.16% 的人教育代际向下流动。比较五个特大城市的数据可见，上海居民教育代际向上流动的比例最高，达到 75.70%，重庆、广州和天津也都超过了 70%。武汉居民教育代际向下流动的比例最高，达到 6.44%，天津居民教育代际未流动的比例最高，达到 25.55%（见表 9）。

表 9　五城市居民教育代际流动情况

单位：%

类型	上海	广州	天津	重庆	武汉
向上流动	75.70	72.34	70.03	72.44	68.45
未流动	21.49	23.71	25.55	24.22	25.11
向下流动	2.81	3.95	4.42	3.33	6.44
合计	100	100	100	100	100

进一步考察不同户籍类型居民教育流动的情况发现，非户籍人口的向上教育流动明显多于户籍人口。具体来说，78.36% 的非户籍人口实现了教育的向上流动，比户籍人口高 7.44 个百分点。此外，将近四分之一的户籍人口教育代际未流动，比非户籍人口高了 7.11 个百分点（见表 10）。

表 10　五城市不同户籍居民教育代际流动情况

单位：%

分类	户籍人口	非户籍人口
向上流动	70.92	78.36
未流动	24.65	17.54
向下流动	4.43	4.09

（三）特大城市居民家庭阶层地位认同和个人阶层地位认同均呈现向上流动趋势

本次调查中，家庭阶层认同这一变量以“您认为您的家庭在社会上处于哪一等级”来测量。阶层认同取值为 1~10 分，1 分表示最底层，10 分表示最顶层。调查数据显示，不管是 5 年前、现在还是 5 年后，特大城市居民家庭阶层认同分数多分布在 5~6 分，说明当前五城市居民认同其属于中间阶层的比例相对较大。特大城市居民对家庭阶层认同有着较好的预期，认为 5 年后阶层地位处于 7~8 分或 9~10 分的分别占 31.07% 和 8.53%，较当前认同水平有较大提升（见表 11）。

表 11　五城市居民家庭阶层认同状况

单位：%

得分	5 年前	现在	5 年后
1~2 分	11.51	8.36	6.45
3~4 分	29.83	20.26	12.90
5~6 分	45.96	51.88	41.04
7~8 分	10.50	16.42	31.07
9~10 分	2.20	3.08	8.53
合计	100	100	100

从各城市家庭阶层地位认同的平均得分来看，不管是 5 年前、现在还是 5 年后，广州居民对家庭地位的认同得分最高，武汉居民对现在和 5 年后家庭地位的认同得分最低（见图 12）。

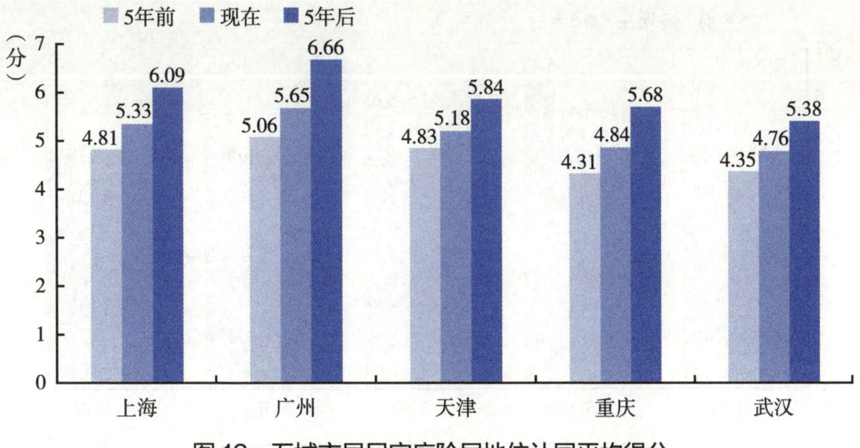

图 12　五城市居民家庭阶层地位认同平均得分

与家庭阶层认同情况类似，特大城市居民个人阶层地位认同分数多分布在5~6分，超过半数的人认为自己当前的阶层地位在整个社会中处于中间水平，对5年后的个人阶层认同明显高于5年前和现在，认为5年后阶层地位处于7~8分的占27.88%，9~10分的占6.17%（见表12）。

表12　五城市居民个人阶层认同状况

单位：%

得分	5年前	现在	5年后
1~2分	15.75	12.28	8.62
3~4分	30.77	21.58	15.12
5~6分	43.56	51.16	42.21
7~8分	8.40	13.17	27.88
9~10分	1.52	1.81	6.17
合计	100	100	100

进一步考察个人阶层地位认同的地区差异发现，广州居民的个人阶层地位认同最高，其次为上海和天津，武汉和重庆居民的个人阶层地位认同较低（见图13）。

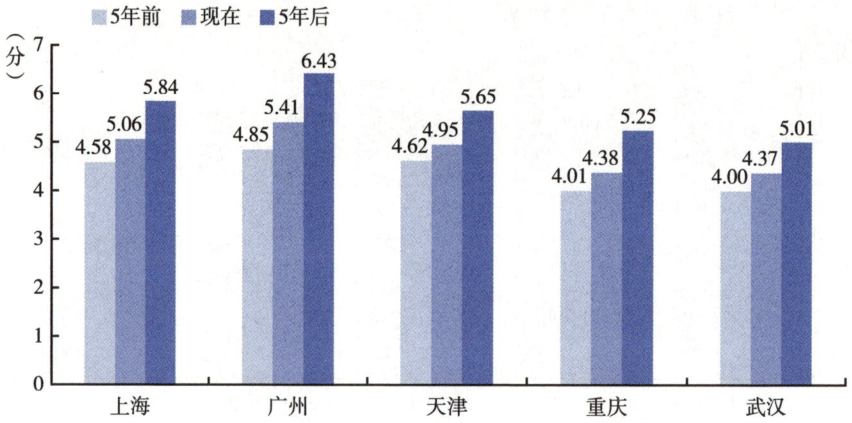

图13　五城市居民个人阶层地位认同平均得分

四 结语

随着我国社会主义市场经济的不断发展，社会阶层流动水平也在不断提升。本研究通过调查数据发现，当前我国特大城市对外来人口包容度高、吸引力强，居民职业流动适度、跨体制流动现象明显，代际流动呈现高水平向上流动趋势。而不同城市在地域流动、职业流动、代际流动等方面也存在各自明显的特点和差异。可以说，改革开放和不断深化的市场化进程是当前城市居民持续流动的内生动力。因此，进一步深化改革开放，推进各项制度改革创新，是促进高水平社会流动、激发社会发展深层活力的内在要求。

此外，面对特大城市社会流动中的一些具体问题，需要国家、政府、社会等多主体、多方面协同参与。在地域流动方面，针对特大城市地域流动中外来人口较多、具有落户意愿的人口较多的现象，应该优化特大城市公共服务模式、推进城市基本公共服务均等化，建立完善廉租房、公租房等与长期居住相配套的公共服务体系，使得每一位在城市中工作、生活的居民都能共享城市发展的成果。同时，应进一步完善特大城市人口落户标准与条件，使得达到标准、具有落户意愿的居民能够顺利落户。在职业流动方面，针对职业流动中呈现的“单向跨体制流动”现象，我们需要进一步破除人才流动体制性障碍，不但要拓宽体制内人员向体制外流出的渠道，而且要提升体制外行业的社会保障水平，打破体制外人才在职称评定、职业发展上的相关局限，支持与鼓励体制外的新社会阶层人士到体制内行业实现自身的价值。

总之，我们相信在推进国家治理体系和治理能力现代化的过程中，一方面，越来越多的社会成员能够通过努力拼搏和公平竞争，实现向上的阶层流动；另一方面，经济社会的高质量发展能够为社会成员创造越来越多个人发展和向上流动的机会。一个流动的、充满活力的、繁荣的中国正呈现在我们的眼前。

参考文献

边燕杰、张文宏:《经济体制、社会网络与职业流动》,《中国社会科学》2001年第2期。

李路路、石磊、朱斌:《固化还是流动?——当代中国阶层结构变迁四十年》,《社会学研究》2018年第6期。

李路路、朱斌:《当代中国的代际流动模式及其变迁》,《中国社会科学》2015年第5期。

李培林等:《当代中国阶级阶层变动(1978—2018)》,社会科学文献出版社,2018。

李友梅:《当代中国繁荣发展的重要密码:流动的中国充满繁荣发展的活力》,《人民日报》2019年7月26日,第8版。

吕晓兰、姚先国:《农民工职业流动类型与收入效应的性别差异分析》,《经济学家》2013年第6期。

张海东等:《中国新社会阶层:基于北京、上海和广州的实证分析》,载《2019年中国社会形势分析与预测》,社会科学文献出版社,2018。

B.10

中国当代青少年网络素养调查报告

田丰　朱迪　高文珺*

摘　要： 青少年从小就与互联网亲密接触，被称为“网络原住民”，如何提升他们的网络素养、培养其文明理性上网习惯是亟须研究的课题。本报告使用针对22685名青少年的网络素养调查数据，考察青少年网络素养的现状和面临的问题。总体上看，中国当代青少年网络素养较高，表现最好的是网络规范素养，其次是网络安全素养，而网络技能和网络学习素养相对偏低；青少年网络素养方面存在的问题主要表现在，城乡数字鸿沟从硬件差距转变为软件差距，网络基本技能素养和网络创新能力素养不足，农村青少年和父母不在身边的青少年网络素养偏低，学校网络素养教育滞后等。本报告建议做好培养青少年网络素养的顶层设计，倡导和形成政府、企业、学校、家庭等社会各界ALL-IN的战略格局，从而提升青年的网络素养和全面素质，提升国家在未来经济社会发展中的竞争力。

关键词： 青少年　未成年人　网络素养　网络保护　网络技能

随着互联网的日渐普及，全民上网时代已经到来，青少年触网年龄越来越低，绝大部分人在进入成年之前都已经成为网民。根据共青团中央和中国

---

* 田丰，中国社会科学院社会发展战略研究院研究员，中国社会科学院国情调查与大数据研究中心副秘书长；朱迪，中国社会科学院社会学研究所副研究员，中国社会科学院国情调查与大数据研究中心特约研究员；高文珺，中国社会科学院社会学研究所助理研究员，中国社会科学院国情调查与大数据研究中心特约研究员。

互联网络信息中心发布的《2018年全国未成年人互联网使用情况研究报告》，中国未成年网民规模估计为1.69亿，未成年人的互联网普及率达到93.7%；即便是在农村，未成年人的上网比例也高达89.7%，这主要缘于手机上网的高普及率。而青少年由于自我控制能力、自我保护意识薄弱，容易沉迷网络，被不良内容吸引，从而危害正常的学习、生活和人际交往，并带来一系列社会问题。因此，关注并提升未成年人在网络技能、网络安全、网络规范等方面的网络素养，成为关注当今青少年成长的重要方面。此外，以往研究者们关注的以网络硬件和网络接入为代表的城乡数字鸿沟因为智能手机的普及基本消除，但与之伴随的城乡青少年在网络使用素养方面的差距却还没有引起相关方的重视，这也是本报告重点关注的方面。

本报告将设计青少年网络素养的测量体系，通过科学合理的调查方法和分析手段，研判中国青少年网络素养的基本情况和主要问题，并据此提出相关的政策建议，以期能够为政策制定者提供相应的决策支持。数据来源是共青团中央权益部和中国社会科学院社会学研究所共同发起的全国青少年网络素养问卷调查，采用分层随机整群抽样的方法，在全国31个省区市抽取100多所中小学，共获得22685个有效样本。

一　网络素养的测量体系

美国学者20世纪90年代首先提出网络素养的概念，包括知识和技能两个方面，强调网络素养将成为网络社会中公民高效开展个人生活和工作的重要技能。①针对青少年的成长环境与社会化阶段特征，有研究认为青少年网络素养包含对网络的了解、感知、使用和判断以及对网络风险的判断和应对两个方面②，强调对网络信息的分辨能力、避免网络沉迷的自我控制能力、免遭网络危险侵害的自我保护能力以及尊重和保护其他网民的社会责任感

① McClure C. R., "Network Literacy: A Role for Libraries?", *Information Technology & Libraries*, 1994, 13 (2): 115-125.

② 陈晨：《亲子关系对青少年网络素养的影响》，《当代青年研究》2017年第3期。

等[①]，本报告从四个维度、三级指标体系来定义网络素养。四个维度即测度青少年网络素养的一级指标：①网络技能素养，测量的是互联网使用的基础能力；②网络安全素养，测量的是互联网使用中抵御风险的能力；③网络规范素养，测量的是对互联网使用中伦理规范的认知和实践；④网络学习素养，测量的是通过互联网获取信息和实现创新的能力。

在每个一级指标之下，都包含若干二级指标：①网络技能素养的二级指标有网络基本技能、时间管理能力、娱乐休闲技能、社会交往技能、网络交易技能、自我约束能力和网络效能感知七个方面。②网络安全素养的二级指标有信息甄别能力、信息保护能力、交易保障能力、危机应对能力和虚拟区分能力五个方面。③网络规范素养的二级指标有网络行为规范、网络言论规范、网络政策认知和网络伦理认知四个方面。④网络学习素养的二级指标有信息获取能力、信息管理能力、自主学习能力和网络创新能力四个方面。在每个二级指标之下包含若干三级指标，本报告选择不同层次的三个三级指标构成分析的量表，每个指标对应的问卷问题均有四个不同等级的选项，数值范围为 1~4 分，得分越高，表示该指标的素养或者能力越高。

二　青少年网络素养的基本情况

从调查结果来看，如图 1 所示，在网络技能素养、网络安全素养、网络规范素养和网络学习素养四个一级指标中，青少年网络规范素养得分最高，平均 3.17 分；其次是网络安全素养，平均 2.86 分；网络技能素养和网络学习素养得分相对偏低，分别为 2.68 分和 2.62 分。

在网络技能素养的七个二级指标中，青少年表现最好的是自我约束能力（3.10 分），表现最差的是网络基本技能（2.27 分），反映了青少年基本技能的不平衡，后文将详述。网络效能感知的得分也较低（2.29 分），反映了青少年对于互联网的使用在某种程度上力不从心。社会交往技能、时间管理能力

① 王国珍：《网络素养教育视角下的未成年人网瘾防治机制探究》，《新闻与传播研究》2013 年第 9 期。

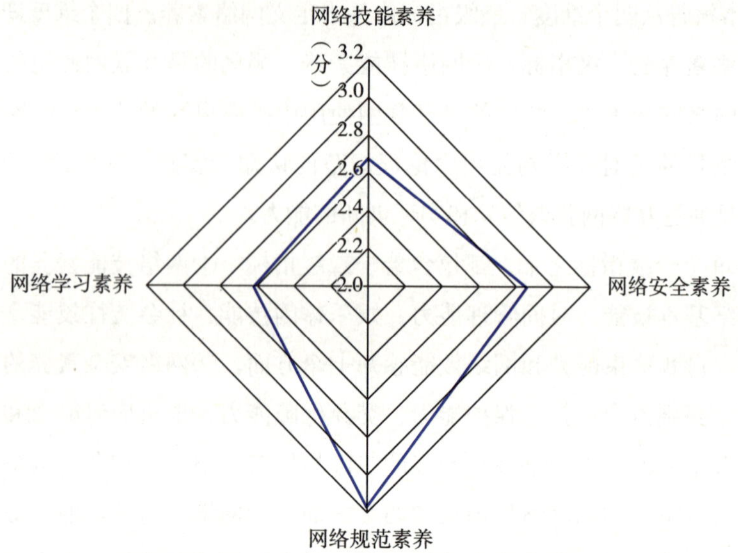

图1　青少年网络素养的四个维度比较

和娱乐休闲技能得分居中，分别为2.90分、2.84分和2.81分。

在网络安全素养的五个二级指标中，青少年表现最好的是虚拟区分能力（3.05分），其次是交易保障能力（3.01分），反映了青少年在处理网络支付时的自我保护能力较强；信息保护能力和信息甄别能力得分分别为2.85分和2.61分。

在网络规范素养的四个二级指标中，网络伦理认知得分最高（3.36分），认同网络行为也应该符合道德准则；其次是网络行为规范（3.14分），认同网络行为也应当遵守社会规范，比如尊重他人、反对网络暴力；再次为网络政策认知（3.10分），显示出青少年对未成年人网络保护条例、网络平台的未成年人模式及相关政策法规比较熟悉；最后是网络言论规范（3.06分），认同网络上也要注意言论，避免侮辱性、歧视性言论。

在网络学习素养的四个二级指标中，青少年得分最高的是自主学习能力（2.92分），主要是借助互联网学习课业知识以及获取学习资源。而青少年在普遍意义上的信息获取能力次之（2.89分），青少年的信息管理能力则更弱（2.51分），网络创新能力在所有指标中得分最低（2.15分）。

考虑到此次调研计算分值是1~4分，如果将平均2.5分作为衡量标准的及格线，由图2可以看到四个一级指标都超过了2.5分，大部分二级指标也都超过了2.5分的及格线，只有网络基本技能、网络效能感知和网络创新能力三个指标明显低于及格线。此外，在网络交易技能和信息管理能力两项二级指标上，青少年的表现也不太好。

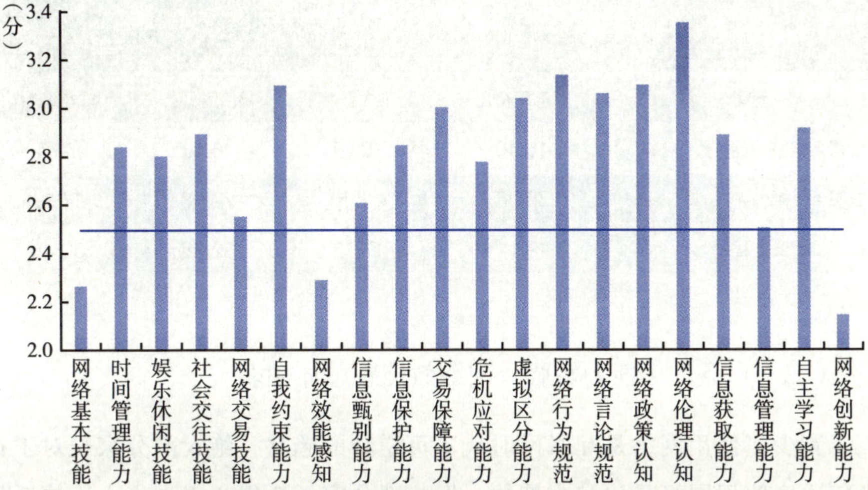

图2　青少年网络素养测量体系二级指标得分情况

三　青少年网络素养的主要特点和问题

（一）重应用，会娱乐购物，硬件基本技能缺失较严重

青少年作为互联网原住民，从小就能够接触各种上网设备和网络信息，并习得各种网络技能，但调查发现青少年对于基础的网络技能缺乏掌握。调查发现，青少年认为自己能够设置无线路由器的比例仅仅只有7.74%，有四分之三以上的青少年不知道怎样设置无线路由器，如表1所示。相对而言，青少年对于日常工作和学习中常用的收发电子邮件和在手机上安装程序的技能掌握比例就要高很多。青少年利用网络进行相关娱乐活动的能力比较强，三

成以上可以熟练使用网络搜寻音乐、电视剧、电影。这反映出当代青少年在网络基础技能习得上的不平衡问题。由于他们在很小的年龄就已经进入一个比较成熟的网络环境，使用技能的学习主要是在操作、应用和娱乐方面，而对网络基础硬件设备相关技能的了解相对较弱。这种状况与青少年更多使用智能手机接入网络有较大关系。

表 1　青少年掌握网络基本技能的情况

单位：%

选项	非常不符合	不太符合	比较符合	非常符合
设置无线路由器	45.40	30.67	16.18	7.74
收发电子邮件	36.27	24.46	22.08	17.19
在手机上安装程序	19.14	17.73	32.68	30.45

（二）自我约束能力较强，网络效能感总体偏弱

青少年使用网络是互联网时代不可逆转的趋势，绝大部分家长对于青少年适度使用网络是比较支持的。但一部分家长会担心青少年由于缺乏足够的自制力，出现过度使用网络和依赖网络的情况。然而调查数据分析发现，对大多数青少年而言，他们有比较强的自我约束能力，只有 8.54% 的青少年表示非常符合“手机无法上网时会感到焦虑”，6.78% 的青少年表示非常符合“在学习的时候也经常刷手机”，7.12% 的青少年表示非常符合“在聚会的时候也经常独自刷手机”（见表 2）。与青少年可能过度使用和依赖网络相比，他们应对网络中突发事件的自信程度也就是自我效能感偏低。只有 9.12% 的青少年非常认可“无论上网遇到什么问题，我都能应付”的说法，12.43% 的青少年非常认可“我感觉自己能够熟练使用互联网”，18.74% 的青少年非常认可“只要努力，我就能学会各种网络操作”。故此，青少年对自身的网络技能、有足够能力处理网络中所遇到问题的自信心是不足的。

表 2 青少年上网时的自我约束能力 单位：%				
选项	非常不符合	不太符合	比较符合	非常符合
手机无法上网时会感到焦虑	35.38	36.24	19.85	8.54
在学习的时候也经常刷手机	48.71	29.01	15.49	6.78
在聚会的时候也经常独自刷手机	44.38	29.50	18.99	7.12

（三）具有网络学习能力，创新力不足值得担忧

利用网络渠道和网络资源进行学习在青少年群体中较为常见，在调研中也发现一些中小学使用网络课程作为课外辅导的主要工具，也有一部分作业需要借助互联网完成。在一些经济发展较为落后的地区，免费的网络课程和网络资源甚至成为比课堂教学更为重要的学习资源。调查数据分析表明，三分之二左右的青少年能够使用网络查单词、获得最新的学习资源，以及找到各种网络课程（见表 3），这说明青少年具有较强的网络学习需求和网络学习能力。此外，青少年在网络中的创造力和创新能力局限在娱乐用途的音频与视频领域，对于一些技术性的创新工具的掌握情况并不好。调查发现，非常认同自己能够制作音频、视频的青少年比例超过了 22%，但能够编写计算机程序的比例只有 8%，编写计算机程序作为真正技术创新的基础，应当是提升青少年网络创新素养的发展方向。

表 3 青少年借助网络的自主学习能力 单位：%				
选项	非常不符合	不太符合	比较符合	非常符合
在互联网上查单词	10.84	12.77	37.65	38.73
利用互联网获得最新的学习资源	12.14	17.05	36.98	33.83
利用互联网找到各种网络课程	14.68	21.39	33.67	30.26

（四）网络伦理认知较好，信息甄别能力待加强

一般而言，青少年尚未形成较为成熟的人生观、价值观和世界观，在伦

理认知上可能存在着较大误区，调查却发现，青少年对网络伦理、网络规范的认知较为正确，他们中大部分都知道在网络中尊重他人并保护他人隐私，避免滥用网络语言去侮辱和歧视他人，遵守网络行为规范和道德规范，尊重他人的产品版权和知识产权，等等。这反映出作为网络原住民，青少年对网络新兴事物的理解要优于成年人，这也为构建清朗的网络空间提供了比较好的社会基础。

另外，作为未成年人，青少年应对网络风险的能力还是相对较弱的，调查结果显示，接近六成的青少年没有掌握使用网络工具来甄别网络信息真伪的技能，有 45% 的青少年在注册账号的时候不太关注用户协议，对自己的权利和义务不太了解。而这些恰恰又是网络世界中经常遇到的网络安全隐患。

四　不同类型青少年网络素养的比较分析

为了方便在不同特征的青少年群体之间做比较，本研究对网络素养的四个二级指标——网络技能素养、网络安全素养、网络规范素养和网络学习素养做了标准化处理，将每个指标标准化为均值为 0、标准差为 1 的数值。当指标得分为 0 时，代表所有被调查者的平均水平；当指标得分小于 0 时，表示其低于平均水平；当指标得分大于 0 时，表示其高于平均水平。

（一）年龄越大，青少年网络素养越高

从青少年网络素养四个二级指标的变化情况来看，总体上呈现年龄越大、网络素养越高的趋势，这与青少年本身的成长规律有比较相似的逻辑。其中 11~12 岁是一个比较关键的转折点（见表 4）。

表 4　不同年龄青少年的网络素养变化

年龄	网络技能素养	网络安全素养	网络规范素养	网络学习素养
6 岁	-0.645	-0.550	-0.741	-0.513
7 岁	-0.916	-0.796	-0.256	-0.780
8 岁	-0.789	-0.692	-0.252	-0.659
9 岁	-0.581	-0.525	-0.355	-0.551

续表

年龄	网络技能素养	网络安全素养	网络规范素养	网络学习素养
10 岁	-0.366	-0.338	-0.193	-0.357
11 岁	-0.146	-0.116	-0.051	-0.174
12 岁	0.039	0.089	0.063	-0.014
13 岁	0.234	0.284	0.139	0.223
14 岁	0.396	0.367	0.172	0.381
15 岁	0.389	0.310	0.101	0.394
16 岁	0.580	0.452	0.224	0.523
17 岁	0.642	0.509	0.305	0.625
18 岁	0.525	0.419	0.203	0.509

（二）存在青少年网络素养的城乡数字鸿沟

中国长期存在的城乡二元结构对青少年网络素养产生了深刻的影响，在此次研究中，以青少年的实际居住地为标准，将他们划分为三个不同类别：城市、城乡结合部、农村。调查结果发现，如表 5 所示，居住在农村的青少年网络技能素养、网络安全素养、网络规范素养和网络学习素养四个方面均低于平均值。而居住在城乡结合部和居住在城市的青少年网络素养四个方面虽略有差异，却高于平均值，其中居住在城乡结合部的青少年在网络技能素养和网络学习素养上甚至高于居住在城市的青少年。这可能是由于居住在城乡结合部的家庭中流动人口家庭比例要高一些，一方面流动人口家庭的家长对孩子较为宽松，这给了他们更多接触网络的时间和空间；另一方面他们自身习得网络技能、利用网络资源自主学习的需求更加强烈一些，由于其特殊的家庭教育模式和使用网络的现实需求，居住在城乡结合部的流动家庭青少年反而有更多的机会接触网络。

表 5　城乡青少年的网络素养差异

区域	网络技能素养	网络安全素养	网络规范素养	网络学习素养
农村	-0.155	-0.156	-0.195	-0.144
城乡结合部	0.083	0.071	0.033	0.105
城市	0.068	0.071	0.101	0.057

（三）父母不在身边的青少年网络素养偏低

在学校网络技能和网络素养教育没有受到广泛重视的情况下，父母是子女上网的老师，也是维护青少年网络安全的第一责任人。调查发现，如表6所示，父母是否与子女共同居住对青少年网络素养得分有比较大的影响。没有和父母一起居住的青少年在网络素养四个方面的得分都要低于平均水平；与父亲共同居住的青少年在网络安全素养和网络规范素养两个方面低于平均水平；与母亲共同居住的青少年在网络规范素养上低于平均水平；而与父母亲共同居住的青少年在网络素养四个方面都要高于平均水平。分析结果充分证明了父母在青少年网络素养培养方面的重要作用，父母亲共同陪伴的青少年网络素养得分最高也体现出家庭的作用。

表6　是否与父母同住对青少年网络素养的影响

居住情况	网络技能素养	网络安全素养	网络规范素养	网络学习素养
没有和父母一起居住	-0.190	-0.232	-0.303	-0.178
和父亲共同居住	0.020	-0.029	-0.077	0.022
和母亲共同居住	0.020	0.000	-0.047	0.013
和父母住	0.021	0.038	0.063	0.020

家庭对青少年网络素养的显著影响，使人想到父母不在身边的农村留守儿童的网络素养问题。由表7可以看到，无论父母是否在身边，农村青少年的网络素养都要低于平均水平；而父母不在身边的农村青少年网络素养的得分更大幅度低于平均水平，而农村青少年只要父母有一方在身边，网络素养得分都会有较大的提升。

表7　是否与父母同住对城乡青少年网络素养的影响

居住情况	网络技能素养		网络安全素养		网络规范素养		网络学习素养	
	农村	城市	农村	城市	农村	城市	农村	城市
没有和父母一起居住	-0.318	0.032	-0.340	-0.025	-0.418	-0.050	-0.287	0.010

续表

居住情况	网络技能素养		网络安全素养		网络规范素养		网络学习素养	
	农村	城市	农村	城市	农村	城市	农村	城市
和父亲共同居住	−0.140	0.118	−0.225	0.090	−0.276	0.056	−0.147	0.113
和母亲共同居住	−0.090	0.089	−0.113	0.053	−0.207	0.048	−0.087	0.067
和父母住	−0.115	0.060	−0.088	0.076	−0.101	0.123	−0.106	0.050

（四）学校教育直接影响青少年网络素养

根据调研发现，本研究归纳了学校青少年网络素养教育中比较常见的五项内容来分析学校教育和青少年网络素养之间的关系，具体包括：①具体的网络操作技能，②网络安全防范和自我保护教育，③网络防沉迷教育，④网络相关法律知识普及，⑤文明上网教育。如表 8 所示，大部分青少年在学校中或多或少接触过网络教育，并且所接触的网络教育内容越丰富，青少年的网络素养得分越高。数据分析的结果也意味着当前学校相关网络教育的课程安排和内容设计存在浅尝辄止的问题，无法满足互联网社会中的实际需求。要想全面提升青少年的网络素养，必须在规范的教育体系中安排足够的课时和专业的内容，同时充分考虑不同年龄阶段青少年使用网络的特点，针对比较薄弱和问题比较集中的网络素养领域设计并开展有针对性的课程，避免青少年在网络素养相对较低的情况下受到伤害。

表 8　学校网络教育对青少年网络素养的影响

选项	网络技能素养	网络安全素养	网络规范素养	网络学习素养
没学过	−0.369	−0.397	−0.280	−0.336
学过一项	−0.323	−0.398	−0.371	−0.277
学过两项	−0.235	−0.219	−0.197	−0.216
学过三项	−0.121	−0.085	−0.082	−0.128
学过四项	0.018	0.084	0.165	−0.005
学过五项	0.324	0.320	0.251	0.302

（五）青少年网络素养和网络使用相互促进

本研究选择了一些常见的青少年网络活动，根据参与这些网络活动的数量来测量青少年网络使用的程度。其中有最为常见的社交和娱乐类活动，数据分析发现，网络使用程度和网络素养存在一定的相关关系，参与网络活动越多的青少年，其网络素养得分越高（见表9）。网络使用程度与网络素养得分之间的正相关关系某种程度上挑战了家长和学校对青少年网络素养的认知。科学、合理、适度地引导青少年了解网络、使用网络，习得网络技能和知识，不仅可以提升其网络素养，而且可以增强他们未来独立抵御网络风险的能力。

表9　青少年网络使用程度对网络素养的影响

网络使用程度	网络技能素养	网络安全素养	网络规范素养	网络学习素养
最少使用	−0.802	−0.597	−0.350	−0.755
较少使用	−0.233	−0.144	−0.031	−0.265
中等使用	0.101	0.106	0.095	0.064
较多使用	0.393	0.280	0.150	0.371
最多使用	0.682	0.456	0.186	0.727

五　结论：提升青少年网络素养的对策建议

本次针对青少年网络素养的调查研究覆盖面大、抽样科学合理，样本的代表性强，应当说基本代表了中国青少年网络素养的现状。总体上看，青少年网络素养较高，但也存在着一些比较明显的问题，比如城乡数字鸿沟从硬件差距转变为软件差距，网络基本技能和网络创新能力不足，农村青少年和父母不在身边的青少年网络素养偏低，学校网络素养教育滞后，等等。这些问题在互联网社会中会对青少年产生深远的影响，政府和社会各界应当重视提升青少年网络素养工作。据此，本报告提出以下几点建议。

（一）顺应时代需求，把网络素养作为青少年必备基本能力来培养

人类社会在经历了农业社会和工业社会之后，已经进入互联网社会，网络技能、网络素养是互联网社会中必不可少的基本能力，就像在工业社会中每个人都需要具有识字能力一样。故而，迫切需要认识到互联网社会对未来人们的素质需求，正视在青少年成长发育过程中网络技能习得和网络素养培育的重要性与紧迫性。

从培养青少年网络素养的有利条件来看，作为互联网的原住民，当代青少年成长的过程或多或少地与网络交织在一起，生而带有一定的网络“基因”，培养青少年网络素养具有天然优势和技术条件。从培养青少年网络素养的不利条件来看，当前社会还未形成把网络素养作为青少年必备基本能力来培养的共识，尤其是在青少年社会化过程中承担重要功能的教育机构、家庭、企业，没有充分认识到培养青少年网络素养的必要性，甚至很多时候还会把网络当作祸害青少年的洪水猛兽一样来看待，采用各种各样隔离、阻断的方式，尽可能让青少年少接触或使用网络，更不要谈培养网络技能和网络素养。必须引导全社会全面认识互联网社会的时代特征，重新了解网络对青少年发展的积极作用和消极作用，围绕青少年成长特征打造符合他们人生发展和社会化需求的网络素养培养体系。

（二）做好顶层设计，倡导和形成政府和社会各界ALL-IN战略格局

培养青少年网络素养不仅顺应了互联网社会的时代特征，而且把握了未来经济社会发展的科技脉搏。随着互联网技术的进步，当下互联网开始进入5G时代，5G时代最鲜明的特点是网络以及网络背后的软硬件成为国家的核心竞争力。而技术竞争的背后是掌握核心技术的人才竞争，网络素养就是互联网时代最基础的人口素养，所以应当把青少年网络素养培养作为国家战略任务来进行顶层设计。政府应当统筹部署相关职能部门、互联网企业、各级学校、家庭以及社会公众所应承担的职责和工作，形成协同治理的ALL-IN格局，有必要在坚持严格控制原则和规则的同时，把一部分治理权限释放出来，

交给具备相应能力的非政府部门来运作，引导和协调各方以打造适宜青少年的网络环境为己任。

（三）加强学校教育，宜将网络素养课打造成普及性义务教育基础课程

工业化社会之后，人类社会化过程中的教育功能已从家庭和家族转移到学校，现代化学校体系成为适应工业社会发展、为工业生产培育合格劳动力的辅助性社会机构。目前，学校教育无法实现提升青少年网络素养功能的重要原因是，在现有的课程体系之下，网络素养相关的教育内容和课程并没有被全面、合理、科学地纳入普及性义务教育的各个阶段，部分省市有关于网络素养课程的试点，但大多也是浅尝辄止，无论是课程内容和课时数量，还是师资队伍和教学水平都远远无法满足提升青少年网络素养的需求。甚至可以说，青少年网络知识、网络技能的获得及网络素养教育在多数情况下是由家长、亲属、同伴、朋友等“非正规”教育渠道来完成的，这也导致青少年网络素养存在着明显的短板。因此，有必要将网络素养当作普及性义务教育基础课程，为青少年未来的生活、学习和工作奠定重要的基础。

（四）动员家庭参与，牢牢把握住青少年上网第一场所的亲子引导

尽管现代社会中家庭教育功能外化，但由于学校网络素养教育缺位，家庭不得不更多地承担青少年网络素养教育的责任。家庭将在未来一段时间内继续扮演青少年网络素养培育第一场所的角色。不同于学校等机构的教育，家庭内部的关系是亲子关系，父母对子女本身就存在着相当大的影响力，父母的网络知识、网络素养和网络行为对青少年有直接的言传身教作用，父母除了言传身教之外更应该侧重于亲子教育和亲情感化。当下有些青少年过度依赖网络生活，这对其身心健康产生了一定的负面影响，而解决这一问题的关键就是通过亲子教育改善家庭环境，通过积极、有效、包容的亲子沟通促进彼此之间的换位理解和情感联系，通过增强青少年在生活中的归属感来促进他们的社会融入和对家庭生活的认同，避免过度依赖网络世界。

（五）强调企业责任，引导龙头企业联合发起行业自律和行业规范

所有的网络平台和互联网公司作为给青少年提供网络空间和内容的主体责任人，必须承担相应的企业责任，尤其是在网络游戏、网络视频和短视频、网络直播、网络文学和动漫等青少年喜欢的网络内容领域，更需要相关互联网企业高度重视青少年网络安全以及青少年网络素养的提升。在行业中占有优势的龙头企业应当更积极配合政府监管部门，以行业协会等形式，在提升青少年网络素养的工作中扮演更积极的角色。特别是一些带有创新性网络形式和网络内容的企业和平台，其自身发展往往处于政策监管的空白地带，而法律法规虽然对企业和平台具有刚性约束，但通过常规的立法程序制定行业规定或法规面临周期较长、时效较差的窘境。加之，产业形态的变化之迅速往往超出监管者的预期，真正能够跟上产业形态变化的反而是行业内部的龙头企业，它们往往扮演推动产业形态变化创新的角色。当前，已有企业在探索全环节覆盖的未成年人健康上网保护体系，针对网络游戏构建了事前设置、事中管理和事后服务体系，并启动专门的青少年网络素养教育项目。

因而，提升青少年网络素养需要发挥龙头企业的带头作用，引导龙头企业在政府相关部门指导下成立行业协会，形成有利于青少年网络素养提升的自我监督、自我约束的行业规则，借助行业自律来弥补立法与监管的滞后，从而更有效地提升青少年的网络素养。

B.11
中国居民对当前主要社会问题关注度的研究报告*

任莉颖 **

摘　要：基于中国社会状况综合调查（CSS）在 2019 年采集的全国调查数据以及 2013~2017 年三次调查数据，本报告分析了居民对经济生活类、公共服务类、社会环境类和社会公正类共 14 项社会问题的关注态度、关注人群特征，以及在时期和世代上关注度的变化。研究发现，看病难、看病贵问题是当前困扰多数居民的重大社会问题，其次是贫富差距过大、住房价格过高和物价上涨问题。90 后居民存在对贫富差距的不满和对就业失业问题的担忧，需要引起社会治理者的重视。

关键词：社会问题　居民关注　世代分析　CSS 调查

2019 年 10 月，党的十九届四中全会提出推进国家治理体系和治理能力现代化的目标，提出“坚持和完善统筹城乡的民生保障制度，满足人民日益增长的美好生活需要”，在民生领域“必须健全幼有所育、学有所教、劳有所得、病有所医、老有所养、住有所居、弱有所扶等方面国家基本公共服务制度体系，注重加强普惠性、基础性、兜底性民生建设，保障群众基本生活”。近年来，我国的经济社会发展取得了长足的进步，但由于发展的不充分和不平衡，在民生领域还存在着困扰民众生产生活的多种社会问题。这些社会问

* 本报告是国家社科基金重大项目“中国社会质量基础数据库建设”、中国社会科学院登峰计划重点学科发展社会学建设、“2019 中国社会状况综合调查”项目、中国社会发展综合指标实验室后期资助项目的阶段性研究成果。

** 任莉颖，中国社会科学院社会学研究所副研究员，中国社会科学院社会学研究所社区信息化研究中心特邀研究员。

题，也是当前社会治理的重要内容，是实现治理现代化和制度化的放矢之的。因此，社会问题的调查研究，对于提升社会治理能力的现代化水平和人民幸福感具有重要的现实意义。

长期以来，国内外学者对社会问题做了丰富的探索和深入的研究，学界普遍认为社会问题具有公共性，是影响社会进步与发展、妨碍社会上大部分成员的正常生活、引起社会普遍关注并期望借助社会力量予以解决的社会现象。

中国社会科学院社会学研究所于2006~2019年开展的七期“中国社会状况综合调查”①（Chinese Social Survey, CSS）对公众关注的社会问题进行了十余年的持续调查。本报告将从2019年调查中公众对社会问题的关注度描述入手，分析不同社会问题关注人群的特征，以及从社会变迁的视角考察公众对社会问题关注程度的变化趋势。

一　2019年居民对各类社会问题的关注度

CSS2019年调查的社会问题共有14项，本报告为分析之便，根据其内容划分为四大类：①经济生活类，包括就业失业、物价上涨和住房价格过高问题，这些问题直接影响人们的生活水平；②公共服务类，包括看病难、看病贵与养老保障和教育收费问题，这些问题涉及我国的社会福利和社会保障状况；③社会环境类，包括社会治安、环境污染、食品安全以及社会信任度下降问题，这些问题会影响人们的生活安全和品质；④社会公正类，包括贫富差距过大，贪污腐败，征地、拆迁补偿不公，进城农民工受到不公平待遇四个问题，是有关社会公平公正的议题。

① CSS调查为双年度的纵贯截面调查，采用概率抽样的入户访问方式，调查区域覆盖了全国31个省/自治区/直辖市，每次调查访问7000~10000个家庭，其研究结果可推论全国年满18~69周岁的中国境内住户人口。CSS项目介绍请参见网站（http://css.cssn.cn/css_sy/）和“中国社会质量基础数据库”平台（csqr.cass.cn）。

CSS2019 数据显示（见图 1），经济生活类社会问题中，有 24.0% 的人选择了就业失业问题，有 28.2% 的人选择了物价上涨问题，有 28.9% 的人选择了住房价格过高问题，这三种社会问题居民的关注度相当。对于公共服务类社会问题，居民认为看病难、看病贵是重大社会问题的比例接近六成，养老保障和教育收费问题的关注比例比较接近，分别为 21.1% 和 17.3%。居民对社会环境类问题的关注比例较低，其中对于环境污染问题和食品安全问题的关注比例分别为 10.6% 和 10.1%，对于社会信任度下降和社会治安问题的关注比例分别为 7.0% 和 3.4%。社会公正类问题中贫富差距过大和贪污腐败问题最受居民的关注，比例分别为 28.9% 和 20.1%。征地、拆迁补偿不公问题，进城农民工受到不公平待遇问题的关注比例在 5% 左右。

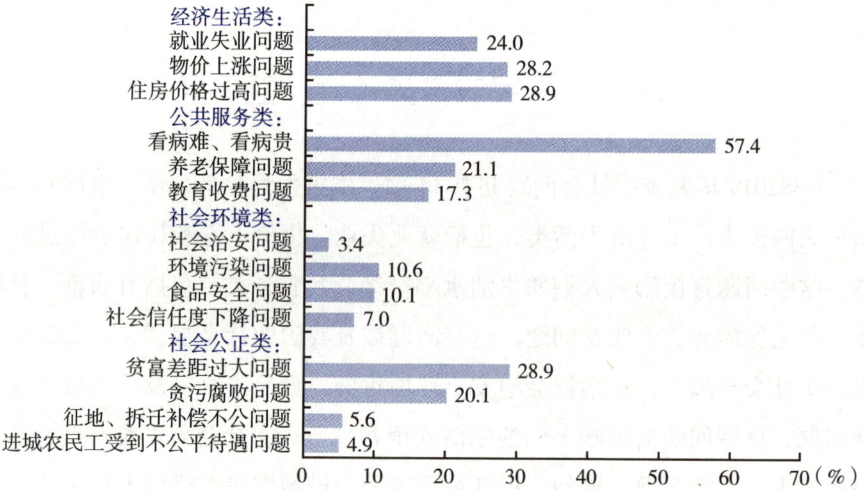

图 1　2019 年居民对各种社会问题的关注度

综上，2019 年居民关注最多的社会问题是看病难、看病贵问题，其次是贫富差距过大和住房价格过高问题。物价上涨问题紧随其后，排在第四位。关注比例超过 20% 的还有就业失业、养老保障和贪污腐败问题。

二 各种社会问题的关注人群分析

本报告从年龄阶段、受教育程度和收入地位三个要素分析 2019 年社会问题关注人群的特征。CSS2019 调查对象是 18~69 岁在中国境内居住的成人，按照 10 岁一组将居民分为 18~19 岁、20~29 岁、30~39 岁、40~49 岁、50~59 岁和 60~69 岁六组。受教育程度分为初中以下、初中、高中 / 中专 / 职高和大专 / 大学及以上四组。收入地位按照家庭人均收入[①]分为低收入家庭、中低收入家庭、中等收入家庭和高收入家庭四组[②]。下面逐个分析每个社会问题所对应的关注人群。

（一）经济生活类社会问题

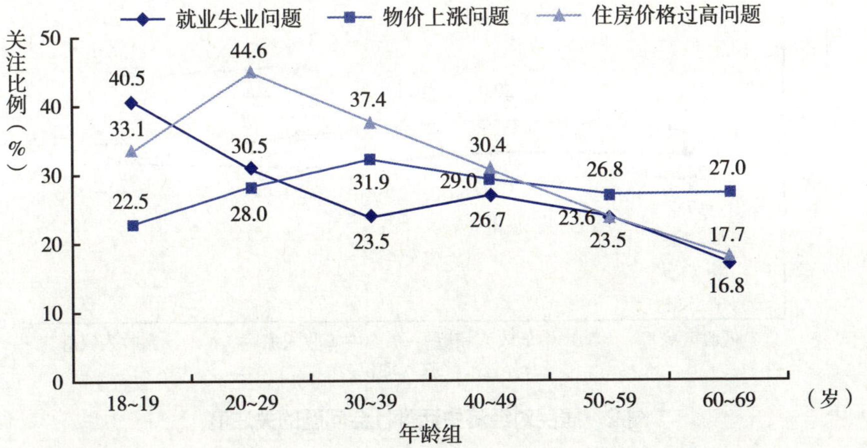

① CSS 中的家庭人口数有多种测量，如受访者主观认定的家庭人口数和经济意义上共同收支的家庭人口数。此处家庭人均收入依据后者计算。

② 不同等级收入家庭的划分参照李培林和朱迪（2015）提出的标准，具体分类方法为：将最高收入水平定义为 10% 最高收入家庭的人均年收入，最低收入水平定义为 10% 最低收入家庭的人均年收入，从而计算出全距（最高收入水平与最低收入水平之差）和中值（最高收入水平与最低收入水平之和的二分之一）。中等收入家庭的收入范围界定为：上限 = 中值 +（全距 /20）× 9，下限 = 中值 +（全距 /20）× 5；中低收入家庭的收入范围计算方法为：上限 = 中值 -（全距 /20）× 5，下限 = 中值 -（全距 /20）× 9。以此类推，可以界定低收入家庭和高收入家庭的收入范围。在原文中作者对家庭人均收入做了进一步调整，因此本报告分析结果与参考原文中的结果不可比较。按此分类方法，2019 年调查数据中高收入家庭占比为 6.8%，中等收入家庭占 18.3%，中低收入家庭占 48.6%，低收入家庭占 26.3%。

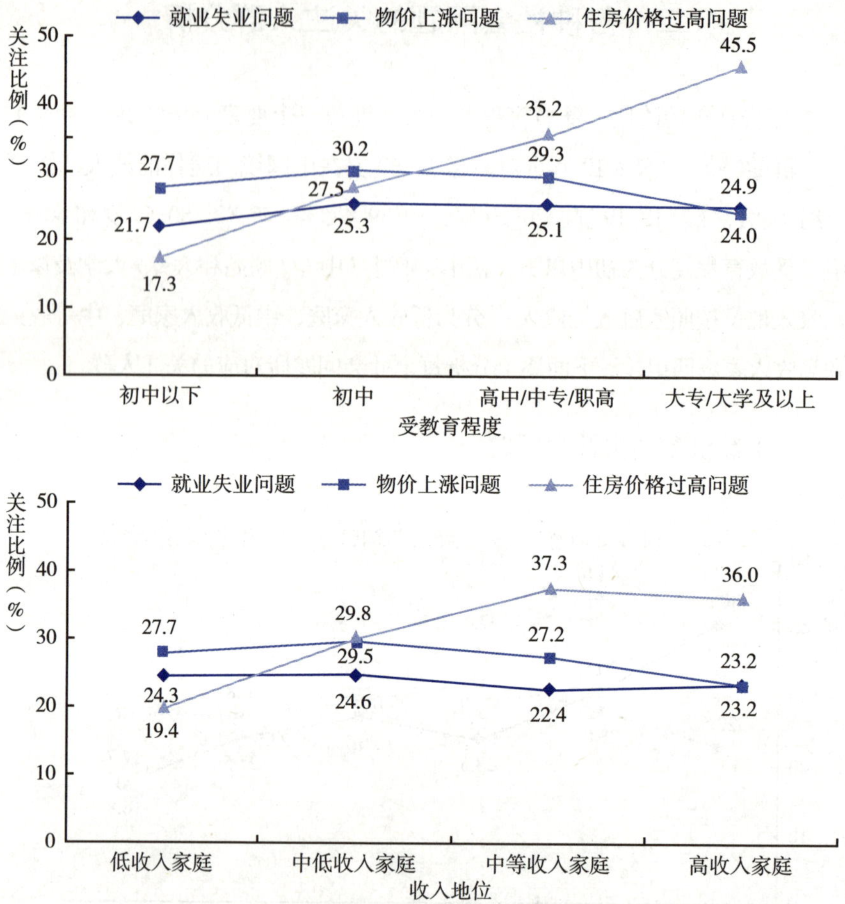

图2　居民对经济生活类社会问题的关注度

居民对于经济生活类社会问题的关注情况展现在图2中，具体特征概括如下。

1. 就业失业问题较受年轻群体的关注

调查数据显示，年龄越长的居民对就业失业问题关注越少。如18~19岁居民中关注这一问题的人数约占四成，20~29岁降到三成，30~39岁继续下降至23.5%。40~49岁居民的关注比例略有上扬，而后直至60~69岁，这一比例降到16.8%。相比之下，不同受教育程度和不同收入地位的居民在对就业失业问题的关注上没有显著的差异。因此，居民在就业失业问题的关注上具有明显的生命周期特征：18~60 岁为我国定义的劳动力年龄，人们在刚步入劳动力市场时，工作换动最为频繁，这时对就业问题比较关注；随着年龄的增长，职业逐渐稳定，对就业失业问题的关注就越来越少。

2. 物价上涨问题的关注度以 30~39 岁、低学历或中低收入家庭的居民为高

从年龄上看，30~39 岁居民对物价上涨问题的关注比例在各年龄组中最高，为 31.9%；18~19 岁的年轻居民关注比例最低，为 22.5%；关注比例次低的是属于生命周期另一端的 50~69 岁居民，大约在 27%。故居民对物价上涨问题的关注与年龄呈现倒 U 形关系。

居民对物价上涨问题的关注在受教育程度和收入地位上表现相似。如在受教育程度上，初中学历的居民关注比例最高，约占三成；大专 / 大学及以上学历的居民关注比例为 24%。在收入地位上，中低收入家庭中也是有近三成居民关注这一问题，而在高收入家庭中居民的关注比例不足 1/4。

由此发现，对物价上涨问题的关注受到个人家庭负担和经济能力的影响。人到中年时大多数人上有老下有小，家庭负担较重；同时低学历的居民一般经济能力较弱，因此和中低收入家庭的居民一样，对物价上涨问题更为关注。

3. 住房价格过高问题的关注度在 20~29 岁、高学历或中等收入家庭的居民群体中最高

关注住房价格过高问题的人群和关注物价上涨的人群有所不同。第一，20~29 岁居民比其他年龄组的居民更为关注这一问题，关注比例为 44.6%。高于这一年龄段的居民呈现年龄越长关注越少的趋势。第二，居民受教育程度越高，对住房价格过高问题越关注。如初中以下居民中有 17.3% 的人表示关注，初中学历的居民中这一比例升至 27.5%，高中及同等学历居民的关注比例继续上升，为 35.2%，大专 / 大学及以上学历的居民这一比例最高，为 45.5%。第三，中等收入家庭的居民对住房价格过高问题最为关注，关注比例为 37.3%，其次是高收入家庭，为 36.0%，再次是中低收入家庭，为 29.8%，

低收入家庭居民的关注比例最低，为 19.4%。

因此，住房价格上涨问题主要影响的是处于组建家庭阶段、对住房有刚需的年轻居民，渴望改善居住品质的高学历人群，以及有一定积蓄，但和高昂房价相比压力较大的中等收入家庭的居民。

（二）公共服务类社会问题

1. 关注看病难、看病贵的人群主要为 30 岁以上、学历或收入地位较低的居民

如图 3 所示，18~39 岁之间的三个年龄组居民对看病难、看病贵问题的关注比例几乎在一条上升的直线上。最年轻的 18~19 岁居民的关注比例为 28.5%，20~29 岁居民中这一比例上升至 46.3%，30~39 岁居民继续上升至 60.6%。30 岁以上居民中关注看病难、看病贵的人数比例变动不大，保持在 60% 上下。

受教育程度上，初中以下学历、初中学历、高中及同等学历的三组居民中对看病难、看病贵问题的关注比例相差无几，在 56.9% 到 61.3% 之间，大专 / 大学及以上学历的居民中关注比例较低，为 51.5%。

不同收入地位的居民中，来自低收入家庭、中低收入家庭和中等收入家庭的居民对看病难、看病贵问题的关注比例也很相近，处于 56.5% 和 59.0% 之间，高收入家庭的关注比例为 51.4%，相比较低。

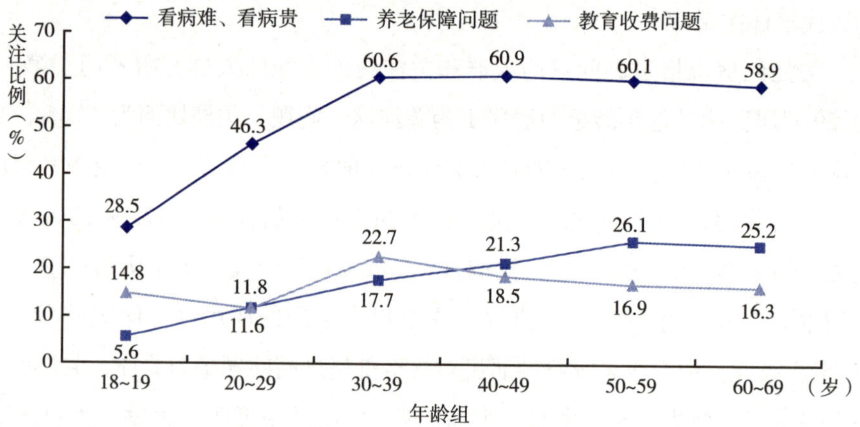

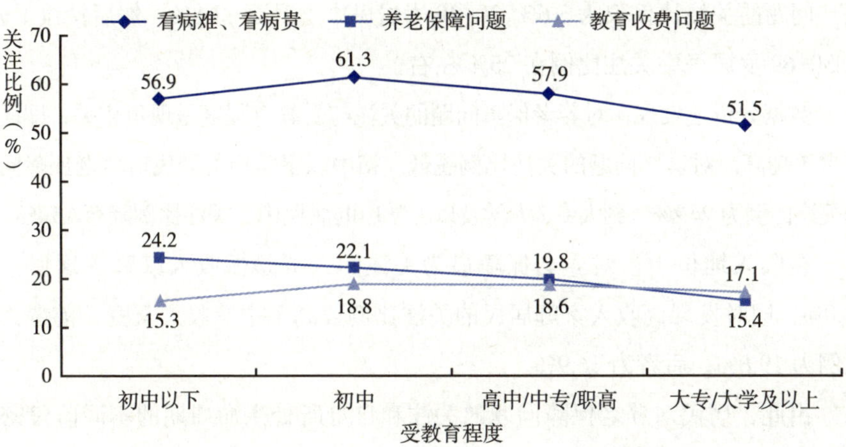

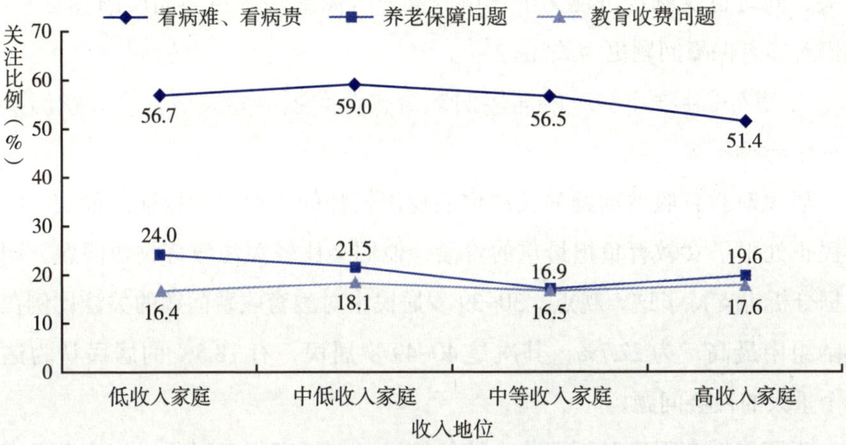

图 3　居民对公共服务类社会问题的关注度

由此可见，疾病负担极大程度上影响了人们对医疗问题的关注。30 岁以上居民不仅自身就医需求会增加，而且面临老人和孩子的就医压力。受教育程度较低、家庭收入不足的居民则会在医疗支付上遇到困难。因此，这群人会比较关注看病难、看病贵问题。

2. 养老保障的关注人群表现为年龄较长，学历或收入地位较低

关注养老保障的居民比例整体约在 20%，但在各年龄组中分布不同，总体呈现所处年龄组越长，关注的居民比例越高的规律。如 18~19 岁居民中对

这一问题的关注比例仅为5.6%,20~29岁居民中上升至11.8%，然后持续上升，在50~69岁居民中关注比例在25%左右。

数据分析还发现，对养老保障问题的关注与受教育程度呈现负相关，即居民的学历越高，对这一问题的关注比例越低。初中以下学历的居民对养老保障问题的关注比例为24.2%，到大专/大学及以上学历的居民中，关注比例降至15.4%。

在收入地位上，对养老保障最为关注的人群是低收入家庭的居民，为24.0%。同时发现高收入家庭居民的关注比例要高于中等收入家庭，前者关注比例为19.6%，后者为16.9%。

由此，居民对养老保障问题的关注和自身所处生命周期的不同阶段密切相关，同时也受到经济能力的影响。高收入家庭追求更高品质的养老服务，他们对养老保障问题更为关注。

3. 30~39岁年龄段的居民对教育收费问题最为关注，个人学历及收入地位影响不大

居民对教育收费问题的关注也表现出较强的生命周期特征。如30~39岁居民正处于子女教育负担最重的阶段，他们会比较关注教育收费问题。调查数据分析也支持了这一观点。30~39岁居民中对教育收费问题的关注比例在各年龄组中最高，为22.7%；其次是40~49岁居民，有18.5%的居民认为这是一个重大的社会问题。

不同受教育程度及不同收入地位的居民在教育收费问题的关注上没有明显差异，因此这两个因素的影响较小。

（三）社会环境类社会问题

社会环境类问题包括了人们从多个角度对社会环境的体验和认知，具体包括社会治安、环境污染、食品安全以及社会信任度下降问题。具体情况如图4所示。

1. 社会治安问题的关注度甚低，不同年龄、受教育程度和收入地位的人群间差异微小

2019年的调查数据显示，总体上仅有3.4%的人关注社会治安问题，除

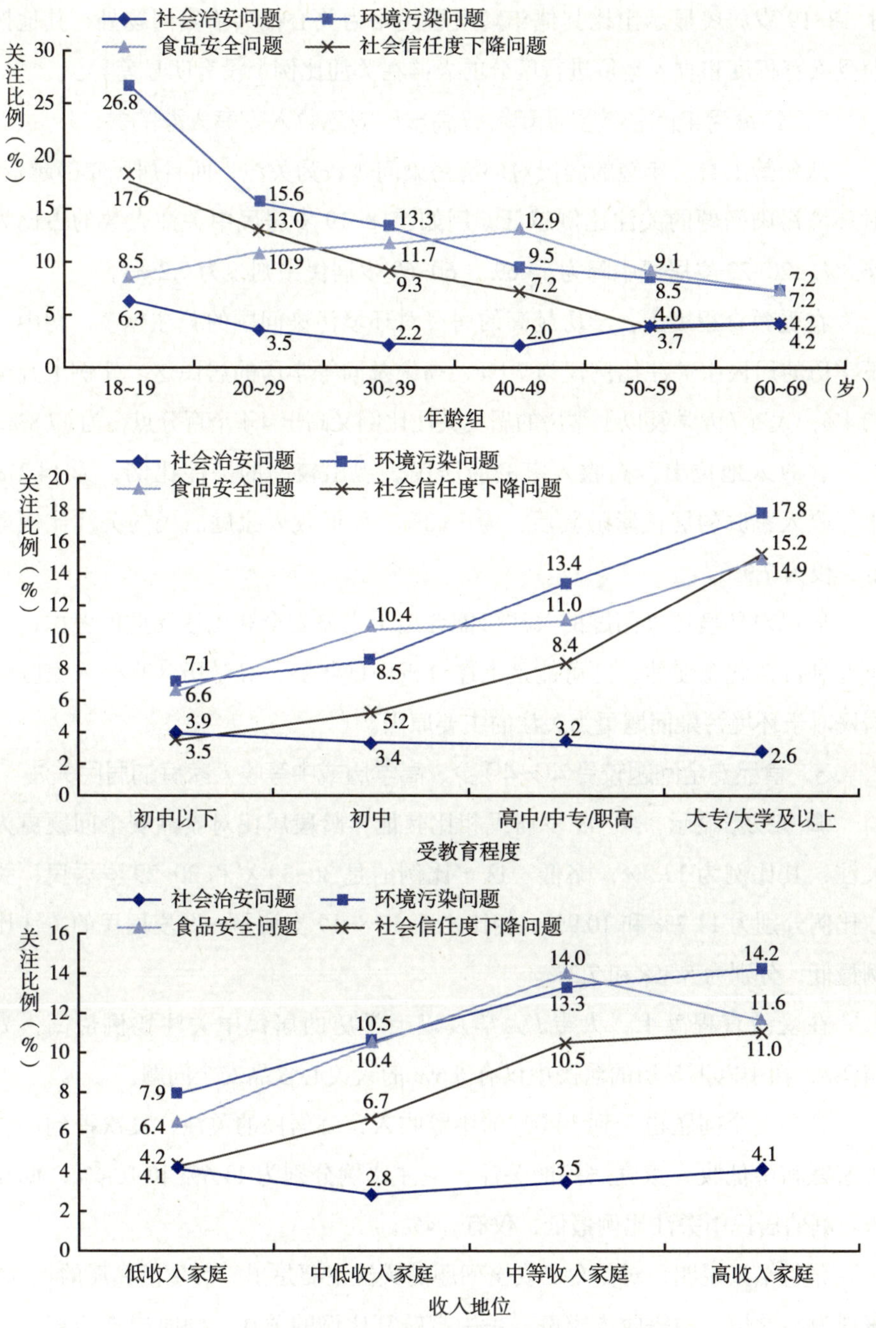

图4　居民对社会环境类社会问题的关注度

了 18~19 岁居民显示出比其他年龄组居民略为关心社会治安问题外，其他按照受教育程度和收入地位进行区分的人群在关注比例上没有明显差异。

2. 环境污染问题较受低年龄、高学历或高收入家庭人群的关注

从年龄上看，年轻的居民对环境污染问题较为关注，而且居民年龄越长，对环境污染问题的关注比例越低。例如，18~19 岁居民中关注人数的占比为 26.8%，20~29 岁居民中降为 15.6%，60~69 岁居民中则仅为 7.2%。

在受教育程度上，学历越高的居民对环境污染问题的关注越多。初中以下学历的居民中关注比例仅为 7.1%，高中及同等学历的居民这一比例上升至 13.4%，大专 / 大学及以上学历的居民关注比例又高出 4.4 个百分点，为 17.8%。

在收入地位上，高收入家庭的居民表现出较高的关注比例，为 14.2%；中等收入家庭的居民紧随其后，为 13.3%；而低收入家庭居民的关注比例最低，仅为 7.9%。

居民对环境污染问题的关注可能会出于生命安全和生活品质的考虑，也可能是价值观念使然。这可能是上述分析中低年龄、高学历和高收入家庭的居民对于环境污染问题更为关注的主要原因。

3. 食品安全问题较受 40~49 岁、高学历或中等收入家庭的居民关注

调查数据显示，40~49 岁居民相比其他年龄段居民对食品安全问题更为关注，其比例为 12.9%；略低于这一比例的是 30~39 岁和 20~29 岁居民，关注比例分别为 11.7% 和 10.9%。相比之下，18~19 岁和 60~69 岁居民的关注比例最低，分别为 8.5% 和 7.2%。

在受教育程度上，大专 / 大学及以上学历的居民中关注比例最高，为 14.9%，初中以下学历的居民中仅有 6.6% 的人关心食品安全问题。

食品安全问题也受到 14.0% 的中等收入家庭居民的关注，其次得到高收入家庭和中低收入家庭居民的关注，关注比例分别为 11.6% 和 10.4%，低收入家庭的居民中关注比例最低，仅有 6.4%。

分析结果说明，对于食品安全问题的关注主要是出于对生活品质的追求，表现为高学历、中等收入家庭居民中有较高比例的关注，同时出于养育子女的重要考虑，20~49 岁居民对此问题较为关注。

4．社会信任度下降问题在年轻人、高学历或高收入家庭的居民中得到共鸣

年轻居民明显表现出比年长居民更为关注社会信任度下降的问题。18~19岁居民的关注比例最高，为17.6%；其次是20~29岁居民，为13.0%；调查中最年长的60~69岁居民的关注比例仅有4.2%。

对社会信任度下降问题的关注差异也表现在不同受教育程度和不同收入地位的居民当中。大专/大学及以上学历的居民比其他学历的居民更为关注社会信任度下降问题，关注比例为15.2%；处于第二位的是高中及同等学历居民，关注比例降至8.4%；初中以下学历的居民关注比例仅为3.5%。高收入家庭和中等收入家庭居民对于这一问题的关注比例比较接近，分别为11.0%和10.5%，中低收入和低收入家庭居民对这一问题的关注比例仅有6.7%和4.2%。因此，年轻人、高学历和高收入家庭的居民对于社会品质也表现出较高的追求。

（四）社会公正类社会问题

我国在经济增长、社会变迁过程中出现了贫富差距过大，贪污腐败，征地、拆迁补偿不公，以及进城农民工受到不公平待遇的问题。图5报告了各类居民对这些问题的关注情况。

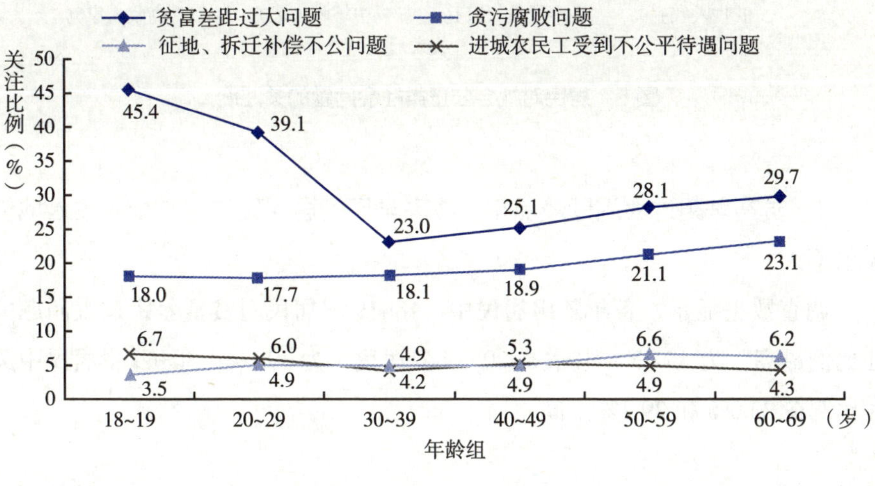

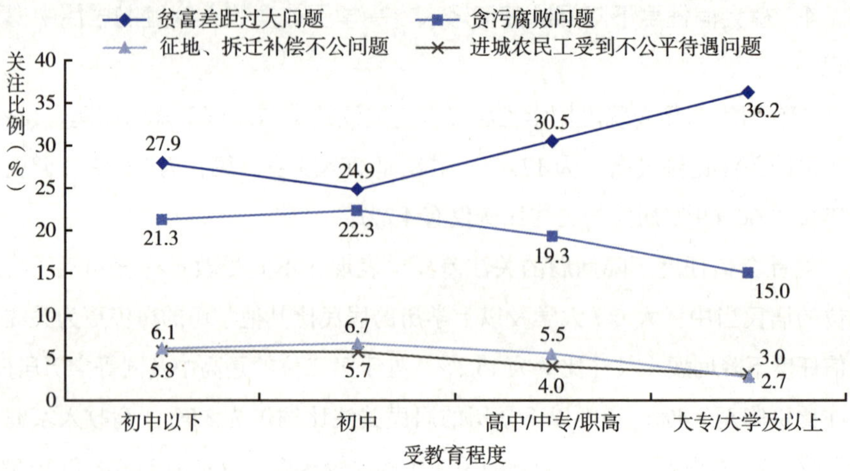

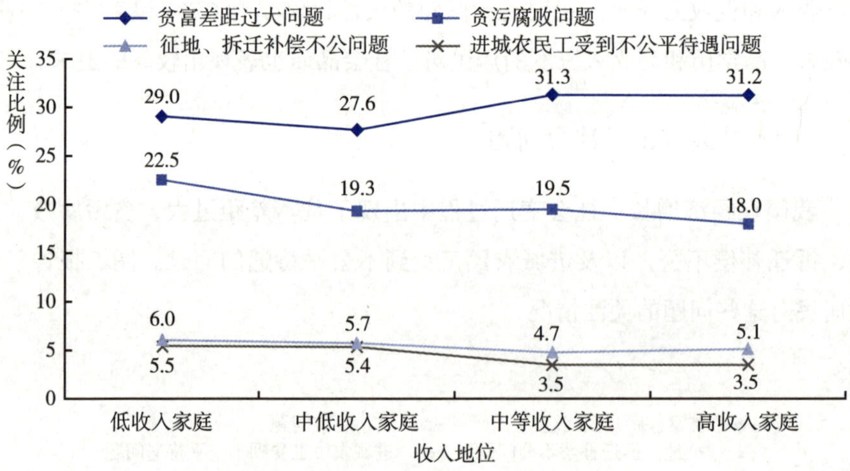

图5　居民对社会公正类社会问题的关注度

1. 贫富差距过大问题较受年轻或高学历的居民关注，与个人收入地位关系不大

调查数据显示，各年龄组居民中，18~19 岁居民对贫富差距过大问题关注比例最高，为 45.4%；其次是 20~29 岁居民，为 39.1%；30~69 岁居民中关注比例在 23.0% 和 29.7% 之间。

在受教育程度上，大专/大学及以上学历居民对于贫富差距过大问题较为关注，比例为36.2%，超过了1/3；其次是高中及同等学历的居民，关注比例约为三成；初中及以下居民的关注比例在25%左右。

高收入家庭和中等收入家庭居民对于贫富差距过大问题的关注比例分别为31.2%和31.3%，略多于三成，中低收入和低收入家庭居民的关注比例为27.6%和29.0%，与前者差异不大。

由此发现，并不是收入地位低的居民更关注贫富差距过大问题，而是年轻或高学历的居民出于公正的理念认为贫富差距过大是值得重视的社会问题。

2. 贪污腐败问题在年长、低学历，或低收入家庭居民中有较大比例的关注人群

在各年龄组的居民中，60~69岁居民对贪污腐败问题最为关注，关注比例为23.1%；其次是50~59岁居民，这一比例为21.1%。其他年龄组居民的关注比例在17.7%和18.9%之间，相对前两组居民比例较低。

初中及以下学历的居民对贪污腐败问题比较关心，关注比例超过了20%；而大专/大学及以上居民的关注比例为15.0%，相对较低。

低收入家庭居民对贪污腐败问题的关注比例为22.5%，和高收入家庭居民的关注比例有4.5个百分点的差异，后者为18.0%。

由此显示社会上的弱势群体，如年龄长、学历低，或者低收入家庭的人群对于贪污腐败问题更为关注。

3. 征地、拆迁补偿不公和进城农民工受到不公平待遇问题在各类人群中关注比例较低，人群间的差异也较微小

这两个社会问题的居民关注比例均在7%以下，虽然相关事件具有新闻热点的效应，但总的来说没有受到各类人群的特别关注。

三　不同时期居民对各种社会问题的关注度变化

不同时期社会问题的重要性及表现形式会有所不同，这会导致居民对各类社会问题的关注也有所不同。对CSS多期调查数据进行历时分析，不仅可

以发现居民关注的变化趋势，还可以提炼出不同世代人群在社会问题关注上的异同。本部分基于 CSS 在 2013~2019 年的四轮调查数据[①]，从社会变迁的角度分析居民对社会问题关注的时期特色及世代特征。

（一）经济生活类问题中，居民对物价上涨问题的关注度大幅下降，但对住房价格过高问题的关注度逐步上升

如图 6 所示，在经济生活类问题中，物价上涨问题自 2013 年以来一直处于持续下降态势。2013 年有将近一半的居民关注这一社会问题，2015 年关注度降至 1/3，2017 年继续降至约 1/4。至 2019 年则逆转趋势，小幅上升了 3.6 个百分点。这可能和 2019 年以猪肉为主的肉食禽蛋价格上涨有关。

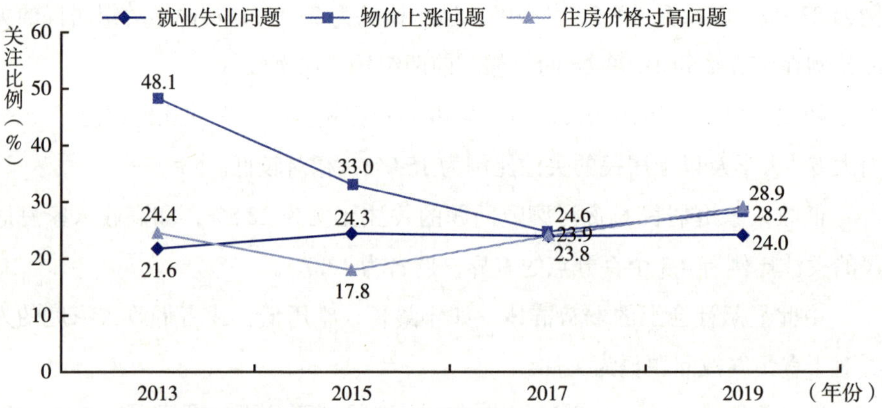

图 6　不同时期居民对经济生活类问题的关注度（2013~2019 年）

住房价格过高问题的关注度在 2015 年后持续上升。2015 年公众对住房价格过高问题的关注度为 17.8%，2017 年增至 23.8%，2019 年则再增长 5.1 个百分点。根据国家统计局的数据，2019 年一线城市新建商品住宅价格出现环比

① CSS 自 2013 年起将调查的社会问题确定为 14 个，并且在 2015 年、2017 年和 2019 年调查中保持不变。虽然其中个别社会问题在 2006 年、2008 年或 2011 年中也有提及，但考虑到不一样的问题设计可能会影响到受访者应答，故本部分只分析 2013 年以来的四次调查结果。

上涨，二、三线城市价格环比小幅回落。住房价格过高的问题没有得到缓解。

相比之下，就业失业问题的居民关注度这几年来一直稳定在1/5到1/4间，波动较小。

（二）公共服务类社会问题中“看病难、看病贵”的关注度长期居于高位且不断提升，和前几年相比关注比例再创新高；对养老保障和教育收费问题的关注比例也出现小幅度上升

如图7所示，自2013年以来公共服务类社会问题的公众关注度一直呈现逐步上升态势。其中对就医问题的关注度一直居高不下而且持续上升。2013年对“看病难、看病贵”的关注度为40%，2015年升至50.5%，到2019年又上涨约7个百分点，达到57.4%。同样，养老保障和教育收费问题的关注比例也基本逐年上升，6年来关注度增长了4~8个百分点。

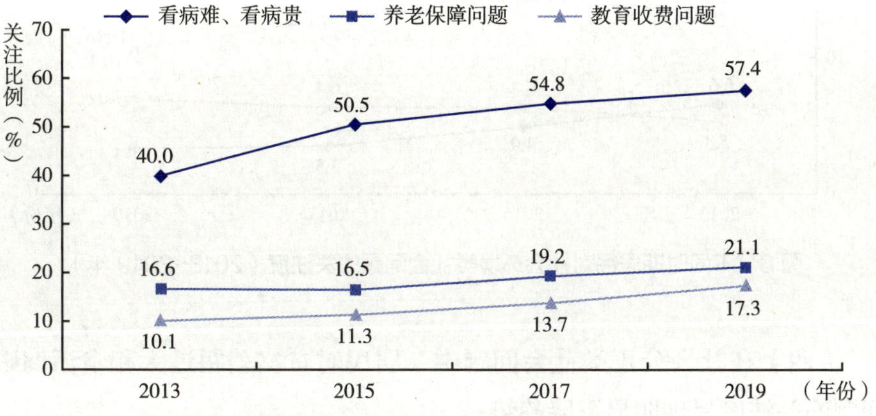

图7　不同时期居民对公共服务类社会问题的关注度（2013~2019年）

（三）在社会环境类社会问题中，居民对食品安全问题的关注度明显下降，对环境污染和社会治安问题的关注度持续小幅下降

图8展示了近几年居民对于社会环境类社会问题的关注比例。可以发现，

食品安全问题在 2015 年曾经得到超过两成居民的关注。那一年党的十八届五中全会专门提出了推进健康中国建设，实施食品安全战略，并且全国人大通过了《中华人民共和国食品安全法》的修订，从而进一步规范了我国的食品安全管理。之后，居民对于食品安全的关注比例迅速下降，到 2019 年关注比例比 2015 年下降了 12.3 个百分点。

2019 年居民对环境污染问题的关注比例略有下降，从 2015 年的最高点 14.4% 下降至 10.6%。居民对社会信任度下降问题的关注比例略有上升，对于社会治安的关注比例虽呈现下降趋势，但幅度很小。总体来说，居民对这三个问题的关注度变化不大。

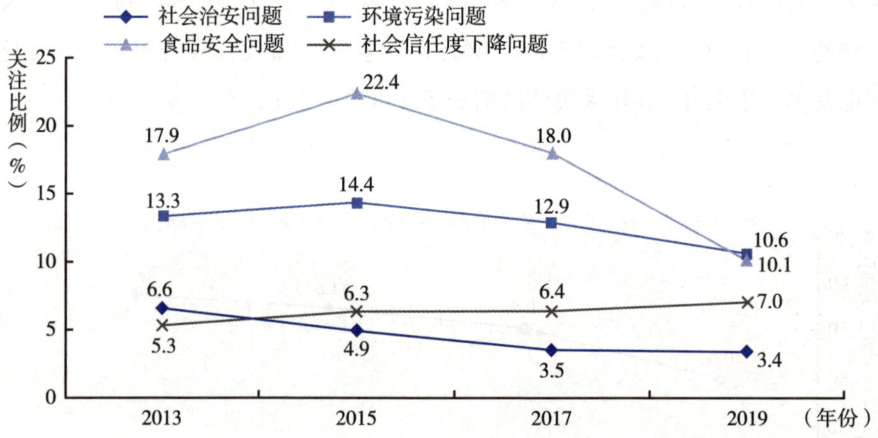

图 8　不同时期居民对社会环境类社会问题的关注度（2013~2019 年）

（四）在社会公正类社会问题中，居民对贫富差距过大和贪污腐败问题的关注度呈现明显下降趋势

2013 年以来，对于贫富差距过大和贪污腐败问题的关注比例持续下降，前者从 35.9% 降至 28.9%，后者下降幅度更大，从 34.2% 降至 20.1%，反映了我国近年来的反腐工作深得人心，约有 14% 的人已不再认为贪污腐败是严重的社会问题。关注征地、拆迁补偿不公和进城农民工受到不公平待遇问题的居民比例一直较低，变化很小（见图 9）。

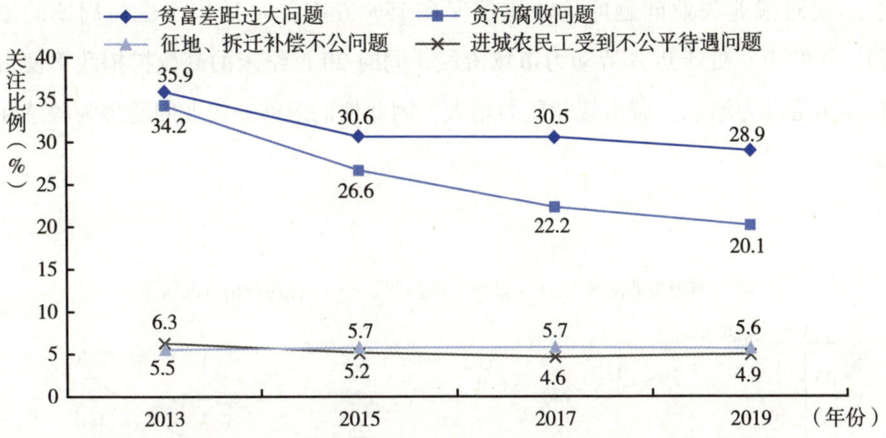

图 9　不同时期居民对社会公正类社会问题的关注度（2013~2019 年）

四　不同世代居民对社会问题的关注情况

本报告将我国居民按照出生年份每 10 年界定为一个世代，称之为 50 前、50 后、60 后、70 后、80 后及 90 后世代①。在固定时点的截面调查中，世代效应会和年龄效应相混淆，下文的关注比例为不同世代居民在 2013~2019 年四次调查中对各类社会问题关注比例的均值，这在一定程度上也控制了时期因素的影响②。

（一）90后比其他世代居民更关注就业失业问题，较不关注物价上涨问题；80后、90后是住房价格过高问题的主要关注人群

如图 10 所示，90 后居民中 2013~2019 年平均有超过 1/3 的人关注就业失业问题，60 后、70 后和 80 后居民中平均关注比例在 25% 左右，50 后及 50

---

① 调查对象中包含少量 2000-2001 年出生的居民，因数量较少，将其归在 90 后世代群体中。

② 社会变迁常用分析方法为年龄 - 时期 - 世代（APC）模型，这种方法可以在统计上分解出年龄、时期和世代的独立效应。限于报告体例和篇幅，本文只对时期和世代效应进行描述分析。

前居民对就业失业问题的关注比例仅在15%左右。90后出于生命周期的原因，年龄上正处于进入劳动力市场阶段，同时20世纪末的高校扩招政策使得高学历劳动力增加，城市就业压力增大，因此他们对就业失业问题最为敏感和关注。

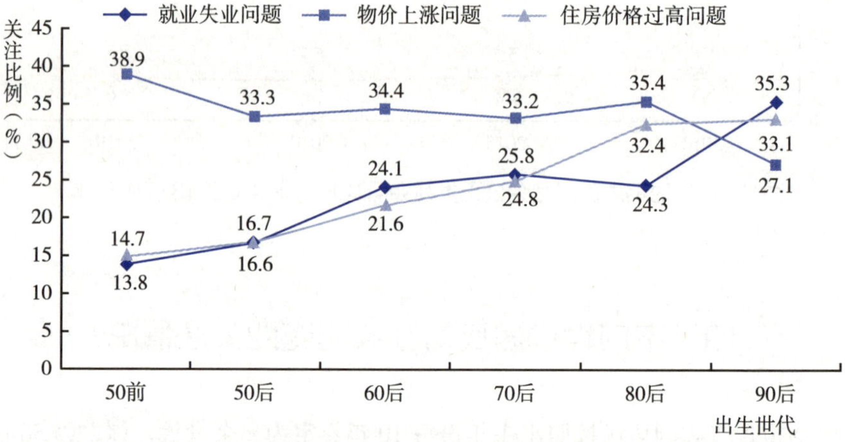

图10　不同世代居民对经济生活类社会问题的关注度（2013~2019年）

物价上涨问题的主要关注人群是50前居民，他们各时期的平均关注比例为38.9%；50后、60后、70后和80后对这一问题的关注比例比较接近，平均在1/3左右；90后居民则明显有别于其他世代居民，平均关注比例为27.1%，对物价上涨问题关注较少。

数据分析结果显示，出生世代越近的居民越关注住房价格过高问题。从各时期平均数据来看，80后和90后的关注比例分别为32.4%和33.1%；60后和70后的关注比例为21.6%和24.8%；而在50后和50前居民中关注比例降至16.7%和14.7%。因此，在年轻世代的居民中，住房的压力较大，对自有房也充满了期待，因此对住房的价格较为关注。

（二）和其他世代居民相比，90后居民在看病难、看病贵和养老保障问题上关注度较低；70后和80后较关注教育收费问题

如图 11 所示，80 后及较早出生世代的居民对看病难、看病贵的关注情况比较相似，每个世代的居民中都大约有一半的人认为这是一个重要的社会问题。然后在 90 后居民中，关注的人数少了一成，为 39.1%。

在养老保障问题的关注上呈现出生世代越近，越不关注的趋势。如对于 50 前居民，各时期的平均关注比例为 24.2%，60 后居民中降至 20.5%，80 后居民中为 14.5%，而 90 后居民中平均关注比例仅为 8.5%。

70 后和 80 后居民是教育收费问题的两个主要关注群体，近年来的平均关注比例分别为 16.6% 和 16.0%，其次是 50 后、60 后和 90 后居民，平均关注比例在 10% 和 12% 之间，50 前居民最不关心教育收费问题，这一比例仅有 8.4%。

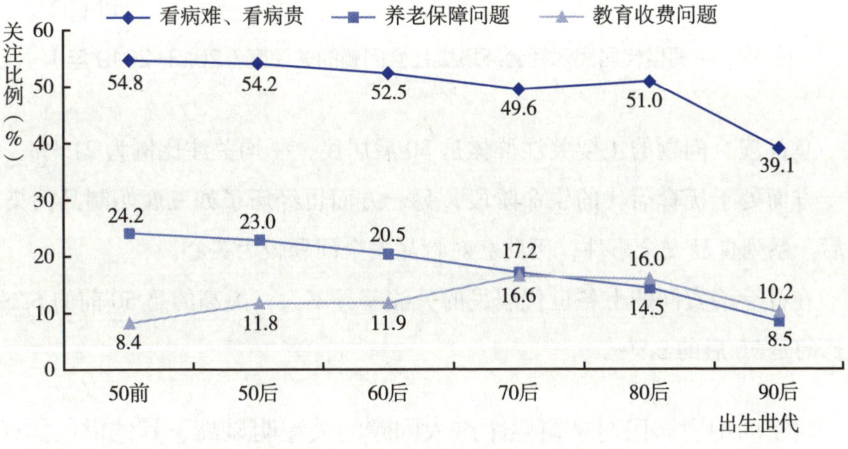

图 11　不同世代居民对公共服务类社会问题的关注度（2013~2019 年）

（三）与其他世代居民相比，90后居民较为关注环境污染和社会信任度下降问题；80后居民较为关注食品安全问题

如图 12 所示，对环境污染问题和社会信任度下降问题的关注与居民所

属的世代均呈现缓慢上升的曲线关系，90 后居民对这两个问题的平均关注比例分别为 18.6% 和 13.7%，在环境污染问题上比 80 后居民高出 4.3 个百分点，在社会信任度下降问题上高出 5.5 个百分点。

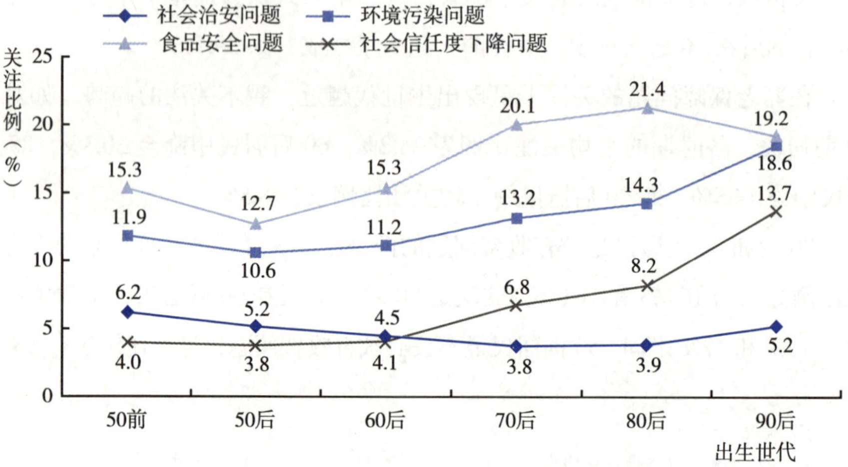

图 12　不同世代居民对社会环境类社会问题的关注度（2013~2019 年）

食品安全问题的主要关注群体是 80 后居民，平均关注比例为 21.4%。他们一方面处于抚育后代的生命阶段，另一方面也经历了如三鹿奶制品污染及以后一系列食品安全事件，因此会对食品安全问题较为关心。

在社会治安问题上各世代居民的关注差异不大，最高的是 50 前的 6.2%，最低的是 70 后的 3.8%。

（四）90后居民对贫富差距过大问题的关注明显高于其他世代居民

如图 13 所示，90 后居民对于贫富差距过大问题的各时期平均关注比例为 39.5%，而在 80 后及较早世代居民中这一比例基本稳定在 30% 左右，前者比后者在关注比例上高出约一成。贪污腐败，征地、拆迁补偿不公，及进城农民工受到不公平待遇问题则为各世代居民共同关注的问题。

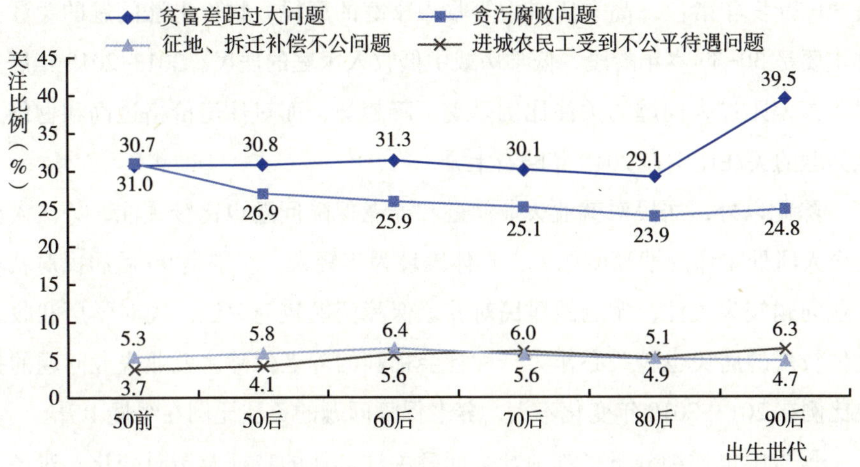

图 13　不同世代居民对社会公正类社会问题的关注度（2013~2019 年）

五　总结与讨论

依据 2019 年 CSS 采集的调查数据，有超过一半的居民认为看病难、看病贵问题是当前重大社会问题，并且关注的人数占比高于 2017 年。看病难、看病贵问题的主要关注人群为 30 岁以上、学历或收入地位较低的居民，反映出近年来的医疗改革成效还没有落实到普通居民的生活中，相当一部分人仍然感到医疗资源紧张，医疗费用过高。对于这一社会问题的治理不能“头痛医头，脚痛医脚”，要从全民健康角度进行战略攻坚。2019 年 7 月，健康中国行动推进委员会印发《健康中国行动（2019—2030 年）》，围绕疾病预防和健康促进两大核心，提出 15 个重大专项行动的指导意见。我们期待这一战略与医疗体制改革形成组合拳，从根本上解决看病难、看病贵问题。

居民其次关注的社会问题是贫富差距过大问题、住房价格过高问题和物价上涨问题。这三个问题在居民中的关注比例比较接近，在 28% 和 29% 之间。但三个问题的关注人群不同。贫富差距过大问题的关注人群主要是年轻或高学历的居民，尤其受到 90 后居民的关注；住房价格过高问题的关注人群主要是20~29岁年龄段、高学历或中等收入家庭的居民；物价上涨问题的关注人群主要是30~39岁年龄段、低学历或中低收入家庭的居民。2013~2019年居民对贫富差距过大问题的关注比例呈现下降趋势，而对住房价格过高和物价上涨问题的关注比例在2019年略有上升。

除此以外，居民对就业失业问题和养老保障问题也比较关注，关注人群与个人所处生命周期高度相关，具体表现为年轻人，特别是90后居民对就业失业问题较为关注，年老的居民对养老保障问题较为关注。同时学历和收入地位较低的居民也较关心作为一种社会福利的养老保障。就业失业问题的关注比例在2013~2019年变化不大，养老保障问题的关注比例在缓慢上升。

报告中也详细分析了其他社会问题关注群体的特征及历时变化。对各种社会问题关注群体的细分有助于社会治理的精准化，同时也有助于把握治理政策对社会各类人群的影响。

本报告发现，90后居民和其他世代居民相比具有明显的不同，表现在对贫富差距过大问题和就业失业问题的高度关注上。这两个问题都极易引发社会风险，如果他们在就业方面遇挫，加上对贫富差距过大问题的不满，可能会产生报复社会的行为，造成社会的不稳定。同时，社会变迁意味着世代人口的更迭，90后居民对社会公正的价值追求与现实不均衡不充分发展之间的矛盾，也会诱发社会危机。因此，关注90后居民的社会心态、增加就业机会、调整收入分配格局至关重要。

参考文献

陆学艺:《社会学》，知识出版社，1991。

雷洪:《社会问题：社会学的一个中层理论》，社会科学文献出版社，1999。

朱力:《社会问题》，社会科学文献出版社，2018。

李炜:《中国当前社会问题的特征及影响机制分析》，《黑龙江社会科学》2012年第6期。

李培林、朱迪:《努力形成橄榄型分配格局——基于2006~2013年中国社会状况调查数据的分析》,《中国社会科学》2015年第1期。

周晓波、杨华磊:《中日美人口世代的界定与对宏观经济的启示》,《国际经济评论》2017年第6期。

B.12
中国营商环境与民营企业家评价调查报告

中国民营企业家营商环境评价课题组*

摘　要：营商环境是一个国家或地区发展的重要软实力，是一个国家或地区参与国际竞争和区域性竞争的重要经济社会背景。营商环境建设作为一项系统性的工程，涉及政治环境、经贸制度、市场准入、要素流动、法治建设、文化氛围、政务环境、生活环境等各个方面。良好的营商环境是推动中国经济高质量发展的重要前提。本报告使用“全国营商环境与民营企业家评价指数调查”数据，基于民营企业家对当前营商环境的主观评价，研究分析了当前中国34个城市营商环境的现状、改善情况、存在的问题，并提出了相应的对策建议。

关键词：营商环境　民营企业　经济发展　政商关系

优化营商环境是以习近平同志为核心的党中央提出的经济发展新方略，也是十九大之后“放管服”改革的新目标，得到政府的高度重视。在2015年至2017年连续三年的“放管服”改革电视电话会议上，李克强总理均提到中国在世界银行营商环境报告中的排名变化，提出“营商环境就是生产力”。2018年，国务院第一次常务会议就将构建营商环境评价机制作为工作重点，要求“借鉴国际经验，抓紧建立营商环境评价机制，逐步在全国推

---

* 课题组成员：陈光金、张久荣、田丰、靳朝晖、崔岩、丁凤山、黄永亮。本报告执笔人：黄永亮、崔岩。

行”。2019年10月23日，李克强总理签署国务院令，公布了《优化营商环境条例》，[①]自2020年1月1日起施行，进一步从制度层面为优化我国营商环境提供了有力的保障。

近年来，营商环境排名的快速上升显示出中国为中小企业改善营商环境的改革取得了一定成效，也得到了国际社会和世界银行的认可。世界银行2019年发布的《全球营商环境报告2020》显示[②]，中国的营商环境排名已经跃居全球第31位，比上年上升了15位。但同时，我们也要看到，中国的营商环境仍有较大上升空间。未来进一步改善营商环境，不仅需要在客观指标上加以持续优化，也要充分考虑作为改革受益方之一的民营企业家的主观评价。其中，民营企业家关于营商环境的主观评价对企业经营行为的现实影响可能比客观指标所反映状况的影响更大，他们如何看待和评价营商环境，值得深入调查研究。

2019年中国社会科学院社会学所、中国个体劳动者协会、各地工商局、各地个体私营企业协会联合开展了全国性大型抽样调查项目“全国营商环境与民营企业家评价指数调查”。调查方式以问卷调查为主，综合采用数据分析、个案访谈和座谈会等方式，围绕企业经营的政务环境、市场经营环境、社会环境、法治环境、开放环境以及整体营商环境六个方面开展调查，全面反映民营企业家对营商环境的感知情况。调查覆盖全国22个省（不含台湾省）的省会城市、5个自治区的首府、4个直辖市及5个计划单列市，样本量各500户企业，合计样本量18000户企业。每个城市内随机抽取样本进行调查，获得有效样本量共计10311个，调查成功率为57.3%。本报告基于抽样调查和公开统计数据，重点分析探讨了当前我国营商环境的基本情况以及民营企业面临的主要困难和问题。

① 《优化营商环境条例》，中国政府网，http://www.gov.cn/zhengce/content/2019-10/23/content_5443963.htm，2019年10月23日。

② 世界银行:《全球营商环境报告2020》，https://openknowledge.worldbank.org/bitstream/handle/10986/32436/ 9781464814402.pdf。

一　全国主要城市营商环境基本状况

（一）全国主要城市营商环境总体状况

根据调查结果，结合部分统计局公布的公开统计数据，本研究主要从企业家对营商环境主观评价的角度，对全国34个城市[①]的营商环境进行了评估。2018年全国主要城市营商环境综合评分排名前十位的城市分别是：广州市、深圳市、上海市、北京市、南京市、杭州市、济南市、宁波市、武汉市和成都市。从具体得分结果来看，企业家营商环境主观评价总体得分高于90分的城市有5个，占比为15%，分别是广州市、深圳市、上海市、北京市和南京市；得分在80分到90分之间的城市有9个，占比为26%，分别是杭州市、济南市、宁波市、武汉市、成都市、郑州市、重庆市、天津市和合肥市；得分在70分和80分之间的城市有15个，占比44%，分别是西安市、石家庄市、福州市、长沙市、厦门市、大连市、沈阳市、哈尔滨市、南昌市、南宁市、长春市、太原市、贵阳市、昆明市和乌鲁木齐市；得分在60分到70分之间的城市有5个，占比15%，分别是兰州市、银川市、西宁市、海口市和呼和浩特市（见表1）。

表1　2018年全国主要城市营商环境指数

单位：分

排名	城市	总分	排名	城市	总分
1	广州市	95.62	8	宁波市	84.17
2	深圳市	93.80	9	武汉市	83.14
3	上海市	93.31	10	成都市	82.66
4	北京市	93.07	11	郑州市	82.49
5	南京市	91.14	12	重庆市	80.98
6	杭州市	88.91	13	天津市	80.87
7	济南市	85.04	14	合肥市	80.43

① 此次调查中拉萨市和青岛市的数据暂缺。

续表

排名	城市	总分	排名	城市	总分
15	西安市	79.64	25	长春市	73.70
16	石家庄市	79.54	26	太原市	73.18
17	福州市	78.72	27	贵阳市	73.04
18	长沙市	78.25	28	昆明市	70.74
19	厦门市	78.07	29	乌鲁木齐市	70.04
20	大连市	77.73	30	兰州市	69.07
21	沈阳市	77.60	31	银川市	68.10
22	哈尔滨市	76.62	32	西宁市	66.08
23	南昌市	75.37	33	海口市	64.71
24	南宁市	74.04	34	呼和浩特市	63.28

（二）政务环境状况

政务环境是评价投资软环境的一个重要因素，也是评价营商环境质量的重要依据之一。根据世界银行制定的营商环境评估准则，本报告将民营企业家对政务环境的评价分为四个指标，分别是政策支持评价、政府服务评价、政府行政人员廉洁清正评价和规划审批评价。

1. 总体政务环境指数

调查结果显示，政务环境指标得分排名前十的城市分别是上海市、北京市、广州市、深圳市、南京市、福州市、济南市、杭州市、成都市和西安市。相比而言，这10个城市中民营企业家对本地区政务环境评价较高。从具体得分情况来看，政务环境指标得分在90分以上的城市有12个，占比35%，分别是上海市、北京市、广州市、深圳市、南京市、福州市、济南市、杭州市、成都市、西安市、长沙市和厦门市；得分在80分到90分之间的城市有16个，占比47%，分别是天津市、宁波市、贵阳市、合肥市、太原市、南宁市、郑州市、大连市、武汉市、南昌市、海口市、石家庄市、沈阳市、西宁市、哈尔滨市和兰州市；其余6个城市得分均在70分和80分之间，占比18%（见表2）。

表2　2018年全国主要城市政务环境指数

单位：分

排名	城市	总分	排名	城市	总分
1	上海市	97.98	18	南宁市	85.39
2	北京市	96.60	19	郑州市	84.96
3	广州市	95.76	20	大连市	84.78
4	深圳市	95.70	21	武汉市	84.31
5	南京市	94.16	22	南昌市	83.70
6	福州市	93.16	23	海口市	83.57
7	济南市	92.21	24	石家庄市	83.42
8	杭州市	91.53	25	沈阳市	82.56
9	成都市	91.53	26	西宁市	82.41
10	西安市	90.83	27	哈尔滨市	81.67
11	长沙市	90.24	28	兰州市	81.40
12	厦门市	90.16	29	昆明市	79.83
13	天津市	89.43	30	银川市	78.52
14	宁波市	88.48	31	乌鲁木齐市	75.79
15	贵阳市	87.52	32	重庆市	74.84
16	合肥市	87.52	33	呼和浩特市	74.83
17	太原市	85.86	34	长春市	72.33

2. 政务环境分项指数

从2018年全国城市政务环境各分项指标得分排名来看，政策支持评价排名前三位的城市分别是南京市、北京市和上海市；政府服务评价排名前三位的城市分别是广州市、南京市和西安市；政府行政人员廉洁清正评价排名前三位的城市分别是北京市、上海市和天津市；规划审批评价排名前三位的城市分别为上海市、深圳市和北京市（见表3）。

表 3 2018 年全国城市政务环境分项指标排名（前十）

排名	政策支持	政府服务	政府行政人员廉洁清正	规划审批
1	南京市	广州市	北京市	上海市
2	北京市	南京市	上海市	深圳市
3	上海市	西安市	天津市	北京市
4	深圳市	北京市	广州市	杭州市
5	福州市	济南市	杭州市	广州市
6	济南市	上海市	石家庄市	成都市
7	天津市	深圳市	海口市	天津市
8	广州市	长沙市	深圳市	宁波市
9	宁波市	成都市	宁波市	福州市
10	长沙市	武汉市	西宁市	厦门市

（三）市场经营环境状况

市场经营环境是影响企业生产经营活动的外部条件，是制约企业生存和发展的重要因素。本报告将民营企业家对市场经营环境的评价分为五个指标，分别是市场监管、税负情况、劳动力情况、经济发展水平和资金可及性等评价。

1. 总体市场经营环境指数

调查结果显示，市场经营环境得分排名前十位的是北京市、上海市、广州市、深圳市、重庆市、南京市、武汉市、杭州市、天津市和郑州市，这 10 个城市中民营企业家对本地区市场经营环境评价较高。就具体得分情况而言，市场经营环境指标得分在 90 分以上的城市有 9 个，占比 26%，分别是北京市、上海市、广州市、深圳市、重庆市、南京市、武汉市、杭州市、天津市；得分在 80 分到 90 分之间的城市有 22 个，占比 65%，分别是郑州市、西安市、成都市、济南市、合肥市、宁波市、沈阳市、大连市、长沙市、石家庄市、南昌市、长春市、哈尔滨市、厦门市、南宁市、贵阳市、福州市、昆明市、乌鲁木齐市、太原市、兰州市、西宁市；得分低于 80 分的城市仅有 3 个，分别为银川市、呼和浩特市、海口市（见表4）。相比之下，北京、上海、广州等沿海发达城市的总体市场经营环境优势较为明显。

表4 2018年全国主要城市市场经营环境指数

单位：分

排名	城市	得分	排名	城市	得分
1	北京市	100.00	18	长沙市	87.11
1	上海市	100.00	19	石家庄市	86.51
3	广州市	99.22	20	南昌市	86.37
4	深圳市	96.99	21	长春市	85.99
5	重庆市	96.55	22	哈尔滨市	85.26
6	南京市	94.66	23	厦门市	83.83
7	武汉市	92.96	24	南宁市	83.50
8	杭州市	91.84	25	贵阳市	83.25
9	天津市	90.83	26	福州市	83.24
10	郑州市	89.79	27	昆明市	82.61
11	西安市	89.44	28	乌鲁木齐市	82.46
12	成都市	89.11	29	太原市	82.32
13	济南市	88.90	30	兰州市	82.05
14	合肥市	88.77	31	西宁市	80.90
15	宁波市	88.43	32	银川市	79.01
16	沈阳市	87.63	33	呼和浩特市	75.84
17	大连市	87.28	34	海口市	67.83

2. 市场经营环境分项指标情况

从2018年全国城市市场经营环境各分项指标得分排名来看，市场监管评价排名前三位的城市分别是上海市、深圳市和重庆市；税负情况评价排名前三的城市分别是广州市、南京市和杭州市；劳动力情况评价排名前三的城市分别是北京市、上海市和重庆市；经济发展水平评价排名前三的城市分别为上海市、深圳市和北京市；资金可及性评价排名前三位的城市为南京市、深圳市和广州市（见表5）。

表5　2018年全国城市市场经营环境分项指标排名（前十）

排名	市场监管	税负情况	劳动力情况	经济发展水平	资金可及性
1	上海市	广州市	北京市	上海市	南京市
2	深圳市	南京市	上海市	深圳市	深圳市
3	重庆市	杭州市	重庆市	北京市	广州市
4	广州市	西安市	广州市	天津市	北京市
5	西安市	大连市	深圳市	广州市	长沙市
6	合肥市	武汉市	武汉市	重庆市	上海市
7	成都市	哈尔滨市	成都市	武汉市	宁波市
8	乌鲁木齐市	石家庄市	南京市	杭州市	石家庄市
9	西宁市	福州市	西安市	南京市	合肥市
10	北京市	贵阳市	济南市	宁波市	济南市

（四）社会环境状况

社会环境指企业生存和发展的具体环境，包含社会软环境和硬件设施两个方面。本报告将民营企业家对社会环境的评价分为三个指标，分别是社会风气评价、地区公共服务和可及性评价、地区基础设施评价。

1. 总体社会环境指数

在总体社会环境指数得分排名上位于前十名的城市是：广州市、南京市、深圳市、上海市、杭州市、北京市、济南市、武汉市、成都市和郑州市。从各城市具体得分情况来看，社会环境指数得分在90分以上的城市有5个，占比15%，分别是广州市、南京市、深圳市、上海市、杭州市；得分在80分到90分之间的城市有6个，占比18%，分别是北京市、济南市、武汉市、成都市、郑州市、石家庄市；得分在70分到80分之间的城市有15个，占比44%，分别为西安市、天津市、宁波市、合肥市、沈阳市、福州市、哈尔滨市、大连市、长沙市、厦门市、长春市、南昌市、南宁市、昆明市、太原市；得分低于70分的有8个城市，占比24%，分别为重庆市、贵阳市、乌鲁木齐市、海口市、银川市、西宁市、兰州市、呼和浩特市（见表6）。从得分分布上看，34个城市在总体社会环境上差异较为明显，沿海地区各城市社会环境得分高于内陆地区。

表6　2018年全国主要城市社会环境指数

单位：分

排名	城市	得分	排名	城市	得分
1	广州市	98.07	18	哈尔滨市	77.35
2	南京市	93.52	19	大连市	76.72
3	深圳市	92.48	20	长沙市	75.56
4	上海市	92.18	21	厦门市	74.85
5	杭州市	90.83	22	长春市	74.30
6	北京市	88.94	23	南昌市	72.14
7	济南市	86.42	24	南宁市	71.60
8	武汉市	83.86	25	昆明市	70.36
9	成都市	83.81	26	太原市	70.19
10	郑州市	83.52	27	重庆市	68.79
11	石家庄市	80.78	28	贵阳市	68.02
12	西安市	79.99	29	乌鲁木齐市	67.92
13	天津市	79.89	30	海口市	59.85
14	宁波市	78.33	31	银川市	56.27
15	合肥市	78.19	32	西宁市	55.26
16	沈阳市	77.40	33	兰州市	54.53
17	福州市	77.40	34	呼和浩特市	51.14

2. 社会环境分项指数

从社会环境分项指数得分排名情况来看，社会风气评价排名在前三位的城市分别是广州市、杭州市和南京市；地区公共服务和可及性评价排名前三的城市分别是上海市、广州市和北京市；地区基础设施评价排名前三的城市分别是北京市、上海市和重庆市（见表7）。

表7　2018年全国城市社会环境分项指数排名（前十）			
排名	社会风气	地区公共服务和可及性	地区基础设施
1	广州市	上海市	北京市
2	杭州市	广州市	上海市
3	南京市	北京市	重庆市
4	宁波市	杭州市	深圳市
5	济南市	南京市	广州市
6	深圳市	深圳市	天津市
7	郑州市	天津市	南京市
8	石家庄市	武汉市	武汉市
9	大连市	郑州市	沈阳市
10	成都市	西安市	成都市

（五）法治环境状况

法治是营商环境的前提和基础。法治环境体现了城市实施法治的状态和水平，它的优劣直接影响着营商环境。本研究将民营企业家对法治环境的评价分为三个指标，分别是执法部门公平公正评价、权利保护和法律救济可及性评价和消费法治环境评价。

1. 总体法治环境指数

从调查结果来看，2018年全国城市法治环境指数得分前十名的城市分别是：深圳市、北京市、广州市、上海市、杭州市、宁波市、南京市、成都市、郑州市和济南市。就法治环境指数具体得分情况而言，法治环境指数得分在80分以上的城市有4个，占比12%，分别是深圳市、北京市、广州市、上海市；得分在70分和80分之间的城市有3个，占比9%，分别是杭州市、宁波市、南京市；得分在60分到70分之间的城市有17个，占比50%，分别是成都市、郑州市、济南市、重庆市、天津市、石家庄市、武汉市、厦门市、福州市、大连市、沈阳市、合肥市、西安市、哈尔滨市、长沙市、乌鲁木齐市、南昌市；其余城市得分均在 60 分以下，占比 29%（见表 8）。

表 8　2018 年全国主要城市法治环境指数

单位：分

排名	城市	得分	排名	城市	得分
1	深圳市	81.49	18	沈阳市	64.68
2	北京市	80.83	19	合肥市	64.51
3	广州市	80.37	20	西安市	64.28
4	上海市	80.21	21	哈尔滨市	64.15
5	杭州市	73.25	22	长沙市	63.87
6	宁波市	73.24	23	乌鲁木齐市	62.14
7	南京市	72.63	24	南昌市	61.05
8	成都市	69.81	25	太原市	59.76
9	郑州市	69.38	26	海口市	59.46
10	济南市	69.31	27	长春市	59.18
11	重庆市	68.24	28	贵阳市	58.96
12	天津市	67.97	29	南宁市	57.86
13	石家庄市	67.76	30	兰州市	57.34
14	武汉市	67.44	31	西宁市	53.54
15	厦门市	66.30	32	银川市	53.41
16	福州市	66.03	33	昆明市	52.56
17	大连市	65.27	34	呼和浩特市	51.60

2. 法治环境分项指数

从法治环境分项指数得分排名来看，执法部门公平公正得分排名前三的城市分别为北京市、广州市和深圳市；权利保护和法律救济可及性得分排名前三的城市为广州市、深圳市和郑州市；而消费法治环境评价得分排名前三的城市则分别为上海市、南京市和宁波市（见表 9）。

表 9　2018 年全国城市法治环境分项指标排名（前十）

排名	执法部门公平公正	权利保护和法律救济可及性	消费法治环境
1	北京市	广州市	上海市
2	广州市	深圳市	南京市
3	深圳市	郑州市	宁波市
4	上海市	南京市	厦门市
5	杭州市	济南市	合肥市
6	成都市	杭州市	深圳市
7	宁波市	北京市	杭州市
8	重庆市	宁波市	沈阳市
9	天津市	大连市	济南市
10	南京市	沈阳市	哈尔滨市

（六）开放环境状况

开放环境是经济健康、快速发展的必要条件，营造公平、开放的市场竞争环境对于当地企业的发展至关重要。根据世界银行制定的营商环境评估准则，本报告将民营企业家对开放环境的评价划分为两个指标，分别是民营企业竞争有序和公平竞争环境评价及国有大型企业垄断和限制竞争情况评价。

1. 总体开放环境指数

调查结果显示，2018 年全国主要城市开放环境指数得分在前十位的城市分别是：深圳市、广州市、南京市、杭州市、宁波市、北京市、上海市、济南市、重庆市和合肥市。从开放环境指数各城市的具体得分来看，开放环境指数得分在 90 分以上的城市有 6 个，占比 18%，分别是深圳市、广州市、南京市、杭州市、宁波市和北京市；得分在 80 分至 90 分之间的城市有 3 个，占比 9%，分别是上海市、济南市和重庆市；得分在 70 分至 80 分之间的城市有 8 个，占比 24%，分别是合肥市、郑州市、武汉市、厦门市、福州市、成都市、石家庄市和银川市；其余的城市得分均在 70 分以下（见表 10）。

表 10　2018 年全国主要城市开放环境指数

单位：分

排名	城市	得分	排名	城市	得分
1	深圳市	99.61	18	长沙市	68.43
2	广州市	98.29	19	兰州市	66.50
3	南京市	95.46	20	天津市	66.44
4	杭州市	92.76	21	大连市	64.90
5	宁波市	92.01	22	南宁市	64.62
6	北京市	91.99	23	哈尔滨市	64.32
7	上海市	85.44	24	沈阳市	64.13
8	济南市	84.69	25	西安市	64.06
9	重庆市	81.82	26	南昌市	63.87
10	合肥市	75.88	27	贵阳市	62.01
11	郑州市	75.17	28	太原市	61.84
12	武汉市	73.97	29	长春市	59.48
13	厦门市	73.71	30	海口市	58.19
14	福州市	73.45	31	呼和浩特市	58.16
15	成都市	72.65	32	昆明市	55.81
16	石家庄市	70.42	33	西宁市	51.19
17	银川市	70.09	34	乌鲁木齐市	48.67

2. 开放环境分项指数

从开放环境分项指数得分排名来看，民营企业竞争有序和公平竞争环境评价得分排名前三位的城市分别是广州市、深圳市和杭州市；国有大型企业垄断和限制竞争情况评价得分排名前三位的城市分别是深圳市、广州市和南京市（见表 11）。

表 11　2018 年全国城市开放环境分项指标排名（前十）

排名	民营企业竞争有序和公平竞争环境	国有大型企业垄断和限制竞争情况
1	广州市	深圳市
2	深圳市	广州市
3	杭州市	南京市
4	南京市	北京市
5	宁波市	宁波市
6	北京市	杭州市
7	上海市	济南市
8	天津市	上海市
9	济南市	重庆市
10	成都市	郑州市

二　全国营商环境的优化与改善

优化和改善营商环境是解放和发展社会生产力、推动现代化经济体系建设、激发市场活力、促进社会高质量发展的重要保障。近年来，党中央、国务院对优化营商环境工作给予了高度的重视，有关部门和各地政府积极推进“放管服”等改革，我国在办理建筑许可、保护中小投资者、办理破产、跨境贸易、纳税、获得电力、执行合同以及开办企业等领域优化效果明显，营商环境得到了显著的改善。

（一）超八成企业对政府有关部门落实政策情况表示满意

调查数据显示：87.2% 的被调查企业对“政府支持企业发展政策落地情况”评价为比较满意和非常满意，评价平均得分为 4.52。[①] 卫生和社会工作、金融业、房地产业企业评价平均得分居各行业前三位，平均得分分别为 4.74、4.58 和 4.58。87.9% 的被调查企业对“政府鼓励创新创业政策落实情况”评价为比较满意和非常满意，评价平均得分为 4.52。卫生和社会工作、金融业、科学研究和技术服务业企业评价平均得分居各行业前三位，平均得分分别为 4.87、4.60 和 4.57。

86.3% 的被调查企业对“政府鼓励企业引进人才的优惠待遇落实情况”评价为比较满意和非常满意，评价平均得分为 4.48。公共管理、社会保障和社会组织，卫生和社会工作，金融业评价平均得分居各行业前三位，平均得分分别为 4.75、4.68 和 4.63。84.6% 的被调查企业对“政府解决企业用地难政策的落实情况”评价为比较满意和非常满意，评价平均得分为 4.42。金融业、卫生和社会工作、科学研究和技术服务业企业评价平均得分居各行业前三位，平均得分分别为 4.58、4.58 和 4.48。88.9% 的被调查企业对“政府支持企业发展政策的稳定情况”评价为比较满意和非常满意，评价平均得分为 4.55。卫

① 得分为企业主观评价打分，分值从 1 分至 5 分，分值越高表示评价越好。

生和社会工作、金融业、科学研究和技术服务业企业评价平均得分居各行业前三位，平均得分分别为4.84、4.65和4.60。

（二）政府诚信度较高，企业对政府部门诚信度评价较好

调查数据显示，90.4%的被调查企业对“政府及相关部门总体诚信程度”比较满意和非常满意，评价平均得分为4.58。卫生和社会工作，公共管理、社会保障和社会组织，金融业企业对该方面评价得分较高，居各行业前三位，评价平均得分分别为4.84、4.75和4.67。91.1%的被调查企业对政府及相关部门“在监督检查、达标评比活动时公开、公正”评价为比较满意和非常满意，评价平均得分为4.60。卫生和社会工作、金融业、房地产业企业对该方面评价得分较高，居各行业前三位，评价平均得分分别为4.87、4.72和4.71。

（三）政府部门服务窗口和网站等工作良好，企业评价较高

调查结果显示，91.1%的被调查企业对政府部门“服务窗口办事过程和流程透明、清楚程度”方面比较满意和非常满意，评价平均得分为4.61。金融业，公共管理、社会保障和社会组织，科学研究和技术服务业企业对该方面评价得分较高，居各行业前三位，评价平均得分分别为4.77、4.75和4.65。90.2%的被调查企业对政府部门“服务窗口提供‘一窗通办’服务质量”方面比较满意和非常满意，评价平均得分为4.57。卫生和社会工作、金融业、制造业对该方面评价得分较高，居各行业前三位，评价平均得分分别为4.71、4.65和4.62。

89.3%的被调查企业对政府部门“窗口工作人员的服务能力和服务态度”方面比较满意和非常满意，评价平均得分为4.54。公共管理、社会保障和社会组织，金融业，卫生和社会工作对该方面评价得分较高，居各行业前三位，评价平均得分分别为4.75、4.72和4.61。89.5%的被调查企业对政府部门“窗口服务部门在规定时限内完成相关审批事项”方面比较满意和非常满意，评价平均得分为4.55。卫生和社会工作、科学研究和技术服务业、金融业对该方面评价得分较高，居各行业前三位，评价平均得分分别为4.65、4.61和4.60。

90.0% 的被调查企业对政府部门“服务网站、移动客户端等提供‘一网通办’的便利程度”方面比较满意和非常满意，评价平均得分为 4.56。金融业、卫生和社会工作、教育行业对该方面评价得分较高，居各行业前三位，评价平均得分分别为 4.74、4.74 和 4.68。

（四）企业办理营业执照等事项便捷程度较高

调查数据显示，88.7% 的被调查企业对“办理营业执照”的便捷程度评价比较满意和非常满意，评价平均得分为 4.55。卫生和社会工作，公共管理、社会保障和社会组织，制造业对该方面评价得分较高，居各行业前三位，评价平均得分分别为 4.81、4.75 和 4.62。84.2% 的被调查企业对“办理企业注销”的便捷程度评价比较满意和非常满意，评价平均得分为 4.42。卫生和社会工作、金融业、制造业对该方面评价得分较高，居各行业前三位，评价平均得分分别为 4.85、4.58 和 4.52。

82.5% 的被调查企业对“办理施工许可”的便捷程度评价比较满意和非常满意，评价平均得分为 4.38。卫生和社会工作，公共管理、社会保障和社会组织，金融业对该方面评价得分较高，居各行业前三位，评价平均得分分别为 4.80、4.75 和 4.53。83.3% 的被调查企业对“办理用电手续”的便捷程度评价比较满意和非常满意，评价平均得分为 4.40。卫生和社会工作，公共管理、社会保障和社会组织，制造业对该方面评价得分较高，居各行业前三位，评价平均得分分别为 4.80、4.75 和 4.51。

（五）超八成企业对目前纳税环境表示满意

从调查结果来看，85.0% 的被调查企业对“税务部门服务态度”表示比较满意和非常满意，评价平均得分为 4.44；84.6% 的被调查企业对“税务部门办事效率”表示比较满意和非常满意，评价平均得分为 4.41；85.0% 的被调查企业对“税收优惠政策落实情况”表示比较满意和非常满意，评价平均得分为 4.43；82.7% 的被调查企业对“目前企业税负”的评价表示比较满意和非常满意，评价平均得分为 4.36。

（六）八成以上企业对法治环境各方面评价较高

调查数据显示，85.5% 的企业对“私有财产权的法律保护力度”比较满意和非常满意，评价平均得分为 4.42；84.1% 的企业对“执法和司法部门的公正程度”比较满意和非常满意，评价平均得分为 4.40；82.4% 的企业对“司法判决执行落实情况”比较满意和非常满意，评价平均得分为 4.35；83.2% 的企业对“投诉政府部门的渠道畅通情况”比较满意或非常满意，评价平均得分为 4.37；84.1% 的企业对“破产企业有关各方权益的保护情况”比较满意和非常满意，评价平均得分为 4.40。

三　民营企业面临的主要困难及期许

评价营商环境的好坏，政府自身评价是一个方面，更重要的是注重民营企业的真实体验，企业家对环境的切身感受尤其重要。企业家的主观感受和主观评价，能够从侧面反映出中国营商环境的真实状况，也能够更真实地反映出企业所处的营商环境优劣。就政商关系而言，政商关系是中国政府和企业之间的核心议题，也是直接影响企业营商环境的关键变量，“亲”与“清”的政商关系往往是客观指标无法体现的，只能够通过企业家对营商环境的主观评价加以衡量，尤其是企业家对诸多办事环节的实际评价，能够比较准确地反映政商关系。从调查结果来看，尽管最近几年在党和政府的大力支持及倡导下，中国整体营商环境在很大程度上得到了优化和改善，但就目前而言，我国的营商环境依然存在一些需要进一步改善和提升的地方。

（一）超半数企业希望强化相关政策及政商关系

从对企业迫切希望政府部门强化的工作事项调查结果来看，57.6% 的企业希望“政府部门加大出台鼓励扶持企业发展的政策力度”，有这方面诉求的企业最多；其次是希望“政府部门在制定和执行政策时，加强与企业的有效沟通和反馈机制”，有这方面诉求的企业占比 53.6%；“完善鼓励企业创业创新的配套政策”“建立‘亲’‘清’的政商关系”两方面诉求企业占比约在半数（见表12），表明企业对相关政策的出台和落实，以及良好的政商关系比较重视，希望政府部门在这些方面加强管理。

表12 企业迫切希望政府部门强化的事项

单位：%

排序	工作事项	比例
1	政府部门加大出台鼓励扶持企业发展的政策力度	57.6
2	政府部门在制定和执行政策时，加强与企业的有效沟通和反馈机制	53.6
3	完善鼓励企业创业创新的配套政策	48.1
4	建立“亲”“清”的政商关系	47.8
5	强化对创新型人才、顶尖人才的政策吸引力	43.5
6	完善市场平等、有序的竞争环境	42.7
7	提高开办企业的行政审批效率	41.3
8	提高政府服务效率	38.8
9	加强对知识产权的保护工作	33.8
10	其他	7.5

（二）企业办事程序仍需简化、企业税负还需降低

从对企业办理各事项需要付出的资金和时间来看，大部分事项需要的花费平均在百元以下，所需花费的时间平均在3天以内，商事制度改革后企业办事所花费的时间和资金成本均大幅下降，切实减轻了企业负担，但仍有部分企业办理各事项付出的资金较多，一项涉及企业办理营业执照的花费户均达到1142.11元，从平均值的绝对量上看似乎不大，但一些企业花费多的达上万元，对中小企业尤其是小微型企业来说负担不小。

企业办理一些事项手续时，哪些需要法定代表人亲自到场，哪些可以通过授权等其他方式办理？从调查结果看，40%左右的企业认为“公司注册”“法人变更”“股权转让或变更”“公司注销”“申请贷款”“第一次申办税务发票”“办理不动产登记”“办理房产抵押登记”等事项均可以通过授权

的方式办理，而不需要法定代表人亲自到场。表明企业渴望政府部门在设计各项事务办理条件时可以适当变通，放宽相关的条件要求，为公司法人减轻负担。

从企业缴纳的各项税费占企业销售收入（营业收入）的比重来看，近九成的企业反映政府和事业单位收费、各类摊派等占比均在15%以下。而关于法定税金的占比，近八成企业反映也在15%以下，但还有14.2%的企业反映占比为16%~20%。另外，对企业平均每年办理涉税工作的调查结果显示，企业每年户均办理涉税工作7.52次，平均每次占用1天半的工作时间，平均每次需要支出1325.55元。因此，政府部门还需进一步降低企业的负担，减少企业办理各种事项的程序，为企业进一步减负。

（三）企业融资难问题依旧存在，银企间贷款机制有待优化

调查数据显示，曾向银行贷款的企业中，42.6%的企业认为取得抵押贷款困难和很困难，43.4%的企业认为取得信用贷款困难和很困难，44.2%的企业对取得贷款手续便捷程度表示不满意和不太满意。另外，从关于企业取得银行贷款需要付出的资金和时间的调查结果看，企业户均每年办理银行贷款1.06次，平均每次占用的工作时间为2.95天，平均每次需要支出资金2907.91元。融资难一直是困扰企业发展的问题之一，为了更好地支持企业发展，政府还需在银企间建立良好的沟通协调机制，为帮助企业更好地获得银行贷款提供支持。

（四）期待进一步扩大对外开放、营造公平的市场竞争秩序

在此次调查的企业中有1023户企业有海外和进出口业务，占比为9.9%。其中，42.7%的企业在开拓海外市场时缺乏商务信息，42.2%的企业缺乏对海外法律和社会的了解，42.4%的企业缺少海外经营人才，37.7%的企业认为价格和服务缺乏国际竞争力，35.9%的企业反映国内审批程序复杂，36.3%的企业反映外汇管制严格，这些均表明对外开放工作还有待进一步加强。另外，对企业遇到国际贸易摩擦所采取的对策的调查表明，需要依靠政府帮助解决

的企业最多，占比 67.5%，表明多数企业对政府具有较强的依赖性，但同时说明了目前多数企业在国际市场上应对国际贸易摩擦的自身能力有所不足。

通过调查企业遇到的不公平竞争事项，发现仍有小部分企业反映不公平竞争现象，其中 9.4% 的企业反映“没有法律法规依据，给予特定经营者特殊优惠政策或待遇”；6.9% 的企业反映“没有法律法规依据，向特定经营者以优惠价格出让或划拨土地”；8.0% 的企业反映“对私营企业设置歧视性的市场准入和退出条件”；6.3% 的企业反映“对商品、服务实行歧视性价格和歧视性补贴政策”；9.6% 的企业反映“在招投标中排斥、限制或设置特殊条件”；5.7% 的企业反映“限制企业跨地区销售、运输商品和提供服务”等。虽然遇到这些问题的企业占比较低，但仍不可忽视。

（五）六成企业家看好当地营商环境和经济发展

调查数据显示，六成企业对本地营商环境和经济发展比较看好，认为未来三年会有很大发展，另有近四成企业认为会有所发展，仅有 5.2% 的企业对未来发展信心不足，认为发展形势很难说。在民营企业家的信任和支持下，政府有关部门还需从现实中找出存在的问题，切实帮助企业解决困难，营造更加良好的市场环境，为推动经济高质量发展奠定良好基础。

四　研究总结

《优化营商环境条例》总则第一章第八条提出“国家建立和完善以市场主体和社会公众满意度为导向的营商环境评价体系，发挥营商环境评价对优化营商环境的引领和督促作用”。[①] 这一规定突破了以往以政府自身评价为标准的营商环境评价体系，明确了市场主体和社会公众对营商环境评价的重要作用，能够切实有效、有针对性地解决市场主体的痛点、难点和堵点问题。在不断优化营商环境的大背景下，中国积极对接国际营商环境指标，在政务环

① 《优化营商环境条例》，中国政府网，2019 年 10 月 23 日，http://www.gov.cn/zhengce/content/2019-10/23/content_5443963.htm。

境、市场经营环境、社会环境、法治环境、开放环境上均显现出一定成效。但同时，我们也需要注意到当前中国营商环境存在的一些问题。结合此次调查发现的一些主要问题，本报告提出以下几方面对策建议。

第一，进一步做好企业全生命周期流程的制度服务和保障工作。营造稳定公平透明、可预期的营商环境不仅仅是在企业生命周期的起步阶段对企业市场准入、施工许可证等方面加以改善，还应该思考企业审批落地后续的融资渠道、就业培训、购房权利等完整的配套制度，更要聚焦民营企业家诉求，拓展改革覆盖面。只有做好各个阶段的服务和制度保障、找准并及时回应企业诉求、继续优化营商环境，才能够提升城市的影响力和竞争力，为民营企业发展创造良好的制度环境。

第二，持续深化“放管服”改革，进一步落实好简政放权，优化企业各项审批流程和提高管理效率，真正“实现放权到底，监管到位，服务到家”。目前，部分地方有关部门还存在“放管服”组合拳出拳“势气足而力道软”的情况，简政放权实际效果不明显，存在权力下放不足、重复审查、隐性审查、变相收费和加长审批时间等问题。

第三，进一步深化“互联网+”思维，全面推进“互联网+政务服务”。实现企业“最多跑一次”，“一号申请、一窗受理、一网通办”，构建“流程最优、审批最少、时间最短、成本最低、服务最好”的行政审批管理机制，全面优化企业办事流程、节约企业办事时间和办事成本，切实提升政府服务能力和管理成效。

第四，全面落实公平竞争监督和管理机制，营造公平、有序、健康的市场环境。要坚持“减政不减责，放权不放任”的原则，在保证企业自主经营、自主决策的同时，做到政府监管到位，避免出现部分企业放任自流、不受约束，打破市场公平竞争环境，损害其他企业合法权益，扰乱市场正常运行的现象。

第五，进一步降低企业融资成本，丰富和拓展中小企业的融资渠道。中小企业融资难和融资成本高是众多企业反映的一个突出问题。就目前而言，需要进一步加大政府性融资担保规模和力度，发挥国家融资担保基金在政府性融资担保体系中的重要作用，降低融资担保费率，扩大中小企业担保业务规模。

第六，认真执行和落实《优化营商环境条例》要求。《优化营商环境条例》的颁布明确了政府以立法的形式为各类市场主体提供制度性保障。对各地政府而言，当前需抓紧落实《优化营商环境条例》有关规定，建立健全相关部门的企业服务监督机制和政策落实反馈机制，积极回应各类市场主体需求，打破政企沟通壁垒，切实解决企业在我国当前社会经济形势下所面临的痛点和难点问题，全面推动各地政务环境、市场经营环境、社会环境、法治环境和开放环境的持续优化与改善。

B.13

2019 年中国活跃志愿者现状调查报告*

邹宇春　张 丹　张 彬　王翰飞　崔晨洁**

摘　要：志愿服务不仅是民众参与公共生活的重要手段，也是国家治理体系和治理能力现代化的重要内容。了解并评估当下我国志愿者的现状，有助于推动志愿服务的可持续发展。本报告采用“2019 中国社会状况综合调查”中的志愿服务调查数据，主要发现包括：①我国的活跃志愿者占受访者总数的 1/4，与 2017 年基本持平，其提供的志愿服务创造了巨大的经济效益；②党员和家庭收入高的群体更有可能成为活跃志愿者；③在各类志愿服务中，“环境保护”的志愿服务参与率最高；④各领域志愿服务参与的地区差异呈缩减趋势，但供求差异仍较大；⑤与非活跃志愿者相比，活跃志愿者的经济状况相对更好，社会心态也更为积极。最后，本报告归纳了我国志愿者与志愿服务的主要趋势和可提升的空间，并提出了相应的对策建议。

关键词：志愿服务　活跃志愿者　志愿服务参与　志愿者

---

* 本报告是国家社科基金重大项目“中国社会质量基础数据库建设”、中国社会科学院登峰计划重点学科发展社会学建设、“2019 中国社会状况综合调查”项目、中国社会发展综合指标实验室后期资助项目的阶段性研究成果。

** 邹宇春，中国社会科学院社会学研究所社会发展室副主任、副研究员，中国社会科学院社会学研究所社区信息化研究中心特邀研究员；张丹，中国社会科学院大学（研究生院）社会学系硕士研究生；张彬，中国社会科学院－上海研究院研究生；王翰飞，中国社会科学院大学（研究生院）社会工作专业硕士研究生；崔晨洁，中国社会科学院大学（研究生院）社会工作专业硕士研究生。

习近平总书记多次强调，“志愿服务是社会文明进步的重要标志”。[①] 2019年1月17日，习近平在天津市考察时指出，“志愿者事业要同‘两个一百年’奋斗目标、同建设社会主义现代化国家同行”。[②] 此外，中国共产党第十九届中央委员会第四次全体会议通过的《中共中央关于坚持和完善中国特色社会主义制度 推进国家治理体系和治理能力现代化若干重大问题的决定》也特别指出，“要健全志愿服务体系”。[③] 这意味着志愿服务的发展是国家治理体系和治理能力现代化的重要内容，关乎我国现代化建设的推进和中华民族伟大复兴的实现，其重要性被提升到崭新的高度。

因此，为持续推进志愿服务事业持续健康发展，需要系统科学地了解和评估我国志愿服务的主体——志愿者——的现状和发展趋势。为此，本研究报告采用“2019中国社会状况综合调查”（简称2019CSS）中的志愿服务数据，对2019年我国志愿者的发展现状展开分析。中国社会状况综合调查是由中国社会科学院社会学所发起、始于2005年的全国随机抽样入户调查。该调查每两年进行一次，采用多阶段混合概率抽样。2019年CSS问卷中继续设置了“志愿服务”模块，在7月至10月较为系统地收集了18~69岁全国城乡居民的志愿服务参与信息。调查共覆盖了全国596个村/居委会[④]，最后完成有效问卷10147份。

本报告第一部分主要分析我国活跃志愿者的总体规模和基本特征，介绍有多少人在近一年有过志愿服务的经历，以及其人口特征如何。第二部分分析各类志愿服务参与的情况及其行业、职业和地区差异。第三部分关注活跃志愿者与非活跃志愿者群体是否在社会心态方面存在差异。第四部分则论述志愿者及志愿服务发展的趋势、存在的问题与相应的建议。

---

① 《习近平致中国志愿服务联合会第二届会员代表大会的贺信》，http://www.xinhuanet.com//2019-07/24/c_1124792815.htm。

② 《习近平在天津考察》，http://www.xinhuanet.com/politics/2019-01/18/c_1124009647.htm。

③ 《中共中央关于坚持和完善中国特色社会主义制度 推进国家治理体系和治理能力现代化若干重大问题的决定》，人民网，http://politics.people.com.cn/n1/2019/1105/c1001-31439380.html。

④ 本调查所涉及的596个村居分布在全国30个省、自治区和直辖市，暂缺上海市的数据。

一　我国活跃志愿者群体的基本特征

根据《志愿服务条例》，“志愿者是指以自己的时间、知识、技能、体力等从事志愿服务的自然人”。[①] 而对于志愿服务，国内外学者则从多个角度进行定义，但总的来说，志愿服务至少包含三个内容：一是自愿提供劳动，二是不求物质回报，三是造福于他人和社会。这决定了志愿服务具有志愿性、无偿性、利他性等特征。其服务对象既可以是个人或群体，也可以是环境等事物，但不包括志愿者的家庭或亲属范围之内的人。

理论上，志愿服务可以发生在任何时间段，但是，个人观念或外在客观条件的变化可能导致有过志愿服务经历的个人长时间不参加志愿服务或再次参与志愿服务的可能性降低。这一群体虽然构成了志愿者群体的一个组成部分，但其活跃性和贡献度有限，且在近期并未对志愿服务的发展做出直接贡献。因此，为更加准确地估计我国志愿者群体的现状，本报告以近期[②]是否参与志愿服务区分出活跃志愿者群体，也就是说，活跃志愿者是指在近一年内参与过志愿服务的志愿者。相比近期没有志愿服务经历的人群，他们是正在参与志愿服务的群体，是志愿服务更加坚定的支持者。因此，本报告将主要分析活跃志愿者群体的特征。[③]

（一）我国18~69岁居民中，活跃志愿者占1/4，与2017年的占比基本持平

2019CSS 数据显示，我国 18~69 岁居民中，近一年有过志愿服务经历的受访者占受访者总数的 25.09%，换言之，根据本报告的定义，在 18~69 岁居民中，活跃志愿者占比约为 1/4，这与 2017CSS 的调查结果（25.5%）基本持平。

---

① 《志愿服务条例》，https://www.cvf.org.cn/show/7286.html。

② 近期是指调查期之前的一年，即 2018 年 7 月至现在。

③ 本报告的讨论全部围绕活跃志愿者群体及其与非活跃志愿者群体的对比展开。

根据2010年人口普查结果和2018年人口抽样调查结果，在人口结构不变的假设下，本研究报告对我国活跃志愿者群体规模进行了简单估算。结果显示，我国18~69岁居民中，活跃志愿者总体规模约为2.56亿人（95%的置信度下，推论区间为2.48亿~2.65亿）。

从总体规模看，我国活跃志愿者群体规模也与2017年基本持平，这意味着我国活跃志愿者队伍规模处于相对稳定的状态，志愿者流失问题并不突出。这为推进志愿服务制度化、常态化提供了良好的人力资源。

（二）近三个月，我国活跃志愿者人均参与志愿服务2.12次，人均参与时长6.63小时，贡献了巨大的经济效益

从活动时间维度看，我国活跃志愿者群体通过参与活动做出了巨大的经济贡献。2019CSS调查了近三个月来活跃志愿者志愿服务参与状况。结果显示，近三个月来，我国活跃志愿者人均参与志愿服务2.12次（95%置信度下，置信区间为1.79~2.44），人均贡献6.63个小时（95%置信度下，置信区间为5.48~7.72）。依据本研究报告估计的活跃志愿者群体规模，其在近三个月志愿服务时长共计约16.97亿小时（95%置信度下，置信区间为13.59亿~20.46亿）。按照全国各省区市的平均最低小时工资14.3元计算，活跃志愿者近三个月的志愿服务贡献了242.71亿元的经济价值（95%置信度下，置信区间为194.34亿~292.55亿）。可见，我国志愿者群体通过参与志愿服务为我国经济和社会发展贡献了巨大的经济效益。

（三）从政治面貌看，党员最有可能成为活跃志愿者，但群众仍是活跃志愿者群体的主力军

2019CSS的结果显示，加入政治团体的受访者比不加入政治团体的受访者更有可能成为活跃志愿者。[①] 不同政治面貌群体的活跃志愿者占比由高到低排序依次是：共青团员（48.21%）、中共党员（45.86%）、民主党派

① 除与2017年的对比外，如无特别说明，本报告所涉及的所有不同群体间活跃志愿者占比差异，均通过了显著性检验（P<0.05）。

（31.43%）、群众（20.18%）。但是，由于群众的体量大（占受访者总数的81.45%），其在活跃志愿者群体中的占比最高，为65.54%。可见，人民群众是我国志愿服务事业蓬勃发展的坚实基础，鼓励和动员更多的群众参与志愿服务是进一步发展志愿服务事业的必行之策。

（四）随着家庭收入的增加，活跃志愿者的占比也逐步增加，高收入群体更有可能成为活跃志愿者

家庭经济条件的改善可能会影响家庭成员的社会心态和公共参与水平。本研究报告通过将受访者的家庭收入五等分，并进行交互分析发现，在活跃志愿者群体中，高收入家庭的受访者占比最高（28.82%），随后依次排序是中等偏高收入家庭群体（22.48%）、中等收入家庭群体（18.14%）、中等偏低收入家庭群体（15.49%）以及低收入家庭群体（15.07%）。同时，比较不同组收入群体中活跃志愿者的占比发现，活跃志愿者占比也随着收入组别的降低而降低，占比由高收入到低收入依次分别为37.32%、27.96%、22.66%、20.35%和17.22%。可见，高收入家庭的受访者是活跃志愿者群体的主体，同时，随着家庭收入升高其也更有可能成为活跃志愿者。

二　活跃志愿者与志愿服务

根据志愿服务的不同内容，2019CSS调查将志愿服务分为12类：儿童关爱、青少年辅导、老年关怀、妇女维权/保护、扶助残障、支教助教、扶贫济困、医疗护理、法律援助、环境保护、抢险救灾和国际援助。本部分主要考察不同类别志愿服务的参与状况。结果显示，由于发展水平和群众需求等的差异，各领域志愿服务的发展也不是齐头并进的，存在发展不平衡的特点。

（一）近一年来，环境保护、老年关怀和儿童关爱三类志愿服务参与率最高，支教助教、法律援助和国际援助三类志愿服务参与率最低

如图1所示，在12类志愿服务中，近一年参与率最高的三类由高到低依

次为环境保护（11.52%）、老年关怀（9.41%）和儿童关爱（7.10%）；参与率最低的三类由高到低依次为支教助教（1.47%）、法律援助（0.89%）和国际援助（0.11%）。可见，志愿服务在业务领域方面仍存在发展不平衡现象。

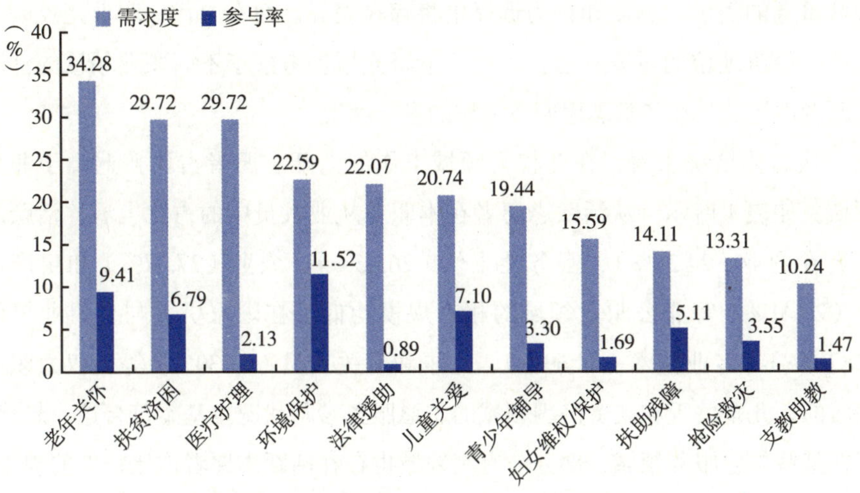

图 1 各类志愿服务供需对比（N=10147）

与 2017CSS 相比，2019 年各类志愿服务的排名和参与率也存在些许变化。在 2019 年参与率最高的三类志愿服务中，环境保护类志愿服务超越老年关怀，成为参与率最高的领域，较 2017CSS（9.9%）提高 1.62 个百分点；而老年关怀的参与率较 2017CSS（10.6%）降低 1.19 个百分点，降至第二位；儿童关爱类志愿服务虽仍位居第三，但参与率比 2017CSS（8.2%）降低 1.1 个百分点。在参与率最低的三类志愿服务中，法律援助和国际援助仍占据参与率最低的两位，较 2017CSS 没有变化；而支教助教替代妇女维权 / 保护居于第 10 位，后者虽参与率无变化，但排名上升至第 9 位。其他领域的志愿服务在整体排名上无显著变化，但部分领域在参与率上存在波动。例如，扶贫济困虽在参与率排序上无变动，但参与率比 2017CSS 上升 1.49 个百分点；抢险救灾志愿服务的参与率下降 0.25 个百分点，青少年辅导下降 0.3 个百分点，医疗护理上升 0.33 个百分点。

（二）从职业领域看，在公权力部门工作的受访者比在非公领域的更有可能成为活跃志愿者，但都存在发展不平衡的现象

社会分层研究表明，处于不同阶层的群体因其掌握的资源结构不同，对公共事务的需求、态度和行为选择也将存在差异。而在当代，职业是反映个人社会经济地位的重要标志。因此，本研究报告考察了不同职业领域的活跃志愿者占比及其在各类志愿服务领域的参与状况。

从总体情况来看，在公权力领域工作的活跃志愿者占比普遍高于非公领域。如表1所示，从活跃志愿者在本职业从业人员中的占比上看，活跃志愿者在商业（24.26%）、服务性工作（26.06%）、农业（27.37%）和生产运输（20.41%）等非公职业领域的相对规模均低于在国家机关与企事业单位（58.04%）、专业技术（54.69%）、办事和有关人员（51.30%）等公权力职业领域的。儿童关爱和扶贫济困领域的志愿服务参与状况也基本符合这一趋势。但在某些志愿服务领域，部分公有制领域也存在活跃志愿者占比较低的现象。例如，专业技术人员（28.25%）在老年关怀上的参与率远低于“办事和有关人员”（42.19%）、国家机关与企事业单位（50.68%），甚至低于商业工作人员（39.44%）、服务性工作人员（34.65%）和生产运输工人（36.97%）等非公领域，但其在医疗护理上参与率更高（22.54%）。综上，一般而言，在公权力领域工作的居民比在非公领域工作的更有可能成为活跃志愿者，但也存在部分公权力领域志愿服务发展不平衡的现象。

表1 不同职业领域活跃志愿者与各类志愿服务参与率的交叉

单位：人，%

类目	国家机关与企事业单位	专业技术人员	办事和有关人员	商业工作人员	服务性工作人员	农业生产人员	生产运输工人
活跃志愿者人数	148	315	237	180	228	26	211
①活跃志愿者在本职业领域占比	58.04	54.69	51.30	24.26	26.06	27.37	20.41

续表

类目	国家机关与企事业单位	专业技术人员	办事和有关人员	商业工作人员	服务性工作人员	农业生产人员	生产运输工人
②儿童关爱	41.22	33.97	30.38	30.56	25.44	11.54	26.54
③青少年辅导	13.51	28.25	8.86	10.56	7.02	3.85	5.69
④老年关怀	50.68	28.25	42.19	39.44	34.65	26.92	36.97
⑤妇女维权 / 保护	13.51	4.13	10.97	6.67	5.26	15.38	7.11
⑥支教助教	8.78	13.97	2.53	3.33	3.07	0.00	1.90
⑦扶贫济困	52.03	35.24	45.15	22.78	30.26	19.23	21.33
⑧医疗护理	6.08	22.54	5.49	7.78	4.39	3.85	5.21
⑨法律援助	11.49	3.81	6.33	3.89	0.44	7.69	2.37
⑩抢险救灾	18.24	5.71	13.92	12.78	15.79	34.62	25.59

注：①本表中各项均通过显著性检验。②第①行 = 从事该职业领域工作的活跃志愿者 / 从事该职业领域工作的受访者总数 *100%。③第②~⑩行 = 在近一年参与此类志愿服务且在该职业领域工作的受访者 / 从事该职业领域工作的活跃志愿者人数 *100%。④因从事警察 / 军人和不便分类职业的受访者过少，故予以剔除。

（三）从行业看，在公共管理和社会保障行业、教育文化和卫生行业及房地产与租赁业领域工作的居民更有可能成为活跃受访者，但在行业特色的影响下，各行业在各类志愿服务中各有所长

个人工作所处的行业在一定程度上反映了个人生活模式、知识体系、资源和需求结构等内容，而这种差异有可能影响个人的参与行为。例如，对于以农业为生的居民而言，由于居住地较为偏远和自给自足的习惯而对志愿服务缺乏了解和参与机会，更不可能成为活跃志愿者。因此，本研究报告考察了不同行业领域的活跃志愿者占比及其在各类志愿服务领域的参与状况。

从总体参与状况看，活跃志愿者占比最高的三个行业领域由高到低依次为公共管理和社会保障行业（68.15%）、教育文化和卫生行业（56.12%）、

房地产与租赁业（38.46%），占比最低的三个领域由高到低依次为建筑业（24.36%）、批发零售业（23.32%）和制造业（19.22%）。此外，受不同行业工作特色的影响，具体各领域的志愿服务参与状况和总体参与状况存在一定程度的差异。如表 2 所示，以农业为例，此行业志愿服务总体参与水平居中，但从各类志愿服务参与水平的对比看，其在抢险救灾领域的志愿服务参与率（38.64%）远高于其他行业，这可能是因为近年来自然灾害等事件多发生于农村地区，而其在支教助教（0.00%）、妇女维权 / 保护（4.55%）、青少年辅导（4.55%）等领域的志愿服务参与率则明显低于其他行业。相比之下，科学技术与金融行业、教育文化和卫生行业、公共管理和社会保障行业在支教助教（4.55%、15.76%、3.74%）、青少年辅导（15.15%、30.30%、11.21%）领域的参与率相对更高。

表 2　不同行业领域活跃志愿者与各类志愿服务参与率的交叉

单位：%，人

类目	①儿童关爱	②青少年辅导	③妇女维权/保护	④支教助教	⑤扶贫济困	⑥医疗护理	⑦法律援助	⑧环境保护	⑨抢险救灾	⑩活跃志愿者占比	⑪活跃志愿者人数
农业	20.45	4.55	4.55	0.00	27.27	6.82	6.82	36.36	38.64	25.43	44
采矿与基础设施建设行业	19.30	3.51	1.75	5.26	38.60	1.75	3.51	64.91	21.05	37.50	57
制造业	21.77	8.16	8.16	0.68	25.17	6.80	1.36	44.22	11.56	19.22	147
建筑业	34.29	5.71	7.62	2.86	22.86	3.81	3.81	49.52	28.57	24.36	105
批发零售业	34.07	8.89	4.44	2.22	22.96	4.44	3.70	42.22	13.33	23.32	135
交通运输和仓储业	14.04	0.00	1.75	0.00	26.32	8.77	1.75	49.12	19.30	30.81	57
住宿餐饮业	34.72	8.33	8.33	2.78	27.78	5.56	1.39	44.44	12.50	25.71	72

续表

类目	①儿童关爱	②青少年辅导	③妇女维权/保护	④支教助教	⑤扶贫济困	⑥医疗护理	⑦法律援助	⑧环境保护	⑨抢险救灾	⑩活跃志愿者占比	⑪活跃志愿者人数
科学技术与金融行业	34.85	15.15	6.06	4.55	39.93	12.12	1.52	42.42	10.61	34.02	66
房地产与租赁业	30.91	7.27	14.55	3.64	43.64	5.45	3.64	60.00	9.09	38.46	55
居民服务业	23.40	5.32	5.32	4.26	21.28	4.26	2.13	58.51	19.15	27.73	94
教育文化和卫生行业	34.85	30.30	4.24	15.76	34.55	23.03	2.73	36.67	4.85	56.12	330
公共管理和社会保障行业	34.58	11.21	17.29	3.74	57.01	3.27	13.08	53.74	21.50	68.15	214

注：①本表中各项均通过显著性检验。②第⑩列 = 从事该行业工作的活跃志愿者人数 / 从事该行业工作的受访者总数 *100%。③第①～⑨列 = 参与该类志愿服务且从事该行业工作的活跃志愿者人数 / 从事该职业领域工作的活跃志愿者人数 *100%。

（四）从地区差异看，与2017CSS相比，地区发展不平衡的现象明显改善，但活跃志愿者在扶助残障、抢险救灾和妇女维权/保护领域的占比差异明显

如表 3 所示，将全国分为六大区并进行交互分析后发现，与 2017CSS 相比，地区间各类志愿服务发展不平衡现象已明显改善。从活跃志愿者在本地区的占比看，虽然仍存在显著的地区差异，但其极差已从 8.3% 下降至 5.91%，下降了 2.39 个百分点。存在显著差异的志愿服务领域数量已从 5 个下降至 3 个；且儿童关爱、环境保护和老年关怀作为参与率最高的三个领域，均不存在统计上的显著差异。

但与 2017CSS 不同的是，扶助残障和妇女维权 / 保护存在显著地区差异。华东（7.73%）、中南（7.36%）和西南（9.55%）等相对偏南的地区在妇女维

权 / 保护领域的志愿服务参与率显著高于华北（3.01%）、东北（4.37%）和西北（4.07%）等相对偏北的地区。在扶助残障领域，参与率较低的由高到低依次是华东（19.40%）、华北（16.44%）和西北（14.53%）。而在抢险救灾领域，其地区差异则随自然灾害产生状况而产生变化。受到自然灾害的影响，西南（22.75%）和东北地区（18.58%）在此领域的志愿服务参与率明显高于其他地区和全国水平。由此可见，各类志愿服务发展的地区差异受到本地区文化、气候等多种因素的影响，呈现不同的地域特色。

表 3　不同地区活跃志愿者与各类志愿服务参与率的交叉

单位：人，%

类目	华北	东北	华东	中南	西南	西北	全国
活跃志愿者人数	365	183	763	707	356	172	2546
①活跃志愿者在本地区占比	27.91	22.00	26.21	24.49	23.44	24.93	25.09
②妇女维权 / 保护	3.01	4.37	7.73	7.36	9.55	4.07	6.72
③扶助残障	16.44	22.40	19.40	22.21	24.72	14.53	20.38
④抢险救灾	9.04	18.58	12.06	14.14	22.75	11.63	14.14

注：①本表中各项均通过显著性检验。②第①行 = 该地区活跃志愿者人数 / 该地区受访者总数 *100%。③第② ~ ④行 = 近一年该地区参与此类志愿服务的受访者 / 该地区活跃志愿者总数 *100%。

三　活跃志愿者的社会心态

（一）与非活跃志愿者群体相比，活跃志愿者群体普遍具有更高的制度信任水平，特别是对政治制度的信任

制度信任是民众对制度及其代理人所持有的积极预期，其重要性伴随着现代化的推进而日渐显现。2019CSS 调查了受访者对 12 个制度机构的信任水平。本研究报告将对不同制度机构的信任重新编码为二分变量，即受访者是否信任该部门，并进行分析。结果表明，与非活跃志愿者群体相比，活跃志愿者群体对其中 8 个制度机构拥有更高的信任水平。其中，活跃志愿者群体

信任水平最高的四个制度机构由高到低排序依次是中央政府（96.4%）、工作单位（87.51%）、公安部门（87.45%）和法院（86.49%），分别比非活跃志愿者群体高 1.48 个、4.28 个、2.33 个、2.68 个百分点；接下来是群团组织（79.83%）和区县政府（79.36%），分别比非活跃志愿者群体高 4.43 个和 5.81 个百分点；信任水平最低的两个制度机构是乡镇政府（70.7%）和保险公司（64.55%），分别比非活跃志愿者群体高 5.18 个和 3.6 个百分点。此外，活跃志愿者群体和非活跃志愿者对慈善机构、新闻媒体、银行和医院的信任水平不存在统计上的显著差异。简言之，与非活跃志愿者相比，活跃志愿者群体的制度信任水平普遍更高，特别是对政治制度的信任。

（二）从主观地位认同上看，活跃志愿者群体倾向于低估自身的社会经济地位，但其主观地位感知仍高于非活跃志愿者群体

本研究报告将主观地位划分为“高”、“中等偏高”、“中等”、“中等偏低”和“低”五个层次，对应客观家庭经济收入的五等分组。分析显示，高家庭收入的活跃志愿者倾向于低估自身的社会地位。在活跃志愿者群体中，认为自己处于“中等”层次的最多，占 43.82%，高于“中等”客观地位分组（18.14%）；“中等偏低”次之，占 28.80%，比相应客观地位分组高 13.31 个百分点；“低”位于第三，占 17.45%，比相应客观地位分组高 2.38 个百分点；占比最低的是“中等偏高”（9.00%）和“高”（0.92%），分别比客观地位分组低 13.48 个和 27.9 个百分点。与前文家庭收入分组数据比较发现，活跃志愿者群体倾向于低估自身的社会经济地位。

尽管活跃志愿者的主观阶层认知较低，但这一趋势同样存在于非活跃志愿者群体中，且活跃志愿者的主观阶层认知仍高于非活跃志愿者群体。活跃志愿者群体主观阶层感知的中位数是“中等”，而非活跃志愿者群体的为“中等偏下”。

（三）从国家认同上看，活跃志愿者群体持有相对更高的国家认同

本研究报告通过对比两个群体对 3 个相关陈述的赞同程度发现，尽管二

者都持有较高的国家认同水平，但活跃志愿者群体的国家认同度相对更高。对于“我经常为国家取得的成就而感到自豪”，赞同这一观点的活跃志愿者占该群体的94.67%，比非活跃志愿者群体高1.42个百分点；对于“没有中国共产党，中国就会陷入混乱”，赞同这一观点的活跃志愿者占该群体的94.27%，比非活跃志愿者群体高0.95个百分点；赞同“如果有下辈子，我还是愿意做中国人”这一观点的活跃志愿者占该群体的97.61%，比非活跃志愿者群体低0.07个百分点，但非常赞同此观点的比非活跃志愿者群体高1.57个百分点（79.28%、77.71%）。此外，统计结果显示，两者仅在第三条陈述的赞同程度上不存在统计学上的显著差异。可见，活跃志愿者群体的国家认同程度也高于非活跃志愿者。

（四）从其他社会心态上看，活跃志愿者群体的积极感知普遍更高

本研究报告还分析了活跃志愿者和非活跃志愿者在社会包容、社会公平公正、社会道德和遵纪守法水平等社会心态指标上是否存在显著差异。结果显示，在社会包容度上，活跃志愿者群体的平均得分①为6.94分，比非活跃志愿者高0.17分；在社会公平公正水平上，活跃志愿者的平均得分为6.92分，比非活跃志愿者高0.3分；在社会道德水平上，活跃志愿者的平均得分为6.67分，比非活跃志愿者高0.06分；在遵纪守法水平上，活跃志愿者的平均得分为7.17分，比非活跃志愿者高0.1分。由此可见，相比非活跃志愿者群体，活跃志愿者普遍拥有更良好的社会心态。

（五）相比非活跃志愿者群体，活跃志愿者政治参与水平更高

政治参与和志愿服务等社会参与一样，都是民众公民性的反映。因此，对有过社会参与经历的群体而言，其政治参与水平也更高。2019CSS的数据证明了这一点。其一，40.16%的活跃志愿者参与了村/居委会选举，比非活跃志愿者群体高9.89个百分点。其二，在向政府部门反映意见方面，活跃志愿者

① 在本题目下，各项社会心态得分的满分均为10分，10分表示非常好，1分表示非常不好。

的参与率（12.14%）比非活跃志愿者群体高 6 个百分点。其三，在区县人大代表选举上，活跃志愿者群体中有 22.98% 在近五年内参加了这一活动，比非活跃志愿者高 9.89 个百分点。

四　发展趋势、问题与对策

综上，在习近平总书记一系列重要指示精神的指导下，我国志愿服务事业稳步发展，并取得了一系列成果。总的来说，活跃志愿者群体具有年轻化、积极参与政治团体、家庭经济水平相对较高、社会心态更优、政治参与更积极等特征。与 2017 年的调查结果相比，如今活跃志愿者群体在体量上基本维持稳定，且地区差异呈现缩小的趋势。但志愿服务发展不平衡不充分的问题仍然存在，且服务体制机制仍有待完善。

（一）发展趋势预估

1. 我国活跃志愿者规模和服务质量在维持稳定的基础上进一步提升

研究表明，2019 年，活跃志愿者群体占我国 18~69 岁居民的 1/4；在近三个月人均参加志愿服务 2.12 次，人均服务时长 6.63 小时，贡献了 242.71 亿元的经济价值。2019CSS 的调查还发现，23.77% 的受访者表示“志愿服务不存在什么不足”。这意味着，近两年我国活跃志愿者群体规模基本保持稳定，所提供的服务也得到了民众的认可。而 2019 年，根据习近平总书记的重要指示精神，志愿服务事业发展被提升到新的高度。党和政府的高度重视和期待将为志愿服务的持续发展提供源源不断的动力。因此，可以预见，我国活跃志愿者群体的体量和服务质量都将得到提升。

2. 各类志愿服务持续发展，特别是医疗护理、扶贫济困和老年关怀

如图 1 所示，民众对志愿服务的需求均高于其供给。以环境保护为例，近两年来，环保领域志愿服务迅速发展，成为参与率最高的志愿服务类型，但仍存在供需差异（11.07 个百分点）。这与我国近年来对环境保护的关注是分不开的，无论是“美丽乡村”建设还是“蓝天保卫战”，都体现了环保意识和环境需求的提升。

不过，从供需差异来看志愿服务的发展空间时，发现差异最明显的志愿服务领域是医疗护理（27.59 个百分点）。其次，与居民需求相比，老年关怀领域志愿服务供应仍存在较大缺口（24.87 个百分点），此发现与 2017CSS 结果相似。接下来是扶贫济困（22.93 个百分点）和法律援助（21.18 个百分点）。而这种差异与我国近年来老龄化加快、脱贫攻坚战以及快速变迁带来的社会矛盾锐化密切相关。在此背景下，可以预见，各类志愿服务仍存在较大的发展空间。在党和政府的支持和关注下，各类志愿服务持续发展已成趋势，特别是医疗护理、老年关怀、扶贫济困和法律援助等领域。

3. 地区差异进一步缩小，并保持在相对稳定的水平

如前文所述，与 2017CSS 相比，活跃志愿者群体志愿服务参与的地区差异呈缩减趋势。这一趋势既体现在差异显著的志愿服务领域数量上，也体现在志愿服务参与水平的离散度上。随着国家治理体系和治理能力现代化的推进，在全国各地区，志愿服务都越来越成为提升社会治理水平的重要手段。可以预见，各领域志愿服务的地区差异将进一步缩小；但由于各地经济发展水平、文化特色等的不同，这种差异不会完全消失，很可能最终保持在相对稳定的水平。

（二）现存的问题

1. 各类志愿服务供给严重不平衡，供需差异明显

随着经济社会的急速发展，人民群众的需求不断增长且日渐复杂，如何有效满足民众需求的问题备受关注。如图 1 所示，各领域志愿服务均存在供小于求的现象。这既说明各领域志愿服务存在很大的发展空间，也说明目前我国居民志愿服务的需求仍得不到有效满足。这种差异在医疗护理、法律援助和老年关怀、扶贫济困方面更加明显。与此相对应的是，提供更加专业的医疗护理、维护社会公平正义、脱贫攻坚和应对人口老龄化是党和政府需密切关注的问题。

2. 资金保障机制有待完善

古语云，“兵马未动，粮草先行”。志愿服务的持续发展也离不开资金的

保障。然而，其资金保障机制还有待完善。2019CSS 还发现，在被问及“当前我国志愿服务存在什么不足”时，有 22.47% 的受访者选择了“缺乏稳定的资金支持”。

3. 形式主义尚未肃清，志愿服务缺乏自主性

此外，调查还发现，约 1/5 的受访者认为，志愿服务流于形式，志愿者的服务态度有待提升；有 20.77% 的受访者认为目前我国志愿服务仍存在形式主义，不讲求实际成效；同时，认为“志愿服务项目主要靠团组织分派，缺乏自主性”的占 20.14%。

（三）对策与建议

1. 明确志愿服务在社会治理中的重要地位，健全党建引领下上下联动的治理体系

在我国，志愿服务不仅是民众社会参与的重要形式，还是国家实现社会治理、服务群众的重要手段。对于后者而言，作为社会治理的主体之一，志愿服务发挥着承上启下的作用，是联系党和群众的中间环节，对反映和满足居民需求至关重要。中国共产党第十九届中央委员会第四次全体会议通过的《中共中央关于坚持和完善中国特色社会主义制度推进国家治理体系和治理能力现代化若干重大问题的决定》已指出，“要健全志愿服务体系”。① 可见，建立健全上下联动的治理体系并将志愿服务纳入其中，是提高社会治理水平、推进治理能力现代化建设的重要内容。

上下联动的治理体系，其根本目标是在基层党组织的领导下，通过各个主体之间的相互配合、相互沟通，最终不断满足人民群众日渐复杂的生活需求。在多主体的合作中，单一主体的工作成效将对总体服务评估产生影响。因此，为实现对群众需求的精准匹配和有效满足，将群众满意作为评估志愿服务发展的根本标准，不断推动解决志愿服务中存在的形式主义问题，将成

① 《中共中央关于坚持和完善中国特色社会主义制度推进国家治理体系和治理能力现代化若干重大问题的决定》，人民网，http://politics.people.com.cn/n1/2019/1105/c1001-31439380.html。

为必行之策。综上，建议在健全上下联动的治理体系中明确志愿服务作为公共服务提供者和民情民意反馈者地位和角色，为志愿服务的持续发展提供政治引领和制度约束。

2. 建立健全志愿服务保障机制

志愿服务虽然具有无偿性，但活动成本影响着志愿服务活动的广度和深度。研究表明，适当的财政补贴，能够降低志愿服务的经济成本、提高志愿组织风险防控能力和专业培训水平等，从而提高志愿服务的吸引力，实现志愿服务质量的提升。同时，在志愿服务的过程中，志愿者也面临合法权益受到侵害的问题。习近平总书记在给“中国志愿服务联合会第二届会员代表大会”的贺信中也曾指出，“各级党委和政府要为志愿服务搭建更多平台，给予更多支持”。[①] 因此，建议深入推动《志愿服务条例》在各地的实施和完善，以制度保障为支撑不断健全志愿服务保障机制，不断织紧志愿者的“保护网”，增强志愿服务对民众的吸引力，为志愿服务持续健康发展创造条件。

3. 推动志愿服务的品牌化、长期化、常态化

在基层治理视角下，居民生活需求处于持续不断的变化之中；同时，由于历史、居民特征、社区社会资本等的差异，不同社区对志愿服务的需求往往各具特色。调查还发现，在志愿服务过程中，志愿者、志愿组织存在服务过于标准化的现象，即忽视了不同受众对某一领域志愿服务需求的差异，使得志愿服务流于形式，影响了服务效果的提升。因此，要想提高志愿服务的质量，还需要推动志愿服务的品牌化、长期化、常态化，在长期深入了解社区特征的基础上精心打造志愿服务品牌项目，促使志愿精神和共同体意识在社区中落地生根，激励社区居民参与到志愿活动中来，逐步实现主动治理，将社区矛盾、问题消解于萌芽阶段，最终实现社区发展的良性循环。

---

① 《习近平致中国志愿服务联合会第二届会员代表大会的贺信》，http://www.xinhuanet.com//2019-07/24/c_1124792815.htm。

参考文献

邹宇春:《提升制度信任：确保政府良性运行的重要方向》,《中国发展观察》2014 年第 8 期。

崔岩、黄永亮:《中国社会质量研究——不同阶层社会质量评价分析》,《浙江大学学报》(人文社会科学版)2019 年第 2 期。

李炜:《中国当前社会问题的特征及影响机制分析》,《黑龙江社会科学》2012 年第 6 期。

李炜:《中等收入群体的价值观与社会政治态度》,《华中科技大学学报》(社会科学版)2018 年第 6 期。

任莉颖:《社会质量测量与公众社会评价》,《华中科技大学学报》(社会科学版)2018 年第 6 期。

B.14

社会救助兜底的农村贫困人口脱贫调查研究报告

江治强　安　超*

摘　要：社会救助在精准扶贫中具有不可或缺的重要兜底作用。党的十八大以来，社会救助在脱贫攻坚中的定位更加明确，政策体系更加健全、指向更加精准。调查数据显示，建档立卡农村贫困家庭在人口特征、生活负担、经济状况等方面呈现多重脆弱性，解决因劳动能力不足及因病、因残等导致的基本生活问题，防止已脱贫的贫困人口返贫，仍需社会救助政策持续发力。同时，2020年农村贫困人口全部脱贫之后，社会救助兜底脱贫工作需从注重兜住未脱贫人口向兜牢脱贫人口转变，从注重找准贫困对象向注重精准救助、稳定脱贫转变，从注重收入转移式救助向"现金+服务"救助并重转变，加快构建多层次综合性兜底保障体系。

关键词：社会救助　精准扶贫　社会救助兜底脱贫

到2020年，实现现行标准之下的农村贫困人口全部脱贫，是全面建成小康社会的底线目标和标志性指标。通过社会救助与扶贫开发政策的有效衔接，对无法通过扶贫开发脱贫的农村贫困人口实行兜底性保障，对于确保农村贫困人口全部脱贫这一目标的实现具有重要意义。本报告基于民政部政策研究

---

* 江治强，民政部政策研究中心研究员；安超，民政部政策研究中心助理研究员。

中心“托底性民生保障政策支持系统建设项目（2019）”抽样入户调查数据，[①] 对建档立卡贫困家庭的人口结构、经济条件、致贫因素、政策支持等情况进行分析，尝试客观反映扶贫对象面临的困境，为2020年之后确定社会救助兜底脱贫重点方向和完善相关措施提供实证参考与对策建议。

一　社会救助在精准扶贫中的重要作用

贫困是制约全面建成小康社会的重大障碍。党的十八大以来，中央开启了新一轮大规模脱贫攻坚的新时代。精准扶贫方略主要是以帮助扶贫对象自身形成自我发展能力为目标的“造血式”扶贫，但是对于由疾病、残疾或年老等生理原因导致自身脱贫能力欠缺的贫困人口而言，“造血式”扶贫措施的作用相对有限。因此，如何将自身缺乏脱贫能力的贫困人口拉出贫困陷阱是脱贫攻坚的大难题。2015年，《中共中央国务院关于打赢脱贫攻坚战的决定》做出了农村低保和医疗救助脱贫的战略部署，为解决此难题指明了方向。

在多层次扶贫政策和行动体系中，以农村低保和医疗救助为重要构成的社会救助制度有着特定的优势。第一，社会救助的目标是依靠自身难以维持基本生存的社会成员，为他们提供款物援助。当被作为贫困人口纳入社会救助制度后，他们的基本生活可以获得稳定可靠的物质保障，从而在事实上实现脱贫。第二，在反贫困政策体系中，社会救助实现了“兜底”的作用，当有发展能力的贫困人口脱贫之后，余下无发展能力的贫困人口只有通过社会救助的兜底方能走出贫困。经过20多年探索，我国已经基本建成了一整套制度完备、管理规范的社会救助体系，基本涵盖贫困人口遇到的基本生活、医疗、住房、就业等多方面困难。党的十八大以来，社会救助在脱贫攻坚中的定位更加明确，政策体系更加健全、指向更加精准，发挥的作用更加突出，对2020年全面实现脱贫目标发挥了重要作用。

---

① 本次调查的样本包括1031个农村建档立卡贫困家庭，分布在甘肃（712户）、贵州（175户）、四川（144户）等省份。

（一）制定并不断完善与精准脱贫相衔接的政策文件，健全完善社会救助兜底脱贫制度体系

打赢脱贫攻坚战是一项国家战略，事关全面建成小康社会目标的实现。为此，近年来党中央、国务院制定出台一系列纲领性政策文件，其中对社会救助发挥兜底作用提出了明确要求（见表1）。这些政策文件构成了我国精准扶贫战略的重要支架性制度体系，规定和明确了社会救助制度在脱贫攻坚中的独特优势和兜底作用。

表1 纲领性脱贫政策中社会救助兜底政策要点

时间	政策文件名称	社会救助兜底政策要点
2015年11月29日	中央印发《中共中央国务院关于打赢脱贫攻坚战的决定》	1. 对新型农村合作医疗和大病保险支付后自负费用仍有困难的，加大医疗救助、临时救助、慈善救助等帮扶力度，将贫困人口全部纳入重特大疾病救助范围，使贫困人口大病医治得到有效保障 2. 完善农村最低生活保障制度，对无法依靠产业扶持和就业帮助脱贫的家庭实行政策性保障兜底 3. 加大农村低保省级统筹力度，低保标准较低的地区要逐步达到国家扶贫标准 4. 对低保家庭中的老年人、未成年人、重度残疾人等重点救助对象，提高救助水平，确保基本生活
2016年11月23日	国务院下发《关于印发“十三五”脱贫攻坚规划的通知》	1. 加强基本医疗保险、大病保险、医疗救助、疾病应急救助等制度的有效衔接 2. 加大医疗救助力度，将贫困人口全部纳入重特大疾病医疗救助范围 3. 完善低保对象认定办法，建立农村低保家庭贫困状况评估指标体系。加大省级统筹工作力度，动态调整农村低保标准，确保2020年前所有地区农村低保标准逐步达到国家扶贫标准 4. 推动专项救助在保障低保对象的基础上向低收入群众适当延伸，逐步形成梯度救助格局，为救助对象提供差别化的救助
2017年7月11日	中办、国办发布《关于支持深度贫困地区脱贫攻坚的实施意见》	1. 把符合条件的贫困残疾人全部纳入农村低保范围 2. 把建档立卡贫困家庭重度残疾人全部纳入医疗救助范围 3. 对16周岁以上有长期照料护理需求的贫困重度残疾人，符合特困人员供养条件的纳入特困人员救助供养 4. 推动深度贫困地区农村低保标准尽快达到国家扶贫标准，加快实现农村低保政策与扶贫开发政策有效衔接 5. 对农村低保家庭中的老年人、未成年人、重度残疾人和重病患者等重点救助对象，采取多种措施，提高救助水平，保障基本生活

续表

时间	政策文件名称	社会救助兜底政策要点
2018 年 6 月 15 日	中共中央、国务院印发《打赢脱贫攻坚战三年行动的指导意见》	1. 将贫困人口全部纳入城乡居民基本医疗保险、大病保险和医疗救助保障范围。落实贫困人口参加城乡居民基本医疗保险个人缴费财政补贴政策，实施扶贫医疗救助 2. 统筹各类保障措施，建立以社会保险、社会救助、社会福利制度为主体，以社会帮扶、社工助力为辅助的综合保障体系，为完全丧失劳动能力和部分丧失劳动能力且无法依靠产业就业帮扶脱贫的贫困人口提供兜底保障 3. 完善农村低保制度，健全低保对象认定方法，将完全丧失劳动能力和部分丧失劳动能力且无法依靠产业就业帮扶脱贫的贫困人口纳入低保范围 4. 加大临时救助力度，及时将符合条件的返贫人口纳入救助范围 5. 将符合条件的建档立卡贫困残疾人纳入农村低保和城乡医疗救助范围 6. 对 16 周岁以上有长期照料护理需求的贫困重度残疾人，符合特困人员救助供养条件的纳入特困人员救助供养；不符合救助供养条件的，鼓励地方通过政府补贴、购买服务、设立公益岗位、集中托养等多种方式，为贫困重度残疾人提供集中照料或日间照料、邻里照护服务
2018 年 12 月 30 日	国务院办公厅印发《关于深入开展消费扶贫助力打赢脱贫攻坚战的指导意见》	发挥行业协会、商会、慈善机构等社会组织作用，组织动员爱心企业、爱心人士等社会力量参与消费扶贫

注：本表根据国务院政府网站、民政部网站公开的文件信息整理而成。

根据上述文件规定，各级社会救助主管部门根据中央打赢脱贫攻坚战的精神和有关纲领性文件，进一步细化兜底脱贫各项政策措施，形成了兜底保障系列政策文件（见表 2），使保障性扶贫政策体系不断得到完善。综合现有的有关政策文件，社会救助兜底政策的关键性措施主要集中在以下方面。

1. 进一步细化强化农村低保与扶贫开发政策的衔接

作为政策体系，社会救助与扶贫只有形成顺畅的衔接机制，才能精准发挥社会救助兜底作用。为此，2016 年和 2017 年，民政部联合国务院扶贫办连续制定下发了有关低保与扶贫相衔接的两个文件。前一个文件强调低保与扶贫两套政策之间要强化政策衔接、对象衔接、标准衔接，同时强化工作管理层面上的衔接，

表 2　社会救助兜底扶贫政策概览

时间	政策文件名称
2016 年 4 月 16 日	民政部关于贯彻落实《中共中央国务院关于打赢脱贫攻坚战的决定》的通知
2016 年 9 月 17 日	国务院办公厅转发《民政部等部门关于做好农村最低生活保障制度与扶贫开发政策有效衔接指导意见的通知》
2017 年 1 月 16 日	民政部办公厅发布《关于进一步加强医疗救助与城乡居民大病保险有效衔接的通知》
2017 年 9 月 13 日	民政部、国务院扶贫办发布《关于进一步加强农村最低生活保障制度与扶贫开发政策有效衔接的通知》
2018 年 4 月 7 日	民政部印发《关于推进深度贫困地区民政领域脱贫攻坚工作的意见》
2017 年 11 月 22 日	国务院扶贫开发领导小组发布《关于广泛引导和动员社会组织参与脱贫攻坚的通知》
2018 年 7 月 16 日	民政部、财政部、国务院扶贫办印发《关于在脱贫攻坚三年行动中切实做好社会救助兜底保障工作的实施意见》
2019 年 4 月 25 日	民政部、财政部、国家卫生健康委员会、国务院扶贫办、中国残疾人联合会发布《关于在脱贫攻坚中做好贫困重度残疾人照护服务工作的通知》
2019 年 5 月 6 日	民政部办公厅关于在脱贫攻坚中做好“福康工程”项目实施工作的通知
2019 年 9 月 19 日	民政部、财政部、国务院扶贫办印发《关于在脱贫攻坚兜底保障中充分发挥临时救助作用的意见》

对农村低保兜住建档立卡贫困人口基本生活底线做出具体制度性规定；后一个文件，针对两项政策衔接中出现的实践误区，进一步明确了政策落实的相关规定。

2. 规定要对农村贫困人口加大兜底保障的政策倾斜力度

针对农村低保标准调高到国家扶贫标准之后，部分有重病、残疾、高龄、失能等特殊成员的低保家庭生活仍然十分困难的现实，进一步规定农村低保金可以分档发放，还可以适当增发；对靠家庭供养且无法单独立户的成年重度残疾人、重病患者可以按单人户纳入农村低保范围。农村特困供养服务机构（敬老院）要为建档立卡贫困家庭中的老年人、残疾人提供低偿或无偿的集中托养服务；对于建档立卡贫困家庭中事实上无人照料的人员，可以采取政府购买服务的方式给予照料；对于参与扶贫项目的农村低保对象，在核算家庭收入时，应扣减基础养老金和必要的工作成本，同时给予一定的“渐退”期，从而实现稳定脱贫后再退出低保。通过分类分段设置救助比例和最高救助限额等方式，加大对农村贫困人口重特大疾病的医疗救助力度。同时，简化临时救助的审批程序。这些措施的实施，有力地保障了农村贫困人口脱贫。

（二）强化兜底政策措施的落实

脱贫攻坚是我们向贫困宣战的一场硬仗，消除贫困的很多措施，包括社会救助兜底政策在内都是非常之举、超常之计，抓好落实才能保证产生应有的效果。

1. 以巡视整改为抓手，加强督察和落实

2016 年 7 月，中央印发《脱贫攻坚督查巡视工作办法》。2018 年 10 月至 11 月，中央对 13 个省份 13 个部门和单位的党组织开展了脱贫攻坚专项巡视；国务院扶贫开发领导小组对有关省份分批开展了脱贫攻坚督查巡查工作。社会救助兜底脱贫政策落实情况被纳入巡视督查范围，有力地推动了兜底保障政策的落地。

2. 持续增加财政资金投入，推动农村低保标准和补差水平显著提高

2012~2018 年，各级财政支出农村低保资金从 718.0 亿元增长到 1056.9 亿元，累计达到 13019.8 亿元，农村低保标准从 2067.8 元 /（人 · 年）提高到 4833.4 元 /（人 · 年）。[①] 截至 2017 年底，全国所有县（市、区）的农村低保标准均已达到或超过国家扶贫标准。[②]

3. 注重发挥政策“组合拳”作用，提高兜底保障水平

针对农村贫困人口多样性救助需要，统筹农村低保、特困人员救助供养、医疗救助、住房救助、教育救助、就业救助以及慈善救助等多方面的作用，有效叠加和分类实施以家庭为单位和针对个体的救助措施，有效提高了贫困人口兜底保障水平。特别是，着力缓解贫困人口医疗费用负担。各地普遍将医疗救助纳入健康扶贫政策体系，比如，四川省实施健康扶贫“五大行动”“八免四补助”为贫困人口治病减负[③]，安徽省提出了健康脱贫兜

---

① 根据民政部公布 2012~2018 年度社会服务发展公报披露数据整理。

② 《我国农村低保标准均达到或超过国家扶贫标准》，http://www.gov.cn/xinwen/2018-04/26/content_5285981.htm。

③ 《四川“五大行动”“八免四补助”为贫困人口治病减负》，http://www.sc.gov.cn/10462/12771/2015/10/17/10355875.shtml。

底“351”工程[①]，等等。同时，对农村建档立卡贫困人口的医疗救助采取倾斜政策，增强贫困人口获得医疗救助的可及性，提高医疗救助报销比例和额度，发挥医疗救助兜底作用。

4. 规范和加强管理，提高救助对象瞄准的精准性

一方面，采取家庭经济状况信息比对的方式，剔除不符合条件的潜在救助对象；另一方面，充分考虑农村贫困家庭成员因患病、残疾等造成的刚性支出以及丧失劳动能力的情况，适当扩大救助对象的范围。与此同时，注重强化政府领导、民政负责、部门协同和社会力量参与的兜底性保障政策落实的工作机制，加强兜底保障资源的统筹，完善“一门受理、协同办理”救助服务平台。截至2019年6月，全国共有1863万建档立卡贫困人口被纳入农村低保或特困人员救助供养范围，占全部贫困人口的18.8%。[②]

二　农村建档立卡贫困人口的基本状况

（一）农村建档立卡贫困家庭的基本特征

调查数据显示，建档立卡农村贫困家庭在人口特征、生活负担、经济状况等方面依然呈现多重脆弱性。

1. 建档立卡贫困人口年龄结构“一老一小”特点突出

在建档立卡户样本中，家庭平均规模为4.39人/户，其中，建档立卡低保户为3.88人/户，非低保家庭为4.63人/户。在年龄结构上，贫困人口中“一老一小”占比较大。60岁及以上老年人占家庭成员总数的比例达到17%（0.66人/户），建档立卡低保户老年人占比（23%）高出未享受低保的贫困户（14%）9个百分点；0~16岁未成年人所占比重平均为19%（0.95人/户），其中，6岁及以下儿童户均0.29人，7~16岁青少年户均0.65人。上述发现从一个侧面反映，农村贫困户普遍既需要抚养子女，又面临潜在的养老负担。

① 安徽省人民政府办公厅:《安徽省人民政府关于2017年实施33项民生工程的通知》。

② 《1863万建档立卡贫困人口实现应保尽保》,《农民日报》2019年10月21日。

表 3　建档立卡贫困户人口年龄结构

单位：人 / 户，%

指标 / 家庭类型	建档立卡户	建档立卡低保户	建档立卡非低保户
未成年人数	0.95	0.77	1.03
未成年人比例	19	17	19
老年人数	0.66	0.81	0.59
老年人比例	17	23	14

2. 农村建档立卡贫困户劳动力结构呈“橄榄形”，但文化素质低下

调查显示（见表 4），被访建档立卡户的劳动人口数均值为 2.25 人 / 户，占被访家庭总数的比例为 51%，明显高于样本中的非建档立卡低保户（27%）和非建档立卡低保边缘户（28%）。但是，建档立卡贫困户中接受教育的家庭成员人数仅为 1.00 人 / 户，占被访家庭总数的比例为 21%。这说明，有五成以上的建档立卡贫困户中有 2 名以上的劳动能力人口，具备依靠就业和劳动脱贫的潜能，但较低的受教育水平严重限制了劳动力资源的开发和收入创造能力。

表 4　建档立卡贫困户的基本人口特征

单位：人 / 户，%

指标 / 家庭类型	建档立卡户	建档立卡低保户	建档立卡非低保户
劳动力人数	2.25	1.56	2.57
劳动力比例	51	39	57
受教育人数	1.00	93	1.03
受教育比例	21	22	21

3. 家庭主要收入者的劳动时间处于饱和状态，但“穷忙”困境仍待破解

如表 5 所示，被访建档立卡户中主要收入者平均劳动时间达到 54.61 小时 / 周，超过样本中非建档立卡的低保户（47.38 小时 / 周）和低保边缘户（52.50 小时 / 周）。同时，农村贫困户的生产要素也被充分利用，被访扶贫对象的农田耕种比例平均超过八成。但是，农村建档立卡户的劳动回报仍然较低。在建

档立卡户样本中，家庭主要收入成员的平均收入仅为 547.48 元 / 月，平均每小时的劳动收入仅为 10.38 元。

表 5　建档立卡户、低保户、低保边缘户的劳动情况

指标 / 家庭类型	建档立卡户	非建档立卡低保户	非建档立卡低保边缘户
周工作时间（小时）	54.61	47.38	52.50
月平均收入（元）	547.48	477.20	659.05
每小时收入均值（元）	10.38	6.86	8.94
耕种土地占拥有耕地的比例（%）	84	74	70

4. 逐步脱离生存型贫困，但家庭经济状况仍不乐观

调查数据显示（见表 6），农村建档立卡户 2018 年人均收入为 9513.81 元，处于 2017 年全国农村居民按收入五等份分组的中等偏下户（8348.6 元）与中等收入组（11978.0 元）之间，[①] 与 2017 年全国农村居民人均可支配收入（13432.4 元）相比仍有差距，但已超过或接近样本来源省份的统计数据（甘肃 8076.1 元、四川 12226.9 元、贵州 8869.1 元）[②]。被访建档立卡户年度人均支出为 10138.85 元，与 2017 年全国和样本省份的农村居民人均消费支出基本相当（全国 10954.5 元、甘肃 8029.7 元、四川 11396.7 元、贵州 8299 元）。[③] 从样本情况来看，35.98% 的农村建档立卡贫困户处于收不抵支状态，特别是其中的低保家庭，收不抵支家庭的比例高达 42.94%。

表 6　建档立卡户家庭经济收支状况

单位：元

指标 / 家庭类型	建档立卡户	建档立卡低保户	建档立卡非低保户
家庭人均年收入均值	9513.81	8714.42	9895.18
家庭人均年收入中位数	7857	7248	8142.25
家庭人均年支出均值	10138.85	9294.98	10541.44
家庭人均年支出中位数	7046.67	7200	6967.5
家庭收支差额均值	-3105.12	-3459.47	-2936.07
家庭收支差额中位数	3747	900	5320

① 国家统计局：《中国统计年鉴 2018》，http://www.stats.gov.cn/tjsj/ndsj/2018/indexch.htm。

② 国家统计局：《中国统计年鉴 2018》，http://www.stats.gov.cn/tjsj/ndsj/2018/indexch.htm。

③ 国家统计局：《中国统计年鉴 2018》，http://www.stats.gov.cn/tjsj/ndsj/2018/indexch.htm。

5. 家庭支出以生存型消费为主，发展型支出相对不足

通常生存型消费包括衣、食、住房、医疗等支出，发展型支出包括教育支出、生产性支出。调查显示（见表 7），被访建档立卡户 2018 年食物支出均值为 6690.49 元，在家庭总支出中的占比达到 23.66%，[①] 在全部支出中居第一位；医疗（自付）支出占家庭年度支出的平均比例为 12.61%，在总支出中居第二位。发展型支出方面，教育支出占家庭年度支出的平均比例为 11.25%，在总支出中居第三位，但教育支出水平的差异较大；生产性支出总体偏低，一般建档立卡户户均 3780.87 元，占总支出的比例仅为 7.43%，但样本变异较大，表明有些贫困户生产性支出水平极低。

表 7　建档立卡户支出结构

单位：元，%

指标 / 家庭类型	建档立卡户	建档立卡低保户	建档立卡非低保户
食物支出均值	6690.49	5644.18	7189.66
食物支出中位数	5000.00	4000.00	5000.00
食物支出占比	23.66	26.02	22.54
衣着支出均值	1815.22	1273.12	2073.84
衣着支出中位数	1000.00	1000.00	1500.00
衣着支出占比	6.69	5.51	7.25
医疗（自付）支出均值	4886.32	6911.71	3920.06
医疗（自付）支出中位数	2000.00	2000.00	1500.00
医疗（自付）支出占比	12.61	18.79	9.66
教育支出均值	3963.69	4278.08	3813.71
教育支出中位数	466.00	400.00	500.00
教育支出占比	11.25	13.19	10.33
生产性支出均值	3780.87	1679.93	4783.17
生产性支出中位数	1000.00	690.00	1000.00
生产性支出占比	7.43	6.43	7.90

① 全国 2017 年农村居民在食品烟酒、衣着、教育文化娱乐、医疗保健等方面的人均支出占人均消费支出的比例分别为 31.18%、5.58%、10.69%、9.66%。引自国家统计局《中国统计年鉴 2018》，http://www.stats.gov.cn/tjsj/ndsj/2018/indexch.htm。

（二）致（返）贫因素分析

根据对样本数据的统计分析，贫困户的主要致贫原因是疾病致贫、残疾致贫、缺少劳动力致贫以及因学致贫等。除此之外，他们还面临较为严峻的发展困境。

1. 因病、因残是农村贫困人口陷入贫困的主要因素

调查显示（见表 8），一般建档立卡户中患慢性病人数为 0.88 人 / 户、患大病人数 0.28 人 / 户、残疾人数 0.32 人 / 户，占被调查家庭总数的比例分别为 23%、7% 和 9%，其中，除慢性病比例外，建档立卡低保户的占比相对更高。在被问及家庭致贫的首要因素时，表 9 显示，31.52% 的受访建档立卡户选择了因病致贫，8.73% 选择了因残致贫。被纳入低保的贫困户中因病、因残致贫的比例更高，合计达到 57.66%。而未纳入低保的建档立卡户中将因病、因残作为第一致贫因素的比例相对较低（合计为 31.94%）。从实际发生的风险来看，15.23%（157 户）的被访建档立卡户遭遇重大疾病，[①]25.7%（265 户）的被访建档立卡户有 1 位及以上残疾成员。家庭成员患病和残疾极大地加重了这些家庭的经济负担，也抑制了劳动增收潜能。

表 8　建档立卡户中患病和残疾人数

单位：人 / 户，%

指标 / 家庭类型	建档立卡户	建档立卡低保户	建档立卡非低保户
慢性病人数	0.88	1.01	0.81
慢性病比例	23	3	19
大病人数	0.28	0.41	0.21
大病比例	7	11	5
残疾人数	0.32	0.16	0.06
残疾比例	9	16	6

① 遭遇重大疾病的建档立卡户在重大疾病上的自付花费差异极大，标准差达到 74085.97 元。

表 9　第一致贫因素（自答）

单位：%

指标 家庭类型	因病	因残	因学	缺劳力	缺资金	缺技术	交通	因灾	缺水	其他	无	合计
建档立卡户	31.52	8.73	9.99	17.17	16.68	11.74	0.48	0.29	0.39	1.65	1.36	100
建档立卡低保户	42.04	15.62	6.61	19.22	9.01	4.50	0.30	0.30	0.00	1.50	0.90	100
建档立卡非低保户	26.5	5.44	11.6	16.19	20.34	15.19	0.57	0.30	0.57	1.72	1.58	100

说明：建档立卡低保与非低保户的交叉分析结果为 Pearson chi2(10) = 93.1850，Pr = 0.000。建档立卡户样本量为 1031 个，其中 333 户享有低保救助，698 户没有享受低保救助。

2. 缺人、缺钱、缺技术等发展瓶颈严重制约扶贫对象摆脱贫困

不同于传统意义上的兜底保障对象，扶贫对象表现出更显著的发展型贫困特征。被访建档立卡户中将缺人（劳动力）、缺钱（资金）、缺技术视为第一致贫原因的比例，分别为 17.17%、16.68%、11.74%，累计达到 45.59%，表明四成以上的扶贫对象面临生产性资源的短缺。相比于被纳入低保的建档立卡户，没享受低保的扶贫对象更加重视资金、技术对脱贫致富的重要性，认为缺资金、缺技术是第一致贫因素的比例累计达到 35.53%，而建档立卡低保户仅为 13.51%。

3. 退出或即将退出的建档立卡户仍面临诸多生存困境

脱贫攻坚战取得决定性进展，但调查发现，对于那些已退出或即将退出建档立卡户的家庭来说，因病、因残、因学等致贫因素没有被彻底根除，与未退出的贫困户相比，他们的生活负担并未得到特别显著的减轻。在已脱贫的建档立卡受访户中，23.06% 的家庭入不敷出；11.53% 的家庭遭遇重大疾病；51.22% 的家庭有成员长期受慢性病困扰；15.74% 的家庭有需要长期照料的成员；62.31% 的家庭有子女正在接受教育。这说明已脱贫对象处于较高返贫风险之中，需要持续性的政策支持，以便巩固扶贫成果。

表10 退出、预计退出、未退出的建档立卡户的生活困难比较

单位：户，%

指标		入不敷出	重大疾病	慢性病	有残疾成员	长期照料者	子女就学
已退出（451）	频数	104	52	231	89	71	281
	百分比	23.06	11.53	51.22	19.73	15.74	62.31
预计退出（152）	频数	64	31	97	50	39	103
	百分比	42.11	20.39	63.82	32.89	25.66	67.76
未退出（428）	频数	203	74	301	126	116	272
	百分比	47.43	17.29	70.33	29.44	27.10	63.55

4. 农村贫困人口摆脱贫困的主观预期较为悲观，脱贫信心不足

调查发现，农村建档立卡贫困户普遍对未来返贫风险存在忧虑。表11显示，26.09%的建档立卡户表示未来1~2年不能摆脱贫困，35.21%的贫困户表示能脱贫但有些难度。对于被纳入农村低保的建档立卡贫困户而言，他们的脱贫信心相对更弱，有37.84%的受访家庭明确表示无法脱贫。被问及未来2~3年主要担心哪些返贫因素时，42.39%的受访贫困户表示非常担心“看病开销大”，其中，被纳入低保的贫困户表示非常担心的比例高达57.66%；28.81%的受访贫困户非常担心“子女学费”问题，被纳入低保的建档立卡户对此表示非常担心的比例达到35.14%；50.53%的受访贫困户非常担心“主要劳动力没工作”，在建档立卡的低保户和非低保户样本中，这一比例分别为60.66%、45.70%；26.19%的受访建档立卡户非常担心照料老年人压力大；17.65%的受访贫困户表示非常担心抚育开销大；30.94%的被访贫困户非常担心住房负担沉重。上述发现表明，扶贫对象自身的抗风险能力较差，对脱贫信心不足，特别是那些食品消费比例较高、医疗消费比例大，或者有适龄入学子女但子女教育投入较低的家庭，属于典型意义上的脆弱家庭，未来面临很高的返贫风险，需要兜底扶贫持续发力。

表 11 建档立卡贫困户的脱贫信心（自答）

单位：户，%

家庭类型 / 指标		能	能，但有困难	不能	说不清	总体
建档立卡户	频数	369	363	269	30	1031
	百分比	35.79	35.21	26.09	2.91	100
建档立卡低保户	频数	62	133	126	12	333
	百分比	18.62	39.94	37.84	3.6	100
建档立卡非低保户	频数	307	230	143	18	698
	百分比	43.98	32.95	20.49	2.58	100

（三）兜底脱贫政策支持效果分析

调查发现，在脱贫攻坚战中，社会救助兜底脱贫的效果逐步显现，但仍存在贫困人口未完全覆盖和对象认定精准度不足等问题。

1. 各类救助项目瞄准农村建档立卡户，形成了兜底脱贫政策合力

调查显示，扶贫对象得到了整体性、全方位的政策保护和项目支持。被访贫困户获得医疗救助的比例为 37.34%，享受教育救助的比例达到 52.47%，得到住房救助、就业救助、临时救助的比例分别为 11.54%、26.87%、12.71%，受益覆盖面和政策聚合度明显高于传统救助对象。

表 12 困难群众的政策支持情况

单位：户，%

指标	建档立卡户		非建档立卡低保户		非建档立卡低保边缘户	
	频数	百分比	频数	百分比	频数	百分比
五保金	17	1.65	32	1.68	2	0.39
自然灾害救助	83	8.05	55	2.88	16	3.13
医疗救助	385	37.34	622	32.62	99	19.34
教育救助	541	52.47	584	30.62	77	15.04
住房救助	119	11.54	134	7.03	14	2.73
就业救助	277	26.87	92	4.82	9	1.76
临时救助	131	12.71	97	5.09	21	4.10
雨露计划补贴	85	8.24	33	1.73	2	0.39

2. 扶贫建档立卡户对社会救助政策的主观评价普遍较高

对调查数据进行匹配后分析显示，在被访贫困户中，79.22% 的应答者认为低保救助作用很大；78.18% 的应答者表示医疗救助作用很大；74.49% 的应答者认为教育救助发挥很大作用（见表 13）。

表 13　建档立卡户对社会救助政策的主观评价

单位：户，%

指标		很大	较大	一般	较小	无作用	合计
低保救助	频数	347	63	23	3	2	438
	百分比	79.22	14.38	5.25	0.68	0.46	100
自然灾害救助	频数	38	8	27	9	1	83
	百分比	45.78	9.64	32.53	10.84	1.2	100
医疗救助	频数	301	45	33	3	3	385
	百分比	78.18	11.69	8.57	0.78	0.78	100
教育救助	频数	403	62	73	3	0	541
	百分比	74.49	11.46	13.49	0.55	0	100
住房救助	频数	95	12	8	3	1	119
	百分比	79.83	10.08	6.72	2.52	0.84	100
就业救助	频数	207	34	30	0	6	277
	百分比	74.73	12.27	10.83	0	2.17	100
临时救助	频数	96	21	12	0	2	131
	百分比	73.28	16.03	9.16	0	1.53	100
慈善救助	频数	25	6	5	0	0	36
	百分比	69.44	16.67	13.89	0	0	100

3. 部分扶贫对象未被相关政策有效覆盖，社会救助政策的瞄准精度有待提升

调查发现，在遭遇重大疾病的贫困户中，有 31.21% 的家庭没有得到医疗救助；在受灾贫困户中，61.47% 的家庭没有获得自然灾害救助；在居住在危房的贫困户中，64.77% 的家庭未享受住房救助；在遇到突发性困难的贫困户中，62.74% 的家庭没有得到临时救助。

4. 实际求助网络仍以政府、集体和家庭为主，社会力量参与不充分

调查发现，如果遭遇困难，28.8% 的贫困户会先向政府求助，32.36% 的贫困户首先求助于村 / 居委会，26.54% 的贫困户将亲戚作为第一求助者，而 6.47% 的被访贫困户没有向任何人求助（见表 14）。这说明贫困群众仍然依赖于政府、村集体、家庭来解决困境，慈善公益、工青妇残联、媒体 / 网络在其中发挥的作用较弱，特别是对扶贫对象而言不具有可及性。

表 14　困难群众的第一求助者

单位：户，%

指标		政府	村 / 居委会	雇主	工青妇残联	媒体 / 网络	亲戚	朋友	邻居	慈善公益	没有向任何人求助	其他	合计
建档立卡	频数	89	100	1	0	0	82	8	7	0	20	2	309
	百分比	28.8	32.36	0.32	0	0	26.54	2.59	2.27	0	6.47	0.65	100
低保户	频数	193	157	1	7	1	275	16	10	2	55	8	725
	百分比	26.62	21.66	0.14	0.97	0.14	37.93	2.21	1.38	0.28	7.59	1.1	100
低保边缘户	频数	48	27	1	2	0	79	3	4	1	22	13	200
	百分比	24	13.5	0.5	1	0	39.5	1.5	2	0.5	11	6.5	100

三　社会救助兜底脱贫面临的挑战及应对策略

（一）社会救助兜底脱贫面临的主要挑战

党的十八大以来，我国脱贫攻坚取得了历史上有扶贫开发行动以来的最好成绩，贫困人口从 2012 年的 9899 万人下降到 2018 年的 1600 万人，贫困发生率大幅下降至 2018 年末的 1.7%。但是，深度贫困地区和特殊贫困人群实现如期脱贫、稳定脱贫的任务依然十分艰巨。

1. 深度贫困地区恶劣的生存环境和不利区位条件极难改观

我国深度贫困地区主要集中在连片贫困地区和“三区三州”等地区，这

些地区长期以来自然环境恶劣、生态脆弱，生存环境和生产条件较差，扶贫开发的成本很高。到2020年，我们完全可以实现农村贫困人口按现行扶贫标准全部脱贫的目标，但要补齐贫困地区长期以来形成的基本公共服务和基础设施的“短板”，显著改善生存环境和不利的区位条件，形成高质量的内生发展机制还需要一个长期的过程，未来这些地区必然存在大量低收入或相对贫困人口，社会救助兜底保障的任务将依然艰巨。

2. 贫困地区经济社会发展相对落后的状况将长期存在

贫困地区之所以长期处于贫困状态，很大原因在于陷入贫困恶性循环的陷阱而难以摆脱。自然、历史和社会经济条件的原因既是贫困落后之源，也是贫困落后最终导致的结果。由于长期贫困，贫困地区基础设施和公共服务缺口大，农村人口普遍受教育水平低，产业结构不完整、质量不高，农民收入水平低于全国平均水平，总体贫困程度深、贫困发生率高，短时间内改变这种状况的难度很大。

3. 贫困人口脱贫和防止返贫的任务依然艰巨

2016年在深度贫困地区脱贫攻坚座谈会上，习近平总书记引用河北省调查数据指出，深度贫困县贫困人口中低保、五保贫困户占比高达近60%，因病致贫、患慢性病、患大病、因残致贫占比达80%以上，60岁以上贫困人口占比超过45%。调查显示，已脱贫的扶贫对象依然面临多方面的脆弱性，贫困地区无劳动能力的重病患者、残疾人、老年人和未成年人等特殊贫困群体依然是脱贫对象中的难中之难。深度贫困地区和特殊贫困人群对扶贫政策的依赖性大，同样返贫的风险也大，一旦扶持性政策中止或扶贫项目收益下降，则极易面临返贫风险。

（二）2020年之后社会救助兜底脱贫的对策建议

2020年农村贫困人口将实现全部脱贫，社会救助兜底脱贫工作需要适应形势，从注重兜住未脱贫人口向兜牢脱贫人口转变，从注重找准贫困对象向注重精准救助、稳定脱贫转变，从注重收入转移式救助向“现金＋服务”救助并重转变，加快构建多层次综合性兜底保障体系。

1. 保持兜底保障政策稳定性，确保贫困人口脱贫不脱政策

进一步将脱贫攻坚阶段社会救助领域中以“通知”等红头文件公布的非常规性举措，通过立法或修改现行法规条例、政策的方式上升为制度性安排，继续保持各项救助制度兜底保障力度只增不减，将符合条件的各类贫困人口全部纳入社会救助体系，确保脱贫不脱救助。

2. 重点瞄准贫困人口中的特殊贫困对象，完善分类分层救助机制

在做好一般性贫困人口社会救助的同时，针对不同致贫原因的贫困家庭施以不同类型的救助兜底项目，提高救助供需匹配程度；在此基础上，重点关注家庭人口结构中“一老一小”特点显著的贫困家庭和贫困家庭中的重病患者、重度残疾人和失能人员，建立以脱贫需求为导向的分层救助机制，将有限的救助资源优先用于解决重度贫困家庭和特殊贫困对象的基本生活问题。

3. 探索多维贫困识别方法，完善社会救助对象识别和贫困评估体系

全面建成小康社会后，农村绝对贫困现象将得以消除，但是相对贫困特别是支出型贫困现象进一步凸显，对社会救助对象的认定应当在贫困的测量上，从收入为主转向收入和支出并重，探索建立多维贫困指数方法，综合评估贫困家庭的困难程度和脱贫需求，为消除绝对贫困之后社会救助制度向缓解相对贫困问题发展探索路径。

4. 加快发展服务型救助，提升社会救助兜底功能

农村扶贫对象处于多维度的贫困状态，需要给予现金、实物形式的兜底救助，也需要依据老年人、未成年人占比较高的实际，积极发展照料服务、康复护理、精神慰藉等服务型救助。要通过拓展特困供养服务、建立照护救助制度、扩大社会工作介入范围、政府购买服务等方式加快发展服务型救助，进一步健全兜底保障制度体系，使社会救助脱贫兜底保障网更加坚实。同时，积极实施就业援助、就业培训等发展型、赋能型的扶持政策，提高贫困人口自我脱贫能力。

5. 扩大社会参与，完善社会救助兜底脱贫治理机制

社会救助是我国精准扶贫精准脱贫国家贫困治理体系的重要内容，必须根据国家贫困治理的进程来定位目标、原则、功能和制度安排，使救助兜底

保障体系有机融入国家贫困治理体系，在政策上行动上加强与教育、产业、健康等脱贫政策以及与社会保险、社会福利制度之间的衔接配套，特别是扩大社会组织等各类社会力量的参与，形成贫困治理的整体合力。

参考文献

宫蒲光:《充分发挥农村低保的兜底作用》,《行政管理改革》2016 年第 4 期。

关信平:《朝向更加积极的社会救助制度——论新形势下我国社会救助制度的改革方向》,《中国行政管理》2014 年第 7 期。

左停、贺莉、赵梦媛:《脱贫攻坚战略中低保兜底保障问题研究》,《南京农业大学学报》(社会科学版) 2017 年第 17 (4) 期。

江治强:《精准扶贫需要社会救助精准发力》,《中国民政》2016 年第 5 期。

王延中:《统筹发展中国社会救助制度的思考与建议》,《2015 年中欧社会保障改革高级别会议报告》。

专 题 篇

Reports on Sepecial Subjects

B.15

2019：中国互联网舆情分析报告

祝华新　廖灿亮　潘宇峰*

摘　要：2019 年，严峻的外部形势，激发了中国内地民众特别是年轻人的爱国热情。新中国 70 周年大庆，辉煌的盛典，对新中国杰出人物的表彰，振奋了民族精神。与此同时，经济下行压力大，基层社会治理易引发各种矛盾，需要更加重视对社会治理的民意承受力评测，实现科学决策，并根据舆情的反馈及时修正和完善决策，减少治国理政的社会成本。十九届四中全会对推进国家治理体系和治理能力现代化的若干重大问题做出部署。有党中央的坚强领

* 祝华新，中国经济体制改革研究会常务理事、互联网与新经济专业委员会主任；廖灿亮，人民网公共政策研究员；潘宇峰，腾讯公司政务舆情部高级研究员。

导和制度改革红利，中国社会面对挑战的抗压性和消解能力将进一步增强。

关键词：基层社会治理　民粹主义　隐舆情

一　舆论场新变化

为了测量过去一年中国互联网舆论场的态势和新变化，本报告沿用往年的量化方法，将覆盖时段（2018 年 11 月 1 日至 2019 年 10 月 31 日）内每月热度[①]排名前 50 的 600 个热点舆情事件作为研究样本，通过事件类型、所属地域、所涉政府部门等维度对各个事件进行编码统计。其中热度最高的 20 件事如表 1 所示。

表 1　2019 年 20 件热点舆情事件

单位：千篇

热度排名	事件	报刊	网络新闻	论坛	博客	微博	微信	App	热度
1	新中国成立 70 周年	401.9	4676.9	354.5	22.4	1563.1	4922.2	1766.5	98.24
2	香港“反修例”事件	41.2	1247.8	63.6	41.2	135.1	1327.1	505.3	89.62
3	多地开展生活垃圾分类工作	84.8	891.7	55.4	84.8	93.1	1197.6	361.1	89.37
4	中美经贸谈判一波三折	55.2	1073.9	71.6	55.2	62.8	692.0	341.2	88.05
5	猪肉价格上涨	10.3	304.6	20.6	10.3	44.1	248.1	112.6	79.37
6	舆论热议 996 工作制	3.4	291.1	29.1	3.4	60.5	600.4	188.7	79.27
7	“昆明恶霸”孙小果案	5.4	184.5	11.7	5.4	60.9	488.2	72.5	78.07
8	《哪吒之魔童降世》引追捧	3.9	149.5	16.2	3.9	336.7	154.0	60.9	76.69
9	《粤港澳大湾区发展规划纲要》印发	14.4	182.6	8.1	14.4	8.6	166.2	69.4	75.90

① 舆情热度指标包含报刊、网络新闻、论坛、博客、微博、微信、新闻客户端七类媒介形态，权重依次为：0.2311、0.2348、0.0442、0.0455、0.1369、0.1716 和 0.1360。

续表

热度排名	事件	报刊	网络新闻	论坛	博客	微博	微信	App	热度
10	十九届四中全会	8.5	103.4	7.1	8.5	9.6	124.7	44.8	73.41
11	江苏响水“3·21”化工厂爆炸事故	6.0	85.5	6.8	6.0	36.6	72.7	34.3	72.99
12	华为遭美“封杀”，启用“备胎计划”	1.2	117.2	13.5	1.2	70.8	118.2	51.7	72.60
13	“基因编辑婴儿”引发争议	2.0	81.4	8.0	2.0	61.1	87.9	50.2	72.58
14	巴黎圣母院火灾	2.7	51.0	4.2	2.7	27.2	42.9	31.3	69.20
15	火箭总经理莫雷不当言论遭抵制	1.6	110.1	3.3	1.6	9.1	95.1	19.6	68.70
16	多地整治不规范地名	2.1	43.7	5.0	2.1	6.3	62.3	19.9	67.22
17	周杰伦“超话之战”	0.4	53.7	2.0	0.4	844.9	33.4	17.9	66.89
18	南京应用技术学校涉“虚假招生”事件	1.1	52.6	2.0	1.1	1.8	110.7	15.4	65.07
19	无锡高架桥侧翻事故	0.7	21.3	2.6	0.7	29.2	33.8	10.0	63.48
20	山东大学留学生“学伴”项目惹争议	0.4	17.4	3.6	0.4	13.9	53.3	8.6	62.30

在2019年舆论最为关注的热点事件列表中，新中国成立70周年是一个重要时间节点，舆情讨论量在各个渠道都遥遥领先。10月1日，在天安门广场举行了盛大的阅兵式。三辆检阅车，除了军委主席和陪同阅兵的将军阅兵车外，还有一辆空无一人的备用车，车牌号是“1949”。网民认为这辆阅兵车是给为了新中国的建立和在建设新中国过程中牺牲的英雄们准备的，“顿时泪奔”“感动”等评论频频见于网民跟帖中。在广场接受检阅的，除了国家的科技和军事实力象征，如导弹部队的最新装备（网民戏称为“东风快递”）外，还出现了快递小哥、广场舞大妈等新业态和新的生活方式代表性人物，表现出很强的草根色彩。国庆宣传中，新华社等主流媒体回顾70年历史，

不回避"文化大革命十年内乱"是一场"灾难"。经中央批准的"最美奋斗者"表彰名单，全面涵盖了70年来各个不同历史时期的英雄模范，兼顾了工、农、兵、学、商、党员干部等各领域，包括"文革"中被迫害致死的共产党员张志新。这些纪念活动和新闻宣传，体现了习近平总书记关于改革开放前和改革开放后两个历史时期不能相互否定的精神，最大限度地团结一切可以团结的力量，体现了十九大报告中强调的"找到最大公约数，画出最大同心圆"的精神，为凝聚共识、消解杂音做出了真诚的努力，舆论场的反馈积极而正面。

对近五年热点舆情事件的涉事政务部门进行统计，得出各职能部门面临舆情压力指数[①]的走势变化（见图1）。可以看出，公共安全和社会暴力事件多发，使得公安应急部门承受的舆情压力始终保持在高位。教育、交通、旅游等民生相关部门舆情压力较上年有所降低。

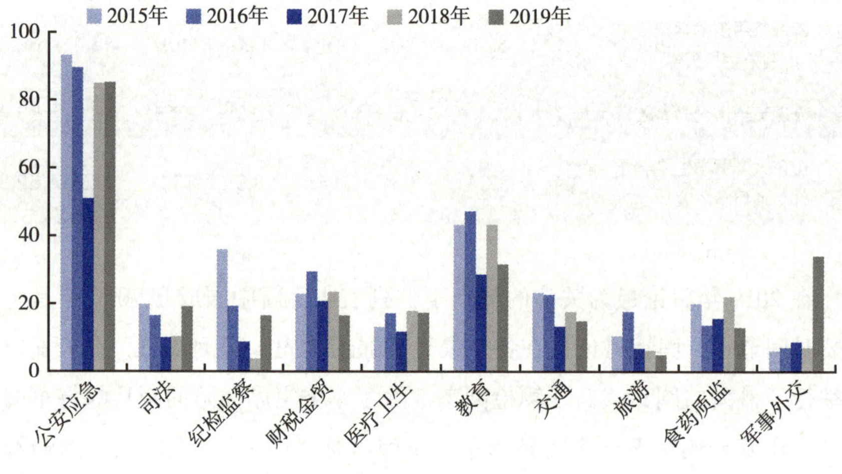

图1　近五年各政务职能部门舆情压力指数走势

① 本报告通过专家打分法对每一热点事件的舆论倾向性做了量化处理。我们将事件中针对官方的正负面舆论倾向对应到集合{1，2，3，4，5}中，具体含义为：1—极端负面，2—较为负面，3—中性，4—较为正面，5—极端正面。综合计算事件的热度和舆论倾向性，得到最终的舆情压力指数。

过去的一年，中美贸易摩擦持续在体制内外引发思想震荡，在早期的震惊之后担忧渐渐消退，国民心态趋于镇定。舆论场上，公众坚定地支持中国政府，维护国家利益，反对美国贸易霸凌主义，同时理性应对的声音占了上风，主流观点支持继续对外开放，反对中国与美国及西方世界脱钩。

现代经济和科技进步，各国形成“你中有我，我中有你”的格局，无论外部压力多大，中国都不能回到闭关锁国的状态。尤其需要警惕一些旅游、体育、文化交流摩擦个案被无限放大，裹挟社会舆论，影响大国之间的政治博弈。2019 年 10 月，美国职业篮球联赛（NBA）“休斯敦火箭队”经理在社交媒体发声，支持香港极端暴力分子，触碰中国底线，网民表达了严正抗议。与此同时，NBA 在上海、深圳表演赛如期举行，中国球迷穿上喜欢的 NBA 球员服，但是把上边的 NBA 标识换成了五星红旗。今天的活跃网民大多亲历了国家迈向世界第二大经济体的过程，对“中国之治”高度认同，对外面的世界表现得不卑不亢。这一年舆论场表现的大国政治定力，可圈可点。

华为被美国列入“实体名单”①后，华为创始人任正非对媒体表示：“自主创新作为一种精神是值得鼓励的，站在人类文明的基础上创新才是正确的。”②任正非的见解得到舆论场的认可和尊重，他被网民誉为“世界级的企业家”。

从近年来各领域③的舆情压力指数变化情况可以看出，随着社会治理能力的提升，公共管理类舆情压力逐年快速下降，2019 年舆论场的敏感因子，集中在社会矛盾和公共安全两大类型（见图 2）。

随着中等收入群体比重持续增加，网络舆论更加注重社会平等、公平正义等问题。一旦事件被认为是有违社会公平正义，则容易刺激网民情绪，引

① 美国商务部发布的“实体管制清单”（Entity List），被列入名单的企业被禁止购买美国零部件。

② 《任正非接受中央广播电视总台等媒体采访》，央视网，http://tv.cctv.com/2019/05/ 21/VIDEgQXt1nhrChqrDSRxAnnJ190521.shtml。

③ 本报告将热点舆情事件分为公共管理、社会矛盾等多个领域。公共管理领域包括党政机关会议及政策法规引发的舆情事件；社会矛盾领域聚焦社会公平、社会暴力、伦理道德、贫富差距、官民关系、医患矛盾、权益纠纷等事件；公共安全领域包括灾害事故、社会安全事件以及公共卫生事件；企业舆情是指那些以企业为主要应对主体的舆情事件；吏治反腐包括纪检及党建相关舆情事件；文体娱乐包括文化、体育、娱乐以及与明星等公众人物相关的事件；涉外涉军包括军事、外交以及国际舆情事件。

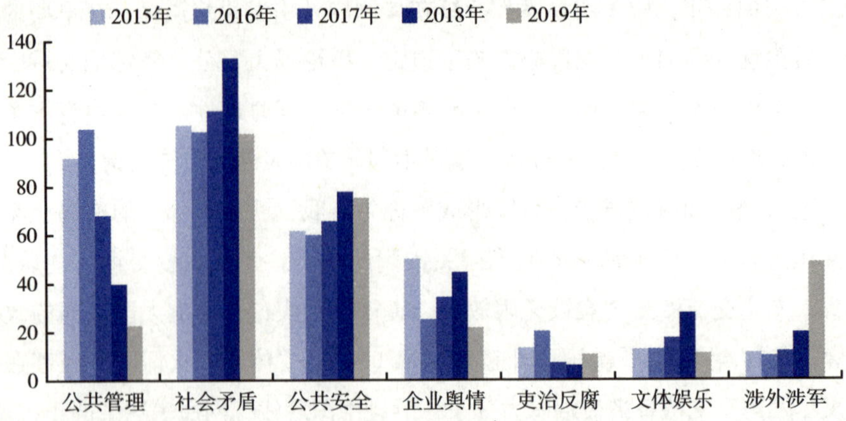

图2 近五年各领域舆情压力指数走势

发网民产生“代人感”关注，造成新的聚焦点。2019 年 8 月，网曝驾驶一辆“京 A”号牌的劳斯莱斯女司机堵塞北京妇产医院东院区急救通道，且不听医院工作人员及交警劝阻。该事件关注度在社交媒体中持续攀升，# 孕妇驾劳斯莱斯占道堵医院急救通道 # 等微博话题阅读量迅速过千万。尽管事件为普通纠纷，“劳斯莱斯”“京 A 车牌”等标签加上女车主被指“飞扬跋扈”“不守规则”，迅速挑动社会敏感神经，对其“背景深厚”“权力荫庇”的猜测与不满，在朴素正义感心态作用下，引发网民持续围观。之后，北京公安回应称，涉事女车主因扰乱医院公共秩序被处以行政拘留 5 日的处罚，网传“能量巨大”的“京 A”号牌为正常核发。

当前社会各阶层对“安全感”的诉求日益强烈，导致舆论漩涡频繁出现。2019 年，江苏无锡高架桥侧翻事故、江苏响水天嘉宜公司“3 · 21”特别重大爆炸事故冲击网民“安全感”，舆论不断追问“公共安全”。“5 · 24”南昌红谷滩杀人案自发生起便在网络上持续发酵，一周内微博话题参与讨论人数超过千万。在警方未对犯罪嫌疑人的作案动机做出定论时，一张疑似警察审问嫌疑人的微信截图迅速引爆网络，称该男子由于找不到妻子心理变态而欲杀人。《女性如何进行自我保护才能不被伤害》等文章被广泛转发，引发舆论共鸣。

从压力指数的地域分布上可以看出，“北上广”等往年舆情高发区域压力指数骤减，舆论关注焦点从一线城市转移至江苏、四川、山东、河南等人口密集、产业转型矛盾突出的二线地区（见表2）。值得注意的是，港台地区2019年舆情压力激增。香港特区政府修订逃犯例，被反对派曲解而鼓动“反送中”，引发百万人上街，社会秩序失控。此事激发了内地网民抵制“港独”、维护国家统一和尊严的民族情感。在止暴制乱的同时，如何消解和弥合陆港之间的隔阂与裂痕，增进香港年轻人的国家认同，是一项更为长远的工作。

表2　2019年各地舆情压力指数

单位：%

排名	地区	热点事件占比	舆情压力指数	同比变化	排名	地区	热点事件占比	舆情压力指数	同比变化
1	江苏	7.1	20.55	38	11	湖南	2.8	6.90	-47
2	四川	6.0	12.96	13	12	云南	3.2	6.88	26
3	山东	7.4	12.46	18	13	陕西	3.2	6.69	-46
4	河南	6.4	11.60	-3	14	台湾	3.5	6.53	824
5	香港	3.9	10.81	479	15	辽宁	2.1	5.74	135
6	北京	7.8	10.58	-58	16	福建	2.1	5.71	110
7	上海	5.7	9.82	-41	17	广西	2.8	4.79	103
8	广东	7.1	8.74	-37	18	江西	2.5	4.78	-17
9	浙江	3.5	7.81	-63	19	内蒙古	2.5	4.66	298
10	河北	5.3	7.41	2	20	山西	1.8	4.24	614

二　社会治理与社情民意

2019年，宏大的政治议题退隐，基层社会治理与社情民意的互动，引人注目。一些基层政府“强势”行政行为，置群众利益于不顾，屡屡在舆论场引发争议。在经济下行及中美经贸摩擦持续的背景下，基层社会治理如何避免被舆论误解误读导致社会抵触和舆论反弹，成为需要面对的新课题。

一是地方公共政策，如基层环保与农村大棚房整治，在执行过程中存在运动式执法、简单过激行为。这些现象虽属少数，但在舆论场造成不良影响，容易诱发和积累基层民怨。2019年猪肉价格大幅度上涨，除了非洲猪瘟原因外，基层政府“一刀切”的环保限养是重要原因。2019年9月，山东省生态环境厅明确规定：严禁以改善生态环境质量为由，采取限制养猪业发展的措施；严禁“一律关停、先停再说”，避免以环保为借口的紧急停产、停业等简单粗暴行为。①

农村大棚房②整治，旨在维护“农地姓农”的底线，保护耕地，保障粮食安全。但一些地区在实际操作过程中，没有把非法占地的大棚与农旅融合必备的配套措施区分开来，没有留下整改时间，损害了市场主体的权益。

二是个别地方基层政府出现对中央政策标准把握不够准确的情况。2019年6月，一些地方清理不规范地名引发舆论争议。“维也纳酒店”也因“崇洋媚外”被列入整治清单，引起网民吐槽。这种以官员主观意志与行政强制手段进行社会管理和修补经济的做法，容易折损政府诚信和法治权威。

三是在基层政府和市场的关系处理方面引发舆论质疑。用“强势”行政手段干预市场经济，影响就业与基层经济活力。比如2019年上半年一些地方关闭夜间歌厅、洗浴城，下半年迫于经济下行压力又要求发展“夜经济”。2019年9月，贵州遵义习水县、绥阳县市场监管部门先后以发通知、约谈等方式，对个别早餐经营户试图集体涨价的行为进行警告，并责令已涨价的早餐店“降回去”。③舆论认为，此次贵州遵义商家集体涨价的原因在于成本上涨过快，并非不正当竞争或恶意抬价，政府强制“降价”方式值得商榷。

本报告运用腾讯指数构建了“基于预期管理的公共政策舆论风险评估”模型。模型由政策生态评估、舆论认知评估、群体风险评估和外部环境评估4个一级指标，政策设计等16个二级指标和政策清晰度等46个三级指标构成。4个一级指标反映的政策风险分别对应着政策缺陷型、发布不当型、群体高危

① 《规范生猪养殖，山东严禁以环保为由“一刀切”》，东方网，http://news.eastday.com/eastday/13news/auto/news/china/20190905/u7ai8796757.html。

② 指一些工商企业、个人及组织借建农业设施或农业园区之名，违法违规占用耕地甚至永久基本农田，用于非农业建设的行为。

③ 《贵州遵义多地早餐店频涨价10元早餐难觅，市监责令：降回去》，上观新闻，https://www.jfdaily.com/news/detail?id=183294。

型和环境制约型四种风险特征类型，权重均设定为25%。① 腾讯指数通过层次分析法（AHP），向10位舆情领域专家征集意见，计算获得各二级和三级指标权重如表3所示。

表3 基于预期管理的公共政策舆论风险评估模型

单位：%

一级指标	二级指标	三级指标	权重
政策生态评估	政策设计	政策清晰度	1.2
		政策完成度	1.7
		政策容错率	0.5
		政策刚性	1.1
		政策平衡度	1.0
	政策环境	实施紧迫性	0.4
		行政成本	1.6
		执行力度	0.7
		执行透明度	0.9
		法治环境	1.4
	政策影响	时间 / 代际影响	1.0
		空间 / 地域影响	1.2
		人群 / 圈层影响	2.0
		公众认知冲击	5.3
	政策发展预期	政策扩大化公众接受度	2.0
		政策空转公众接受度	0.7
		政策变异公众接受度	2.2
舆论认知评估	关注度	舆论关注度	1.3
		关注度阶层差异	1.2
	理解度	舆论理解度	3.7
		理解度阶层差异	1.9
	满意度	舆论满意度	5.1
		满意度阶层差异	4.9
	容忍度	舆论容忍度	3.4
		容忍度阶层差异	3.6

① 腾讯公司政务舆情部高级研究员贾伟民对此项研究做出贡献。

续表

一级指标	二级指标	三级指标	权重
群体风险评估	风险感知	涉事群体关注度	0.9
		涉事群体认知度	0.5
		涉事群体满意度	2.0
		涉事群体容忍度	1.4
	动员能力	涉事群体规模 / 从业人数	0.6
		涉事群体组织化程度	1.8
		涉事群体舆论资源	1.4
	行动意愿	群体利益攸关性	6.5
		群体利益表达多样性	1.4
		群体行动成本	6.1
		群体流动性	2.5
外部环境评估	政治环境	政治环境契合度	2.8
		政治环境政策信心	3.4
	经济环境	经济环境契合度	4.5
		经济环境政策信心	5.5
	社会环境	社会环境契合度	1.6
		社会环境政策信心	2.6
	文化环境	文化环境契合度	1.5
		文化环境政策信心	1.4
	生态环境	生态环境契合度	0.7
		生态环境政策信心	1.0

运用该模型对2019年以来部分地方强制实施垃圾分类投放、整治不规范地名、向企业派驻政府事务代表、义务教育阶段减负、政府约谈“集体涨价”早餐店、多地全面取缔P2P业务、初升高向职校分流、地铁安检应用人脸识别技术、环保整顿关停生产企业、安排退役士兵全部进机关单位工作这10项具有一定典型性、普遍性且传播热度较高的地方政府公共政策进行舆论风险综合评估（见表4），发现如下特征。

表4　2019年十个公共政策的舆论风险评估结果

单位：分

事件	政策生态	舆论认知	群体风险	外部环境	风险总分	风险等级
地铁安检应用人脸识别技术	80.6	64.7	64.7	72.1	68.9	二级
环保整顿关停生产企业	75.6	66.0	51.9	61.4	61.3	二级
义务教育阶段减负	61.7	64.7	58.7	50.9	60.0	三级
向企业派驻政府事务代表	64.5	67.4	49.1	62.3	58.0	三级
政府约谈“集体涨价”早餐店	64.5	58.8	44.6	65.3	54.3	三级
整治不规范地名	65.9	54.7	47.4	54.5	53.9	三级
初升高向职校分流	65.6	53.9	49.2	46.4	53.6	三级
多地全面取缔P2P业务	54.8	46.3	65.8	46.0	57.0	三级
安排退役士兵全部进机关单位工作	51.3	44.3	56.0	46.5	51.4	四级
强制实施垃圾分类投放	65.2	46.7	42.7	46.7	48.8	四级

1. 公共政策整体舆论风险水平中等偏低，八成风险等级[①]在三级及以下

其中，向企业派驻政府事务代表、整治不规范地名、义务教育阶段减负等6起事件为三级风险，即有一定的风险隐患，需加以引导疏解。强制实施垃圾分类投放、安排退役士兵全部进机关单位工作两起事件为四级风险，即有少量风险隐患，需给予必要关注。

同时，有两起事件为二级舆论风险，属于有明显的风险隐患，需开展针对性部署。有地方计划在地铁安检中引入人脸识别技术，称将建立“白名单”提升安检效率，消息引发舆论广泛关注。舆论风险评估显示，该事件“政策生态评估”项的风险得分为80.6，舆论对政策制定的法律依据、公民隐私保护、执行过程的公平公正存疑，对个人生物识别数据被滥用和泄露的担忧普遍。部分地方在环保整治风暴中，对部分企业实施关停，山东临沂还出现“封灶台”现象。舆论风险评估显示，相关动作的政策依据不明确、执行标准不清晰，存在“扩大化”“一刀切”现象，引起舆论质疑。

① 指标体系将政策风险大小划分为四级，分别以风险总分达到50分、60分、70分和80分，或有单项一级指标达到65分、75分、85分和95分为限。四个风险等级分别表征如下态势：①有少量风险隐患，需给予必要关注；②有一定的风险隐患，需加以引导疏解；③有明显的风险隐患，需开展针对性部署；④有强烈的风险隐患，需进行专项重点防范。

2. 政策缺陷型风险较突出

评估显示，10起事件中，强制实施垃圾分类、整治不规范地名、初升高向职校分流、地铁安检应用人脸识别技术、环保整顿关停生产企业等5起事件的主导风险来自政策自身的缺陷，包括政策设计不够完善、政策环境不够理想、政策影响及舆论预期存在风险等。向企业派驻政府事务代表[①]、义务教育阶段减负两起事件，因政策发布和引导不够充分导致舆论压力聚集，属于发布不当型风险。多地全面取缔P2P业务、安排退役士兵全部进机关单位工作两起事件，目前舆论层面显性风险较低，同时两起事件均有较强示范性，相关群体的权利保障、区域均衡发展等需要重点关注。约谈“集体涨价”早餐店事件，外部环境的风险评估得分高于政策生态，属于环境制约型舆论风险（见图

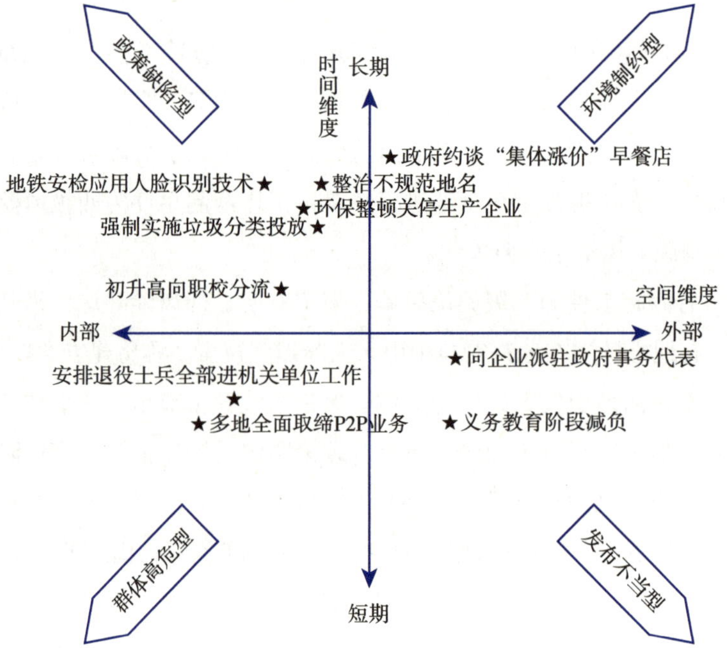

图3　2019年十个公共政策舆论风险类型分布

① 杭州市政府向杭州百家重点企业派驻百名“政府事务代表”，初衷是及时反馈企业需求，提供高效优质的政府服务。但舆论担心干预企业决策，政府角色错乱。而且向部分企业倾斜，也不符合竞争中性原则。

3）。舆论对政府部门约谈行为是否涉嫌对市场的过度干预存在较大争议，多数观点认为对于早餐店等非垄断性市场主体因原材料价格上涨引发的涨价，政府的行政干预应更加审慎。

3. 政策调整与纠偏有助于风险降压

前述10起地方政府社会治理的重点政策事件，存在不同等级、不同类型舆论风险。与此同时，大部分事件得到有关部门积极回应、答疑解惑，完善和修正决策，起到了疏导化解舆论压力的作用。例如，从中央到山东等地方政府均明确强调禁止以环保名义进行“一刀切”式粗暴关停。教育部有关负责人表示应避免不顾实际的强制减负，必须遵循规律，综合考虑各方的诉求，把握好度。杭州向百家企业派驻政府事务代表引起舆论波澜后，当地明确初衷是政府为企业提供服务，是“最多跑一次”改革的延伸，派驻代表从职能定位上不干预、只排忧，不打扰、只解难。

三　圈群的“隐舆情”

近年来的舆情研究需要重视圈群的意见表达。圈群包括QQ群、微信群、微信朋友圈等，是半开放的网络社群（cyber group）。入群和看到朋友圈，需要彼此是熟人的关系。虽然互联网群组的网络行为和信息发布仍需遵守法律规范，但互联网群组比微博、BBS等公共平台有较多的私密性和更为宽松的氛围。与公共平台相比，圈群的用户规模小得多，却有着更为密切的网络互动，因此带有舆论分层特征，例如退伍军人群、同学群、老乡群、宠物群等。圈群用户在某些方面具有一致的群体意识和规范，因此分享信息和观点时更为大胆与开放。

圈群流行帖文具有“隐舆情”的特征。对舆论场上人声鼎沸的“明火”需要重视，对特定人群小众场合隐性舆情和小微舆情的“阴燃”也需要保持警觉，从中可以触摸了解社会深层矛盾和主流人群的隐性诉求，防止官民之间的某种缝隙因为忽略或无视而出现“管涌”，最终酿成决堤的风险。

观察和研究一些以知识分子和公职人员为主的圈群热传与热议、具有公共性的话题后，发现以下几个方面内容。

（一）关注改革进退，点评社会治理

公职人员和知识分子普遍关注政策取向与改革的进退。像《周其仁：邓小平做对了什么？》[①]等反思改革的文章经常在网络出现。圈群网友质疑一些地方政府以“看得见的手”大水漫灌式的投资建设，主张少折腾市场，为民众创业提供更为友好的制度空间，与民生息，让社会更有弹性、韧性、凝聚力和创新力。特别是希望把民企视为建设社会主义市场经济的生力军，本着党的十九大报告中两个“毫不动摇”的精神，对民企多采取一些“放水养鱼”的举措。

圈群议论经常把一些国家的现实状况，引为观照中国发展和改革的坐标系。如《你以为日本“失去了20年”，实际上人家已默默无闻完成产业大转型（深度）》，回顾日本在国际竞争中面临的挑战及不寻常的应对之策;《越南渐渐升起》，评点越南在经济发展和社会转型方面的举措。这些议论虽然不像以往邓玉娇案、雷洋案那样众声喧哗，但在一部分人群中的小声呢喃也具有不小的舆论能量，值得警思。

（二）怀旧情绪蔓延

圈群的一个突出功能是缅怀过去的好时光，体会沧海桑田人间巨变。像《我想拥抱你，却再无可能》，翻检出的老照片几十年后物是人非，令人感慨唏嘘。再如《39年的集体回忆（1980~2019）感动……太戳心了！》《大江大河40年，改变命运的七次机遇》一类忆旧图文，已不是单纯的“心灵鸡汤”范畴，表现的是对历史轨迹的沉重思考和执着的价值信念。

圈群一个值得关注的价值取向，是对“文化大革命”和“极左”路线的批判，如《文革期间文物被毁清单——不许哭》。“文革”过后，叶剑英、邓小平、陈云、胡耀邦等老一辈革命家总结历史教训，倡言思想解放和改革开放，赢得了一代人长久的敬意。2018年岁末，微信公众号“党报旧闻”一篇

① 《周其仁：邓小平做对了什么？》，搜狐网，http://business.sohu.com/20140820/n403624640.shtml。

文章《1978，真舍不得你走》，阅读量164万次，在非娱乐八卦类公众号文章中是少有的。这些文章与反馈都指向继续改革，不进则退。

（三）从历史和市井中挖掘人性的亮点

如用世俗眼光看退休官员，《放下了的部长》写国家能源局首任局长张国宝的晚年生活，自得其乐，坦然不做作。《总有一些坚持让人肃然起敬》则介绍一些草根百姓如何用法律和舆论监督手段为自己维权。《我下嫁的实用老公，拖着5个穷亲戚》，讲述家长里短中人性的光亮，反思嫌贫爱富的偏见和傲慢。有些帖文披露历史人物不大为人所知的“B面”，令人感慨时代的局限性，人性的脆弱经不起破坏性实验。这时候，圈群文化生态有助于人性的自我检视和自我升华，释放人们的日常工作和生活压力。

（四）呼吁尊重知识尊重人才

2019年8月病故的英美文学专家巫宁坤，曾被打成“右派”，他的回忆录《一滴泪》（*A Single Tear*）被重新提起，让人们重温了当年知识分子的坎坷遭遇。2019年8月，主张恢复高考第一人查全性教授去世，引发舆论场深切缅怀。国庆前后，“敦煌女儿”樊锦诗备受关注，年仅25岁的她从北京大学考古专业毕业后远赴敦煌，开始了黄沙为伴、守护敦煌的56年岁月。网民感慨新中国建设者凭借这样“舍身饲虎”的精神，筚路蓝缕谱写出世界第二大经济体的辉煌。

（五）圈群中的民粹和论争

网络舆论的一个特点是法理情的纠葛。对于一些公共事务，网民表现出强烈的爱憎，这本是公民的表达权和监督权，值得尊重，需要倾听。但如果负面情绪交叉感染、轮番放大，容易形成“群体极化”（group polarization）[①] 倾向，压倒理性，无视甚至蔑视法律。圈群的密切互动，更

① 群体极化：指在观点相似的成员组成的群体中，讨论会加强群体成员最初的意向。

是民粹滋生和发酵的适宜土壤。2019 年 7 月，山东大学实施中外学生“学伴”项目曝光，在报名表格中出现“结交外国异性友人”的不当选项，引发不良影响。舆论进而引申为对外国留学生的排斥，对留学生政策和对外援助的反思与批评，甚至出现了把解决国内民生与在国际上做负责任大国对立起来的倾向。

圈群的另一个负面效应是集体讨论的无序。即使是同学群、同乡群，虽然起点相同，但可能因为阅历、教育背景和社会地位的差异，在一些社会事务上经常表现出不同的价值取向，而圈群中话语权的均等化，让人争执不休，缺少大家共同遵守的讨论规则，经常出现一言不合、愤然退群的情况。基于熟人关系的圈群，与公开的意见平台相比，可能理性含量较低，不是一个就严肃的社会议题展开讨论的适合场景。

四　网络社区的社会动员功能

2019 年香港修例风波中，社交媒体对街头集体行动起到了宣传鼓动、组织动员作用。香港青年借助社交媒体参与社会运动的趋势明显，给特区政府维护香港稳定带来严峻挑战。与此同时，内地青年进入境外舆论场“飞地”发声，表达捍卫祖国统一、谴责抗议外国“辱华”的坚强决心。

2019 年“饭圈”女孩、“帝吧”网友、海外留学生“合唱团”等群体多次在互联网力挺香港特区政府和警察，维护香港稳定，回击“反中乱港”势力，获得官方点赞。

在香港反修例风波中，“帝吧”微博账号“@ 帝吧官微”在刷屏境外社交网络时发布了《证吾国家，this is China》的“出征缴文”，以“秀出精彩中国、展现大国风范”为口号，表示“向外国网民介绍各种中国的美食、美景以及中国人取得的成就和真实的生活状态等，批驳反华势力常年在境外编制的种种关于中国的偏见和谣言，破除外媒对于中国的妖魔化，告诉全世界新中国的强盛与和平”，组织“帝吧”网民到《纽约时报》、BBC 等外媒中文网，《苹果日报》、“港独”分子等境外社交媒体 Facebook 的个人主页刷屏。①

一些演艺人员在社交媒体发表“止暴制乱”“支持香港警察”言论，受到香港激进分子攻击。作为演艺人员粉丝的“饭圈”女孩迅速自发组织，在境外社交媒体刷屏表达爱国热情，维护“阿中哥哥”（意为“中国”）。“守护全世界最好的阿中”“阿中哥哥”迅速成为网络流行语，登上微博热搜。《新闻联播》称，从“饭圈”女孩到“帝吧”网友，再到广大海外留学生，所有爱国爱港的力量正在汇聚成一股强大的正能量。②

年轻一代是被互联网新技术装备和聚合起来的一代，习惯在网络“圈群化”奔放地表达爱国热情，也容易筑起“信息茧房”。当前，新平台新技术新运用层出不穷，年轻一代网民熟练掌握VPN、区块链、加密技术，乐于组成封闭、半封闭的网络“圈群”讨论空间。一部分甚至是封闭而小众的，存在思想片面强化甚至“极端化”风险。在这些空间，其接受与认可的信息阅读越来越符合个人兴趣和价值观，而对于相异的信息却并不会关注，将自己的视野和价值观桎梏于像蚕茧一般的“茧房”中。在此模式下所接收的内容无法反映真实世界，只能呈现和强化特定的狭隘观点。因此，相关青年思潮与网络社区动员功能，仍需重点研究与关注。

五 “互联网下半场”普及网络红利

截至2019年6月30日，中国已有8.54亿网民，人们普遍关注“互联网下半场”的发展，具体有以下几条建议。

（一）加速网络文化下沉

快手、趣头条等近年来崛起的新平台，致力于服务五环外青年，服务于

① 《证吾国家，this is China！帝吧网友与饭圈女孩为祖国庆生》，观察者网，https://www.guancha.cn/politics/2019_09_30_519910.shtml。

② 《饭圈女孩和帝吧网友上〈新闻联播〉了！》，环球网，http://baijiahao.baidu.com/s?id=1642223006196115280&wfr=spider&for=pc。

三、四线城市和农村全年龄段居民，推动了网络红利向基层社会的普及。移动互联网和短视频正在成为市井文化新的发源地。建议针对广袤的基层社会，提供和分发更多的短视频、H5、VR 等新技术和新媒体文化产品。希望在移动互联网平台和短视频时代，再一次出现电影《雅马哈鱼档》、“城市民谣”《小芳》这样吸引和鼓舞普通百姓的新媒体作品。西安市要求各党政机关开通抖音账号，用短视频传播西安文旅文博形象。永兴坊的“摔碗酒”视频在手机刷屏。重庆的解放碑、与宫崎骏《千与千寻》夜景相似的洪崖洞，还有轻轨入户、波浪形公路等景观，则成为网红打卡之地。2019 年国庆前后成为各大手机应用市场游戏类下载排名冠军的“家国梦”游戏，全国网民都在为自己家乡省份排名而努力，广东省一直稳排榜首。外省网友惊呼：“广东人都不用睡觉的吗？”

（二）扶持“机构新媒体”

在“自媒体”（we media）时代，大众生产新媒体作品。微博、微信（朋友圈）、知乎等意见表达平台中，每个人都可发帖、转评和点赞，众人拾柴火焰高，形成了呼啸而来的社会舆论。短视频和网络直播的普及，让草根百姓从观赏消费者变成了新媒体平台上的表演者。但是，“自媒体”有很大的局限性，现代社会事务如医疗、金融、司法、国际关系等，有很高的专业门槛，普通人无法根据常识和朴素的感情，就能做出精准的判断。在文化大普及的年代，雅俗文化的分野和文化品位的提升更具示范效应。而像音频这样的产品，“自媒体”是弱势的，只能靠机构生产。这时候，需要大力发展“机构新媒体”，鼓励专业文化生产机构，策划、制作和推广新媒体文化精品。像银联推出的“云闪付”广告片《大唐漠北的最后一次转账》，表现了中国人生死不渝的信义，浸透着浓浓的家国情怀。

需要鼓励更多的科学文化机构上网，加厚互联网的文化土层，培植网上的科学文化理性。2018 年底，机构新媒体“丁香医生”一篇剑指百亿权健帝国的文章，在短短几天之内引发了一场舆论海啸。2019 年 1 月，针对权健公司在经营活动中涉嫌传销犯罪和涉嫌虚假广告犯罪，公安机关立案侦查，权健公司实际控制人等犯罪嫌疑人被依法刑事拘留或取保候审。公众对营养保健品行业的信任度降至冰点，一些非直销企业也受到拖累。在某种程度上，“丁香医生”具备了央视“焦点访谈”式的舆论能量，专业自媒体让人刮目相看。

（三）加强内容科技和社会治理技术的研究

建议重视内容科技[①]研究。中国全面介入国际互联网以来，新技术一次次推动网络内容的升级换代。当前，特别需要5G、8K背景下的内容生产传输技术研究。

十九届四中全会首次提出“科技支撑”的社会治理体系，如何运用人工智能等现代信息技术手段提升治理能力和治理现代化水平，如通过社交媒体公众意见数据和生活服务类App用户行为数据的挖掘，实现社会治理的精准化，提高舆论引导效率，这些都是互联网下半场的努力方向。

（四）推进大湾区年轻人的文化认同、科技认同

香港当前“止暴制乱”任务繁重，与此同时，还要思之深远，推进香港与内地年轻人的文化认同，多搭建文化沟通的桥梁。文化认同不一定都靠文物和历史遗址，科技认同也是一个重要方面。香港年轻人卷入骚乱的深层原因，一是住房，二是就业。要展示互联网新经济带来的就业创业机会，让年轻人感觉在祖国的屋檐下大有作为。可以展示内地互联网、大数据、人工智能、5G、区块链等高新技术的成就，如腾讯、华为、阿里，在全世界居领先地位，而抖音短视频国际版Tik Tok更是具有跨境影响力和文化穿透力的娱乐产品。通过现代科技给香港年轻人赋能，也会以润物无声的方式培育文化向心力和民族归宿感。

---

① 内容科技（ConTech）是人民网在2019年7月25日发布的《深度融合发展三年规划（纲要）》中提出的概念，指对内容产品的供给与消费链条，内容产业的组织与分工模式，产生重大影响的人工智能、大数据、区块链、云计算、物联网等各种新兴技术，以及由这些技术所催生的新业态、新应用、新服务。

B.16
2019年食品药品安全形势分析

冯 军　孙 璐　田 明*

摘　要：本文通过对政府监管部门统计的相关数据分析，总结了当前食品药品存在的问题，食品方面的问题主要聚焦超范围超限量使用食品添加剂、微生物污染和农兽药残留超标，药品方面的问题集中于混伪品代用掺杂、药用成分含量指标未达标以及有害残留物质超标等问题。通过剖析食品药品的安全问题，本文围绕“四个最严”的标准提出了强化生产经营者主体责任、深入排查潜在风险、开展相关探索性实验以及智慧监管等一系列改进我国食品药品安全的建议，旨在保障和维护广大人民群众“舌尖上的安全”。

关键词：食品安全　药品安全　安全监管

党的十八大以来，以习近平同志为核心的党中央高度重视食品药品安全工作，明确提出确保食品药品安全是民生工程、民心工程，党和国家采取了一系列重大举措不断完善食品药品的体制机制、法律法规、监督管理、产业规划等，促使食品药品风险得到有效防控，人民群众对食品药品的满意度不断提升。我国食品药品安全形势总体来说不断好转，但现阶段形势依然复杂严峻，不少困难和挑战仍需面对。食品方面，首先，最为突出的仍然是重金

* 冯军，国家市场监督管理总局发展研究中心，副主任，研究方向为食品安全监管；孙璐，国家市场监督管理总局发展研究中心，硕士，研究方向为食品安全监管；田明，国家市场监督管理总局发展研究中心，博士，助理研究员，研究方向为食品安全监管。

属和微生物污染、添加剂使用不当、农药兽药残留超标、制假售假等问题，由此带来的环境污染对食品安全的影响也逐渐显现；其次，由于法制不够健全造成生产经营者主体责任意识不强，同时因为违法成本低，维权成本高，唯利是图的生产经营者不断触及法律底线；再次，我国食品安全标准与国际上的相关标准存在一定的差距，风险预警和评估体系有待完善，基层技术手段和监管力量需要提升；最后，随着新资源和新业态的出现，新的食品安全风险与日俱增，国际贸易环境也会带来一些食品安全问题。上述问题严重影响人民群众的获得感、幸福感、安全感，成为全面建成小康社会、全面建设社会主义现代化国家的明显短板。药品方面，中药材及饮片混用掺伪问题，使用质量低劣、掺伪的中药材及饮片生产中药制剂的问题仍然存在；外源性污染物超限，部分品种重金属、农药、溶剂残留量超标；部分企业利用现行标准缺陷，未对原药材质量进行有效控制，如炮制过程不规范，低限投料或少投料等；不同厂家因原料药材质量差异、生产工艺不稳定等，导致产品均一性较差；个别企业违法违规现象仍然存在，如违规投料、擅自改变或添加辅料和抑菌剂等。

2019 年，对于食品药品监管来说，也是 2018 年机构改革完成，国家市场监督管理总局和国家药品监督管理局成立后系统开展工作的第一年。当前我国正在发生广泛而深刻的变革，人民日益增长的美好生活需要对加强食品药品安全工作提出了更高的要求，在这样的历史背景下，我们必须深化改革创新，坚持高质量发展，用“四个最严”的标准强化食品药品安全监管工作，保障和维护广大人民群众“舌尖上的安全”。

一　食品药品安全总体形势

（一）食品安全监督抽检情况

2018 年，市场监管总局更加注重过程监管，坚持以问题为导向，针对各种监管层级（如日常监管、风险监测、投诉举报等）发现的问题加大了抽检力度。全年共完成 24.9 万批次国家监督抽检任务，覆盖食品全部 33 大类，相比于2017年抽检批次增加了6.9%。抽检结果显示5965批次样品不合格，与2017年持平，不合格率为2.4%。

总体而言，米面油、肉蛋奶等日常消费大宗食品以及大型食品生产经营企业产品抽检合格率较高；冷冻饮品、方便食品等合格率较低；抽检结果反映部分污染因素得到控制，但农兽药残留超标、微生物污染等问题仍然突出。具体来说，乳制品合格率为99.7%，比2017年提高0.5个百分点。其中属于特殊食品的婴幼儿配方乳粉在抽检的3058批次中仅2批次不合格，合格率高达99.9%。速冻食品、食用油及其制品的合格率分别为99.7%和98.8%，较2017年提高了0.6个和1.1个百分点。蛋制品、肉制品、粮食加工品与2017年的合格率持平，均达到97.5%以上。大型食品生产企业和经营企业样品的抽检合格率分别为99.6%和98.5%。然而冷冻饮品抽检不合格率高达7.2%，方便食品抽检不合格率为7.5%。主要缘于冷冻饮品对生产、加工以及贮藏的环境条件要求较高，一旦温度、湿度等不符合要求极易导致微生物污染；方便食品多为淀粉及淀粉制品，微生物污染以及超范围使用添加剂的问题是导致其抽检不合格率偏高的主要原因。

近些年爆发了一系列影响人民对我国食品满意度的食品安全事件，监管部门持续组织开展专项整治活动，相关事件反映出的问题都得到了有效解决，例如连续十年在婴幼儿配方乳粉中未检测出“三聚氰胺”，乳制品中黄曲霉毒素M1以及蛋制品中“苏丹红”连续五年也是零检出。与老百姓日常生活打交道的瓶（桶）装饮用水，2014年的不合格率高达19.2%，2018年抽检已下降到5.3%。蜂蜜中氯霉素2015年的检出率为1.5%，2018年已下降至0.4%。通过对不合格产品的原因分析总结，微生物污染超标、超范围超限量使用食品添加剂、农兽药残留超标是抽检不合格的三大元凶，分别占抽检不合格样品总量的29.6%、25.0%、15.4%。

通过抽检结果来看，我国食品安全状况整体稳中向好，但是仍存在一定的问题，与老百姓的期盼还有较大的差距。政府监督部门针对抽检反映的问题，已经采取了一系列措施，控制和消除风险隐患，在食品安全没有“零风险”的客观情况下，努力做到监管“零容忍”。

（二）药品安全监督抽检情况

2018年国家药品抽检制剂产品与中药饮片品种共计152个，其中包括化学药品86个，生物制品8个，中成药51个，中药饮片7组，覆盖国家基本药物品种19个。其中，在生产、经营和使用环节各抽取样品2740、16916和3518批次，分别来自835家药品生产企业、3104家药品经营企业和1125家药品使用单位。各省（区、市）药品监督管理部门共抽取23174批次。

1. 化学药品整体状况稳中向好，不合格产品率控制在较低的水平

2018年共抽检23个剂型的化学药品，覆盖81个品种11611批次。经法定标准检验，不符合规定的有291批次，其中273批次是检查不符合要求，剩余约20批次是含量测定不符合要求。生产、经营、使用环节分别抽取化学药品1201、8254、2156批次，检出不符合规定产品13、223、55批次，各环节不符合规定批次占比分别为1.1%、2.7%、2.6%。抽检数据显示，经营、使用环节出现不符合规定的情况高于生产环节，提示药品经营、使用单位要规范药品运输、贮存条件，确保运输、贮存设备符合各项要求，完善温湿度监控体系，重点关注需阴凉、冷藏贮存的药品。药品生产企业应增强质量意识，严格原料入厂检验，规范贮存、处理流程，提高管理、技术人员业务水平，加强生产工艺过程管理和出厂检验，关注眼膏剂、软膏剂等剂型品种的质量。

2. 生物制品受“长春疫苗”事件的影响，政府和企业对其品质倍加重视，整体状况良好

2018年针对生物制品生产、经营、使用环节分别取样，共抽检2个剂型，涉及品种242批次，覆盖治疗类和预防类分别2个和6个品种，抽检合格率为100%。

3. 中成药的品质受性状等多因素的影响，抽检不合格率的波动较大，但基于原料和工艺的规范控制，总体呈现较好的状况

2018年共抽检9037批次中成药，涉及51个品种。抽检结果显示，8920批次符合规定，117批次不符合规定。其中，有3批次药品按照法定标准检验

符合标准，但按照补充检验方法和检验项目批件检验不符合规定。生产、经营和使用环节分别抽取中成药845、7718、474批次，检出不符合规定产品6、108、3批次，各环节不符合规定批次占比分别为0.7%、1.4%、0.6%。抽检数据显示，经营环节不符合规定的情况占比高于生产和使用环节。不符合规定项目主要包括检查、性状、含量测定和鉴别等。不符合规定产品数量依次为43、43、29和8批次，分别占全部不符合规定项目的34.1%、34.1%、23.0%和6.4%。共涉及13种中成药剂型，其中片剂（37批次）、颗粒剂（29批次）、丸剂（26批次）、胶囊剂（22批次）、口服溶液剂（2批次）、糖浆剂（1批次）分别占对应剂型全部产品的2.3%、1.8%、1.2%、2.2%、0.2%、0.1%。抽检数据提示，有关企业应强化内部质量管理，严格按处方投料，关注原料药材与药品口服剂型的质量状况，落实企业药品安全主体责任。

4. 基本药物的抽检合格率一直维持在较高的水平

2018年分别从生产、经营、使用环节抽检国家基本药物283、1551、584批次，合计2418批次，但不包含中药饮片。检验结果显示基本药物的合格率为99.3%，即2401批次合格，17批次不合格。其中生产、经营、使用环节分别有1批次、12批次和4批次不合格。总体来说，国家基本药物整体质量状况良好。

5. 中药饮片作为中华民族传统文化的瑰宝，一直受到广大老百姓的关注，由于其品质与种植/养殖、加工过程等环节密切相关，因此产品抽检结果每年有一定的波动性

2018年针对近年来销量增长较快的中药配方颗粒及中药饮片中较为突出的掺伪掺杂、染色增重等问题，以及种植/养殖、生产加工、流通贮藏、炮制等不规范而造成的质量问题，开展检验和探索性研究。国家共抽检14个中药饮片品种，共计2284批次样品。抽检结果显示，中药饮片抽检合格率为87.8%。不符合规定项目主要涉及性状、主成分、黄曲霉毒素以及鉴别等，不合格批次分别为76批次、62批次、60批次以及59批次。

总体来说，随着药品相关制度的不断完善，我国药品安全形势稳中向好，目前药品质量保持在较高水平。

（三）食品药品案件查处情况

2018年食品药品相关案件总体来说大案不多、小案不断，在食品药品生产销售过程中暴露出较多问题。

2018年，全国查处与食品相关的违法案件共计29.97万件，涉及货值金额7.6亿元，没收违法所得1.67亿元，罚款35.5亿元，吊销许可证219件，捣毁违法生产经营窝点360个，有力地打击了食品违法行为。食品类虚假违法广告案件3858件，同比增长23.7%，罚没金额合计6010万元。上述案件中保健食品虚假违法广告案件726件，占违法广告案件的18.8%，罚没金额1977万元。

2018年，各级监管机构统计数据显示，药品投诉举报共受理6.4万件，其中3556件立案，4036件结案。各级监管机构共查处9.8万件药品案件，涉及76.6亿罚款、27.4亿货值金额，查处过程中共捣毁148个制假售假窝点，取缔1037户无证经营，责令1093户停产停业，吊销197件许可证，2000件案件被移送司法机关。

二　我国食品药品相关制度不断完善

（一）食品方面

2019年5月中共中央、国务院印发《关于深化改革加强食品安全工作的意见》（以下简称《意见》），同年11月发布《中华人民共和国食品安全法实施条例》（以下简称《实施条例》），并于12月1日实施。《意见》的印发是为了深入贯彻落实习近平新时代中国特色社会主义思想和党的十九大精神，是以中共中央、国务院名义出台的第一个食品安全工作纲领性文件，具有很强的针对性和指导性。《意见》总结起来包括形势及原则目标、主要举措、攻坚行动、保障措施四大板块，是加强食品安全工作的行动指南。《实施条例》的出台突出了食品安全应该强调过程监管的指导思想，最大的亮点在于处罚到人，增强生产经营主体的责任意识，细化了重大责任的范畴，同时明确将食品安全知识纳入国民素质教育，拓宽了社会共治的理念。

《意见》总体来说包含1个指导思想、2个目标、3个重点环节、4个最严要求、5个关键词、6个基本原则、7个责任主体、8个方面重点举措、9个新招硬招以及10个攻坚行动。1个指导思想，即《意见》旗帜鲜明地提出以习近平新时代中国特色社会主义思想为指导。2个目标，即到2020年，初步建立基于风险分析和供应链管理的食品安全监管体系；到2035年，基本实现食品安全领域国家治理体系和治理能力现代化。3个重点环节，《意见》在指导思想中提出“提升食品全链条质量安全保障水平”，食品全链条即种植/养殖、生产加工、销售餐饮3个环节。4个最严要求，即贯彻执行习总书记“四个最严”的要求，用最严谨的标准、最严格的监管、最严厉的处罚、最严肃的问责确保人民群众“舌尖上的安全”。5个关键词，《意见》中提出食品安全的监管应当强调法治，强调风险，强调追溯，强调科技，强调专业。6个基本原则，坚持安全第一、坚持问题导向、坚持预防为主、坚持依法监管、坚持改革创新、坚持共治共享是食品安全工作的基本原则。7个责任主体，生产经营者、各级党委政府、监管部门、消费者、行业协会、新闻媒体、专业技术机构等7方面各司其职，形成合力，达到食品安全社会共治的局面。8个方面重点举措，《意见》从建立最严谨的标准、实施最严格的监管等8个方面展开，共形成34条措施构成了《意见》的主要内容。9个新招硬招，针对我国食品安全的现状，相关部门推出一批实招，比如建立企业标准公开承诺制度，实行生产企业食品安全风险分级管理等。10个攻坚行动，《意见》部署开展风险评估和标准制定专项行动、国产婴幼儿配方乳粉提升行动、校园食品安全守护行动等十大食品安全放心工程建设攻坚行动，围绕人民群众普遍关心的突出问题，以点带面保障和维护广大人民群众“舌尖上的安全”。

《实施条例》，一是细化了食品安全法的原则规定，如细化生产主体负责人的责任，细化“情节严重”情形的规定等；二是强化了对违法违规行为的惩罚，如增设“处罚到人”，建立“黑名单”制度等；三是实化对具体问题的监管措施，如禁止利用会议、讲座、健康咨询等方式对食品进行虚假宣传等；四是优化风险管理机制，坚持预防为主、源头治理，促进食品安全科学监管；

五是固化实践中行之有效的做法，如加强食品安全职业化检查员队伍建设，对企业内部举报人给予重奖；制定并公布食品中非法添加物质名录、补充检验方法等，进一步提高监管工作效能。

（二）药品方面

2019 年 8 月 26 日，第十三届全国人大常委会表决通过了新修订的《中华人民共和国药品管理法》，并于 12 月 1 日起正式施行，这也是药品管理法在颁布 18 年之后进行的一次全面大修。本次《药品管理法》的修订主要遵循以下原则。

一是坚持“四个最严”。认真贯彻落实习近平总书记有关药品安全“四个最严”的要求，以最严谨的标准、最严格的监管、最严厉的处罚、最严肃的问责，全面完善药品监管各项制度。 二是坚持问题导向。紧密结合多年来药品安全领域存在的突出问题，尤其是长春长生案件暴露出来的突出问题，围绕“创新、质量、效率、体系、能力”五大主题，完善监管措施，加强监管，堵塞监管漏洞，确保公众安全。三是坚持国际视野。充分借鉴国际社会特别是药品监管比较发达的国家，在药品管理方面的经验，加强药品全生命周期的监管，强化药品监管方式方法的创新。四是坚持立足国情。从我国当前公众用药需求、药品产业发展、药品监管实际出发，有针对性地完善药品监管的制度体系，着力推进监管体系和监管能力的现代化。五是坚持改革创新。将近年来我国药品审批制度改革、药品监管的经验，通过法律形式固定化，保障公众的用药安全、有效和可及，通过法律形式提供更加强有力的保障。 六是坚持科学发展。认真研究药品监管的科学规律，通过科学的监管理念和系统制度安排，助推我国从制药大国向制药强国快速转变。

新修订的《药品管理法》，内容概括起来主要有以下几个方面。第一，从篇章结构方面进行了重大调整，原来的《药品管理法》10 章 104 条，修订以后变成 12 章 155 条；新修订的《药品管理法》强化了药品研制这个阶段的管理，强化了上市后监管，也强化了药品的供应保障。第二，完善了药品管理法的立法宗旨，将保护和促进公众健康作为药品监管的立法宗旨，实际上也是药品监管的使命，这样药品监管更加积极、更加开放、更有担当、更有作为。第三，确定了药品管理的基本原则，即风险管理、全程管控、社会共治，并与之相适应，建立了一系列监管制度、监管方式等，来推进药品监管的现代化。第四，确立了药品上市许可持有人制度、药品全程追溯制度、药物警戒制度、附条件审批制度、优先审批制度等一系列制度，实际上这些重要制度构成了我国药品监管法律的升级版，也是现代版。第五，特别强调了药品监管体系和监管能力建设，强调要建立职业化、专业化的检查员队伍，这是新修订的《药品管理法》中非常重要的亮点。第六，完善了药品安全的责任制度，坚持重典治乱，严惩各种违法行为，这里体现了“四个最严”的要求。

值得注意的是从2018年热映的电影《我不是药神》播出，到2019年媒体广为关注的聊城假药案，将境外抗癌新药认定为假药的法律规定引发了广泛的关注，根据2015年修正的《药品管理法》第四十八条第二款的规定，必须批准而未经批准生产、进口，或者必须检验而未经检验即销售的定义为假药。2019年对《药品管理法》的修订修改了对假药的定义，明确了假药、劣药的范围。这是对老百姓关切问题的回应。但是值得注意的是，将未经批准进口的药品踢出假药的范畴并非降低了处罚力度。境外进口的药品还是需要经过国家相关审批部门的审批，获得合法身份后才能在国内流通。

三　我国食品药品存在的主要问题及分析

（一）食品安全存在的问题

2018年市场监督管理总局针对四个季度的食品安全监督抽检情况进行了通报，通过抽检的结果分析揭示了现阶段我国食品安全存在的主要问题。

2018年第一季度全国共完成包含保健食品和食品添加剂在内的432709批次食品样品监督抽检工作。抽检结果显示，食品安全的隐患风险从高到低依次为食品中超范围、超限量使用食品添加剂问题；食品中微生物污染问题；食品中农兽药残留指标不合格问题；食品中质量指标不符合标准问题；食品中重金属等元素污染问题；食品中检出非食用物质问题；食品中生物毒素污染问题。

2018 年第二季度全国共完成包含保健食品和食品添加剂在内的 525258 批次食品样品监督抽检工作。通过对不合格样品的问题分析可知，超范围超限量使用食品添加剂和微生物污染、农兽药残留超标三类问题仍然是食品安全领域存在风险的最大原因。质量指标不符合标准以及检出非食用物质的情况同比呈下降的趋势。

2018 年第三季度全国共完成包含保健食品和食品添加剂在内的 965727 批次食品样品监督抽检工作。超范围超限量使用食品添加剂、微生物污染和农兽药残留超标三类问题仍未得到有效的解决。同时检出非食用物质、生物毒素污染问题。但是质量指标不达标、重金属等元素污染物超标的问题同比得到缓解。

2018 年第四季度全国共完成包含保健食品和食品添加剂在内的 1432188 批次食品样品监督抽检工作。与前三个季度的情况一样，主要问题未得到有效解决，检出非食用物质、重金属等元素污染问题、生物毒素污染问题相比同期略有升高，质量指标不达标比上年同期降低。

通过上述官方数据可知，我国的食品安全问题主要表现为超范围超限量使用食品添加剂、农兽药残留超标和微生物污染三类，同时存在食品掺假、欺诈、虚假宣传、非法添加等主观故意违法行为。2019 年“3 · 15”晚会曝光的生产过程“辣眼睛”的辣条反映出食品生产过程清洁卫生不达标以及滥用食品添加剂的问题，“化妆”出来的土鸡蛋则反映出缺乏相关国家标准的情况下滥用食品添加剂的问题。食品添加剂过度使用的原因包括为了过度延长保质期不恰当使用防腐剂、稳定剂，为了改善口感不恰当地使用香精香料，为了美化产品外观不恰当地使用着色剂等，以及对于食品安全标准理解不充分不恰当、自身生产工艺水平不精等。微生物污染问题主要缘于产品从生产到包装到储藏再到运输以及销售等流通环节的卫生环境条件把控不够严格，使得微生物得以生长繁殖，并最终导致污染。农兽药残留超标问题主要缘于为了防治病虫害以及提高产量等，或是长期滥用导致环境污染，从而导致产品中的再次残留。

（二）药品安全存在的问题

随着“长春疫苗”事件的发生及处理，药品安全相关问题得到了更多的关注，监管部门秉承“四个最严”的标准强化对药品的监管工作。通过药品抽检发现现阶段的药品安全主要存在以下问题。

一是混伪品代用、掺杂问题，比如肉苁蓉为沙苁蓉混淆或掺伪，独活由欧当归冒充，五加皮存在香加皮、穗序鹅掌柴等混伪品等。

二是含量指标未达标，如部分批次羌活中的挥发油以及羌活醇和异欧前胡素总量、部分批次地黄中梓醇和毛蕊花糖苷含量测定不符合规定。

三是有害残留物质超标问题，如部分批次白芷、山药、独活中的二氧化硫残留量超标，部分批次槟榔中黄曲霉毒素超标。

四是配方颗粒的问题，指纹图谱相似度研究发现各生产企业的大黄配方颗粒有效成分含量存在差异。抽检结果提示，中药饮片生产企业应进一步树立诚信经营理念，提高原料药材采购验收水平，完善包装、贮存环节管理，对掺伪、有害物质残留等问题予以重点关注。

通过官方的数据分析可知，药品质量安全问题集中在掺杂掺假、关键药用成分不达标、有害残留超标等方面。其中掺杂掺假、关键药用成分不达标主要缘于利益的驱使，旨在降低生产成本、获取更多的收益。有害残留超标得追溯到种植源头，为防虫治病给原料喷洒过多的农药，以及环境中的有害残留通过土壤进入原料等。

四　对我国食品药品相关政策建议

（一）食品方面政策建议

1. 把“四个最严”作为食品安全工作的根本遵循

建立最严谨的标准。从加快制修订标准、创新标准工作机制以及强化标准实施等方面着手，构建严谨的食品标准。吸收借鉴发达国家经验，结合国情、省情、企情，健全我国食品安全标准体系，对标国际先进水平，不断完善提升国家食品安全标准。例如加快制修订农兽药残留、食品污染物、致病性微生物、重金属等食品安全通用标准，完善食品相关产品、食品添加剂等标准的制定。同时做好食品相关标准的宣传培训工作，促使食品生产经营者准确理解和应用相关食品安全标准。还应当鼓励企业建立高于国家和地区的标准，向社会承诺，接受社会监督，切实履行自身责任。

实施最严格的监管。从产地环境安全、农业投入品生产使用、粮食收储质量、食品加工质量、流通销售质量以及餐饮服务质量等食品生产加工涉及的点切入，进行严格监管。产地环境安全主要从耕地治理、土壤污染管控、重金属排查、大气污染治理以及重金属污染治理入手，开展相关整治行动；农业投入品生产则针对目前食品安全凸显的农兽药残留、饲料添加剂超标等问题进行严格把控；粮食收储质量需要积极探索建立质量追溯体系，同时健全超标粮食收购处置的长效机制，保障粮食品质；食品加工质量环节建议实行风险分级管理，在日常监督检查全覆盖的情况下，对风险较高的企业实行“双随机，一公开”的抽检制度，将所有食品风险控制在萌发阶段；流通销售质量建议建立流通环节监管全覆盖的系统，保证流通环节满足食品输送的相关要求，同时督促企业执行进货查验记录等规范企业生产经营的制度；餐饮服务质量方面全面落实餐饮服务的相关操作规范，严格执行进货查验、加工操作、清洗消毒、人员管理等规定。特殊人群集体用餐要对原料和供货渠道做好记录，保障符合卫生标准。

实行最严厉的处罚。从完善法律法规、严厉打击违法犯罪、加强基层综合执法以及强化信用联合惩戒入手，在完善制度的同时加大打击力度，对违法犯罪行为实行最严厉的处罚。在完善法律法规方面，针对现行法律法规中不完善的部分，广泛征求意见、加快修订进程。在严厉打击违法犯罪方面，贯彻落实“处罚到人”的要求，大幅提高违法成本，加强行政执法与刑事司法的衔接。在加强基层综合执法方面，重视基层综合执法队伍和能力建设，确保一线执法人员资源丰富。在强化信用联合惩戒方面，建立食品生产经营企业信用档案和食品安全严重失信者名单，实行食品生产经营企业信用分级分类管理，加大对失信人员的联合惩戒力度。

坚持最严肃的问责，从明确监管事权、加强评议考核以及严格责任追究三方面着手，加强对食品安全问题的追责问责，确保市场主体和监管部门重视食品安全工作。

2. 落实生产经营者主体责任

通过落实质量安全管理责任、加强生产经营过程控制、建立食品安全追溯体系以及积极投保食品安全责任保险等方面入手，提升企业业务能力的同时加强其对产品质量安全管理的重视。在落实质量安全管理责任方面，根据生产的需要设立质量安全管理相关的岗位，加强对该岗位工作人员的专业培训，使企业生产符合法律法规和生产规范，针对高风险的生产企业，应当建立危害分析和关键控制点体系。在加强生产经营过程控制方面，生产经营者除了严格遵循相关生产规范外还应该建立一套科学的自查评价体系，发现食品安全风险时及时处置，并报告相关部门。在建立食品安全追溯体系方面，食品生产和经营主体应当对其产品的来源可查、去向可追，同时保存生产经营环节的各种记录，追溯体系的建立可以简化相关工作的开展，同时实现与政府、行业、消费者的对接，在便于接受监督的同时，了解更多的信息。在投保食品安全责任保险方面，因为食品安全事故的发生往往影响较大，生产经营者往往需承担大量的赔偿，推进生产经营者主动购买食品安全责任保险，可以充分地发挥保险的他律作用以及风险分担机制的功能。

3. 推进食品安全社会共治

食品安全是一个重大社会问题，需要通过全社会各界的共同努力，加快形成共治共享的食品安全治理体系，构建起人人关心、人人参与、人人维护食品安全的良好社会氛围。食品安全社会共治主要从加强风险交流、强化普法和科普宣传、鼓励社会监督以及完善投诉举报机制等方面切入。食品企业要切实履行好食品安全主体责任，坚持源头严防、过程严管、风险严控。食品行业的协会、学会、社会组织，有义务强化食品行业自律，建立起行规行约和奖惩机制。各类专家、学者要开展形式多样的食品安全宣传、讲解和科普，让食品安全知识进学校、进企业、进社区，引导公众理性认知、积极传递正能量。各类新闻媒体要准确客观报道，有序开展舆论监督，曝光食品安全违法违规典型案例，起到警示作用，同时进一步加强对食品安全法律法规的宣传，对食品安全工作出色的企业给予肯定。广大消费者要进一步增加科学知识，拿起法律武器，积极投身社会监督；市场监管部门要加大对食品安全举报的奖励力度，促进消费者维护自身合法权益。

除此之外，根据《实施条例》的相关规定，建议将食品安全知识纳入国民素质教育内容，普及食品安全科学常识和法律知识，增强全社会的食品安全意识。建议国家建立食品安全检查员制度，依托现有资源加强职业化检查员队伍建设，强化考核培训，提高检查员专业化水平。建议对可能掺杂掺假的食品，国务院食品安全监督管理部门可以制定补充检验项目和检验方法，用于对食品的抽样检验、食品安全案件调查处理和食品安全事故处置。

（二）药品方面政策建议

国家药品抽检在发现药品质量风险、打击违法违规行为中发挥着不可替代的重要作用。2018 年，国家药品监督管理局充分利用国家药品抽检结果，严厉打击制售假药行为，探索“智慧监管”，加大抽检数据的利用深度。通过对现有的问题和相关数据的分析，提出了对现阶段我国药品监管的建议。

1. 扩大品种覆盖，排除系统风险

2018 年国家抽检药品制剂产品与中药饮片品种 152 个，较 2017 年增加了 24 个品种，其中化学药品增加 12 个品种，中成药品种增加 11 个品种，生物制品增加 1 个品种。针对既往擅自改变或添加辅料、低限投料等问题，也扩大了剂型抽检范围，化学药品与中成药分别增加了 8 个和 5 个剂型。通过扩大抽检的范围，有效降低了区域性、系统性风险。2018 年，各省（区、市）药品监督管理部门对抽检发现的不符合规定药品，均在第一时间采取查封扣押、暂停销售使用、要求企业主动召回等风险控制措施。对涉及的企业和单位依法进行查处，并要求其认真排查原因，制定相应整改措施，有效地阻断

了不安全药品的市场流通。

2. 深入排查，发现潜在质量风险

药品监督管理部门可将检查与检验有机结合，以抽检发现的问题线索为导向，及时开展现场检查以控制风险，严厉打击个别企业存在的违法违规行为。例如，抽检发现部分批次小柴胡颗粒涉嫌违规投料等问题，经飞行检查查实个别企业未按法定工艺制法生产，使用外购黄芩提取物代替黄芩生产。对不符合规定产品的查处打击，不但净化了市场，也对特定品种的质量提高有较好的促进作用。

3. 针对性开展探索性研究，助力提升药品质量

药品检验机构在按照法定标准检验药品的基础上，可以有针对性地开展部分品种质量相关的探索性研究，以发现影响药品质量的内在因素。对探索性研究中发现的有关生产工艺等方面存在的一般性问题，药品监督管理部门通过“药品质量提示函”等形式反馈给相关企业，助力提升药品质量。比如，半夏糖浆探索性研究结果提示，现有提取工艺可能对其方中陈皮药材的有效成分提取不完全；紫杉醇注射液的探索性研究发现，粘度较大是增加可见异物风险的重要原因，并根据本品特性对工艺流程和放行检验中有关可见异物的控制提出了建议。

4. 加大信息公开力度，加强检查员队伍建设，探索智慧监管模式

为确保国家药品抽检工作高质量有序运行，实现数据发布的权威性、统一性和规范性，相关部门需进一步完善全国药品抽检信息平台建设，充分利用大数据等新技术，整合相关信息，探索新的“智慧监管”模式。通过构建抽查检验与监督检查、投诉举报、不良反应信息的沟通渠道，形成行业自律、政府监管、社会监督的共治局面。同时，依托现有资源以及借鉴国外先进的管理理念，推进职业化检查员制度建设、教材编写和专业培训工作，通过加强检查员队伍综合能力的建设，提升我国药品企业的主体责任和监管能力。

参考文献

《中共中央国务院关于深化改革加强食品安全工作的意见》，中华人民共和国中央人民政府网，http://www.gov.cn/zhengce/2019-05/20/content_5393212.htm。

《2018 国家药品抽检年报》，中国食品药品检定研究院网站。

《国家市场监督管理总局食品安全监管政策解读及信息发布》，国家市场监督管理总局官网，http://www.samr.gov.cn/xw/xwfbt/201903/t20190329_292446.html。

《2018 年度药品监管统计年报》，国家药品监督管理局官网，http://www.nmpa.gov.cn/WS04/CL2151/337665.html。

《中华人民共和国食品安全法实施条例》，中华人民共和国中央人民政府网，http://www.gov.cn/zhengce/content/2019-10/31/content_5447142.htm。

《国务院政策例行吹风会：筑牢制度基础，提高食品安全治理水平》，中华人民共和国中央人民政府网，http://www.gov.cn/xinwen/2019-11/12/content_5451343.htm。

国家药监局：《解读药品管理法》，人民网，http://health.people.com.cn/GB/51919/426465/429521/index.html。

《国家市场监督管理总局关于 2018 年第一季度食品安全监督抽检情况分析的通告》，国家市场监督管理总局官网，http://gkml.samr.gov.cn/nsjg/bgt/201902/t20190222_291063.html。

《国家市场监督管理总局关于 2018 年第二季度食品安全监督抽检情况分析的通告》，国家市场监督管理总局官网，http://gkml.samr.gov.cn/nsjg/bgt/201902/t20190217_288898.html。

《国家市场监督管理总局关于 2018 年第三季度食品安全监督抽检情况分析的通告》，国家市场监督管理总局官网，http://gkml.samr.gov.cn/nsjg/bgt/201902/t20190217_288891.html。

《国家市场监督管理总局关于 2018 年第四季度食品安全监督抽检情况分析的通告》，国家市场监督管理总局官网，http://gkml.samr.gov.cn/nsjg/bgt/201902/t20190217_288773.html。

B.17

2019~2020年中国生态环境形势分析与预测

生态环境部宣传教育中心社会蓝皮书课题组*

摘　要：党的十八大以来，形成并确立了习近平生态文明思想，将生态文明写入了宪法和党章。中国各级政府深入贯彻落实习近平生态文明思想和全国生态环境保护大会精神，大力推动绿色发展理念深入人心，加快推进生态文明顶层设计和制度体系建设，生态环境治理能力不断增强，生态环境质量持续改善。2020年是包括污染防治在内的“三大攻坚战”收官之年，中国将继续坚持以习近平生态文明思想为指导向内涵式高质量发展迈进，生态文明建设战略定力继续加强，通过构建全民参与的生态环境保护体系，为建设美丽世界做出积极贡献，表达中国愿景、贡献中国力量。

关键词：习近平生态文明思想　环境保护　可持续发展　生态环境治理　绿色生活方式

* 课题组成员：贾峰，生态环境部宣传教育中心主任，《世界环境》杂志社社长兼总编辑，研究员；杨珂，生态环境部宣传教育中心，博士，副研究员，环境公共关系与战略传播研究所副所长；田烁，生态环境部宣传教育中心，硕士，工程师，环境公共关系与战略传播研究所所长助理；黄瀞漪、梅斯勒、唐玉佳、栾雪菲，生态环境部宣传教育中心，硕士，工程师，环境公共关系与战略传播研究所项目主管；周恋彤、赵晓艺，生态环境部宣传教育中心，硕士，助理工程师，环境公共关系与战略传播研究所项目主管。

2019 年，是新中国成立 70 年。70 年来，中国共产党历代领导集体在带领中国人民站起来、富起来到强起来的历史进程中，立足国情，深刻把握人类社会发展规律，持续关注人与自然关系，着眼不同历史时期社会主要矛盾发展变化，总结我国发展实践，借鉴国外发展经验，将环境保护和生态文明建设，逐步贯穿于执政理念和实践形态之中。中国正处于实现“两个一百年”奋斗目标的光辉历程之中。党的十八大以来，形成并确立了习近平生态文明思想，将生态文明写入了宪法和党章。中国各级政府深入贯彻落实习近平生态文明思想和全国生态环境保护大会精神，大力推动绿色发展理念深入人心，加快推进生态文明顶层设计和制度体系建设，坚决打好污染防治攻坚战，绿色发展成效明显，生态环境质量持续改善。

一　中国生态环境保护现状

（一）生态环境保护取得重大进展

2018 年，中国聚焦打赢蓝天保卫战等七大标志性战役，全力以赴打好污染防治攻坚战，生态环境保护工作取得重大进展，生态环境质量持续改善。

1. 空气改善幅度大，国际上无先例

蓝天保卫战取得了明显成效。2018 年，全国 338 个地级及以上城市优良天数比例为 79.3%，同比提高 1.3 个百分点。细颗粒物（$PM_{2.5}$）浓度为 39 微克 / 立方米，同比下降 9.3%（见图 1）。京津冀及周边地区、长三角地区、汾渭平原三大重点区域空气质量改善幅度更大，$PM_{2.5}$ 平均浓度同比分别下降 11.8%、10.2%、10.8%；北京市 $PM_{2.5}$ 平均浓度为 51 微克 / 立方米，同比下降 12.1%；浙江省 $PM_{2.5}$ 总体浓度已经达标；珠三角地区 $PM_{2.5}$ 浓度持续降低，连续四年总体达标。从“十三五”空气质量约束性指标完成情况来看，$PM_{2.5}$ 平均浓度及平均优良天数比例两个约束性指标均超额完成时序进度和年度目标要求。

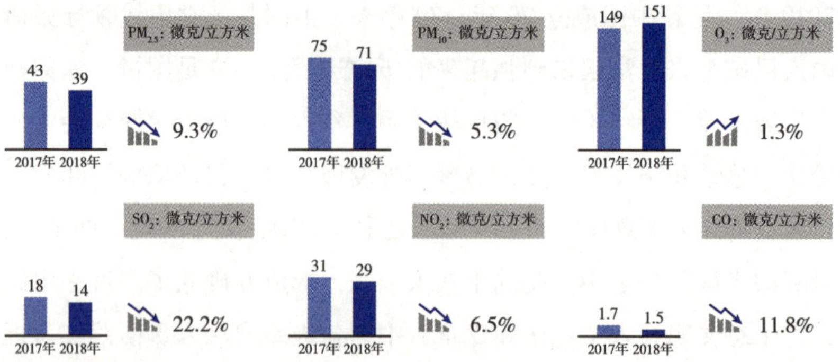

图1　2018 年 338 个城市六项污染物浓度年际比较

注：本图摘自《2018 中国生态环境状况公报》。

2019 年 1~9 月，全国 337 个地级及以上城市平均优良天数比例为 81.6%，同比下降 2.4 个百分点；$PM_{2.5}$ 浓度为 34 微克 / 立方米，同比持平；PM_{10} 浓度为 60 微克 / 立方米，同比下降 1.6%；O_3 浓度为 152 微克 / 立方米，同比上升 6.3%；SO_2 浓度为 11 微克 / 立方米，同比下降 15.4%；NO_2 浓度为 25 微克 / 立方米，同比上升 4.2%；CO 浓度为 1.3 毫克 / 立方米，同比持平。1~9 月，京津冀及周边地区“2+26”城市平均优良天数比例为 49.8%，同比下降 7.4 个百分点；$PM_{2.5}$ 浓度为 54 微克 / 立方米，同比上升 1.9%（见表 1）。

表 1　全国环境空气质量改善情况

类目	优良天数比例（%，百分点）				$PM_{2.5}$（微克 / 立方米，%）			
	2018 年	同比变幅	2019 年 1~9 月	同比变幅	2018 年	同比变幅	2019 年 1~9 月	同比变幅
总体	79.3	↑ 1.3	81.6	↓ 2.4	39	↓ 9.3	34	持平
京津冀及周边地区“2+26”城市	50.5	↑ 1.2	49.8	↓ 7.4	60	↓ 11.8	54	↑ 1.9
汾渭平原	54.3	↑ 2.2	59.4	↓ 4.0	58	↓ 10.8	51	↑ 2.0
北京市	62.2	↑ 0.3	60.4	↓ 4.4	51	↓ 12.1	42	↓ 10.6

注：根据生态环境部发布的数据整理。

2. 全国水环境质量总体改善

碧水保卫战方面，2018 年，全国地表水优良（Ⅰ～Ⅲ类）水质断面比例为 71.0%，同比提高 3.1 个百分点；劣Ⅴ类断面比例为 6.7%，下降了 1.6 个百分点。其中，黄河流域水质改善比较明显，2018 年好于Ⅲ类水比例提高了 8.7 个百分点，远超过全国平均水平，劣Ⅴ类断面比例下降了 3.7 个百分点（见图 2）。海洋生态环境状况总体稳中向好，夏季一类水质海域面积同比略有增加，劣四类水质海域面积同比略有减少，近岸海域优良海水比例上升（见表 2）。

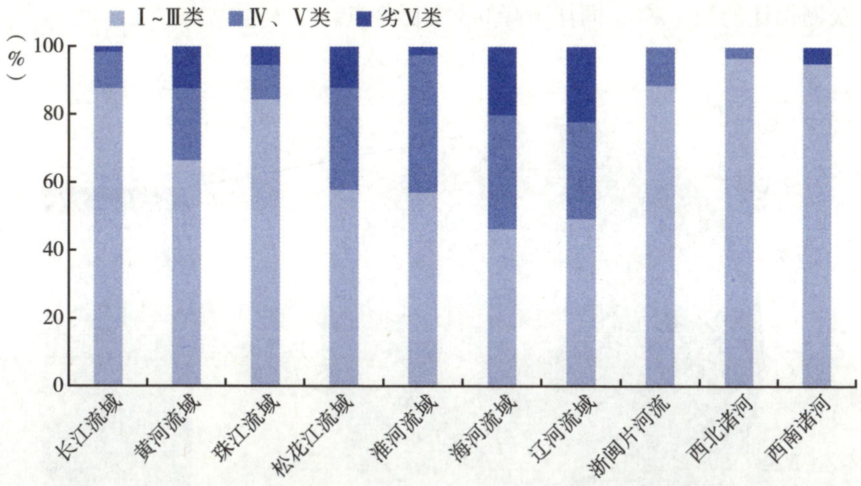

图 2　2018 年七大流域和浙闽片河流、西北诸河、西南诸河水质状况

注：本图摘自《2018 中国生态环境状况公报》。

表 2　2018 年四大海区近岸海域水质比例年际比较

单位：%，百分点

海区	比例					比 2017 年变化				
	一类	二类	三类	四类	劣四类	一类	二类	三类	四类	劣四类
渤海	50.6	25.9	9.9	2.5	11.1	30.8	-22.2	-4.9	-4.9	1.2
黄海	38.5	53.8	4.4	1.1	2.2	1.1	8.7	-5.5	-4.4	0.0
东海	21.2	31.0	10.6	4.4	32.7	5.3	0.0	-1.8	-5.3	1.7
南海	69.7	10.6	3.0	3.8	12.9	12.1	-7.6	-2.3	0.0	-2.3

注：本表摘自《2018 中国生态环境状况公报》。

通过全国集中式饮用水水源地环境整治，截至2018年底，1586个水源地6251个问题整改率达99.9%；通过推进黑臭水体整治，36个重点城市1062个黑臭水体中，1009个消除或基本消除黑臭，消除比例达95%。2.5万个建制村完成环境综合整治。浙江开展的“千村示范、万村整治”更是荣获2018年联合国地球卫士奖。

2019年1~6月，全国地表水国控断面Ⅰ~Ⅲ类水体比例为74.5%，同比提高4.4个百分点；劣Ⅴ类断面比例为4.3%，同比下降2.6个百分点（见图3）。其中，长江流域水质好于Ⅲ类断面比例为90.4%，同比上升6.9个百分点，劣Ⅴ类断面比例为1.2%，同比下降0.8个百分点。

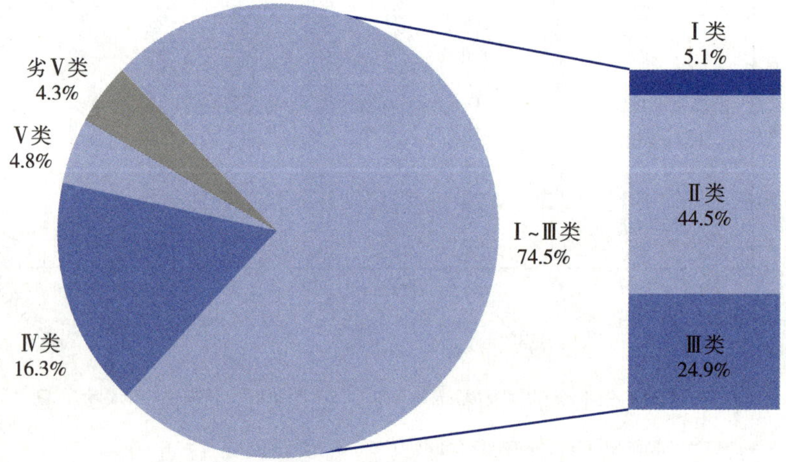

图3　2019年1~6月全国地表水水质类别比例

注：本图摘自《2018中国生态环境状况公报》。

3. 土壤环境风险得到有效管控

在净土保卫战方面，中国严厉打击固体废物及危险废物非法转移和倾倒行为。“清废行动2018”挂牌督办的1308个突出问题中1304个完成整改，整改率达99.7%。禁止洋垃圾入境效果明显，并得到广大群众的普遍赞扬。截至2018年底，全国固体废物进口总量2263万吨，同比减少46.5%，其中限制进口类固体废物进口量同比减少51.5%。此外，中国31个省（区、市）和新疆生产建设兵团的农用地土壤污染状况详查工作完成，全国土壤环境信息管理平台建成;《工矿用地土壤环境管理办法（试行）》及农用地和建设用地土壤污染风险管控标准出台；有关部门联合部署开展了涉镉等重金属行业污染耕地风险排查整治、耕地土壤环境质量类别划分试点等工作。《“无废城市”建设试点工作方案》出台后，受到社会广泛关注。从2019年起全国地级及以上城市全面启动生活垃圾分类工作，全民参与垃圾减量和资源循环利用的热情不断高涨。

4. 自然生态状况实现总体改善

2018年，生态环境质量“优”和“良”县域面积占国土面积的比例由42.0%提高到44.7%，“一般”比例下降0.7个百分点，“较差”和“差”比例下降1.9个百分点。全国森林覆盖率提高到22.96%，近20年来我国新增植被覆盖面积约占全球新增总量的25%，居全球首位。人民群众切实感受到生态环境质量改善给生活带来的积极变化。

2019年初，自然资源部和生态环境部共同决定部署开展生态保护红线评估工作，并将生态保护红线纳入国土空间规划和政府综合决策，建立并完善管理机制。随着中国山水林田湖草生态保护和修复工程的实施、以国家公园为主体的自然保护地体系的构建、生态保护红线的划定和国土绿化行动的开展，国家生态安全屏障得到不断巩固，生态系统的稳定性和质量显著提升，中国人民生于斯、长于斯的家园日益美丽动人。

（二）中国绿色发展新动能对外输出

2019年，中国不断加强国际合作与交流，深度参与全球环境治理，已成为全球生态文明建设的重要参与者、贡献者、引领者。中国率先发布《中国落实2030年可持续发展议程国别方案》，引领全球气候变化谈判进程。数据显示，中国已成为世界利用清洁能源第一大国，风电、光伏发电装机规模和核电在建规模均居世界第一。过去一个时期碳排放快速增长的局面初步扭转，为落实2030年国家自主贡献目标奠定坚实基础。

1. 国际交流不断扩大，合作成果大量涌现

中国已批准加入50多项与生态环境有关的多边公约和议定书。作为世界上最大的发展中国家和负责任大国，中国在生态环境问题上，对内始终贯彻创新、协调、绿色、开放、共享的发展理念，稳步推进绿色发展；对外积极参与国际社会环境保护和合作，推进“全球绿色治理”体系的实施，以实际行动践行对环境责任的承诺。

2019年是中国加入《保护臭氧层维也纳公约》30周年。30年来，中国政府始终认真履行《保护臭氧层维也纳公约》和《关于消耗臭氧层物质的蒙特利尔议定书》要求，始终以“零容忍”态度严厉打击涉ODS（消耗臭氧层物质）非法行为，已连续两年在全国范围开展ODS专项执法行动。2019年，中国进一步加强CFC-11① 主要原料的源头管控，对全部16家副产四氯化碳② 企业实施24小时驻厂监督，并实施在线监控。对11个省份泡沫制品等企业开展执法检查，以实际行动坚决维护议定书。中国已如期实现议定书规定的各阶段履约目标，累计淘汰ODS约28万吨，占发展中国家淘汰量的一半以上。

在气候变化方面，中国加强与印度、巴西、南非以及其他国家的合作，包括广大发展中国家的南南合作，持续推动气候多边进程，为应对全球气候变化、构建人类命运共同体做出中国贡献。

2. 中国生态文明建设为全球生态环境保护提供了中国思想、中国方案和新的价值观

中国生态环境保护理念实现了从过去的借鉴、跟随到原创性引领的质的飞跃。中国秉持共商共建共享的全球治理观，已经登上“全球绿色治理”的舞台中央，制定“全球绿色治理”战略，主动承担适当的“全球绿色治理”

---

① 一氟三氯甲烷，氟利昂-11，曾作为发泡剂广泛应用于工业生产，但因对臭氧层破坏严重，被限期淘汰。依据《关于消耗臭氧层物质的蒙特利尔议定书》，发展中国家可以使用CFC-11至2010年1月1日。中国政府2007年已发布禁令，规定从2008年1月1日起，任何企业不得在产品生产和施工过程中使用氯氟烃物质作为发泡剂，其中包括CFC-11。

② 四氯化碳（CTC），化工原料，曾广泛用作溶剂、灭火剂、有机物的氯化剂、金属切削润滑剂等，但其具有毒性和破坏臭氧层的作用。按照《关于消耗臭氧层物质的蒙特利尔议定书》的规定，我国承诺在2009年底之前淘汰所有作为加工助剂的四氯化碳。由于四氯化碳是生产CFC-11必需的原料，因此作为工业副产品产生的四氯化碳被重点监管。

领导责任。

绿色“一带一路”建设正是践行“共商共建共享的全球治理观”的重要体现。习近平主席多次强调，要把“一带一路”建成“绿色之路”；要坚持开放、绿色、廉洁理念，将绿色作为底色，推动绿色基础设施建设、绿色投资、绿色金融发展。“一带一路”倡议从发起到实施，从理念、愿景到实施落地取得了非常明显的进展和很大成效。

在中国西北地区，合理利用资源、退耕还林还草、加强环境保护的科学发展已经普遍展开，植被覆盖面积不断扩展，不少原本干旱的地方气候变得湿润，降雨量增多。从污染防治、生态修复等领域的经验交流到推进绿色基础设施建设，从绿色产能及装备制造合作到推进绿色金融、绿色贸易体系的发展，中国与沿线国家、地区正在用实际行动，将“一带一路”建设成绿色之路。

中国方案为发展中国家在绿色治理和发展方面做出了榜样，也为全球绿色治理和发展做出了重要贡献。

（三）存在的问题——公众参与环境保护知行分离

随着污染防治攻坚战进入“深水区”，“生态环境保护影响经济发展”的声音不时出现。生态环境保护和经济发展不是矛盾对立的关系，而是辩证统一的关系。严格环境执法，不仅能解决一些老百姓身边的环境问题，改善环境质量，也能促进经济结构调整、加快新旧动能转换、使社会公众对生态环境保护与经济发展的关系的认识更加理性客观。

2019 年 5 月发布的我国《公民生态环境行为调查报告（2019 年）》显示了近年来全国公众生态环境行为方面的现状。调查发现，当前公众普遍认可生态环境保护的重要意义，但在实际中仍存在知行分离的现象。

1. 公众普遍认可自身行为对生态环境保护的重要意义

公众普遍认可自己在关注生态环境、节约能源资源、践行绿色消费、选择低碳出行、分类投放垃圾、减少污染产生、呵护自然生态、参加环保实践、参与监督举报等方面的行为对生态环境保护较为重要。超八成的受访者认为

“选购绿色产品和耐用品、不买一次性用品和过度包装商品”“日常出行以步行、骑自行车或乘坐公共交通工具为主”“不购买使用食用珍稀野生动植物或其他制品”对于保护生态环境有重要作用。

2. 绿色生活方式理念逐渐深入人心

公众在呵护自然生态、节约能源资源、减少污染产生、绿色低碳出行和关注生态环境等5个领域践行度较高。这些生态环境行为具有良好的环境效益，同时降低生活开支、有益健康、操作方便易行。传统节庆习俗和生活方式中不符合环保理念的行为习惯已开始发生扭转，绿色生活方式理念逐渐深入人心。

3. 部分领域存在“高认知度、低践行度”的现象

公众在践行绿色消费、分类投放垃圾、参加环保实践和参与监督举报等领域仍存在“知多行少”的现象。超过五成的受访者在购物时未能经常自带购物袋，超四成受访者认为自己在“选购绿色产品和耐用品、不买一次性用品和过度包装商品”行为上做得一般。即使在当前社会热度极高的垃圾分类方面，公众对垃圾分类对保护生态环境的重要性认知度（高达92.2%）与实践情况仍存在巨大差距，仅30.1%的受访者认为自身在这方面做得“非常好”和“比较好”。

4. 公民生态环境行为规范仍需普及

关注生态环境信息，了解相关知识和政策，提升自身意识和环境素养，是公众参与生态环保工作的基础。虽然81.6%的受访者知道《公民生态环境行为规范（试行）》发布，但对公民生态行为规范的具体内容和践行方式仍了解有限，需更广泛地普及相关知识。

5. 推进政府、企业、公众共同参与的环境治理体系

受访者认为影响行为实践的因素主要有三类，一是个人层面因素，二是政策制度类因素，三是平台渠道类因素。引导和鼓励公众主动参与生态环境保护，自觉践行生态环境行为，需要政府、企业、社会组织等多方共同努力，加快推进政府为主导、企业为主体、社会组织和公众共同参与的环境治理体系。

二 中国生态环境形势展望

（一）环境保护对发展转型的驱动能力增强

1. 以“两山论”为指引拓展发展内涵

片面追求 GDP 增长的粗放型、消耗型发展模式，会给长远发展留下隐患。以“绿水青山就是金山银山”（以下简称“两山论”）为代表的系列创新理论是习近平生态文明思想的核心内容。“两山论”是马克思主义发展观与中国特色社会主义道路相结合的产物，是解决当前中国面临的可持续发展问题的科学方法论。“两山论”将“绿水青山”与“金山银山”有机统一起来，通过走资源消耗最小化、环境损害最低化、社会经济效益最大化的发展之路，解决发展中存在的不平衡、不协调、不可持续等问题，丰富了马克思主义发展观的内涵。

2. 生态环境保护加快推动形成绿色发展方式

推动形成绿色发展方式和生活方式，是发展观的一场深刻革命。随着生态文明理念日益深入人心，良好的生态环境成为满足人民群众利益和需求的增长亮点，绿色成为美好生活的底色。损害甚至破坏生态环境的发展模式愈加不得民心，以牺牲生态环境换取一时一地经济增长的做法愈加受到摒弃。创建绿色家庭、绿色学校、绿色社区、绿色商场、绿色餐馆等，倡导鼓励绿色消费、绿色居住、绿色出行，在中国社会具有广泛的群众基础。随着绿色低碳消费方式的推广，生产方式和发展方式的绿色转型也必将加速。

3. 从系统工程和全局角度寻求新的治理之道

在习近平生态文明思想的引领下，中国推进美丽中国建设、实现人与自然和谐共生的社会合力日趋强大。习近平生态文明思想处处体现了系统性、整体性、协同性思维。无论是从长远还是当前、无论是从全局还是局部、无论是从整体还是部分，推进美丽中国建设已逐渐深入中国各地发展谋篇布局的“基因”当中。在未来发展中，各地将从系统工程和全局角度寻求新的治理之道，增强各项措施的关联性和耦合性，头痛医头、脚痛医脚，各管一摊、相互掣肘的状况将从根本上被杜绝。

4. 用最严格的制度、最严密的法治保护生态环境

“用最严格制度最严密法治保护生态环境，加快制度创新，强化制度执行，让制度成为刚性的约束和不可触碰的高压线。”①这是新时代推进生态文明建设的一项重要原则。

保护生态环境，最根本的是要靠制度，法规制度的生命力在于执行。贯彻执行法规制度关键在真抓，靠的是严管。总体上看，我国生态环境质量持续好转，出现了稳中向好的大趋势，但成效还不稳固，必须咬紧牙关，一寸不能让，一步不能松。中国仍将在构建全方位、多角度、立体化保护生态环境的生态文明制度体系上久久为功、驰而不息。

（二）全民参与生态环境保护的内容方式将愈加丰富

随着公众对优质生态产品的需求继续扩大，环境治理中深层次矛盾问题也将更加凸显，而推进以政府为主导、以企业为主体、社会组织和公众共同参与的环境治理体系的需求愈加迫切。曝光生态环境问题及整改情况，推进信息公开和公众参与，完善公众监督、举报反馈机制，引导公众践行公民生态环境行为规范，推动环保社会组织和志愿者队伍规范健康发展，以及环保设施不断升级完善和向社会开放，成为当前完善社会环境治理体系不可或缺的组成内容。

1. 推进信息公开，曝光生态环境问题及整改情况

随着依法行政能力增强和社会监督力量不断加大，各级政府生态环境信息公开的广度、深度将不断拓展，政府决策对公众意见的重视程度也不断加大。“主动客观曝光生态环境问题也是正面宣传”已成为生态环境治理中的新形态，对各界自觉遵守生态环境法律法规和践行绿色发展原则发挥更加强有力的约束作用。

---

① 《习近平总书记在全国生态环境保护大会上的讲话》，新华社北京 2018 年 5 月 19 日电。

2. 公众监督和公众参与机制将更加完善

中国特色社会主义制度决定了我们党和政府与公众在环保领域的根本利益是一致的。许多问题线索都来自群众信访举报，这充分体现出强化监督对加强环境治理的重要作用。随着环境治理能力的提升，公众有效参与环境治理的机制将不断加强和完善，通过手机移动端进行环境监督的便利性不断增强，将有越来越多的公众成为生态环境保护的同盟军。

3. 环保社会组织和志愿者队伍的发展健康规范

在习近平生态文明思想的指导下，生态环境法制不断完善，社会共治水平不断提高，社会组织通过法律赋予的环境公益诉讼权，成为推动全社会更加守法、自觉向绿色发展转型的重要力量。环境公益诉讼也将在实践中不断完善，环保社会组织将继续发挥好监督作用，并加强行业自律，不断凝聚参与打好污染防治攻坚战的合力。

4. 公民生态环境行为规范需得到更广泛传播

绿色消费的社会风尚将在全社会范围内得到倡导，公众践行公民生态环境行为规范的意识将不断增强，公众参与环境决策的积极性将得到进一步提升。为大力增强公民建设美丽中国、履行环境责任义务的自觉性、积极性和主动性，引导公众向绿色低碳生活方式和消费模式转变，制度的引导和约束作用将得到进一步优化，环境监督和共治相互支撑，环境保护全民群策群力、全社会齐抓共管的局面将进一步打开。

5. 进一步推进环保设施向社会开放

随着公众对生态环境质量要求的提升和个人权利意识的增强，公众对公共环保设施，特别是城市污水、垃圾处理设施建设的“邻避”心理不断增强，并将长期存在。从积极的一面看，“邻避”问题能够倒逼政府社会治理能力和治理水平的提升；但从社会发展和保障民生的一面看，需要在保障公众环境知情权、参与权、监督权的同时，有效提升公众对公共环保设施的科学认知水平，提高各方共商共建共享能力。推动环保设施向公众开放，是推动全社会参与生态环境保护的有效措施。

《关于进一步做好全国环保设施和城市污水垃圾处理设施向公众开放工作

的通知》要求，到2020年，全国所有地级及以上城市至少1座环境监测设施、1座城市污水处理设施、1座垃圾处理设施、1座危险废物集中处置或废弃电器电子产品处理设施都会定期向公众开放，接受公众参观。地级及以上城市有条件的地方，四类设施将全部开放。

（三）为建设美丽世界做出积极贡献

1. 表达中国愿景，共建美丽世界

中国在应对气候变化、治理海洋垃圾以及保护生物多样性等领域的国际合作不断加强。

在应对气候变化方面，中国对加强气候变化国际合作做出坚定承诺，遵守《联合国气候变化框架公约》原则和公平、共同但有区别的责任及各自能力原则，为共同应对气候变化的国际合作注入政治动力。促进实现《联合国气候变化框架公约》和《巴黎协定》目标以及实现可持续发展目标的全球共同努力，推动建立基于自然的解决方案联盟，协调一致地解决生物多样性丧失、减缓和适应气候变化以及土地和生态系统退化问题。调动资源用于适应和减缓气候变化，使资金流动符合实现温室气体低排放和气候韧性发展的路径；确保国际融资，特别是在基础设施领域的融资，与可持续发展目标和《巴黎协定》相符。

在治理海洋垃圾方面，倡导所有国家根据《联合国海洋法公约》制定一项具有法律约束力的国际文书，以养护和可持续利用国家管辖海域外生物多样性。促进海洋生态系统的养护和恢复，根据《南极海洋生物资源养护公约》促进对南极海洋生物资源的养护。针对海洋垃圾问题，迅速采取适当的国家行动，防止和显著减少塑料垃圾和微塑料向海洋的排放。

在保护生物多样性方面，2020年，《生物多样性公约》第十五次缔约方大会（COP15）将在中国举办，“生态文明：共建地球生命共同体”成为第十五次缔约方大会（COP15）的主题，这将是联合国首次以“生态文明”为主题召开的全球性会议，顺应了世界绿色发展潮流，表达了全世界人与自然和谐共生、共建共享地球生命共同体的愿望和心声，彰显了习近平生态文明

思想的鲜明世界意义。各国最高级别的政治领导人将共同制定和通过一个兼具雄心与实际意义的 2020 年后全球生物多样性框架，到 2030 年扭转生物多样性丧失的曲线，实现到 2050 年与自然和谐相处的愿景。

2. 潜力巨大的环保产业市场将有利于中外环保企业公平竞争合作

当前，我国国内环保市场扩张速度快、成长劲头足、发展潜力巨大，为广大环保企业加强科技创新，提高技术设备性能，降低生产和使用成本，加快技术成果产业转化，提供了巨大的机遇，促使其在环保产业发展、推进生态环境治理中发挥生力军的作用。另外，环保企业自身也需要严格遵守国家环保法规标准，不断降低污染物排放，在履行企业环保责任方面做表率。

随着中国大力推进污染治理和生态环境保护，中国的环保市场将不断释放更大需求，为国外环保企业带来越来越多的发展机会。国际环保企业积极参与中国生态环境治理，分享先进技术、设备和管理经验，并向国际同行广泛宣传中国在生态环境治理方面做出的积极努力，将为中国生态环境保护国内外合作交流注入新的动力。

未来，促进环保产业发展的政策措施将不断完善，公平竞争的市场环境将日趋良性，环保企业发展难题将逐步解决。这其中，行业协会将发挥桥梁纽带作用，为企业服务、为行业服务、为政府服务，通过行业自律，促进创新和产业技术进步，推动环保产业健康发展。

3. 中国生态环境保护形成区域可持续发展的强劲动力

在共建“一带一路”的过程中，中国始终秉持绿色生态理念，促进沿线国家和地区探索绿色、低碳、循环、可持续的发展路径，实现经济发展与环境保护的双赢。制定印发《关于推进绿色“一带一路”建设的指导意见》《“一带一路”生态环保合作规划》，从顶层角度明确了总体思路、目标和任务；与沿线国家的生态环境保护部门以及有关国际组织共签订 50 多份合作文件，正式成立“一带一路”绿色发展国际联盟，合作机制不断健全完善；启动“一带一路”绿色供应链平台，成立了澜沧江－湄公河环境合作中心、中柬环境合作中心，积极筹建中非环境合作中心，不断搭建扩展合作平台；定期举办“一带一路”国际合作高峰论坛及绿色之路分论坛，组织一系列研讨交流活动，有效推动了政策对话；帮助沿线发展中国家加强生态环境保护，每年支持300多名发展中国家人员来华进行交流培训，在深圳正式设立了“一带一路”环境技术交流与转移中心，能力建设得到不断加强。

“一带一路”建设正在为沿线国家和地区的可持续发展提供源源不断的动力，成为区域共建共治共享绿色可持续未来的优秀案例。

参考文献

中华人民共和国生态环境部:《2018 中国生态环境状况公报》，http://www.mee.gov.cn/home/jrtt_1/201905/W020190529619750576186.pdf，2019 年 5 月 29 日。

生态环境部环境与经济政策研究中心课题组:《公民生态环境行为调查报告（2019 年）》,《环境与可持续发展》2019 年第 3 期。

中华人民共和国中央人民政府:《习近平出席全国生态环境保护大会并发表重要讲话》，http://www.gov.cn/xinwen/2018-05/19/content_5292116.htm，2018 年 5 月 19 日。

B.18

2019：百年变局下的中国职工劳动关系现状

乔 健*

摘 要：2019年在经济下行和贸易摩擦加剧的背景下，职工就业仍平稳增长，但调查失业率略有增加；工资继续稳慎增长，国务院多措并举根治欠薪；社会保险扩大覆盖面，降低社保费率、减轻企业负担取得明显进展；安全生产事故总量下降，尘肺病防治攻坚行动展开；劳动争议攀升，出口加工区群体性劳资纠纷回升。针对新业态劳动者的现存问题，本报告讨论了新业态劳动者权益保护的规制努力和政策建议，并概括了不同职工群体的现状，产业工人队伍建设的进展、出台的政策、各地做法及存在的问题。

关键词：新业态劳动者 数字经济规制 产业工人队伍建设

2019年适逢新中国成立70周年，也面临“百年未有之大变局”。年初，习近平总书记即在中央党校省部班强调着眼大变局，坚持底线思维，增强忧患意识，防范化解政治、意识形态、经济、科技、社会、外部环境、党的建设等领域重大风险。在劳动保障领域，这种风险主要表现为经济下行期职工的就业压力从高速度外延式增长向高质量内涵式发展过渡中，经济结构调整、中美贸易摩擦及新商业模式涌现，给职工带来的劳动关系转换和就业方式变化。

* 乔健，中国劳动关系学院国际交流合作处处长，副教授，主要从事劳动关系、职工状况和工会研究。

一　经济下行期的劳工阶层现状

（一）就业仍平稳增长，但调查失业率略有增加

2019 年 1~9 月，就业保持总体平稳。前三季度全国城镇新增就业 1097 万人，基本完成全年目标任务。三季度末，城镇登记失业率为 3.61%，同比下降 0.21 个百分点。9 月，全国城镇调查失业率为 5.2%，同比略增 0.3 个百分点，但低于 5.5% 的预期控制目标。劳动力市场供求基本平衡。三季度，100 个城市公共就业服务机构市场求人倍率为 1.24。重点群体就业亦保持稳定。2019 届高校毕业生就业水平与往年基本持平，1~9 月就业困难人员实现就业 133 万人，已完成全年 130 万人的目标任务。

就业形势平稳，得益于经济总量继续扩大，同时也与就业政策落实力度加大相关。一是落实国务院促进就业新政策，出台就业补助资金使用监管暂行办法，加大失业保险援企稳岗工作力度。1~9 月，全国共有 75 万户企业享受到稳岗返还 275 亿元，惠及职工 3993 万人，81 万人次领取技能提升补贴 12.9 亿元。二是抓好重点群体就业，实施三年百万青年见习计划、青年就业启航计划和稳就业百日攻坚行动，出台高校毕业生就业创业新政策。制定进一步规范招聘行为、促进妇女平等就业政策。三是促进创业带动就业。四是加强公共就业服务。进一步精简证明材料和优化申办程序，便利就业补贴政策享受。开展春风行动、就业援助月、民营企业招聘周、高校毕业生就业服务行动等活动。五是切实兜牢民生底线。对就业困难人员开展“一对一”帮扶，确保零就业家庭动态清零。对生活困难的失业人员及时发放失业保险金，保障其基本生活。①

当前宏观就业压力很大，不利表现主要有：一是从 2019 年一季度领取失业保险金人数看，同比增速已连续 5 个季度上升，城镇失业人员再就业人数 2019 年 1~5 月同比减少 9.1%，就业困难人员就业人数同比减少 4.2%。二是

---

① 《人社部 2019 年第三季度新闻发布会》，中国网，2019 年 10 月 21 日。

制造业和非制造业 PMI 从业人员指数均趋势性下滑。2019 年 6 月制造业 PMI 从业人员指数降至 46.9%，为 2009 年 3 月以来新低；非制造业 PMI 从业人员指数降至 48.2%，连续 2 个月下滑。三是中国人民大学和智联招聘 CIER 指数二季度仍处于低位。CIER 指数为智联招聘网站上招聘需求和申请人数的比值，2019 年二季度为 1.89，虽同比微升但仍处低位。分区域看，2019 年二季度东部、中部、西部和东北地区的 CIER 指数分别为 1.18、1.14、0.92、0.66，同比均有所下滑，且东部地区下滑最大。三季度 CIER 指数为 1.92，略高于前一季度，但低于上年同期水平（1.97）。四是百度指数 2019 年上半年求职相关关键词搜索量暴增。“找工作”“招聘”“招工信息”“失业金”等关键词近 90 天的百度搜索量分别同比上涨 482%、492%、80%、122%。

总体上看，就业呈现稳中趋缓的格局。国务院要求，实施就业优先政策，继续抓好就业政策落实服务落地专项行动，做好稳就业政策储备。确保减税降费政策不打折扣落地见效，着力缓解民营、小微企业融资困难。聚焦企业关切，加大“放管服”改革、优化营商环境力度，带动更多就业。特别是发挥新产业新业态促进拓展新就业岗位的作用。推动“互联网 +”、数字经济、平台经济等在更多领域发展，大力发展养老、托幼、健康等现代服务业，壮大新动能，释放就业潜力。①

（二）职工工资继续稳慎增长，国务院多措并举根治欠薪

1~9 月，全国居民人均可支配收入 22882 元，同比名义增长 8.8%，实际增长 6.1%，与经济增长基本同步。城镇居民人均可支配收入 31939 元，实际增长 5.4%。2018 年农民工月均收入 3721 元，比上年增加 236 元，增长 6.8%，增速比上年提高 0.4 个百分点。分行业看，制造业、建筑业、交通运输仓储和邮政业收入增速分别比上年提高 1.9 个、1.1 个和 0.1 个百分点；居民服务、修理和其他服务业收入增速与上年持平；批发和零售业、住宿和餐饮业收入增速分别比上年回落 0.4 个和 0.8 个百分点。②

① 《李克强主持召开部分省份稳就业工作座谈会》，中国就业网，2019 年 8 月 20 日。

② 国家统计局：《2018 年农民工监测调查报告》，国家统计局官网，2019 年 4 月 29 日。

在最低工资方面，截至2019年8月，全国仅有4个省市上调最低工资标准。调整后，上海、北京、广东、深圳、天津、江苏、浙江等省市月最低工资标准超过2000元。其中，上海月最低工资标准达到2480元，为全国最高。小时最低工资标准最高的是北京的24元，天津、上海、广东等省市都超过了20元。2019年是最低工资标准调整面最小的年份，调幅依然是审慎放缓，主要是考虑到当前经济稳中有缓、下行压力大的情况。

截至10月初，全国已有北京、天津、上海、山西、山东、内蒙古、陕西、云南、江西、贵州、辽宁、新疆以及新疆生产建设兵团发布2019年企业工资指导线方案，指导线基准线在5%~8.5%。多地企业工资指导线的上线、下线标准呈现温和调整状态。与2018年相比，山西省的下线保持不变，基准线和上线均下调0.5个百分点；云南省上线和基准线保持不变，下线则上调了1个百分点。多地在2019年企业工资指导线的通知中要求，要着力提高一线职工工资水平。北京市要求，积极开展工资集体协商，着力提高工资水平偏低、工资增长缓慢的普通职工，特别是生产一线及技术工人岗位人员工资水平。①

在工资拖欠方面，据披露，2008年农民工欠薪率是4%，到2018年降低到0.6%左右。拖欠原因主要是建筑市场秩序不规范，虽经治理有所好转，但违法分包、层层转包、垫资施工等屡有发生。此外，中美贸易摩擦影响到某些外向型企业，导致经营困难，欠薪概率提高。②

为达到2020年实现农民工工资基本无拖欠的目标，2019年8月，成立国务院根治拖欠农民工工资工作领导小组，并于7~8月在全国范围内开展了为期40天的根治欠薪夏季专项行动。各地对工程建设领域的农民工工资支付情况进行地毯式全面排查，通过对施工企业落实按月足额支付工资、工资保证金、农民工实名制管理、农民工工资专用账户等保障工资支付制度情况的监督检查，进一步扎紧制度篱笆，规范企业日常工资支付行为。专项行动期

① 《多地陆续发布企业工资指导线方案——企业工资怎么涨有说法了》，中国政府网，2019年10月30日。

② 《国新办举行打击恶意欠薪犯罪新闻发布会》，国新网，2019年10月30日。

间，全国共出动执法人员5.45万人次，检查在建工程项目10.5万个，占此间全部在建项目的78%，为13.12万名农民工补发工资（待遇）21.85亿元，向公安机关移送涉嫌拒不支付劳动报酬罪案件202件，同时向社会公布了重大欠薪违法事件307件，依法列入欠薪黑名单的191条。

同时，人社部、最高人民法院、全国总工会、全国工商联、中国企联共同下发了《关于实施"护薪"行动全力做好拖欠农民工工资争议处理工作的通知》，要求加强拖欠农民工工资争议预防、协商和调解，创新发展"枫桥经验"，引导用人单位与农民工通过协商解决争议；发挥基层劳动争议调解组织作用，加强调解与仲裁、诉讼衔接，妥善调处拖欠农民工工资重大集体劳动争议。8月14日，人社部发布《保障农民工工资支付条例（草案征求意见稿）》，公开向社会征求意见。征求意见稿共7章57条，包括适用范围和重点规范内容、明确政府责任、拖欠农民工工资的清偿责任主体、建设领域工程款拖欠导致欠薪的预防、建设领域用工及工资支付规范、加强监督检查及对欠薪行为的惩戒等。①

（三）社会保险继续扩大覆盖面，降低社保费率、减轻企业负担取得明显进展

截至9月末，全国基本养老、失业、工伤保险参保人数分别为9.56亿人、2.03亿人、2.5亿人，较上年底分别增加1323万人、642万人、1136万人。三项社会保险基金总收入4.17万亿元，同比增长6.3%，总支出3.91万亿元，同比增长13.1%。9月末，三项社会保险基金累计结余6.72万亿元。

政府高度重视降低社保费率、减轻企业负担问题，降低社会保险费率工作取得积极成效。5月1日降费综合方案实施以后，地方实施比较到位，显示出几个特点：一是所有养老保险单位费率高于16%的省份都已经降到16%，低于16%的少数几个省份，2019年不做调整，以后逐步过渡到位。二是所有省份2019年都调整了缴费基数上下限标准，有几个省份前些年已经做过调整。

① 《人力资源和社会保障部就〈保障农民工工资支付条例（草案征求意见稿）〉公开征求意见》，人力资源和社会保障部官网，2019年8月14日。

从2019年9月各地公布的缴费基数情况看，绝大部分省份缴费基数都有一定降幅，一般降幅在10%左右，高的达到15.5%。三是所有省份都继续阶段性降低失业保险费率，绝大部分省份都阶段性降低了工伤保险费率。四是统一了以个人身份参保的缴费政策，降低了缴费门槛。五是保持征缴方式稳定。

从降费实施效果看，这次降费切实降低了成本而受到企业普遍欢迎。1~9月，全国企业职工基本养老保险、失业保险、工伤保险减费2725.27亿元，其中5~9月执行综合方案减费2199.54亿元，9月一个月减费477亿元。预计全年降费超过3800亿元。[①] 另外，全国的费率差异明显缩小，促进了更加公平的市场竞争环境的形成。同时，缴费负担的减轻有利于激发微观主体和市场活力。比如，有的企业将降费减少的缴费用于发展生产，有的企业用于设立创新基金，激发了创新活力。

在个人得实惠上，一方面，许多企业将降费减少的缴费或是用于增加参保人员福利，或是用于增加员工培训，或是用于建立企业年金。在调研中，一些企业说这次降费能降4个点，将全部用于建企业年金。这既保持了就业稳定，也增强了企业凝聚力。另一方面，个人缴费的门槛降低，让企业和职工、个体工商户和灵活就业人员参保缴费的积极性普遍提高，形成了良性循环。

退休人员待遇水平有所提高。调整退休人员基本养老金标准，多数地区已经发放到位；提高全国城乡居民基本养老保险基础养老金最低标准，部分省份又进一步提高了基础养老金。

下一步工作，政府将加大基金中央调剂力度，帮助困难的省份确保发放，同时保持待遇平稳衔接，确保不因养老金计发基数的调整影响职工待遇。

（四）安全生产事故总量继续下降，尘肺病防治攻坚行动展开

2019年1~5月，全国发生各类生产安全事故1.5万余起，死亡1万余人，同比分别下降16%和18.1%。大部分行业领域事故也呈下降趋势。12个重点

① 《人社部2019年第三季度新闻发布会》，中国网，2019年10月21日。

行业领域中有9个（煤矿、烟花爆竹、工贸、建筑业、道路运输、铁路运输、水上运输、渔业船舶、农业机械）实现事故起数和死亡人数“双下降”。大部分地区安全生产形势稳定。32个省级统计单位中有30个事故起数和死亡人数“双下降”，25个未发生重特大事故。① 前8个月，事故起数和死亡人数同比分别下降了19.8%和19.4%，较大事故和重特大事故分别下降了17.7%和30.8%。②

但当前安全生产形势依然严峻复杂。2019年以来，化工、煤矿、金属非金属矿山、建筑施工发生多起重特大事故。特别是危化品重大事故，2017年发生重大事故2起、死亡20人；2018年发生重大事故2起、死亡43人；2019年1~8月发生重特大事故3起、死亡103人，其中江苏响水“3·21”特别重大爆炸事故导致78人死亡。前8个月，全国有1.8万人在各类生产安全事故中遇难。特别是危化品的重特大事故处于上升阶段。危化品行业中21万家企业，中小企业占80%，企业生产装备落后，安全监管力量不足，问题较为突出。

据分析，企业主体责任不落实，是事故发生的主要原因。其次是安全生产监管执法不严格，监管监察重点行业领域企业覆盖率仅为70%左右。经济处于下行期，不敢执法和不愿执法的问题较为普遍。应急管理部要求，要从防范重特大事故和防控重特大风险入手，突出煤矿和非煤矿山、危化品、交通运输等重点行业领域，着力防范行业系统性风险。通过风险评估，落实整治措施和明察暗访等超常规手段，通过约谈、督办等方法，推动地方党委政府领导责任、部门监管责任和企业主体责任的落实。

2018年全国共报告各类职业病新病例23497例，同比降低12.18%。其中，职业性尘肺病及其他呼吸系统疾病19524例（其中职业性尘肺病19468例，同比下降14.3%）。③

截至2018年底，全国累计报告各类职业病97万余例，其中约90%是

① 《国新办举行安全生产形势和安全生产月活动发布会》，国新网，2019年6月13日。
② 《国新办举行新时代应急管理事业改革发展情况发布会》，国新网，2019年9月18日。
③ 《2018年我国卫生健康事业发展统计公报》，国家卫健委官网，2019年5月22日。

职业性尘肺病（87万余例）。[①] 出于体检覆盖面不够、缺少证明资料难以诊断等原因，实际患病人数要高于报告人数。当前尘肺病防治工作面临一系列突出问题。一是用人单位主体责任和地方政府监管责任落实不到位。很多中小微型企业工作场所粉尘超标严重，部分地方政府重视不够、监管不力。二是职业性尘肺病诊断难。很多患病农民工流动性较大，常常无法提供职业史等证明材料，由此时常引发劳动争议和群体性事件。三是尘肺病农民工保障水平低。尘肺病患者需要终生治疗，因病致贫、因病返贫现象十分普遍。四是职业健康监管和尘肺病等职业病防治技术能力不足。基层职业健康监管力量薄弱，职业病防治机构缺乏专业技术人员和装备，不能适应工作需要。

2019年7月，经国务院同意，《尘肺病防治攻坚行动方案》由国家卫生健康委等10个部门联合印发，明确了攻坚行动总体要求、行动目标、重点任务和保障措施。尘肺病攻坚行动的根本目的，就是要“遏制增量”和“保障存量”。“遏制增量”就是要从根本上预防和减少新发尘肺病病人，“保障存量”就是解决好现有尘肺病病人的医疗和生活保障问题。为了解决好这两方面的问题，攻坚行动方案提出了粉尘危害专项治理、尘肺病患者救治救助、职业健康监管执法、用人单位主体责任落实和防治技术能力提升5项具体行动和相应的工作目标。

（五）劳动争议继续攀升，出口加工区群体性劳资纠纷回升

2018年，全国各地劳动人事争议调解仲裁机构共处理争议182.6万件，同比增加9.67%；涉及劳动者217.8万人，同比增加9.39%；涉案金额402.6亿元，同比下降3.3%。[②]

2019年以来，全国劳动人事争议调解仲裁案件继续攀升。以北京为例，受多种因素影响，劳动争议案件继续显著增长。北京市仲裁机构上半年共受

① 《开展尘肺病防治攻坚　保障劳动者健康权益》，国家卫健委官网，2019年9月18日。

② 《2018年度人力资源和社会保障事业发展统计公报》，人力资源和社会保障部官网，2019年6月11日。

理劳动人事争议案件 6 万余件，同比增长 33%；已审结 4.9 万余件，结案率为 81%，调解率为 53%，终局裁决率为 33%。案件的特点为：一是劳动人事争议案件再创新高。全市仲裁机构受理案件同比增加 30% 以上，相当于 2010 年推进仲裁机构实体化初期案件量两倍以上，创历年同期新高。二是涉案企业类型较为集中，非公企业争议占案件总数的近 95%。三是争议诉求相对集中。近 80% 的争议案件由劳动报酬、经济补偿和赔偿金引发，劳动者诉求以经济利益为主。总体上看，受疏解非首都功能、经济增速放缓等因素影响，劳动人事争议案件将持续高发，案件总量多、争议主体多元化、诉求多样化、案情复杂化的趋势更加明显。案多人少矛盾凸显，由于街道机构改革，基层调解组织建设更加困难，专业化程度不高，调解人员、经费不足等问题更加明显，影响基层调解组织作用发挥。[①] 前三季度，北京市劳动人事争议仲裁机构受理争议案件 9.3 万余件，同比增长 37.4%。

在群体性纠纷方面，2019 年上半年，深圳工会报送劳资纠纷案件同比大幅增加，劳资纠纷呈上升趋势。主要原因是在中美贸易摩擦和经济下行压力的大环境下，一些企业因出口订单量大幅下降、营收锐减导致经营困难，开始实施下调职工工资、安排职工放假、裁员、搬迁等一系列减少成本的措施，由此产生了一些影响职工队伍稳定的劳资纠纷。同时，在产业升级转型的背景下，一些企业的关停并转迁，使职工面临安置分流、生活困难等压力，一些企业罔顾员工利益，侵犯员工合法权益的行为时有发生。

二　对数字经济用工进行政策规制的努力

（一）数字经济工作在我国的主要特征[②]

现阶段，稳就业是中国经济发展的首要任务，而数字经济的持续快速发

① 北京市劳动保障法学会编《京津冀第二十一届劳动人事争议案例研讨会会议材料》，2019 年 8 月。

② 本部分关于数字经济工作在我国特征的概括，引述了中国劳动关系学院纪雯雯博士工作论文《中国大陆数字经济、新就业与雇佣关系变化》的有关提法，谨致谢意。

展，成为稳定就业的重要途径。2018 年中国数字经济总量达到 31.3 万亿元，占 GDP 的比重超过 1/3，达到 34.8%，成为带动经济发展的关键力量。数字经济的迅猛发展，发挥了劳动蓄水池和就业稳定器的作用，并表现出以下几个特征。

（1）吸纳就业规模不断扩大

中国信通研究院测算数据显示，2018 年数字经济领域就业岗位为 1.91 亿个，占当年总就业人数的 24.6%，同比增长 11.5 个百分点，显著高于同期全国总就业规模增速。

（2）就业结构呈现“3-2-1”模式

2018 年第一产业数字化转型相关岗位约有 1928 万个，占第一产业总就业人数的 9.6%，占比提升约 2 个百分点。第二产业数字化转型岗位为 5221 万个，占第二产业总就业人数的 23.7%，占比提升约 1.4 个百分点。第三产业数字化转型就业岗位约 13426 万个，占第三产业总就业人数的 37.2%，占比提升约 4 个百分点。第三产业数字化转型岗位占比提升最快，第二产业占比提升最慢。数字经济吸纳就业呈现“3-2-1”的结构。

（3）就业形态特征与类型灵活多样

数字经济的快速发展，催生了多种新就业模式。平台经济、共享经济、“众包”等数字经济新业态的快速发展，除了产生传统的雇用型就业外，还催生了自主创业、自由职业、兼职就业等灵活就业新模式。中国“灵活用工”复合增长趋势由 2013 年的 2.7% 增长至 2017 年的 9.1%，走势上升明显。

（4）人工智能技术应用全面渗透，分行业就业替代效应有所差异

中国城镇劳动力市场的总体就业替代率为 45%，分行业中房地产业的就业替代率最高，88.8% 的城镇就业人口存在被替代的风险。交通运输、仓储及邮电通信业，住宿和餐饮业，电气、燃气及水的生产和供应业的就业替代率也在 60% 以上。建筑业为 59%，批发和零售业为 57%，金融业为 57%，农林牧渔业为 54%，水利、环境和公共设施管理业为 53%。而就业替代率较低的文化、体育和娱乐业为 23%、交通运输、计算机服务和软件业为 20%，科学研究、技术服务和地质勘查业为 13%，教育业为 8.8%。

到 2018 年，中国参与数字经济活动的人数为 7.5 亿人，参与提供服务者

约为7500万人，其中通过互联网平台的就业人员约为598万人[①]，均比上年明显增加。

在我国，当前新业态主要包括两种形式的工作："应召工作"（work on-demand）和"众包工作"（crowd work）。其中，"应召工作"是一种传统形式，包括运输、送餐、快递、清洁及文书写作，未来可能还有家政养老，通过介入公司的应用程序进行，公司会设置最低质量服务标准及选择和管理员工。"众包工作"指通过在线平台完成一系列任务的工作，平台通过互联网与无数组织和个人联系，可划分为开放式平台和整体性平台，包括员工创客化、共享工厂、"淘工厂"等。

这种新业态也称零工经济，一方面可以提供良好的工作机会匹配，工作时间自主而灵活，易于使工作与家庭生活平衡；另一方面也为工作的严重商品化铺平了道路。甚至许多众包交易中几乎没有人的接触，有助于创建一组新的"隐形员工"，将工作扭曲为非人化的活动。

从理论上看，这些活动甚至不被认为是工作。实际上，它们通常被认为是"零工"，不是工作，它们可以像软件一样运行。在多数情况下，员工被归类为独立承包商或自营劳动者，平台企业不仅可以减少对员工的潜在替代责任和保险义务，还可以解除与劳动法律相关的一系列责任。

（二）新业态劳动者存在的主要问题

根据2018年末北京市一项调查[②]，外卖送餐员的特征如下：男性约占96.41%；主要是年轻人，21~30岁的占54.81%；中等学历最多，高中和中专占54.98%；主要是京外农民工，来自京外农村的占73.74%。从劳动关系看，全职从事送餐员的占90.86%。其中，签订劳动合同的占61.17%，劳务派遣的占15.33%。有20.23%未签订劳动合同，但实际从业。在社会保险方面，有32.46%的送餐员参保，48.45%没有参保。

---

① 《〈中国共享经济发展年度报告（2019）〉发布》，央广网，2019年3月1日。

② 林原：《快递员、外卖送餐员过度劳动问题研究》，中国人力资源开发研究会劳动关系分会2019年新年论坛，2019年1月12日。

从送餐员的劳动状况看，7成以上的送餐员处于不规律工作、深夜仍然工作、没有工作日休息和小睡的状况，由此带来较大的精神压力和身体负担。

造成快递员和送餐员过度劳动的原因如下：从个体因素看，主要受制于生存压力、较低学历和技能水平，安全感、稳定感缺失及竞争压力，导致对个人健康的忽视。81.47%的快递员和77%的外卖送餐员来自农村；48.6%的快递员和47.63%的送餐员因容易找到工作而选择从业；31.14%的快递员和51.96%的送餐员因对工资满意而选择从业。快递员和送餐员法律意识不强，对自身劳动权益是否受到侵害无从判断或缺乏基本的维权意识。

从管理制度来看，在时间方面，快递员的整个工作流程和工作内容事先已被严格规划，派件必须在规定时间完成，不许出现滞留，对送餐员的时间要求更高。对于休息休假，一般实行轮休，即一周有1~2天休息时间，但其所负责区域的送件和收件必须正常，也就是说，快递员可以休息，但负责区域的送件收件必须由其他人来完成。又因其工资收入大多来源于收件和送件提成，因此很少有快递员选择休息。

从社会因素看，行业发展快速，公司之间竞争激烈；各快递公司为了抢占客户，不惜相互压价，设置不合理的送餐时间；外卖送餐尽量压低快递员和送餐员的人工成本；劳动法律法规缺失，社会缺乏理解和尊重。政府对快递员和送餐员的超时工作监管不严，为规避超时劳动可能带来的法律风险，很多快递公司和送餐平台都申请了综合计算工时制度；政府对快递员、送餐员劳动合同和社会保险参保的监察也不严格。技术发展仍然没有惠及此项工作人性面的需求。

近年来，交通业、服务业劳动者集体维权事件数量上升。尤其是新业态如外卖送餐、快递、货运平台、网约车等行业劳动者集体维权事件迅速增加。

当前，新业态劳动者存在的主要问题依然是无法确认与用工平台的劳动关系，因而不享有劳动法律所赋予的各项劳动权利。2018年4月，北京市朝阳区法院发布的《互联网平台用工劳动争议审判白皮书》显示，2015年至2018年一季度，朝阳法院共受理互联网平台用工劳动争议案件188件，61.2%的案件从业者要求确认劳动关系。从朝阳法院判决的105件案件中，确认平台与从业者建立劳动关系的仅为39件，不到四成。目前仲裁、法院的司法实践只重视典型劳动关系的认定标准，忽视对非典型劳动关系认定标准的探索。故相当多的新业态劳动者与平台不能被确认为劳动关系，无法享有相应权利。

（三）新业态劳动者劳动保障权益保护的规制努力和政策建议

习近平总书记关于工人阶级和工会工作的重要论述指出，要坚决维护职工合法权益，把竭诚为职工群众服务作为一切工作的出发点和落脚点。他特别针对性地指出，要做好快递员、送餐员的维权工作。

为保障新业态劳动者的团结权，2018年3月，全国总工会下发了《推进货车司机等群体入会工作方案》，旨在最大限度地把货运驾驶员、物流快递员、护工护理员、家政服务员、商场信息员、网约送餐员、房产中介员、保安保洁员等八大群体组织到工会中来。全国总工会要求，力争到2019年底货车司机等八大群体企业建会率和职工入会率分别达到50%以上，到2020年底实现全国农民工入会率达到55%的目标任务。但是，由于内部存在争论，工会章程未能对会员条件做出及时修改，仍然维持“凡在中国境内的企业、事业单位、机关和其他社会组织中，以工资收入为主要生活来源或者与用人单位建立劳动关系的体力劳动者和脑力劳动者，不分民族、种族、性别、职业、宗教信仰、教育程度，承认工会章程，都可以加入工会为会员”的原有提法。

上海市总工会向人大提交《加强新业态企业就业形态法律研究落实新型用工模式下职工权益保障》的提案，建议政府部门尽快出台相应政策与社会保障制度，引导此类企业规范用工；要适当扩大非标准劳动关系的范围，将一些具有部分劳动关系特征的就业形态纳入非标准劳动法律保护框架。同时允许地方出台政策分类适用部分劳动标准，就薪酬构建、劳动时间等进行适度规范，给予基本保障。对于属于非标准劳动关系范围的劳动者，可建立与其工作行业相对应的必要社会保险制度。

人社部门也希望结束“让子弹飞”的无序状态，对新业态用工中的劳动者劳动保障权益进行规制和保护，促进新业态用工健康发展和就业质量提升。但终因经济下行期的就业压力增大，规制的努力只取得了阶段性成果。2019

年 8 月，国务院办公厅《关于促进平台经济规范健康发展的指导意见》颁行，继续强调实行包容审慎监管，要求抓紧研究完善平台企业用工和灵活就业等从业人员社保政策，开展职业伤害保障试点，积极推进全民参保计划，引导更多平台从业人员参保。加强对平台从业人员的职业技能培训，将其纳入职业技能提升行动。年末，一些省份如浙江颁行了《关于优化新业态劳动用工服务的指导意见》，要求采取灵活多样的劳动用工方式，深化特殊工时制度改革，构建多层次的社会保险体系。因此，建议有关政府部门多管齐下、分类施策，强化对新业态劳动者的权益维护。

第一，加强维护新业态劳动者利益的法律法规政策的制定，包括就业优先战略和更加积极的就业政策。促进平台经济、共享经济健康成长，坚持以人民为中心的发展思想，促使新业态发展成果更多更公平地惠及新业态劳动者，推动实现更高质量和更充分就业。

第二，积极探索适应新业态创新发展的劳动用工模式，统筹处理好促进新业态发展和维护劳动者基本权益的关系。坚持问题导向，创新适应新业态发展的劳动者权益保障监督机制，防止泛劳动关系化和去劳动关系化的倾向。完善新业态企业劳动用工服务。在促进新业态健康发展的过程中解决劳动者权益保障问题。

第三，分类施策，合理界定新业态企业劳动用工的不同类型，分类规范引导。对适用现行劳动保障法律法规的劳动用工方式依法予以规范。对不适用于现行劳动保障法律法规的新型用工模式，通过新法规范和引导企业履行社会责任相结合，合理确定平台企业、劳动者、关联单位的权利责任和义务，强化行业自律。

第四，兜住底线，保障劳动者基本权益。坚决维护和保障劳动者的报酬权、休息权以及职业安全和健康。化解新业态劳动者职业伤害风险，完善适应新业态的社会保障政策，切实维护新业态劳动者基本权益。

第五，多方参与，协同治理，构建和谐用工关系。完善政府部门、新业态企业、工会、行业协会等多方参与的协同治理机制，创新治理方式，强化各方责任，鼓励社会监督，推动新业态企业健康良性发展。

三　产业工人队伍的新现象和新热点[①]

在经济下行、中美贸易摩擦加剧和民营企业投资信心不足的背景下，根据2019年6月中国劳动关系学院在深圳对数千名农民工的调查[②]，在工作搜寻方面，农民工求职难，好工作稀少，企业对体力、年龄、文凭的要求高。招工程序复杂，风险增加，工作搜寻成本上升。互联网招工已经成为主要的渠道。从2019年农民工的加班情况来看，加班在1小时以内的占25.8%；1~2小时的占31.2%；2~3小时的占27.7%；3~4小时的占12.4%；而4小时以上的只有2.9%。在工作条件方面。80%的员工上了社保，59.6%的员工有住房公积金。劳务派遣工在试用期范围之内不缴纳社保。员工的离职率高，在10年前，每月离职率为3%~5%，现在是40%。工人一般工作半年左右离开，20%能留到一年以上。理由很简单：做腻了，换个环境；干得不痛快，不想干了。其主动离职意愿较强。

企业裁员受到经济下行和中美贸易摩擦的影响，截至2019年5月底，深圳1331家涉美出口企业用工总量下降了3.7%，与苹果手机配套的相关工厂用工总量下降了7%左右。苹果的主要代工厂伟创力，员工流失率很高。由于订单减少，工作机会减少，员工被迫再就业。

从职业发展的角度讲，工厂没有提供给员工技能学习的渠道，而在市场培训机构只是考证，学不到东西。工人对学习的感受是，没有信息，没有目标，也没有意愿。更常见的情况是，由于订单减少，加班减少，他们的工资收入也大大减少，所以被迫不停地找工作。但问起为什么工人不愿意学技术时，工人们都是不置可否，但当越来越深入交流时，又发现他们心中仍然存在学技术的强烈愿望，只不过受到很多条件的限制而已。很多人想创业，但用他们的话来说：第一缺资金，第二缺人脉，第三缺项目。

概括起来，员工存在四难，那就是就业难、城乡去留选择难、职业上升

---

① 本部分内容引自全国总工会联合调研组《关于深化职业教育改革促进产业工人队伍建设的调研报告》，2019年7月，谨致谢意。

② 周潇：《新形势下农民工工作状况研究》，《中国工会·劳动关系论坛》2019年10月12日。

难、子女教育难。在员工当中，存在着失望、焦虑、愤懑和迷茫的情绪。

总体上看，新生代劳动者不再追求劳动关系的稳定性，他们对劳动关系的看法发生了根本性的变化。这群青年员工不再过度地追求物质利益，同时他们有更多的精神追求，自由而不受约束。因此，这些年轻人不愿意进工厂，不愿意被固定的工作岗位所束缚。所以，以稳定岗位来确定权益的保护模式，可能会逐步向以社会保护为主的模式转变，以适应劳动者流动的需要。

另一个群体是在科技和互联网企业中工作的白领员工阶层。2019 年 4 月，他们针对高科技企业流行的“996”——朝九晚九、每周六天的工作模式，发起了一场围绕劳动权益的线上抗议，席卷了社交网络。这一事件反映了互联网企业投资退潮和当前面临不稳定发展阶段时，这些原来享受高福利待遇的白领阶层的一种焦虑心态，未来经济与社会发展的不确定性带给他们深入的思考。他们的维权具有很鲜明的自主维权、自我发声、自我设计的特点，而且对劳动法律的认知清晰和明确。这一事件也给企业劳动关系的规范运行带来很大的挑战，如果不加以正视和处理，小的劳动关系风险就会积累扩大，成为影响社会稳定的重要问题。

参考文献

《人社部 2019 年第三季度新闻发布会》，中国网，2019 年 10 月 21 日。

《国际劳工组织关于劳动世界的未来百年宣言》，2019 年 6 月。

全国总工会联合调研组:《关于深化职业教育改革促进产业工人队伍建设的调研报告》，2019 年 7 月。

北京市劳动保障法学会编《京津冀第二十一届劳动人事争议案例研讨会会议材料》，2019 年 8 月。

中国工运研究所:《劳动关系与工会运动研究文选（2017—2018）》，中国工人出版社，2019。

B.19

2019年乡村脱贫与振兴形势分析

叶敬忠　豆书龙　张明皓　臧雷振*

摘　要：在我国进入脱贫攻坚和乡村振兴的叠加推进关键时期，科学研判脱贫攻坚和乡村振兴的各自形势以及二者有机衔接的形势走向，这对国家整体性地推动乡村社会发展具有重要意义。截至2019年，中国脱贫攻坚已达到大规模消除农村绝对贫困的基本目标，多元措施也发挥出良好的脱贫效果，脱贫攻坚的体制机制基本成形；乡村振兴工作也已取得初步成效，多元振兴工作积极推进，乡村振兴体制机制渐趋完善。脱贫攻坚与乡村振兴各自取得的良好成效为二者有机衔接奠定了基础，主要表现为二者的衔接机制步入完善阶段、衔接动力开始凸显和衔接实践彰显农民主体。未来统筹推进脱贫攻坚和乡村振兴应进一步加强统一协调、增强衔接动能和强化主体意识，以实现乡村社会的高质量发展和农民获得感的提升。

关键词：脱贫攻坚　乡村振兴　有机衔接　多元扶贫　多元振兴

当前我国已经进入脱贫攻坚期，攻克农村的绝对贫困成为2020年全面建成小康社会的底线任务。同时，2017年，党的十九大报告提出乡村振兴战

---

* 叶敬忠，中国农业大学人文与发展学院院长，教授、博导；豆书龙，中国农业大学人文与发展学院，博士；张明皓，中国农业大学人文与发展学院，博士；臧雷振，中国农业大学人文与发展学院教授。

略，对乡村社会发展设定了更为综合性的要求。2018 年在中央“一号文件”《关于实施乡村振兴的意见》中正式提出“实施乡村振兴战略与打好精准脱贫攻坚战有机衔接”。2018 年 8 月，《中共中央、国务院关于打赢脱贫攻坚战三年行动的指导意见》再次提出“统筹衔接脱贫攻坚与乡村振兴”。同年 9 月，《乡村振兴战略规划（2018—2022 年）》进一步提出“推动脱贫攻坚与乡村振兴有机结合、相互促进”。当前我国已经进入脱贫攻坚和乡村振兴叠加推进的时期，本报告的目标在于科学研判乡村脱贫和振兴的各自形势以及二者有机衔接的形势走向，并在此基础上提出统筹推进乡村脱贫和振兴的对策建议。

一　2019 年乡村脱贫攻坚总体情况

（一）中国农村绝对贫困正在大规模消除

1. 贫困人口数量大幅减少

基于 2010 年确定的 2300 元贫困基准线，我国贫困人口从 2010 年的 16567 万人下降到 2018 年的 1660 万人，贫困发生率从 2010 年的 17.2% 下降至 2018 年的 1.7%。总体来看，东部地区已基本率先脱贫，中西部地区农村贫困人口明显减少。自 2013 年实施精准扶贫战略以来，我国年均减贫人口在 1000 万以上，预计到 2019 年底我国 95% 现行标准的贫困人口将实现脱贫，到 2020 年底中国可以保证实现消除农村绝对贫困的目标。

2. 贫困村脱贫数量大幅增加

依据“一高一低一无”（该村的贫困发生率要比全省的贫困发生率高一倍以上，农民人均纯收入要低于全省平均水平的 60%，没有一分钱的集体经济收入）的识别标准，2014 年我国共识别出建档立卡贫困村 12.8 万个。在 2014 年到 2018 年间，我国 12.8 万个建档立卡贫困村已脱贫出列 10 万余个，贫困村数量目前仅剩 2.6 万个，贫困村脱贫数量大幅增加。同时，自实施精准脱贫战略以来，中央和地方政府不断加大对贫困村水、电、路、网等基础设施和公共服务建设的投资力度，基础设施配置逐渐齐全，“四通”覆盖面不断扩大，贫困村生产生活条件得到进一步改善。

3. 贫困县大部分完成摘帽

1986 年，我国确定的首批贫困县为 331 个，经过 1991 年、2001 年和 2011 年的三次调整，我国最终确定国家扶贫开发工作重点县 592 个。2011 年，我国共确定集中连片特殊困难地区县 680 个，剔除交叉部分后贫困县数量总计 832 个。从 2016 年到 2018 年，贫困县摘帽数量累计达到 436 个。截至 2019 年底预计将有 330 个贫困县摘帽，832 个贫困县中仅剩 60 余个尚未脱贫，2020 年我国可以实现贫困县全部摘帽的目标。贫困县摘帽意味着我国区域性贫困将得到根本缓解，贫困区域内经济社会发展质量将得到提升，贫困区域的发展动能也将得到更大限度的激发。

综上所述，从贫困人口大幅减少、贫困村脱贫数量大幅增加以及绝大部分贫困县脱帽的事实可以看出我国精准脱贫方略已经取得重大成效，贫困群体的生活面貌获得极大改观，贫困区域已具备长足的发展动力。

（二）多元扶贫措施取得良好成效

精准脱贫是融合发展生产、异地搬迁、生态补偿、发展教育和社会保障兜底的体系化战略。多元扶贫措施的采用是精准脱贫顺利实现的关键。不同扶贫措施的成效可以总结如下。

1. 产业脱贫成果显著

产业扶贫是以市场为导向，以产业发展为杠杆促进贫困户增加收入的扶贫措施。当前我国总体形成六种产业扶贫模式，即特色种养加扶贫模式、乡村休闲旅游扶贫模式、资产收益扶贫模式、电商扶贫模式、光伏产业扶贫模式以及生态农业扶贫模式。围绕产业扶贫，我国已形成完整的政策体系和投入体系。自精准扶贫战略实施以来，截至目前，中央财政共安排专项资金投入 2800 亿元，全国累计实施 98 万多个扶贫产业项目，覆盖 92% 的贫困户，全国 8200 万已脱贫人口中主要通过产业帮扶实现脱贫的占 67%，产业扶贫已提前完成全国产业扶贫工作会议的目标要求。我国产业扶贫已经取得显著成效，产业扶贫已形成长效脱贫的体制机制。

2. 异地搬迁脱贫积极推进

易地扶贫搬迁脱贫是通过迁移活动更改贫困群体的居住地，以期打破恶劣自然环境对贫困群体生存和发展机会的限制。

截至2018年底，我国已完成869万贫困户异地扶贫搬迁任务，剩余约130万贫困人口预计在2019年底全部完成异地扶贫搬迁。同时，为使异地扶贫搬迁“搬得出”“稳得住”“能致富”，国家同步安排1000亿元的项目资金主要用于规划范围内建档立卡搬迁人口住房建设，同时包括同步搬迁人口在内的安置区配套基础设施、公共服务设施建设。在迁入区域，国家主要以发展特色农林业、发展劳务经济、发展现代服务业、资产收益和社会保障兜底等措施赋予异地搬迁贫困户以长远的发展动力。总体来看，异地扶贫搬迁取得鲜明成效，通过异地扶贫搬迁使贫困户摆脱“一方水土养活不了一方人”的生活困境，同时异地扶贫搬迁并不是“一搬了之”，而是注重赋予迁出贫困户以持续自我发展的条件和能力。

3. 生态补偿脱贫进展顺利

生态补偿脱贫是生态受益地区向生态价值提供地区给予补偿，以拓宽贫困户收入来源，使贫困地区摆脱贫困的措施。据统计，我国95%的贫困人口和大多数贫困地区分布在生态环境脆弱、敏感和重点保护的地区。[①] 生态补偿脱贫即实现生态保护和贫困人口脱贫的双重目标。目前，我国已经形成体系化和多元化的生态补偿脱贫机制。2016年以来，全国已累计安排中央和地方财政资金167亿元，在贫困地区选聘100万建档立卡贫困人口担任生态护林员；中央累计安排贫困地区林草资金1500多亿元，组建生态扶贫建设专业合作社2.1万个。[②] 总体来看，我国生态补偿脱贫已取得明显成效，贫困人口从生态保护与修复中得到更多实惠，开创了贫困地区扶贫开发与生态保护相协调的良好局面。

---

① 陈吉宁:《坚持绿水青山就是金山银山 打好环保扶贫攻坚战》,《中国环境报》2015年10月19日。

② 《国家林草局：生态扶贫任务已完成90%以上》，新华网，http://www.xinhuanet.com/politics/2019-09/27/c_1125050662.htm，2019年9月27日。

4. 教育脱贫显现优势

教育脱贫是通过补齐贫困地区教育发展短板，全面提升建档立卡等贫困人口受教育水平，以阻断贫困代际传递的脱贫措施。目前，我国已经建立完整的教育脱贫制度体系。首先，通过综合性的发展计划全面提升贫困地区教育质量。我国连续实施三期学前教育行动计划。其次，建立精准到人的学生资助体系，学生资助政策实现了“三个全覆盖”，即从学前教育到研究生教育所有学段全覆盖，公办民办学校全覆盖，家庭经济困难学生全覆盖，特别是在高等教育阶段，实现了家庭经济困难学生入学前、入学时和入学后“三不愁”。最后，我国也积极探索定点教育扶贫模式。如教育部组织动员 44 所部属高校承担 44 个国贫县定点扶贫任务，发挥高校优势，帮助贫困地区提升人力资源开发水平，助推特色产业发展升级，破解阻碍贫困地区发展瓶颈。[①] 总体而言，我国的教育脱贫已展现出鲜明优势，贫困地区教育水平和教育服务区域发展的质量显著提升。

5. 社会保障兜底水平提高

社会保障兜底脱贫是对无法通过产业扶持和就业帮助实现脱贫的家庭实行政策性保障兜底。2018 年，中央财政安排困难群众基本生活补助资金 1401 亿元，安排城乡医疗救助补助资金 235 亿元，全国共有 1812 万建档立卡贫困人口被纳入社会救助兜底保障，4527.7 万低保对象和 482.3 万特困人员的基本生活得到更好保障，全年救助 1074.7 万人次，发放临时救助资金 121.6 亿元。同时，困难残疾人生活补贴和重度残疾人护理补贴制度分别惠及 1000 余万和 1100 余万残疾人。另外，全国所有县（市、区）的低保标准都已达到或者超过了扶贫的标准。总体而言，我国社会保障兜底脱贫真正发挥出维持贫困户生存底线的功能，体现出我国社会保障制度的公正理性。

综上所述，我国精准脱贫的多元措施分别取得明显成效，多元扶贫措施

---

① 《教育部推进教育脱贫攻坚有关情况》，中华人民共和国教育部门户网站，http://www.moe.gov.cn/jyb_xwfb/xw_fbh/moe_2069/xwfbh_2018n/xwfb_20181228/sfcl/201812/t20181228_365166.html，2018 年 12 月 28 日。

的相互配合大大提升了脱贫人口的数量和生活质量。中国农村扶贫开发创造了大规模减贫的中国经验，用事实证明了发展中国家可以依靠自己的努力摆脱贫困。

（三）扶贫体制机制基本成形

扶贫体制机制的完善是我国扶贫措施取得成效的关键，经历改革开放40余年的发展，我国扶贫工作已经形成纵横一体化的体制机制，即在纵向上确立了“五级书记挂帅”的扶贫工作机制，在横向上建立了政府、市场和社会协同的“大扶贫”格局。

1. 纵向：确立“五级书记挂帅”的扶贫工作机制

脱贫攻坚被视为国家治理的中心工作。目前，我国形成了中央统筹、省负总责、市县抓落实的脱贫攻坚责任制。围绕脱贫攻坚的落实工作，我国确立了“一把手”负责制，建立了省、市、县、乡、村“五级书记抓扶贫，全党动员促攻坚”的工作机制，每一层级的党委领导作为扶贫工作的决策核心，通过“问责制”“签军令状”等机制，层层抓落实，快速实现国家意志落地，将政治优势转化为脱贫执行力，将脱贫攻坚任务落实到“最后一公里”。[①]同时，在“五级书记挂帅”的分级负责制中，在现有的以村支部和村委会为基础的治理结构中引入“第一书记”及驻村工作队，既实现了锻炼领导干部的目的，也解决了原有基层治理体系中上下沟通不畅和治理能力不足的问题。[②]截至2018年，我国累计选派驻村第一书记45.9万人，其中20.6万人奋战在扶贫一线。[③]总体而言，“五级书记挂帅”的扶贫工作机制充分体现出中国共产党的政治优势和社会主义集中力量办大事的制度优势。

2. 横向：建立“三位一体”的大扶贫格局

目前，我国已基本形成专项扶贫、行业扶贫和社会扶贫等多方力量、多

---

① 贾玉娇：《反贫困的中国道路：1978~2018》，《浙江社会科学》2018年第6期。

② 吴国宝：《改革开放40年中国农村扶贫开发的成就及经验》，《南京农业大学学报》（社会科学版）2018年第6期。

③ 《第一书记要唱好“三台戏”》，共产党员网，http://tougao.12371.cn/gaojian.php?tid=1906402，2018年12月5日。

措并举有机结合和互为支撑的扶贫格局。在专项扶贫方面，中央财政累计安排专项扶贫资金3843.8亿元，年均增长28.6%。“十三五”期间，共安排异地扶贫搬迁专项贷款3500亿元；扶贫小额信贷累计发放4100多亿元，支持了1000多万户建档立卡贫困户；出台扶贫再贷款政策，累计发放贷款1400多亿元；农发行、国开行和农业银行等金融机构不断加大扶贫信贷投放力度；资本市场扶贫举措明显加强，95家证券公司结对帮扶210个贫困县，支持贫困县企业融资近830亿元。在行业扶贫方面，党的十八以来，围绕《中共中央国务院关于打赢脱贫攻坚战的决定》，中央办公厅和国务院办公厅共出台13个配套文件，中央和国家机关有关部门研究制定200多个行业扶贫政策文件或实施方案。这些政策举措涵盖贫困地区基础设施、公共服务、产业就业、生态建设、社会保障等重点领域，涉及资金、土地、科技、人才等支撑保障。这一系列脱贫攻坚文件集合实质上就是大扶贫治理体系的体现。在社会扶贫方面，我国出台的主要措施是深化东、西部扶贫协作和定点扶贫等。国务院扶贫办开展“携手奔小康”行动，组织342个东部经济较发达县结对帮扶539个西部贫困县；中央企业设立贫困地区产业投资基金，开展定点帮扶贫困革命老区“百县万村”行动；全国工商联动员民营企业开展“万企帮万村”精准扶贫行动。同时，国务院扶贫办开通了中国社会扶贫网，为社会各界精准帮扶贫困户提供对接平台，另外，民政部门也积极引导社会组织参与脱贫攻坚。[①]总体而言，通过对全社会力量的广泛动员，我国构建了政府、社会、市场协同推进的大扶贫格局，基本建立了跨地区、跨部门、跨单位、全社会共同参与的多元主体的社会扶贫体系，形成了全社会关注贫困和帮扶贫困的总体氛围。

综上所述，当前我国的扶贫体制机制已日趋完善，基本形成了纵横一体化的扶贫格局。纵向上表现为“五级书记抓扶贫”的脱贫攻坚责任制，中央向地方有效传导了脱贫攻坚的政治压力，同时依托“第一书记”及驻村工作队强化了村“两委”建设，保障脱贫攻坚任务落实到“最后一公里”。横向

① 黄承伟:《论习近平新时代中国特色社会主义扶贫思想》,《南京农业大学学报》(社会科学版)2018年第3期。

上表现为“三位一体”大扶贫格局的基本成形，专项扶贫、行业扶贫和社会扶贫等多元措施的并用充分调动了多元主体参与扶贫的合力，为脱贫攻坚的顺利实现提供了坚实的社会基础。

二　2019 年乡村振兴总体概况

以消解城乡二元结构差距为目标，以坚持农业农村优先发展和实现城乡融合为指导理念的乡村振兴战略在党的十九大被作为贯彻新发展理念的六大战略之一提出。经过两年的实践，乡村振兴工作取得初步成效，主要表现在制度设计和具体实践两个层面。

（一）乡村振兴工作取得初步成效

1. 制度框架体系基本形成并完善

制度建设是保障乡村振兴战略顺利实施的前提。自乡村振兴战略提出以来，经过两年的发展，乡村振兴制度框架和政策体系基本形成，主要表现在三个方面：一是顶层设计类文件，对乡村振兴战略的思路设计发挥总引领作用。二是目标政策体系文件，即主要针对乡村振兴的五大要求即“产业兴旺、生态宜居、乡风文明、治理有效、生活富裕”进行制度设计。相应的，乡村振兴目标政策体系主要分为乡村产业政策体系、乡村生态政策体系、乡村文化政策体系、乡村治理政策体系和乡村民生保障政策体系等五种类型。目前，中央中央和国务院已经就发展乡村产业、改善农村人居环境、加强乡村治理和乡风文明建设出台了专门的指导意见，进行详细部署。① 三是保障政策体系文件，即围绕着保障乡村振兴实施进行设计的政策。政策保障类主要分为乡村振兴的“人、地、钱、科技和立法”政策体系，目前中央已经就如何优化乡村振兴“人、地、钱”等要素配置，实现农业农村优先发展的政策导向开始实现一系列政策突破。

---

① 韩长赋:《国务院关于乡村产业发展情况的报告——2019 年 4 月 21 日第十三届全国人民代表大会常务委员会第十次会议》,《农业工程技术》2019 年第 14 期。

2. 省市县规划进一步完善

规划编制是乡村振兴的基础性工作，必须重视其规划引领作用。截至 2019 年 10 月，省市县规划基本完成，[①] 主要表现在如下三个方面。首先，省级规划层面。各省份在统筹考虑省级发展现状基础上，均印发了乡村振兴战略规划，一些省份也配套印发了专项规划方案。2018 年 5 月，山东省在率先全国出台省级乡村振兴规划方案的同时，也配套出台了推动乡村五大振兴工作实施方案。其次，市县级规划层面。在遵从上位规划方案的基础上，全国大多数市县也制定了符合当地实际的市县规划和方案。最后，村庄规划方案也已启动。2019 年 1 月，中央农办、农业农村部、自然资源部、国家发展改革委、财政部联合发布《关于统筹推进村庄规划工作的意见》，明确力争到 2019 年底，基本明确集聚提升类、城郊融合类、特色保护类等村庄分类；到 2020 年底，结合国土空间规划编制在县域层面基本完成村庄布局工作，持之以恒推动乡村振兴战略落实落地。2019 年 6 月，《自然资源部办公厅关于加强村庄规划促进乡村振兴的通知》发布，则进一步对村庄规划建设工作提出了要求。2019 年 9 月，国务院副总理胡春华在河北邢台召开村庄规划工作会，要求建立“多规合一”的实用性村庄规划。据此，乡村振兴规划蓝图已经基本建立，为乡村振兴的有序推进奠定了坚实基础。

（二）多元振兴工作积极推进

1. 产业发展保持良好势头

产业振兴是乡村振兴的物质前提，各级党委和政府高度重视产业振兴工作。目前产业振兴工作主要取得如下进展：一是产业规划不断完善。2016 年 11 月，原农业部印发《全国农产品加工业与农村一二三产业融合发展规划（2016—2020 年）》，对发展农产品加工业和促进三次产业融合做出了全面规划。2018 年，中共中央、国务院印发了《关于实施乡村振兴战略的意见》和《乡村振兴战略规划（2018—2022 年）》，均对产业振兴工作做出专项部署。

---

① 《发展改革委介绍宏观经济运行情况并回应热点问题》，中国政府网，http://www.gov.cn/xinwen/2019-05/17/content_5392639.htm，2019 年 5 月 17 日。

2019 年 2 月 11 日，《国家质量兴农战略规划（2018—2022 年）》印发，更加系统地对质量兴农战略进行细化。二是政策力度不断加大。乡村振兴战略实施以来，国家围绕着乡村休闲旅游、扶持小农生产和乡村产业振兴等，制定一系列专项政策支持。2018 年 4 月 13 日，农业农村部印发《关于开展休闲农业和乡村旅游升级行动的通知》，则对推动乡村休闲旅游高质量发展提出了明确要求。2019 年 2 月 21 日，中共中央办公厅、国务院办公厅印发了《关于促进小农户和现代农业发展有机衔接的意见》，就扶持小农户，提升小农户发展现代农业能力提出了一系列扶持政策。2019 年 6 月，《国务院关于促进乡村产业振兴的指导意见》的发布，则对产业振兴工作做出了一系列政策安排。三是产业发展势头保持良好。在保障粮食安全和加速推进农业现代化的基础上，乡村产业形态不断涌现。2018 年全国休闲农业和乡村旅游收入超过 8000 亿元，农村生产性服务业营业收入超过 2000 亿元，农村网络销售额突破 1.3 万亿元，其中农产品网络销售额达到 3000 亿元。[①]

2. 人才培育取得阶段性成效

人才振兴是乡村振兴的关键所在。目前已取得如下进展：一是人才振兴规划不断完善。2016 年，人力资源和社会保障部等五部门联合印发了《关于实施农民工等人员返乡创业培训五年行动计划（2016—2020 年）的通知》，对农民工等人员返乡创业培训进行系统规划。2017 年，《“十三五”全国新型职业农民培育发展规划》提出，到 2020 年新型职业农民总量超过 2000 万人。2018 年，中共中央、国务院印发了《关于实施乡村振兴战略的意见》和《乡村振兴战略规划（2018—2022 年）》，均对人才振兴工作做出专项部署。二是乡村振兴人才政策体系初步建立。乡村振兴战略提出以来，我国先后发布实施乡村就业创业促进行动通知、印发推动创新创业高质量升级版实施意见、出台终身职业技能培训制度、印发高职扩招专项工作实施方案和发布农村实用人才带头人和大学生村官示范培训计划通知等政策意见，2019 年 9 月，农业农村部发布的《农村土地经营权流转管理办法（修订草案征求意见稿）》增

① 《打好“钱、地、人”组合拳，乡村产业振兴 让农民有赚头》，《人民日报》2019 年 7 月 2 日。

加了对工商企业等社会资本流转取得土地经营权的监管和风险防范的规定。一些地方也开始探索公职人员回乡任职管理办法。据此，乡村人才振兴层面初步形成了以新型职业培训、农村专业人才政策培育、鼓励社会各界投身乡村建设等为主要内容的政策体系。三是农村人才振兴工作取得阶段性成效。主要表现在如下方面：首先，农村双创工作取得积极成效。截至 2018 年，各类返乡入乡创业创新人员达 780 万人，本乡创新创业人员达 3100 多万人。① 其次，构建农村创业创新推进协调机制。2018 年 4 月，农业农村部印发《关于大力实施乡村就业创业促进行动的通知》，其中成立了由农业农村部牵头、13 个部门参与的推进协调机制。最后，职业农民培育已经实现由重数量到重质量的转型。2019 年 4 月，农业农村部正式启动职业农民培育三年提质增效行动，全面提升质量效能。

3. 文化政策体系初步建立

文化振兴是乡村振兴的重要基石，必须大力提升乡村文化价值，不断提升乡村社会文明程度。目前已取得如下进展：一是文化振兴规划不断完善。2018 年，中共中央、国务院印发了《关于实施乡村振兴战略的意见》和《乡村振兴战略规划（2018—2022 年）》，均对文化振兴工作做出专项部署。2019 年 6 月，《关于加强和改进乡村治理的指导意见》提出，将践行社会主义核心价值观、实施乡风文明培育行动、发挥道德模范引领作用和加强农村文化引领作为乡村治理的重点任务。二是乡村振兴文化政策体系初步建立。我国出台群众性精神文明创建活动指导意见，发布振兴贫困地区传统工艺通知，印发实施革命文物保护利用工程、发布促进全域旅游发展指导意见等政策，在乡村文化振兴层面开始建立以乡村文化保护传承、文化产业、公共文化服务和文化传播为主要内容的文化政策体系。三是移风易俗重大行动开始取得突破，其中殡葬改革较为典型。2018 年 1 月，民政部等 15 个部门联合出台了《关于进一步推动殡葬改革促进殡葬事业发展的指导意见》，进一步积极推进殡葬移风易俗等改革任务。截至 2018 年 4 月，24 个省份出台具体举措推行节地生

① 韩长赋：《国务院关于乡村产业发展情况的报告——2019 年 4 月 21 日第十三届全国人民代表大会常务委员会第十次会议》，《农业工程技术》2019 年第 14 期。

态安葬，有的省份逾4万名逝者骨灰撒向大海，有的省份建成8万多个农村红白理事会以倡导移风易俗。[①]2019年9月4日，中央农办等11个部门联合下发《关于进一步推进移风易俗建设文明乡风的指导意见》，该文件要求创新工作措施和方法，因地制宜推进移风易俗，遏制陈规陋习，提高乡村社会文明程度。

4. 环境治理取得积极成效

生态振兴是乡村振兴的内在要求，必须形成人与自然和谐共生的农村发展新格局。目前已取得如下进展：一是乡村振兴生态政策体系初步建立。我国出台全面推行河长制意见、制定推进畜禽养殖废弃物资源化利用政策、印发农村人居环境整治三年行动方案、实施多元化生态保护补偿机制行动计划、实施农业农村污染治理攻坚战行动计划等政策，在乡村振兴生态振兴层面主要形成了以乡村生态资源保护、开发利用、农村人居环境整治、生态保护补偿等为主要内容的政策体系。二是农业绿色发展五大行动取得初步成绩。2017年我国启动实施了畜禽粪污资源化利用、果菜茶有机肥替代化肥、东北地区秸秆处理、农膜回收和以长江为重点的水生生物保护行动等农业绿色发展五大行动。全国化肥农药使用量提前三年实现零增长，规模化养殖污染防治有序推进，农业废弃物资源化利用产业日益壮大，秸秆农用为主、多元发展的利用格局基本形成，农膜回收体系和制约化能力不断加强。三是农村人居环境整治取得阶段性成效。截至目前，全国80%以上行政村的农村生活垃圾得到有效处理，有11个省区市通过了农村生活垃圾治理整省验收。近30%的农户生活污水得到处理。农村改厕率超过一半，其中六成以上改成了无害化卫生厕所，2018年已经完成1000万农户的改厕。[②]

5. 组织建设获得积极推进

组织振兴是乡村振兴的根本保障。目前已取得如下进展：一是组织振兴规划不断完善。《关于实施乡村振兴战略的意见》和《乡村振兴战略规

---

① 罗争光:《让生态文明殡葬蔚然成风——我国倡导推行殡葬移风易俗综述》，中国政府网，http://www. gov.cn/xinwen/2018-04/03/content_5279582.htm，2018年4月3日。

② 李伟国:《农业农村部：2018年全国完成农村改厕1000多万户》，中国新闻网，http://www. china news.com/gn/2019/07-11/8891149.shtml，2019年7月11日。

划（2018—2022 年）》，均对组织振兴工作做出专项部署。不少省份也出台了《乡村组织振兴工作方案》，对乡村振兴组织工作进行细致规划。二是乡村振兴组织政策体系基本建立。2018 年 1 月，《关于开展扫黑除恶专项斗争的通知》对于打击黑恶村霸势力，加强社会治安具有重要功能。2018 年 12 月，《中华人民共和国村民委员会组织法（新修订版）》发布，村民委员会每届任期修改为五年，与党支部委员会的任期保持一致，有利于加强党的全面领导。2018 年 12 月施行的《中国共产党农村基层组织工作条例》，对强化党的农村基层组织提出了细致意见。2019 年 6 月，《关于加强和改进乡村治理的指导意见》则对组织建设和乡村治理体系进行系统化的制度设计。2019 年 8 月，《中国共产党农村工作条例》构成了新时代党管农村工作的总依据。据此，乡村组织振兴层面形成了以农村基层党建、自治法治德治和社会治安综合治理为主要内容的政策体系。三是乡村组织振兴工作获得积极推进。主要表现在如下方面：乡村治理体系建设试点示范工作已经开始启动。目前我国已经选择了 100 个县、100 个乡镇和 1000 个村开展乡村治理示范县和示范镇村建设，为乡村治理树立典型经验。扫黑除恶专项斗争取得积极进展。至 2019 年 9 月底，各级纪检监察机关共立案查处涉黑涉恶腐败和“保护伞”问题 3.98 万起，处理 4.31 万人，给予党纪政务处分 3.02 万人，移送司法机关 5500 人。①

（三）乡村振兴体制机制渐趋完善

1. 领导体制层面强化五级书记抓乡村振兴制度

坚持高位推动，强化五级书记领导体制，为推动乡村振兴战略提供政治保障。乡村振兴战略实施以来，在领导体制方面，主要取得如下进展：一是五级书记抓乡村振兴政策体系不断完善。2018 年《关于实施乡村振兴战略的意见》和 2019 年《关于坚持农业农村优先发展做好“三农”工作的若干意见》对完

① 《李书磊在全国扫黑除恶专项斗争第二次推进会上强调在打击重点上聚力保持“惩腐打伞”高压态势》，中华人民共和国最高人民法院官网，http://courtapp.chinacourt.org/zixun-xiangqing-189791.html，2019 年 10 月 13 日。

善五级书记抓乡村振兴领导体制做出了专项部署。而2019年8月19日起施行的《中国共产党农村工作条例》则对“中央统筹、省负总责、市县乡抓落实”的农村工作领导体制进行了系统性制度设计。二是乡村振兴领导体制取得积极进展。落实五级书记抓乡村振兴责任的实施细则在一些省份开始制定并落实。例如2018年，广东省制定了《推进乡村振兴战略实绩考核工作暂行办法》和《2018年度广东省推进乡村振兴战略实绩考核工作方案》，对地级以上市考核由评议评分、第三方评估和日常监督三部分内容构成。而对成员单位考核则由评议评分、日常监督两部分内容构成。乡村振兴战略统计监测工作在一些省份开始得到推动。2018年11月27日至30日，四川省乡村振兴战略统计监测业务培训班召开，旨在提升统计监测综合能力、确保监测数据质量。2019年，四川省下发了《关于开展乡村振兴战略统计监测工作的通知》，“政府主导、部门联动、谁主管、谁负责统计、条块结合、分级实施”的监测工作机制初步建设，各县农业农村局被要求必须指定1名分管领导牵头负责。[①]

2. 政策设计层面坚持农业农村优先发展导向

“三农”工作的特殊重要性决定了乡村振兴战略的实施必须坚决贯彻农业农村优先发展总方针，在政策设计和实施层面予以优先考虑。乡村振兴战略实施两年以来，在坚持“农业农村优先发展总方针”方面主要有如下进展：一是农业农村优先发展政策体系不断完善。2018年，《关于实施乡村振兴战略的意见》和《乡村振兴战略规划（2018—2022年）》，均对农业农村优先发展原则做出明确部署。而2019年《关于坚持农业农村优先发展做好“三农”工作的若干意见》更是突出了坚持农业农村优先发展原则的重要性，对如何落实“四个优先”做出了明确而系统化的制度设计，并且提出了抓紧研究出台坚持农业农村优先发展指导意见和具体实施办法的要求。二是在落实农业农村优先发展政策方面取得积极进展。干部配备方面，根据广东省《推进乡村振兴战略实绩考核工作暂行办法》，考核结果将抄送纪委监委、组织部门，作为选拔任用领导

① 邓顺仙:《内江市统计局三举措推进乡村振兴战略统计监测工作》，四川在线，https://neijiang.scol.com.cn/njdl/201905/56990902.html，2019年5月31日。

干部的重要依据。[①] 要素配置方面，2019年《中共中央国务院关于建立健全城乡融合发展体制机制和政策体系的意见》则对建立健全城乡要素合理配置体制机制提出了系统的制度设计。资金投入方面，2018年《财政部贯彻落实实施乡村振兴战略的意见》的出台，对构建财政支持实施乡村振兴战略政策体系进行了重点部署；2019年《关于金融服务乡村振兴的指导意见》的发布，则增加了乡村振兴金融供给能力。公共服务方面，2018年国务院办公厅印发《基本公共服务领域中央与地方共同财政事权和支出责任划分改革方案》，对18项基本公共服务进行了明确的财政事权和支持责任划分。而《中共中央国务院关于建立健全城乡融合发展体制机制和政策体系的意见》则对建立健全城乡基本公共服务普惠共享体制机制提出了明确要求。

三　脱贫攻坚与乡村振兴有机衔接的完善对策

（一）理顺体制机制，加强统一协调

针对脱贫攻坚与乡村振兴衔接机制不畅的问题，应该理顺体制机制，加强统一协调。具体来看，应该做好如下四项工作。一是做好政策协调。在乡村振兴政策设计中，要充分关注到可持续脱贫与预防返贫的政策诉求。及时根据当地实情，制定符合当地情境的脱贫攻坚与乡村振兴衔接细则及其实施意见，解决两项政策可能存在的冲突问题。二是做好组织协调。成立政府主要领导为成员的领导小组，下面分设乡村振兴领导小组和脱贫攻坚领导小组，合理分工，统筹协调推进脱贫攻坚与乡村振兴工作。例如广东省成立了省委省政府主要负责同志担任组长和常务副组长的乡村振兴领导小组，并且要求农业农村厅专门设置乡村振兴专班和脱贫攻坚专班，用以协调推进两项工作。[②] 三是做好项目协调。根据乡村振兴的项目资金要求和标准将资金充实到

① 黄进：《广东省首次公布推进乡村振兴战略实绩考核结果》，人民网，http://gd.people.com.cn/n2/2019/0807/c123932-33221644.html，2019年8月7日。

② 叶贞琴：《五级书记抓乡村振兴的广东实践》，中国农业新闻网，http://www.farmer.com.cn/wszb2019/fz2019/jbsw/201902/t20190224_1434364.html，2019年2月24日。

脱贫攻坚项目中，同时将脱贫攻坚需要升级的项目纳入乡村振兴规划中。成立财政涉农项目管理办公室，加强脱贫攻坚和乡村振兴项目的统筹规划与统一管理。四是做好监管协调。积极借鉴脱贫攻坚形成的较为成熟的责任体系、监督体系、考核评估体系等制度，并运用到乡村振兴战略实施过程中，对衔接效果进行考核。因此，做好政策、组织、项目和监管协调工作，有助于理顺二者有机衔接的体制机制。

（二）发展多元产业，增强衔接动能

产业发展是实现脱贫攻坚和乡村振兴二者衔接的动能来源，具有极端重要性。针对产业发展所面临的可持续性弱和产业发展困难等问题，应该因地制宜，鼓励多元产业发展。为此，应该采取如下措施：一是协调好产业发展规划。产业扶贫有关规划和政策要与产业兴旺相关的规划和政策相衔接，协调处理好二者的关系。二是发展特色产业。政府应该立足于当地独特资源禀赋，在充分调研市场行情的情况下，科学选择具有市场竞争力的特色种植 / 养殖产业，提高产业附加值，增强产业竞争力。三是协调好产业发展。在原有扶贫产业发展基础上，通过财政支持、市场投入和村庄社会投资等多元筹资方式，提升产业发展质量，延长产业链，提升价值链，让贫困户享受到产业发展带来的增值收益。四是积极探索小农产业发展。当前脱贫攻坚重点是深度贫困人口，深度贫困人口则以小农户为主，因此需要积极探索符合小农户生计特点的产业，推动小农户与现代农业发展有机衔接。

（三）多元主体参与，强化主体意识

“坚持农民主体地位”是脱贫攻坚和乡村振兴相关政策所规定的重要原则。因此，在推进脱贫攻坚和乡村振兴有机衔接的实践中，必须激发农民的内生动力，激发农民的主体意识，破除脱贫攻坚和乡村振兴有机衔接的内生障碍，其核心在于处理好政府主导与农民主体之间的关系。具体而言，要做到如下几点。一是做好观念引导。各级政府部门和相关组织应该采取各种措施引导农户增强主体意识。例如可以通过典型引领，开办脱贫攻坚与乡村振

兴“农民讲习所”等培训方式以及各地实践所开创的自助扶贫方式等，增强农民群众的自觉参与意识和行动力。二是做好产业发展中的农民参与工作。无论是在产业选择和规划阶段，还是在设计执行阶段，抑或是在产业发展的总结交流阶段，都应该健全机制，创新农户参与渠道，让农户真正参与进来。三是做好提升农民组织化程度的工作。借助集体产权制度改革契机，政府积极探索壮大村集体经济与提高农民组织化程度相结合的途径。同时还应该支持合作社、社会化服务组织和供销社等各类组织提升对农户的组织带动能力。

参考文献

《中共中央国务院关于实施乡村振兴战略的意见》，新华网，http://www.xinhuanet.com/politics/2018-02/04/c_1122366449.htm，2018 年 2 月 4 日。

《中共中央国务院关于打赢脱贫攻坚战三年行动的指导意见》，新华网，http://www.xinhuanet. com//politics/2018-08/19/c_1123292992.htm，2018 年 8 月 19 日。

《中共中央国务院〈乡村振兴规划战略（2018—2022 年）〉》，新华网，http://www.xinhuanet.com//politics/2018-09/26/c_1123487123.htm，2018 年 9 月 26 日。

《扶贫开发成就举世瞩目 脱贫攻坚取得决定性进展——改革开放 40 年经济社会发展成就系列报告之五》，中华人民共和国国家统计局门户网站，http://www.stats.gov.cn/ztjc/ztfx/ggkf40n/201809/t20180903_1620407.html，2018 年 9 月 3 日。

《国务院扶贫办：预计年底 95% 的贫困人口脱贫》，《人民日报》2019 年 10 月 12 日。

《我国完成 2014 年减贫 1000 万以上目标》，新华网，http://www.xinhuanet.com//politics/2015-01/30/c_1114198469.htm，2015 年 1 月 30 日。

《国务院扶贫办：过去六年间中国有 10 万个贫困村脱贫》，中国新闻网，http://www.chinanews.com/gn/2019/02-20/8759532.shtml，2019 年 2 月 20 日。

《国务院扶贫办：2020 年实现所有贫困县脱贫摘帽》，中国新闻网，http://www.

chinanews.com/gn/2019/02-20/8759521.shtml，2019 年 2 月 20 日。

蓝海涛、张义博、周振:《我国产业扶贫的模式分析与思考》,《中国发展观察》2017 年第 17 期。

《国家发改委主任何立峰：预计 2019 年异地扶贫搬迁任务基本完成》，新京报网，http://www.bjnews.com.cn/news/2018/03/06/477903.html，2018 年 3 月 6 日。

《中央统筹部署　部委合力攻坚打响异地扶贫搬迁“当头炮”——2016 年异地扶贫搬迁工作年度盘点（上篇）》，中华人民共和国发展和改革委员会门户网站，http://www.ndrc.gov.cn/fzgggz/dqjj/fpkf/201702/t20170213_837660.html,2017 年 2 月 13 日。

B.20

中国医疗卫生改革十年（2009~2019）研究报告

王 震 朱凤梅*

摘 要：本报告首先从医保、医疗和医药三个方面梳理并回顾了2009~2018年度我国医疗卫生体制改革的政策进展情况。通过回顾发现，我国基本建成覆盖全民的基本医保制度，通过组建国家医疗保障局理顺医保管理体制；医疗服务体系上持续深化公立医院改革，加大政府投入破除以药养医问题；药品供应体制上实施“4+7”药品带量采购试点。但相关数据显示，在政府财政投入明显增加的同时，公立医院药品收入增速并未出现显著减缓；有序就诊的分级诊疗体系尚未形成，2018年三级医院诊疗人次占比和住院人次占比分别高达51.5%、46.4%；药品定价机制和医保药品支付标准仍在探索中。此外，本报告还分析了我国医疗卫生发展和体制改革面临的挑战，并提出相应的政策建议。

关键词：全民医保 医保管理体制 健康扶贫 公立医院改革 分级诊疗制度 药品带量采购

自2009年启动新一轮医疗卫生体制改革以来，至今已过去十年。在这十年间医疗卫生越来越成为社会关注的焦点和热点问题，成为历年政府工作报告中的重点问题。习近平总书记在十九大报告中指出：“我国社会主要矛盾已

* 王震，中国社会科学院经济研究所研究员；朱凤梅，中国医学科学院医学信息研究所助理研究员。

经转化为人民日益增长的美好生活需要和不平衡不充分的发展之间的矛盾。”与这一社会主要矛盾转化相一致，当前我国城乡居民对美好生活的向往相对集中地体现在对医疗服务以及医疗保障的诉求上。从居民需求的角度看，医疗卫生服务供给“不平衡、不充分”的情况越来越凸显。因此，在2018年这一新医改十年转折点，有必要从政策层面、制度层面及治理结构层面对我国十年医疗卫生事业的发展和改革进行评估性梳理和分析，为下一步医疗卫生事业发展及体制改革提供借鉴。

一 十年医改进展与成效[①]

（一）医疗保障体系改革

1. 基本建成全民医保制度

经过20年的发展，我国基本建立起覆盖全民的基本医保制度。截至2018年末，参保人数13.45亿人，占全国总人口的95%以上。其中，针对城镇职工的城镇企业职工基本医疗保险（简称城职保）于1997年逐步建立，采用“社会统筹+个人账户”模式；针对农村居民的新型农村合作医疗制度（简称新农合），于2003年开始试点，2007年全面铺开，其筹资模式以财政补贴为主，且补贴额度越来越高，并以县为单位建立统筹区，突破了村级范围；而对于城镇非就业居民，包括老人、儿童以及其他非就业群体，从2007年开始试点，2011年正式在全国建立了城镇居民基本医疗保险制度（简称城居保），其筹资模式和运行机制与新农合类似。在新农合和城居保建立期间，机关事业单位人员也已逐步参加城职保，仅有少数机关事业单位仍保留公费医疗。至2013年，我国基本实现了人群的全覆盖。2013年后，我国覆盖全民的基本医疗保险制度基本定形，参保率稳定在95%左右，三大医保制度分别覆盖不同人群，并在统筹层次上逐步探索市级统筹。

① 本文数据如无特殊说明，均来自历年中国卫生健康统计年鉴。

党的十八大后，我国公共政策的一个主要取向是逐渐消除医疗保障的城乡差别和人群差别，建设城乡一体化、全民共享的医疗保障体系。特别是随着大规模的人口流动，针对城镇居民和农村居民分割的基本医疗保险制度既不公平也缺乏效率，各地开始探索整合新农合和城居保，建立城乡居民基本医疗保险制度（简称城乡居民医保）。从表 1 也可以看出，2014 年后新农合参保人数开始减少，城镇居民医保参保人数开始增加。2016 年，国务院发布《关于整合城乡居民基本医疗保险制度的意见》，要求全国以“六统一”（统一覆盖范围、统一筹资政策、统一保障待遇、统一目录范围、统一定点管理、统一基金管理）为原则实现城乡居民基本医疗保险的整合。截至 2018 年底，仅有 13300 万新农合参保人员未并入城乡居民医保。

表 1　基本医疗保险制度参保人数及覆盖率（1999~2018）年

单位：万人，%

年份	城镇职工基本医疗保险年末参保人数	城镇居民基本医疗保险年末参保人数	新农合参保人数	覆盖率
1999	2065.3			1.6
2000	3786.9			3.0
2001	7285.9			5.7
2002	9401.2			7.3
2003	10901.7			8.4
2004	12403.7		8000.0	15.7
2005	13782.9		17900.0	24.2
2006	15731.9		41000.0	43.2
2007	18020.3	4291.0	72600.0	71.8
2008	19995.6	11826.0	81500.0	85.3
2009	21937.4	18209.6	83300.0	92.5
2010	23734.7	19472.0	83600.0	94.6
2011	25227.1	22116.1	83200.0	96.9
2012	26485.6	27155.7	80500.0	99.1
2013	27443.1	29629.4	80200.0	100.9
2014	28296.0	31450.9	73600.0	97.5

续表

年份	城镇职工基本医疗保险年末参保人数	城镇居民基本医疗保险年末参保人数	新农合参保人数	覆盖率
2015	28893.1	37688.5	67000.0	97.2
2016	29531.5	44860.0	63879.0	100.0
2017	30322.7	87358.7	13300.0	94.2
2018	31673.0	89738.0	13300.0	96.5

资料来源：历年中国卫生和计划生育统计年鉴；历年中国统计年鉴；国家医疗保障局 2018 年全国基本医疗保障事业发展统计公报。

2. 改革医保支付方式

长期以来，医疗服务市场存在严重的信息不对称，医保作为第三方代表患者向医疗机构付费，其管理效率直接影响一个地区医疗费用的支出效果，即过严控费可能抑制地区医疗水平的发展、医疗人才的增加；过松控费则可能造成医疗资源浪费、患者负担过重等。

为了激励医生提供质量和数量适宜的医疗服务，近年来开始积极改革医保支付方式。2015 年，原国家卫生计生委发布《国家卫生计生委医政医管局关于进一步加强疾病诊断相关分组协作工作的函》（国卫医评价便函［2015］80 号）；2018 年，国家医保局发布《关于申报按疾病诊断相关分组付费国家试点的通知》（医保办发［2018］23 号）等。但我国医疗保障支付方式改革面临的一些外部条件尚不成熟，且至今还包含着与市场经济发展不匹配的制度因素。首先，医保作为购买服务的第三方，与医疗机构平等协商的市场主体关系尚未形成。医保面对的仍是一个以公立为主导且具有垄断地位的医疗服务市场。其次，实施 DRG 的医疗基础信息建设滞后。目前，我国不管是医疗机构病案首页数据的标准化程度还是医疗机构成本核算体系均尚未提上日程，难以保障 DRG 分组的质量和 DRG 付费的有效性。最后，跨部门的数据共享机制尚未建立。跨部门的数据共享是推进 DRG 改革顺利实施的重要保障，当前，我国卫健、医保、医院和商保部门之间的信息系统尚未打通，相关医疗费用数据亦未实现共享，不利于 DRG 成本数据核算。

3. 理顺医保管理体制

2009年新医改要解决的主要问题之一是“以药养医”问题以及由此带来的药物滥用和医保资金浪费问题。对此，基层医疗卫生机构率先实施了基本药物制度和药品零差率销售政策，随后县级公立医院改革以及城市公立医院改革也逐渐采取了药品零差率销售政策。为配合这一政策的有效实施，降低居民个人医疗费用负担，合理规范和引导医疗机构行为，不仅需要医疗保险作为第三方付费者改革医保付费方式、提高医疗保险报销额度和报销比例，还需要药品集中采购模式的转变、医疗服务价格的调整以及由此带来的医疗机构收入结构的变化。2016年，中办、国办转发《国务院深化医药卫生体制改革领导小组关于进一步推广深化医药卫生体制改革经验的若干意见》，将“三医联动”确定为“建立强有力的领导体制和医疗、医保、医药‘三医’联动工作机制，为深化医改提供组织保障”，即旨在通过行政管理体制改革提高部门间行政协调能力。

按照国务院机构改革的统一部署，国家医疗保障局于2018年5月31日挂牌成立，是国务院直属机构。新组建的国家医保局将分散在国家发改委、原卫生计生委和人社部的药品（医用耗材）、医疗服务项目和医疗服务设施等医保目录制定、价格管理、招标采购职能，以及定点医药机构协议制定、支付管理和基金监管职能进行集中，不仅意味着管理职权的集中，还意味着医保和医疗救助基金的集中。随着医保支付占医疗机构业务收入比例的持续上升，医疗保障制度将逐步由被动支付方向战略购买方的角色转变，为引导医疗资源合理配置、规范医患双方诊疗行为提供了经济基础和组织保障，有助于提高行政效力，发挥医保战略性购买职能，提升医保治理能力和医保基金使用效率。

4. 医疗保障健康扶贫

医疗保障制度作为收入再分配和卫生资源（资金）筹集的一种形式，调节着卫生资源和配置，并通过不同的支付方式和费用分担方式影响供需双方的行为，进而对卫生服务利用和提供以及卫生费用产生影响。

从我国卫生总费用情况来看，与OECD国家相比，我国卫生总费用占GDP的比重（2017年6.2%）并不低，基本与我国经济发展水平相适应。从卫生总费用的结构看，自20世纪80年代中期之后卫生总费用中个人现金支出占比开始上升，从25%左右一路上涨到2000年左右的60%，2001年后开始有所下降。2009年新医改以来，卫生总费用中个人卫生支出比例持续下降，由2009年的37.5%下降至2018年的28.6%，政府卫生支出比例稳定在30.0%左右，社会卫生支出持续上升，2018年达43.7%（见图1）。

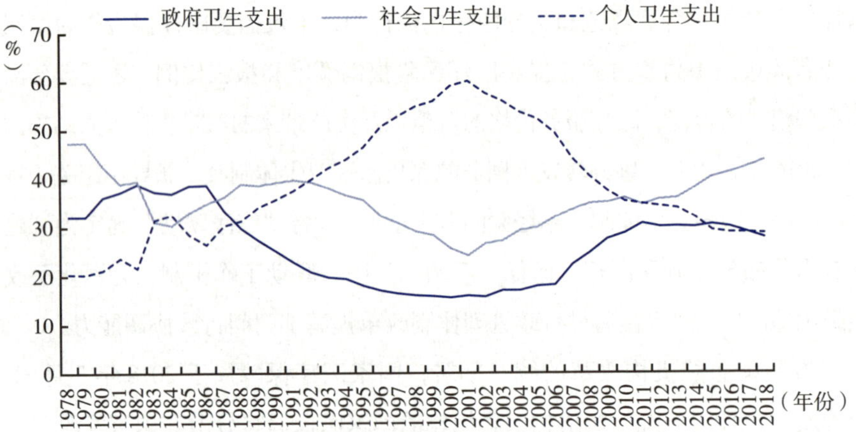

图1 中国卫生总费用的构成变动情况（1978~2018年）

但城乡居民家庭消费支出中医疗保健支出占比从20世纪90年代中期的不到4%一路上升到2008年的7%和6.7%，至2018年分别达到7.8%和10.2%（见图2）。罹患大病的医疗费用支出导致的“因病致贫、因病返贫”，仍是贫困人口长期陷入贫困的重要原因。国家统计局统计监测公报显示，截至2014年底，我国农村因病致贫人口占总贫困人口的42%，现有3000多万仍然贫困的建档立卡贫困人口中，老年人、病人、残疾人等特殊贫困群众比例在增大，“因病致贫”成为脱贫攻坚最后一段路上的最大挑战。2020年实现全面脱贫，医疗保障制度将发挥重要作用，并在2020年后继续发挥托底功能。

2018年国家医保局、财政部、国务院扶贫办关于印发《医疗保障扶贫三年行动实施方案（2018—2020年）》的通知，要求重点聚焦深度贫困地区和因病因残致贫返贫等特殊贫困人口，中央财政连续三年通过医疗救助资金渠道安排补助资金，通过城乡医疗救助制度，对经城乡居民基本医疗保险和城乡

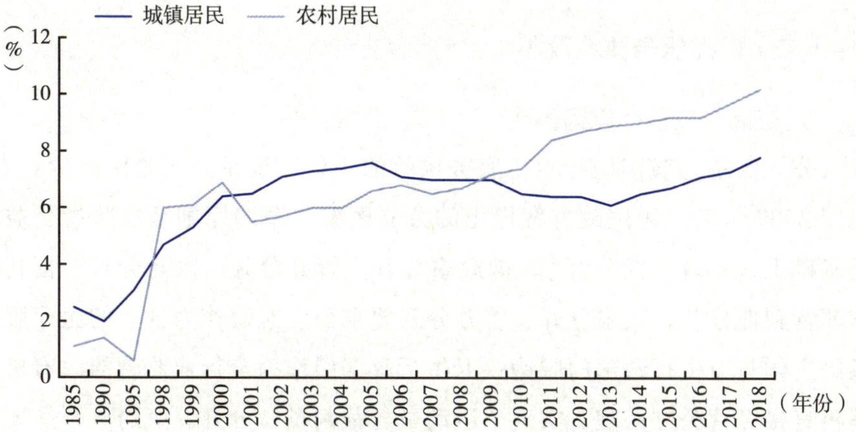

图 2　历年城乡居民医疗保健支出占家庭消费支出的比重

资料来源:《中国统计年鉴 2018》。

居民大病保险报销后的个人自付医疗费用给予倾斜救助，降低起付线 50%，提高报销比例 5 个百分点，逐步提高并取消封顶线，将农村贫困人口住院及门诊大病、长期慢性病医疗费用个人自付比例控制在可承受范围内，以提高深度贫困地区农村贫困人口医疗保障水平。具体包括：一是到 2020 年实现农村贫困人口制度全覆盖，基本医保、大病保险、医疗救助覆盖率均达到 100%；二是对大病保险加大倾斜力度，农村贫困人口大病保险起付线降低 50%、支付比例提高 5 个百分点、逐步提高并取消封顶线；三是医疗救助托底保障能力进一步增强，确保年度救助限额内农村贫困人口政策范围内个人自付住院医疗费用救助比例不低于 70%，对特殊困难的进一步加大倾斜救助力度。相关数据显示，2017 年我国建档立卡贫困人口医疗费用个人自付比例已由 2016 年的 43% 下降至为 2017 年的 16%。因病致贫返贫户由 2015 年底的 726.9 万户下降到 2017 年的 388.2 万户，因病致贫返贫户减少近一半。据国家统计局全国农村贫困监测调查，按现行国家农村贫困标准测算，2018 年末，全国农村贫困人口 1660 万人，比上年末减少 1386 万人；贫困发生率 1.7%，比上年下降 1.4 个百分点。①

① 国家统计局网站，http://www.stats.gov.cn/tjsj/zxfb/201902/t20190215_1649231.html。

（二）医疗服务体系改革

1. 破除公立医院以药养医

公立医院是我国医疗卫生服务供给的主体，也是新一轮医改的重点。我国 2009 年新一轮医改方案提出的公立医院改革的原则是在坚持公益性的基础上，实现“四分开”，即政事分开、管办分开、医药分开、营利性与非营利性分开。政事分开、管办分开要求公立医院作为独立的医疗服务供给主体与卫生行政部门脱钩，卫生行政部门作为全行业监管的政府机关不再直接经营公立医院，实现“运动员与裁判员”分开。医药分开主要针对的是以药养医体制，要求公立医院转换收入结构，取消通过药品销售获得收入的补偿渠道，建立合理的医院收入及医生薪酬机制。营利性与非营利性分开的目的则在于引入和鼓励社会办医，形成与公立医院公平竞争的多元供给格局。在社会办医中要区分营利性与非营利性的医疗机构，进行分类管理。

以药养医或以药补医是我国医药卫生领域的主要特征之一，也是主要的弊端所在。2017 年原国家卫计委等七部门《关于全面推开公立医院综合改革工作的通知》提出公立医院综合改革的核心是医药分开，取消药品加成，破除以药养医。2018 年 3 月，原国家卫计委印发《关于巩固破除以药补医成果持续深化公立医院综合改革的通知》（国卫体改发［2018］4 号），强调建立补偿新机制、落实政府投入责任等。2018 年 8 月，国务院办公厅《关于印发深化医药卫生体制改革 2018 年下半年重点工作任务的通知》（国办发［2018］83 号）提出按照“腾空间、调结构、保衔接”的思路，通过规范诊疗行为，降低药品、医用耗材等费用，腾出空间，优化调整医疗服务价格。

从公立医院财政补贴占比情况来看，2018 年之前中医院的财政补贴收入占总收入的比例一直略高于公立医院的平均补贴水平，2018 年公立医院财政补贴水平显著上升，比 2017 年高出 7.45 个百分点，比中医院高出 5.98 个百分点（见图 3）。

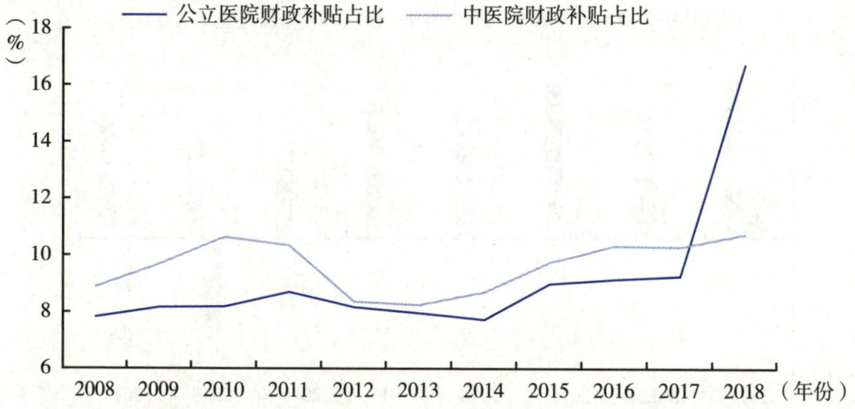

图 3　公立医院、中医院财政补贴收入占总收入的比例（2008~2018 年）

但实施医药分开改革、取消药品加成并未取得预期的效果。从理论上讲，公立医院取消药品加成 15%，药品销售收入增速应该是 -13%。但统计数据表明，相比于改革前药品收入并没有出现大幅度下降，2017 年增速仅为 -0.5%，2018 年相比上年增速甚至出现上升，达 1.44%（见图 4）。除了药品销售收入下降未达到预期外，另一个结果是医院的检查费出现了上涨的趋势。从公立医院人均检查费看，上涨幅度达到了 9.1%（见图 5）。

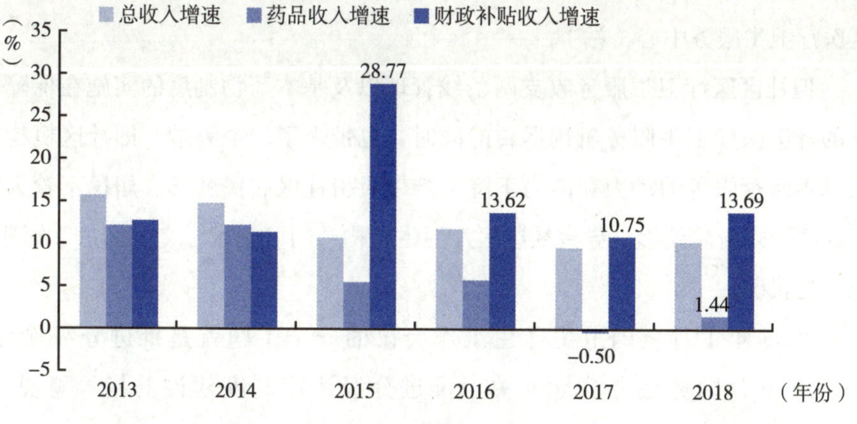

图 4　公立医院总收入、药品收入及财政补贴收入增速（2013~2018 年）

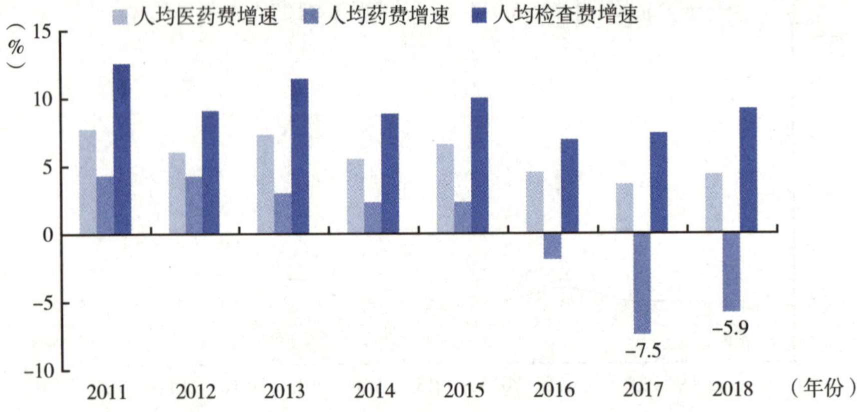

图5　公立医院人均医药费增速（2011~2018年）

2. 推进分级诊疗制度建设

按照在医疗卫生服务体系中承担的职能不同，我国的医疗卫生服务机构分为社区（基层）医疗卫生机构与医院两类。社区（基层）医疗卫生机构主要是初级医疗卫生保健服务的供给，具体而言负责公共卫生服务的供给，常见病、多发病的诊治，以及提供与社区居民健康管理相关的卫生服务，提供相当于国外医疗卫生服务体系中的全科医生或家庭医生服务。医院则主要提供住院服务以及重大疾病的诊治，相当于国外医疗卫生体系中的专科服务。社区医疗卫生机构在农村主要是乡镇卫生院与村卫生室，在城镇地区则是社区医疗卫生服务中心（站）。

但社区医疗卫生服务收支两条线管理以及基本药物制度的实施在保障公立的社区医疗卫生服务机构运转的同时，也带来了一个弊端，即社区机构提供基本医疗服务的动力和能力下降，难以吸引社区居民就诊。居民不管大病小病都涌入医院就诊，导致社区医疗卫生机构“门可罗雀”、大医院“人满为患”的状况。

2015年1月全国卫生计生工作会议的一个主题就是推进分级诊疗。2015年9月国务院办公厅《关于推进分级诊疗制度建设的指导意见》，提出分级诊疗的目标是基层医疗卫生机构诊疗量比例明显提升，就医秩序更加合理规范，到2020年形成“基层首诊、双向转诊、急慢分治、上下联动”的分级诊疗体系。根据国家卫建委公布的数据，截至2017年底，全国分级诊疗试点城市已达到321个，占地市级城市总数的94.7%。全国县域内就诊率达到82.5%，上转患者1455万例次，下转患者483万例次，同比分别增长99.8%和91.2%。①2018年8月，国家卫生健康委与国家中医药管理局联合印发《关于进一步做好分级诊疗制度建设有关重点工作的通知》（国卫医发［2018］28号），明确以“区域医疗中心建设、医联体建设、县医院能力建设、家庭医生签约服务、基层医疗卫生机构远程医疗”等为重点的分级诊疗体系建设。一是要统筹规划建设医联体，根据医疗资源和医疗服务需求科学规划、布局医联体。二是要实现“四个分开”，即以区域医疗中心建设为重点推进分级诊疗区域分开，以县医院能力建设为重点推进分级诊疗城乡分开，以重大疾病单病种管理为重点推进分级诊疗上下分开，以三级医院日间服务为重点推进分级诊疗急慢分开。

然而上述政策自2015年开始推进以来，并未缓解大医院的拥挤状态，基层社区医疗卫生机构的诊疗人次占比依然在下降，医院诊疗人次占比依然在上升。从三级医院诊疗人次占全国总诊疗人次的比例来看，2009~2018年，呈持续攀升趋势，由2009年的35.87%上升到2018年的51.85%（见图6），说明一、二级医院诊疗人次占比呈下降趋势。三级医院住院人次占比呈现同样的趋势（见图7），我国就医结构不合理的状况仍然存在。

究其原因，基层社区医疗卫生机构在收支两条线与基本药物制度的束缚下缺乏提供基本医疗卫生服务的动力和能力。而推进分级诊疗的这些政策并未触及这两个问题。我国医疗体制所存在问题的直接表现是“看病难”，以及作为其特有副产品的“看病贵”。医疗费用快速上涨，除技术进步这个适用于当今世界各国的一般性原因外，中国今天的“看病贵”直接根源于中国所特有的“看病难”。而我们所特有的“看病难”，直接原

① 《官方解读〈关于进一步做好分级诊疗制度建设有关重点工作的通知〉》，《健康报》2018年8月27日，https://www.sohu.com/a/250310820_464387。

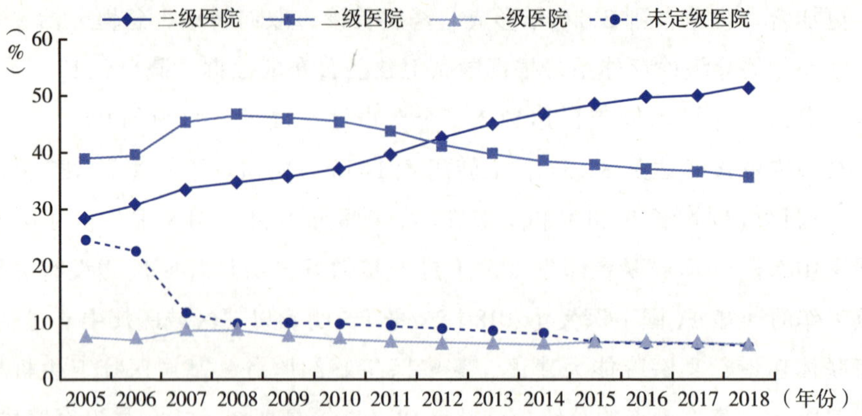

图6　不同等级医院诊疗人次分布情况（2005~2018年）

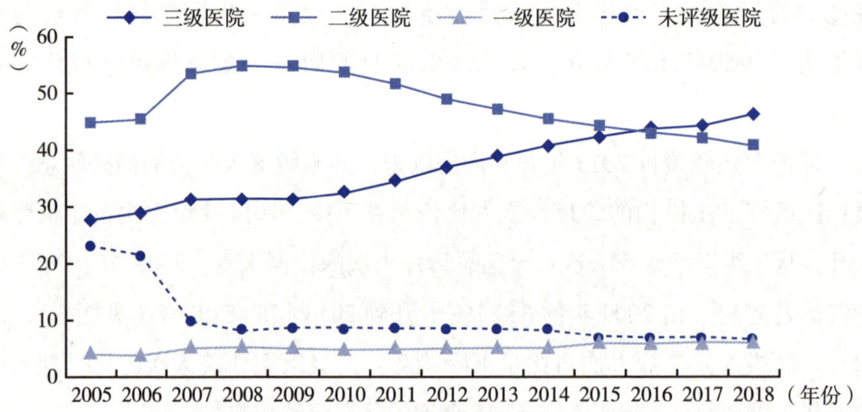

图7　不同等级医院住院人次分布情况（2005~2018）年

因是医疗资源配置严重失衡，优质医疗资源过度集中在高等级医院，特别是三级医院。从医院床位规模占有率来看，尽管公立医院床位占比已由2009年89.48%下降至2018年的73.66%，但三级公立医院的床位占公立医院总床位规模的比例却呈逐年上升趋势，2018年高达50%以上（见图8）。这说明，在我国每千人口床位数不断上升的同时，高等级公立医院从未停止过扩张和对医疗资源的垄断。

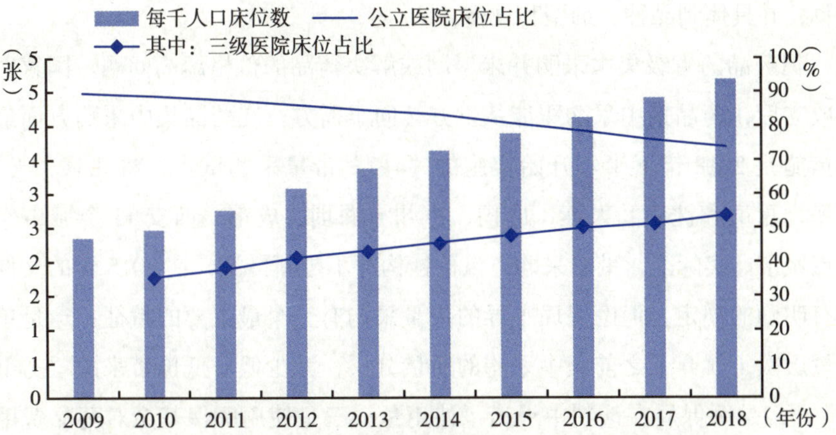

图 8　每千人口床位数与公立医院床位规模情况（2009~2018 年）

（三）药品供应体制改革

1. 药品集中采购与“4+7”试点

20 世纪 80 年代和 90 年代初中期，医疗机构药品实施自行采购政策。但在当时存在加成率的情况下，医疗机构倾向于采购高价药。一些药品生产企业为了打开市场，也通过各种方式突破政府的药品定价，抬高药品价格，滋生了大量的不规范行为以及腐败行为。对此问题，除了加强药品的价格管制外，另一个方法就是集中采购。集中采购的目的，一是规范医疗机构的采购行为，二是通过集中采购加强与药品供应商的谈判能力，通过量价挂钩、以量换价的方法降低药品价格。

因此，药品集中采购自新医改以来就是深化医改、解决患者“看病难、看病贵”问题的重大举措。如 2015 年国务院办公厅《关于完善公立医院药品集中采购工作的指导意见》对省级集中采购的模式又进行了进一步的规范，实行一个平台、上下联动、公开透明、分类采购、招生产企业、量价挂钩、双信封制等措施。特别是量价挂钩，这个文件专门规定了带量采购的具体执行标准，要求医院按照不低于上年度药品实际使用量的 80% 制定采购计划和预算，并具体到品种、剂型和规格。

但药品的省级集中采购并未遏制或解决药品的价格虚高问题。国家医保局成立后，药品集中采购职能从供方转向了需方。在药品集中采购方面最大的措施是2018年下半年开始实施的“4+7”带量采购试点，将北京、天津、上海、重庆和沈阳、大连、厦门、广州、深圳、成都、西安11个城市作为试点城市。实际上，带量采购、量价挂钩并不是新措施，在2015年的文件中就有明确的规定。但医保局主导的带量采购有三个最主要的特征：一是单一质量层次，摒弃了之前集中采购的质量分层，减少低质低价带来的“劣币逐良”；二是医保局在谈判中承诺了使用量；三是使用医保基金对药品费用进行提前支付，减少原先医疗机构对药品供应商的压款。由于实施时间比较短，到目前为止还未观察到“4+7”带量采购的实际效果。但从实施过程看，确实压低了中标药品的价格。现在最主要的问题就是如何保证采购药品的使用量达到承诺的目标。

除了带量采购外，国家医保局成立后在药品供应上的另一个趋势是集中采购与医保药品支付标准的合并实施。尽管目前医保的药品支付标准并未形成一个统一的标准和流程。但从国际经验看，通过谈判形成药品支付标准是一个重要的途径。“4+7”带量采购中确定的中标药品价格也同时成为非中标药品的医保支付标准。

2. 药品定价机制与支付标准

计划经济时期我国形成了三级批发、统购包销的药品流通体制，药品的生产、销售、价格等都严格按照指令性计划执行。到了20世纪80年代，为了提高医疗机构的运营效率，给予医疗机构经营自主权成为改革的主导方向。但是这一改革并未放开对医疗服务价格和药品价格的管制，药品价格仍实行国家定价、国家指导价与市场议价三种定价方式。导致药品供应普遍出现“高价格、大折扣、高返利”的现象。对此，1996年国家计委发布《药品价格管理暂行办法》，确定了药品销售差率不突破15%的原则。

但药品的行政定价并未遏制药品价格虚高问题，药品出厂价与药品销售价之间的巨大空间导致患者的医疗费用过度上涨。2015年，国家发改委发布

《关于推进药品价格改革意见的通知》，取消了药品的行政定价，除麻醉药品和第一类精神药品外，药品价格主要由市场竞争形成。取消药品行政定价后，医保目录内的药品由医保部门制定药品的医保支付标准。

但医保的药品支付标准并不是药品的价格，而只是医保根据医保基金的承受能力以及药品成本和市场结构确定的医保对药品的支付费用。从国际经验看，医保药品的支付标准或参考价格，主要有两种制定的办法：对于创新药品主要是通过多方谈判的方式确定；对于非创新药主要是根据药品的有效成分，在同一通用名下，采用市场平均价格的方式确定。

对于我国医保药品的支付标准，并未形成全国统一的制定药品支付标准的方法和流程。从各地的实践看，多数地区使用的是药品集中招标采购的中标价。这固然也是医保药品支付标准的形成方式之一，但与理论上的医保药品支付标准并不一致：药品的支付标准只是医保的出价，并不是最终的实际价格。药品的最终价格还需要依赖医院、药房、患者等方面的采购与支付。

2018 年下半年，国家医保局开始试点“4+7”带量采购。带量采购中标药品的价格即作为非中标药品的医保支付标准。此外，国家医保局成立后，还进行了抗肿瘤药的医保准入及价格谈判。如 2018 年 10 月，国家医保局发布《国家医疗保障局关于将 17 种抗癌药纳入国家基本医疗保险、工伤保险和生育保险药品目录乙类范围的通知》，将阿扎胞苷等 17 种药品纳入《国家基本医疗保险、工伤保险和生育保险药品目录（2017 年版）》乙类范围，并确定了医保支付标准。通过谈判形成的药品价格也带有医保支付标准的色彩。但不管怎样，我国还未形成成熟的医保药品支付标准的制定方法和流程。

二　尚存挑战及政策选择

（一）公立医院改革与价格机制形成

从整个医改的历程看，特别是近年来所采取的政策措施的效果并未实现预期目标，公立医院以药养医问题并未彻底解决。这背后的原因则在于我国医药卫生领域至今为止并未形成对医院和医生的合理支付机制，医院服务与医生服务没有合理的价格形成机制。

从政策角度形成医生合理的定价机制以及支付机制，首先，要改革事业单位编制管理，淡化事业单位编制背后的隐性福利与隐性保障。这些隐性福利与保障，包括但不限于事业单位职工的社会保障制度、技术人员的职称评定体制、医生的医疗责任保险制度、医生的学术进阶体制等。在这方面，近几年实际上是有比较大的推进的，比如国务院办公厅《关于印发深化医药卫生体制改革 2018 年下半年重点工作任务的通知》提出建立健全现代医院管理制度，及时总结公立医院薪酬制度改革试点经验，推动建立符合行业特点的薪酬制度。又比如机关事业单位养老金制度改革，新建立的机关事业单位养老金制度与企业职工养老金制度在缴费率、缴费基数、缴费年限等方面已经并轨，而且建立二者之间的转移接续通道。这为公立机构医生走出公立机构到社会办医机构执业提供了便利。再有，近几年大力推动的医生多点执业，也使得一些希望走出公立机构的医生有了用武之地。

其次，医保作为当前最大的医疗服务和药品的付费方，也要助推公立医疗机构的改革。一是逐步探索和建立医保医师制度，将医保的协议管理单位具体到医生，而不是放到医院层面。具体到医生后，一方面医保可以更有效地监管医生行为，另一方面也有助于医生脱离公立机构之后的多点执业。二是在建立医保的药品支付标准的同时，探索建立医保对医院服务的支付标准以及对医生的支付标准，建立对药品、医生服务、医院服务的分账支付制度。

（二）医保基金使用效率偏低与支付方式改革

我国医疗保障制度自建立以来，在医疗服务供给方监管中面临的一个关键性问题是，面对占主导地位的公立医疗服务市场，医保监管难以切实到位。同时医保支付设计尚不完善，导致医保基金使用效率低下。特别是个人账户一直处于低效运行状态，难以发挥医保互助共济功能。国家医保局《2018 年度全国基本医疗保障事业发展统计公报》显示，2018 年职工医保个人账户累计结存已达 7284 亿元，是当年统筹基金累计结存规模（11466 亿元）的 63.5%。由于部分地区和人群职工医保个人账户往往还带有社会福利的性质，类似于个人储蓄账户，非医疗性支出现象普遍存在，不仅降低了基金的使用效率，而且降低了制度的公平性。

城乡居民医保个人账户已准备取消，但城镇职工医保个人账户是否取消仍存有争议。当前我国已基本建立包括特殊病、慢性病等在内的门诊保障机制，取消个人账户，实现门诊统筹，不仅一些常见病、多发病门诊医疗费用可报销，特慢病的门诊保障水平也有望提高。提高了人民群众获得感的同时，也有助于扭转当前“重住院、轻门诊”的制度设计，促进医疗保障从“保疾病”走向“保健康”，不断提高医疗保障基金配置效率，形成合理的就医诊疗体系。

同时，需持续深化医保支付方式改革。当前我国医保覆盖率已稳定在95%左右，医保基金扩面的可能性已不大，而经济下行条件下，医保缴费交由税务征缴，企业降费率呼声较高，收缴额度亦不会有较大增长。在医保基金有限的情况下，如何在保障人民群众医疗水平的同时，合理地控制费用是医保支付的重要话题。2019年5月，国家医保局联合其他三部门发布《关于印发按疾病诊断相关分组付费国家试点城市名单的通知》（医保发［2019］34号），提出在30个试点城市（含兵团直属、十一师、十二师）探索建立DRG付费体系。在此基础上，还应从通过支付方式改革引导患者往门诊和基层医疗机构流动，并以此规范医疗机构行为，促进分级诊疗形成的角度进行考虑，探索建立多元复合式医保支付方式，如针对普通门诊按人头付费，门诊特慢病按人头病种付费，让医保基金跟人走，引导患者基层就诊，降低个人就医负担；针对长期住院的精神病等特殊疾病按床日付费；针对一些病情单一、诊断明确、费用成本和疗效较为明确的病种可考虑按单病种支付。同时，还应结合“互联网+”医疗、家庭医生服务、家庭病床服务等的发展，不断完善医保基金支付政策。

（三）人口老龄化与长期护理保险制度设立

中国老龄科学研究中心的调查数据显示，2010年我国部分失能和完全失能老人数量高达3300万人（占老年人口的19%），其中完全失能老人1084.3

万人（占老年人口的 6.25%），68.1% 的老人分布在农村地区；至 2015 年，我国部分失能和完全失能老人数量增至 4000 万人，其中完全失能老人 1239.7 万，66.9% 的老人分布在农村地区。但通过养老机构实现养老照料方式的比例并不高，目前养老机构收养的老人数共计 169.3 万人，其中不能自理老人 18.2 万人，仅占我国完全失能老人的 1.5%、占有养老服务需求老人数的 2.2%，需要依靠机构以外设施养老的失能老人数达到 810.8 万人。

早在 2016 年 6 月，人社部就发布《关于开展长期照护保险制度试点的指导意见》(人社厅发［2016］80 号)，开始在全国 15 个地区（承德市、长春市、齐齐哈尔市、上海市、南通市、苏州市、宁波市、安庆市、上饶市、青岛市、荆门市、广州市、重庆市、成都市、石河子市）试点针对失能老人的长期护理保险制度。但由于没有制定统一的制度框架，各地试点的筹资渠道有所不同，导致保障范围、保障对象、受益规模、待遇形式等方面也存在较大差异。总的来说，大部分试点地区走的是“财政补贴 + 医保统筹基金划拨 + 个人缴费（有医保个人账户的从个人账户中划转）或不缴费”的模式。其中个人不缴费的地区是上海、宁波和广州三个经济发达地区。参保对象主要覆盖城镇职工老年人群，其中 6 个试点地区未覆盖城乡居民老年人群。

实际上，长期护理保险支付是某种形式的医保支付。从技术上看，可以将长期照护作为一项带有医疗服务特征的服务纳入医保支付范围。借鉴中国台湾地区的经验，可以将长照险作为一种新的筹资方式来拓宽医保筹资渠道，当然必须认识到它和医保支付的替代性，因此必须和医保基金统筹使用，以免出现双重支付的情况。

（四）健康扶贫与完善贫困人口医疗保障救助机制

因病致贫、因病返贫是当前扶贫攻坚的重点任务。自中央到地方各级政府均出台了一系列保障措施，包括住院免交押金、免起付线、个人自付比例不超过 10%、实施一站式结算等，提高了贫困人口医疗服务可及性，减轻了贫困人口就医经济负担，为 2020 年全面实现脱贫提供了坚实的基础。但是，随着扶贫保障措施的不断完善，贫困人口医疗服务使用中的一些问题也逐渐暴露出来，过度诊疗、住院服务滥用等现象时有发生，给医保基金和财政投入造成浪费。

从理论上讲，医疗保险是保基本，发挥的是风险分散机制的作用，利用基本医保来缓解贫困，不仅可能带来费用不可控的风险，也容易被质疑为福利陷阱、过度保障，引起非贫困人口的攀比心理。医疗保障局对医疗保险与医疗救助职能的整合，应该在二者的制度衔接上做好工作，发挥医疗救助对低收入群体的保障功能。同时完善基本医保制度设计，合理设置医疗保障扶贫政策，特别是完善门诊报销机制。当前，慢性非传染性疾病已成为我国城乡居民的主要疾病，日常的疾病管理和用药控制比住院治疗更为重要。贫困人口亦不例外。而当前城乡居民医保报销仅限于住院和纳入报销范围内的少数门诊特慢病，普通门诊则不予报销。但对贫困人口来说，普通门诊的费用也偏高。在医保基金允许的情况下，考虑将城乡居民门诊纳入医保报销范围，提高贫困人口门诊保障能力。

另外，实施“贫困边缘人口”医疗保障救助制度。贫困边缘人口不属于贫困人口却也是最容易陷入贫困的一类人群，也最容易发生因病致贫。将这一部分人纳入医疗保障救助范围，助力扶贫工作推进。

附　录

Appendix

B.21
中国社会发展统计概览（2019）

邹宇春　王 卡*

一　经济发展

2018年全年国内生产总值（GDP）为900309.5亿元，较2017年的820754.3亿元名义增长9.7%①。人均国内生产总值达到64644元，较2017年的59201元增长9.2%。经济运行总体平稳、稳中有进。

对国内生产总值进行产业分解，第一产业增加值64734.0亿元（占国内生产总值的比重为7.2%），增长4.2%；第二产业增加值366000.9亿元（比重

* 邹宇春，中国社会科学院社会学研究所副研究员；王卡，中国社会科学院社会学研究所研究助理。

① 由于天津市、内蒙古自治区、辽宁省等地调低了2017年经济数据，此处为2017年最终核实的GDP数字。

为 40.6%），增长 10.0%；第三产业增加值 469574.6 亿元（比重为 52.2%），增长 10.3%。对生产总值增速的贡献，第一产业、第二产业和第三产业分别拉动 0.3%、4.1% 和 5.3%。

若以可比价格计算，2018 年 GDP 为 832998.9 亿元，经济增速为 6.6%；相应的，三个产业的增长率分别为 3.5%、5.8% 和 7.6%；三个产业的拉动率分别为 0.3%、2.4% 和 3.9%。

对国内生产总值进行成分分析，全年最终消费支出对国内生产总值增长的贡献率为 76.2%，资本形成总额贡献率为 32.4%，货物和服务净出口贡献率为 -8.6%。很明显，2018 年出口贡献由于国际上的贸易形势而大受影响。

2019 年 1~3 季度，国内生产总值初步核算为 697798 亿元，按可比价格计算，同比增长 6.2%，经济运行总体平稳。

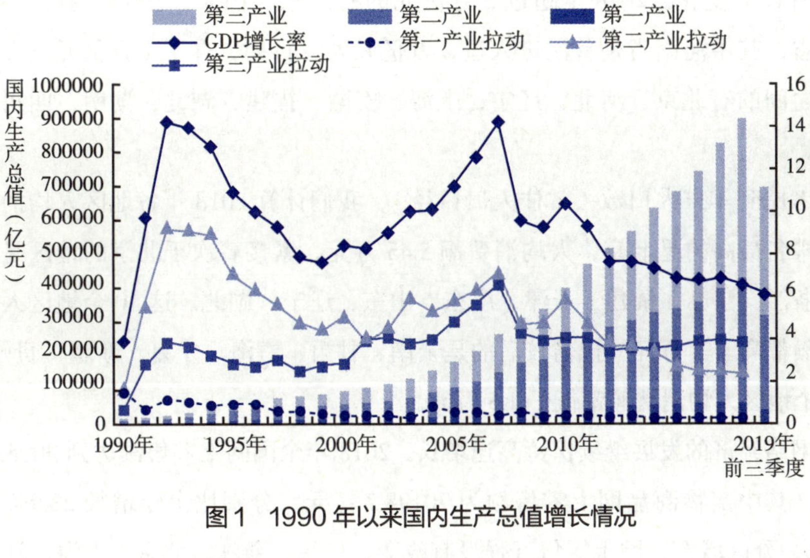

图1　1990 年以来国内生产总值增长情况

社会消费品零售总额保持增长态势，但增速继续放缓。2018 年社会消费品零售总额为 380986.9 亿元，较上年增长 9.0%。2019 年 1~3 季度，社会消费品零售总额 296674 亿元，同比增长 8.2%（扣除价格因素实际增长 6.4%）。

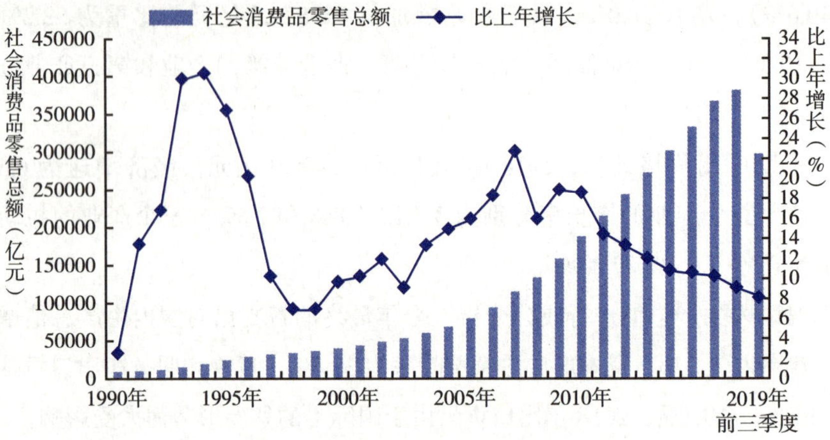

图2 1990年以来社会消费品零售总额及增长情况

不同省份的社会消费品零售总额表现出较大差异，但与往年相比，格局并未有较大变化。2018年超过2万亿元的有广东、山东、江苏、浙江、河南五省，其中河南省是首次进入过2万亿元大省行列。介于1万亿元与2万亿元之间的有北京、河北、辽宁、上海、安徽、福建、湖北、湖南、四川九省市。

考虑到年末人口数（常住人口口径），我们计算2018年各地区人均消费额，排名最高的是北京，人均消费额5.45万元。紧接着次于北京的地区是上海、浙江、江苏、福建、天津、广东、山东、辽宁、湖北。这10个地区人均消费额都高于3万元。排名较后的是云南、甘肃、青海、宁夏、新疆、贵州。这6个地区人均消费额都低于1.5万元。

网络经济的发展继续保持高速增长。2018年全国网上零售额达到90065.0亿元，其中实物商品网上零售额为70198.2亿元，分别比上年增长23.9%和25.4%。分区域看，网上零售五强没有改变，广东、浙江、北京、上海、江苏的网上零售额远高于其他省份。从增长幅度看，青海增速最大，达61.3%，江西与云南两省较上年增长接近50%。

2018年全社会固定资产投资645675亿元，比上年增长5.9%。其中全年房地产开发投资120264亿元，比上年增长9.5%，约占总投资的18.6%。

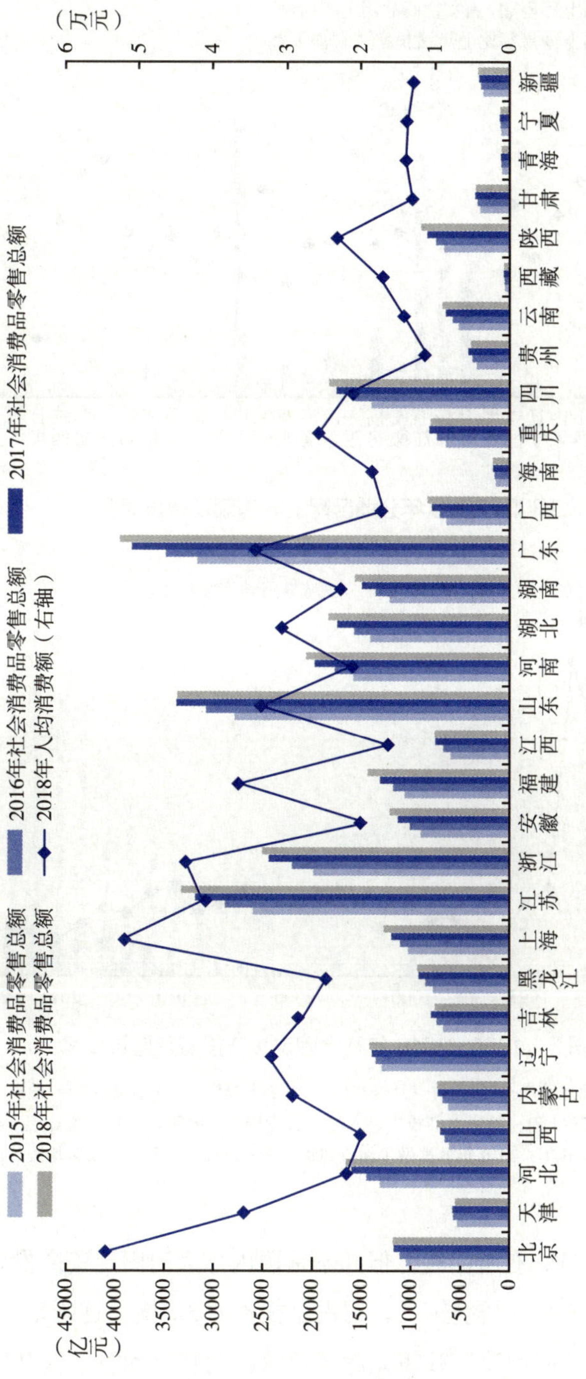

图3 2015~2018年分地区社会消费品零售总额及2018年人均消费额

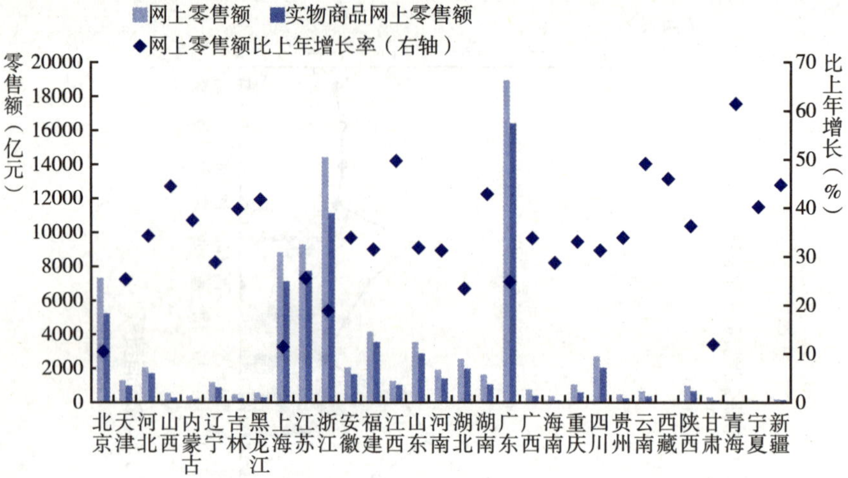

图 4　2018 年分地区网上零售额及增长情况

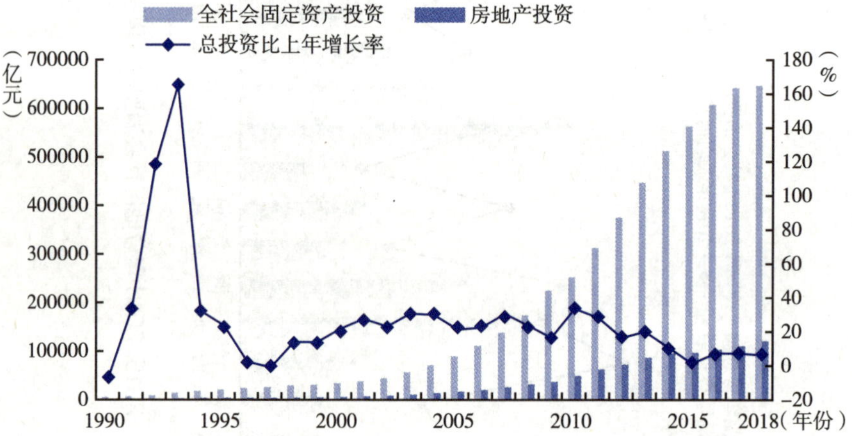

图 5　1990~2018 年社会固定资产投资及增长情况

注：1997 年起，除房地产投资、农村集体投资、农村个人投资外，其他固定资产投资的统计起点由 5 万元提高到 50 万元。2011 年，除房地产投资、农村个人投资外，固定资产投资统计起点由 50 万元提高到 500 万元。因此，1996 年、2010 年数据做了相应调整，相关口径变动年份的增速均按可比口径计算。

房地产行业虽然有所回暖，但并不是国内最大的固定资产投资行业，制造业仍以 212170.5 亿元排名第一，约占总投资的 32.9%。这既是“中国制造”的惯性，也是“智能制造”政策刺激的反映。创新驱动与转型升级是制造业投资增加的最大动力。根据固定资产投资，排名第三、第四的行业是水利、环境和公共设施管理业及交通运输、仓储和邮政业。比上年固定资产投资减少的行业比较多，有电力、热力、燃气及水生产和供应业（-6.7%），建筑业(-13.9%)，批发和零售业(-21.5%)，住宿和餐饮业(-3.4%)，金融业(-13.1%)，居民服务、修理和其他服务业（-14.4%），公共管理、社会保障和社会组织(-18.0%)。

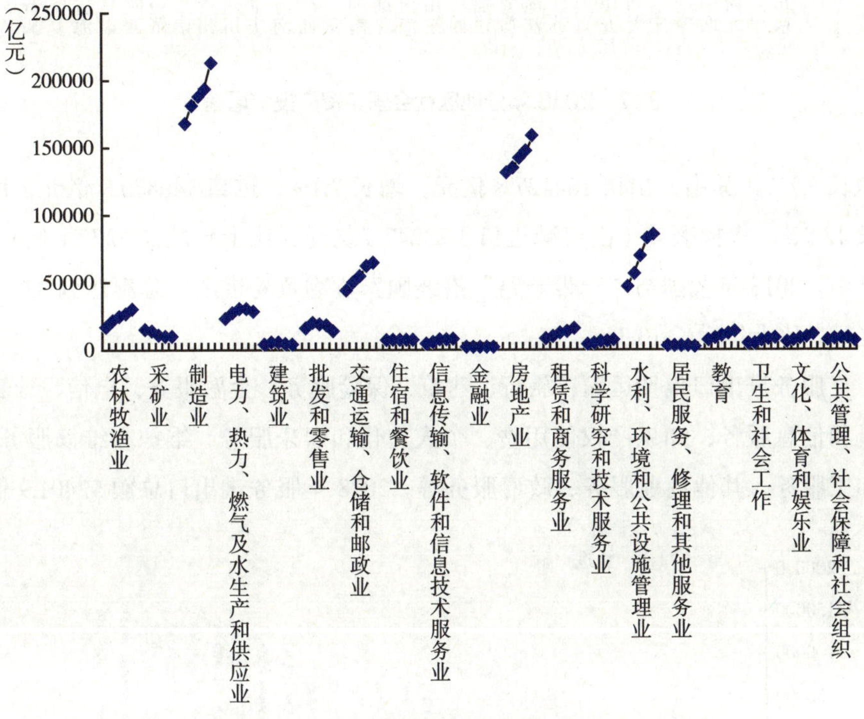

图6　2014~2018 年分行业社会固定资产投资情况

注：此表中房地产业固定投资包括非房地产开发企业、农户投资等。

分地区看社会固定资产投资，内蒙古、海南、宁夏、新疆等地有较大幅度的回撤。贵州获得最高增速，为 15.8%。

2018 年全年货物进出口总额 305008.1 亿元（约 4.6 万亿美元），比上年

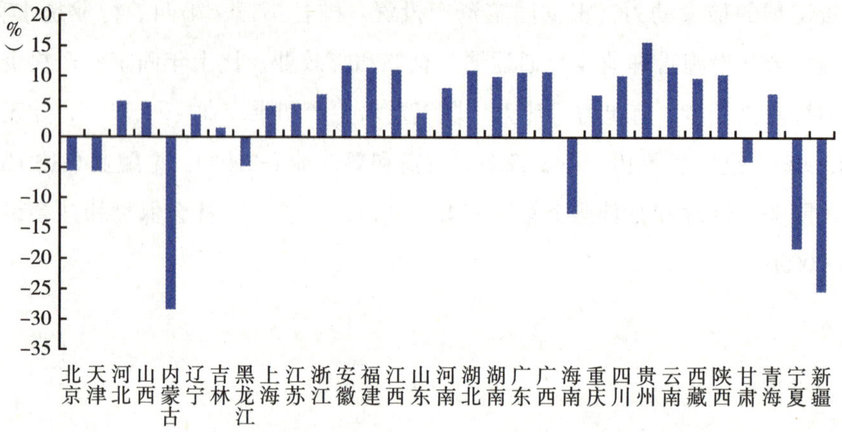

图7　2018 年分地区社会固定资产投资增速

增长 9.7%。其中，出口 164127.8 亿元，增长 7.1%；进口 140880.3 亿元，增长 12.9%。货物顺差（出口减进口）23247.5 亿元，比上年减少 5272.1 亿元。其中，2018 年我国与“一带一路”沿线国家货物贸易进出口总额达到 83657 亿元，比上年增长 13.3%。

服务进出口包括运输、旅行、建筑、保险服务、金融服务、电信、计算机和信息服务、知识产权使用费、个人文化和娱乐服务、维护和维修服务、加工服务、其他商业服务、政府服务等。2018 年服务进出口总额 52401.9 亿

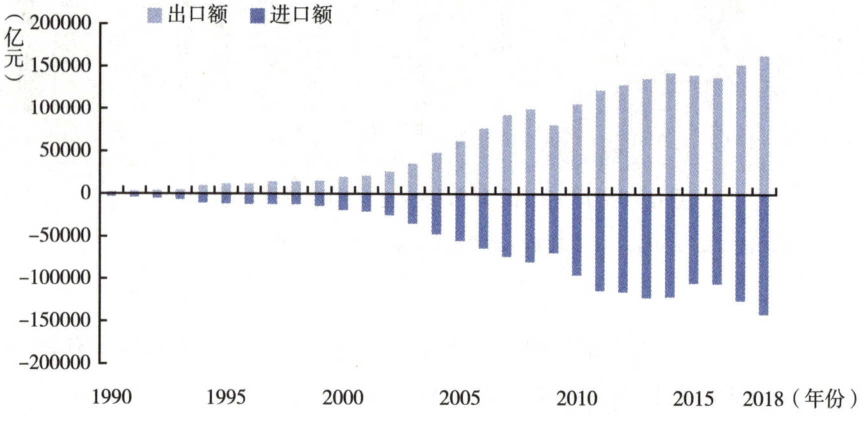

图8　1990~2018 年对外货物贸易情况

元，相当于当年货物进出口总额的17.2%。其中，出口17658.0亿元，进口34744.0亿元，逆差17086.0亿元。

外商直接投资（FDI）是指外国投资者在我国境内通过设立外商投资企业、合伙企业、与中方投资者共同进行石油资源的合作勘探开发以及设立外国公司分支机构等方式进行投资。在直接投资方面，2018年我国实际使用外资金额为1349亿美元；与之相对，我国对外FDI为1430亿美元。截至2018年，我国对外直接投资存量为19823亿美元。FDI在不同行业的分布显示，我国接受的FDI最大部分在制造业，其次为房地产业。我国对外FDI集中在租赁和商务服务业，其次为金融业。

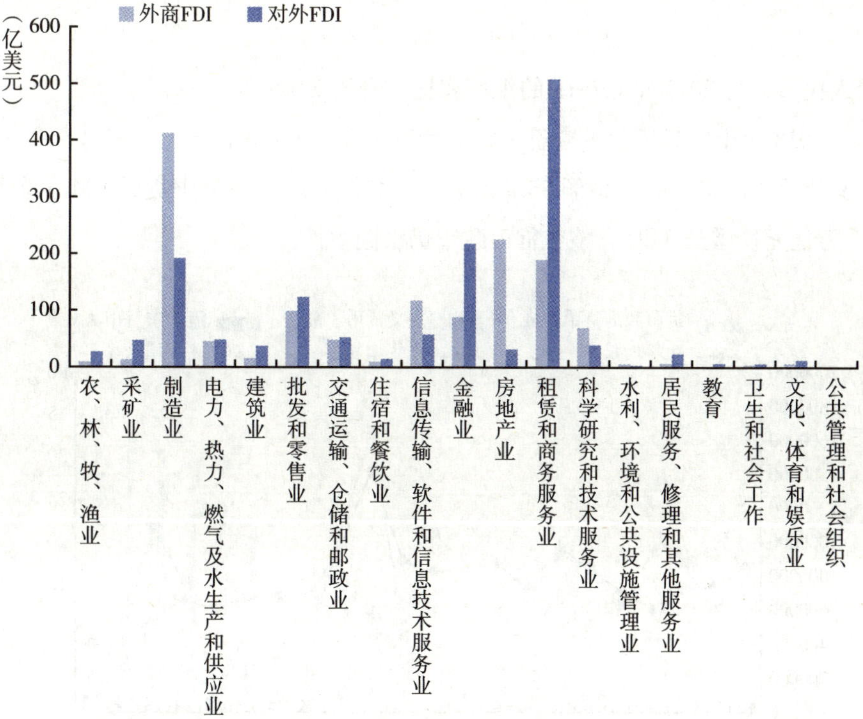

图9　2018年双边FDI情况

2018年末国家外汇储备30727亿美元，比上年末降低672亿美元。黄金储备为5956万盎司，为历史最高点。全年人民币平均汇率为1美元兑6.6174

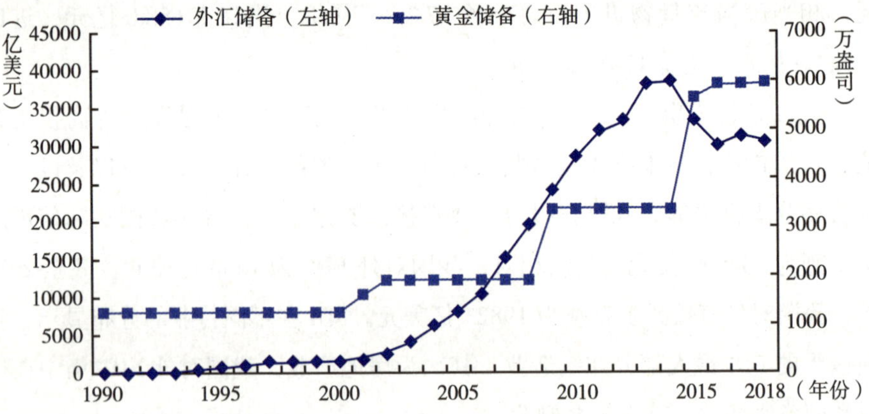

图10　1990~2018年黄金储备与外汇储备

元人民币，与2017年6.7518的汇率相比，升值2.0%。

2018年末广义货币供应量（M_2）余额182.7万亿元，比上年末增长8.1%；狭义货币供应量（M_1）余额55.2万亿元，增长1.5%；流通中货币（M_0）余额7.3万亿元，增长3.6%。整个货币政策仍稳健中性。

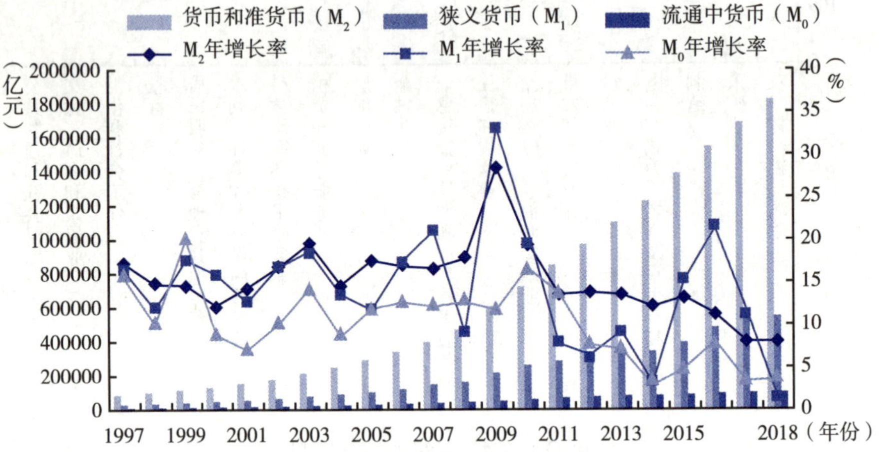

图11　1997年以来货币供给情况

注：1997年金融统计制度调整，此后数据与历史年份不完全可比。自2011年10月起，货币供应量已包括住房公积金中心存款和非存款类金融机构在存款类金融机构的存款。2017年货币和准货币数据进行了统计方法完善，与之前不可比。

2018 年末 1 年期基准存款利率 1.50%，1 年期基准贷款利率 4.35%，5 年期基准贷款利率 4.75%。这是自 2015 年 10 月以来一直保持的基准利率。说明我国经济处于相对稳定运行状态，货币政策未做激烈变化。

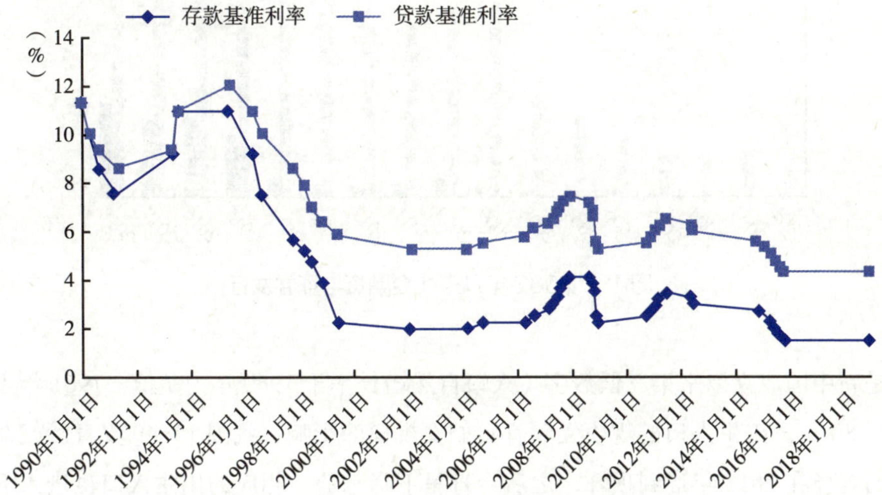

图 12　1990 年以来 1 年期存贷款基准利率

社会融资规模增量指一定时期内实体经济从金融体系获得的资金总额。主要包括：人民币贷款、外币贷款（折合人民币）、委托贷款、信托贷款、未贴现的银行承兑汇票、企业债券、地方政府专项债券、非金融企业境内股票融资、投资性房地产、保险公司赔偿等。我国 2018 年社会融资规模为 19.3 万亿元。按可比口径计算，比上年减少 3.1 万亿元。

证券发行总量包括境内发行的股票与债券、境外股票（H 股）及新三板股票，标示着金融市场的发展程度。我国 2018 年证券发行总量为 7.0 万亿元。

二　人口与就业

2018 年出生人口 1523 万人，人口出生率为 10.94‰。自 2015 年生育政策调整以来，出生人口并未出现大幅增长。2018 年的人口自然增长率为 3.81‰，

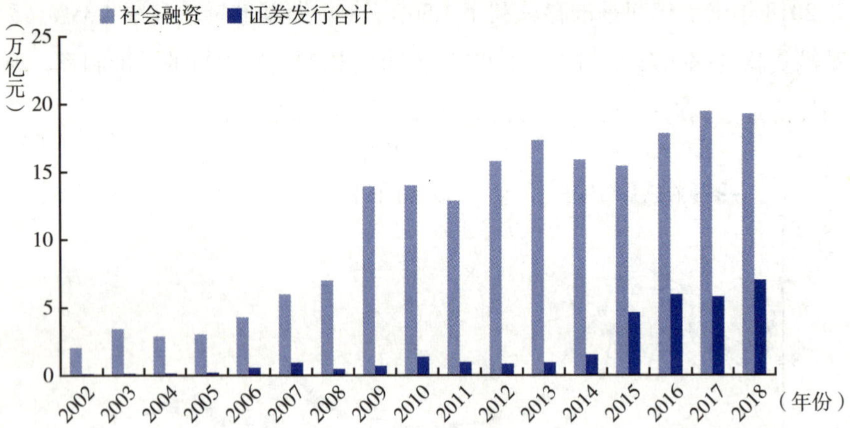

图13　2002年以来社会融资与证券发行

是新中国成立以来第三低数字（人口自然增长率于1960年为负值，1961年为3.78‰）。出生人口的规模受到育龄妇女规模的影响，我国15~49岁育龄妇女的规模在2011年达到顶峰，之后一直呈下降态势，相应的出生人口也进入下行通道。生孩意愿降低也是人口自然增长率下降不可忽视的原因。

人口的城乡结构变化沿袭过去态势，2018年底总人口数量为139538万人，其中城镇人口比重上升到59.58%，为83137万人；乡村人口比重降至40.42%，为56401万人。全国流动人口2.41亿人。

以性别区分，男性占51.13%，女性占48.87%，这是自2005年（51.53%）以来，男性比例持续下降。男女在预期寿命上差异显著。男性预期寿命为73.6年，女性预期寿命为79.4年。

除人口数量和城乡结构的变化外，人口年龄结构也处于变化之中。2018年人口数比2017年增加530万人。这其中，少儿人口数量较上年增加170万人，达23523万人；65岁及以上老年人口数量增加811万人，达16658万人，占总人口的11.9%；15~65岁劳动年龄人口数量则较上年减少451万人，达99357万人。按照联合国的传统标准，一个地区60岁以上老人占到总人口的10%，新标准是65岁老人占总人口的7%，即该地区被视为进入老龄化社会。我国60岁以上老人占到总人口的17.9%，65岁以上老人占到总人口的11.9%，

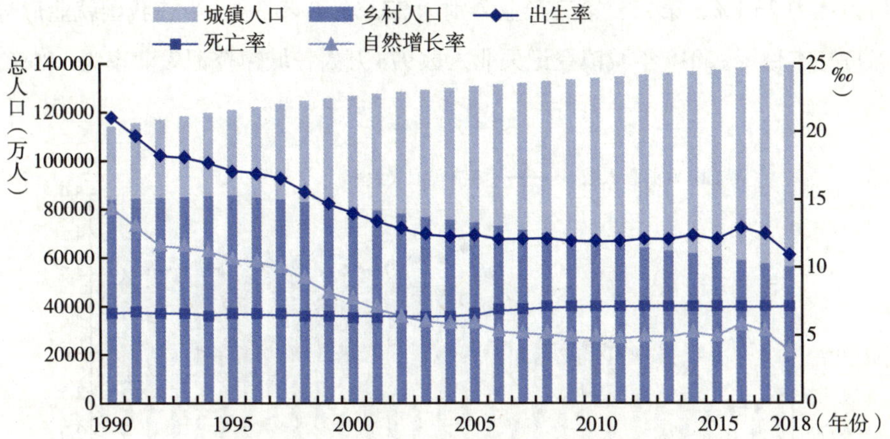

图 14　1990~2018 年总人口与自然增长情况

已经是老龄化严重社会。

人口抚养比相应地也发生着改变，2018 年总抚养比继续上升，为 40.4%，少儿抚养比提高到 23.7%，老年抚养比提高到 16.8%。

2018 年就业人口数量为 77586 万人。从产业结构来看，第一产业就业人

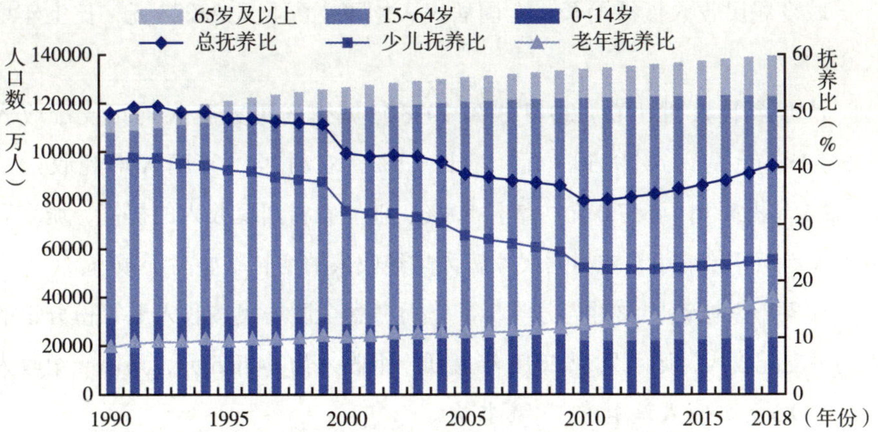

图 15　1990~2018 年人口年龄结构和抚养比

口占比为 26.1%，第二、第三产业分别为 27.6% 和 46.3%。当前我国就业形势保持基本稳定。2018 年城镇登记失业人数 974 万人，城镇登记失业率为 3.80%。

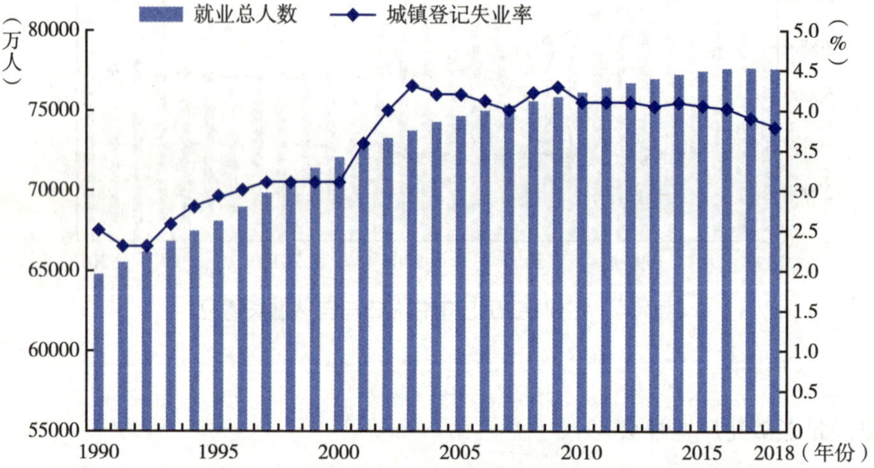

图 16　1990 年以来就业人数与失业情况

三　城乡居民生活

城乡居民收入保持增长，全国居民人均可支配收入 28228 元，比上年增长 8.7%。

从城乡收入对比看，2017 年到 2018 年城镇居民家庭人均可支配收入从 36396.2 元提高到 39250.8 元，增长 7.8%。农村居民家庭人均纯收入从 13432.4 元提高到 14617.0 元，增长 8.8%。随着农村居民收入的提高，城乡居民收入差距开始缩小，农村居民家庭人均纯收入的增长率要高于城镇。

如果不以城镇、农村为分类标准，而考察全国居民按收入五等份分组的人均可支配收入，则可发现 2018 年最低一组收入为 6440.5 元，最高一组收入为 70639.5 元。收入差距正在不断扩大。

在 2018 年居民收入中，工资性收入、转移净收入、经营净收入、财产净

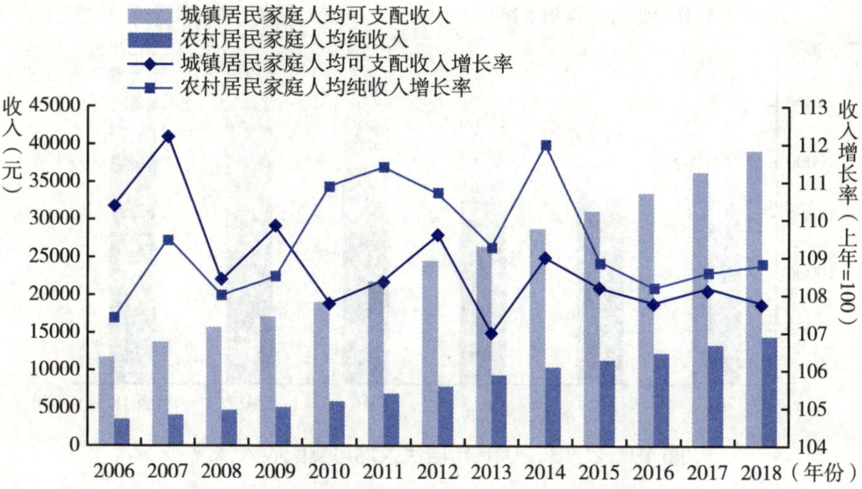

图 17　2006~2018 年城乡居民收支变化情况

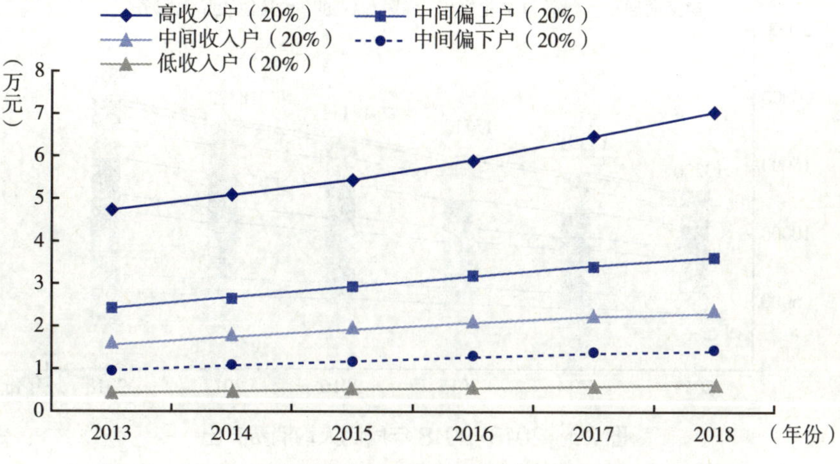

图 18　2013~2018 年全国五等份分组的人均可支配收入情况

收入四项所占比例分别为 56.1%、17.2%、8.4%、18.3%。

居民消费支出也呈增长趋势，2018 年人均为 19853.1 元，比上年增长 8.4%。其中，食品烟酒类支出占比最高，为 28.4%，其次是居住类占 23.4%；交通通信、教育文化类支出所占比例分别为 13.5% 和 11.2%。

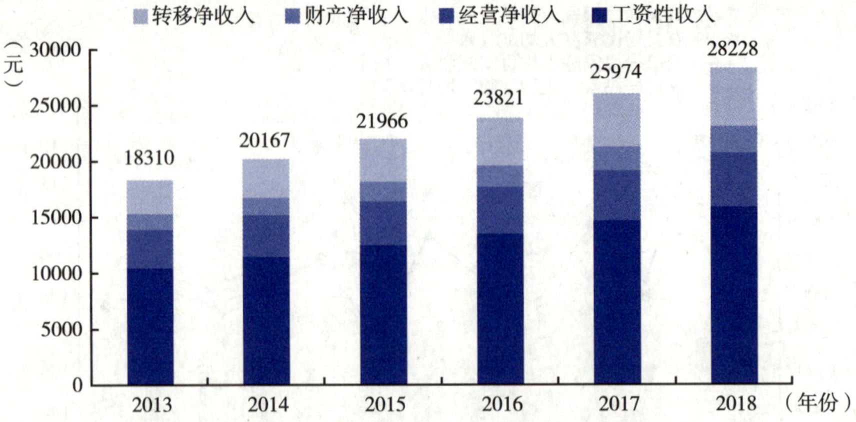

图19　2013~2018 年居民人均可支配收入情况

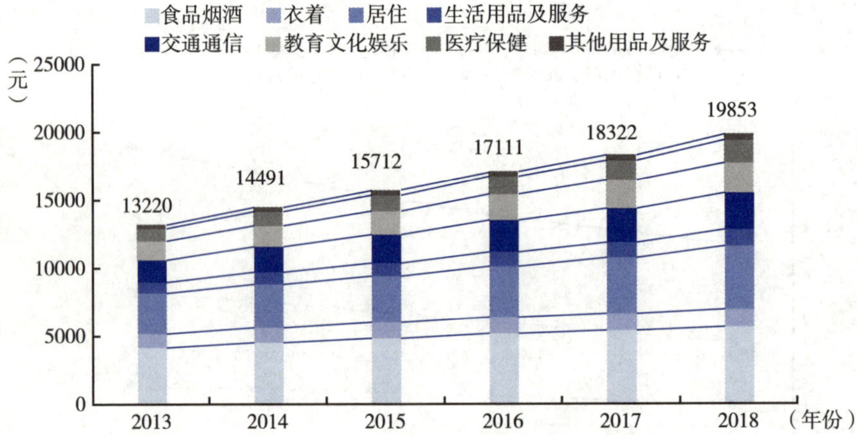

图20　2013~2018 年居民人均消费支出

2018 年度减贫任务全面完成。深度贫困地区减贫明显提速，全国 283 个县脱贫摘帽，全国共减少农村贫困人口 1386 万人，做到了连续 6 年减贫 1000 万人以上。2018 年贫困人口数量为 1660 万人，贫困发生率降低到 1.7%。距离“2020 年消除绝对贫困”“确保 2020 年中国全面建成小康社会”的目标更近一步。

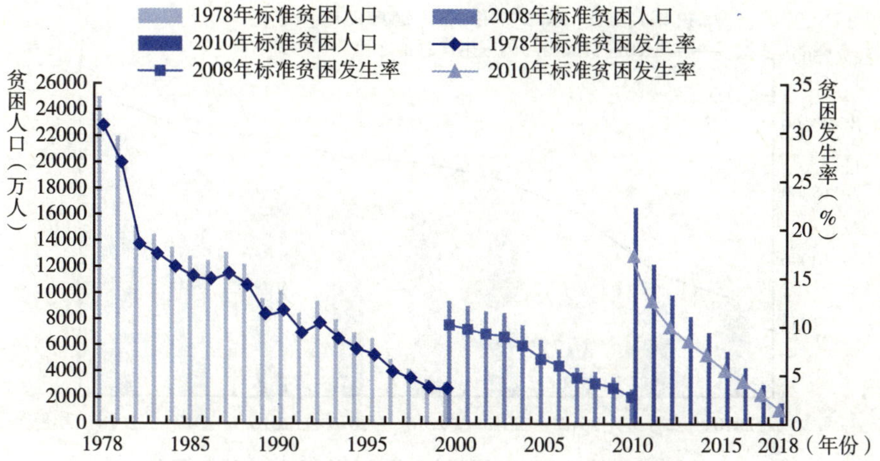

图 21　1978~2018 年贫困人口数与贫困发生率

注：① 1978 年标准：1978~1999 年称为农村贫困标准，2000~2007 年称为农村绝对贫困标准。② 2008 年标准：2000~2007 年称为农村低收入标准，2008~2010 年称为农村贫困标准。③ 2010 年标准：现行农村贫困标准。现行农村贫困标准为每人每年 2300 元（2010 年不变价）。

四　科技、教育、卫生、社会保障与社会组织

2018 年，全国共投入研究与试验发展（R&D）经费 19677.9 亿元，比上年增长 11.8%；研究与试验发展（R&D）经费投入强度（与国内生产总值之比）为 2.19%。按活动类型看，全国基础研究经费为 1090.4 亿元（比重 5.5%），应用研究经费为 2190.9 亿元（比重 11.1%），试验发展经费为 16396.7 亿元（比重 83.3%）。

教师人数稳步增加。2018 年我国拥有普通高等学校专任教师人数 167.3 万人，中等职业技术学校专任教师 83.4 万人，普通高中专任教师 181.3 万人，初中专任教师 363.9 万人，小学专任教师 609.2 万人，学前教育专任教师 258.1 万人。

卫生总费用稳步增加。2018 年全国卫生总费用达 59121.9 亿元，卫生总费用占 GDP 的比重为 6.6%。其中政府卫生支出 16399.1 亿元（占 27.7%），

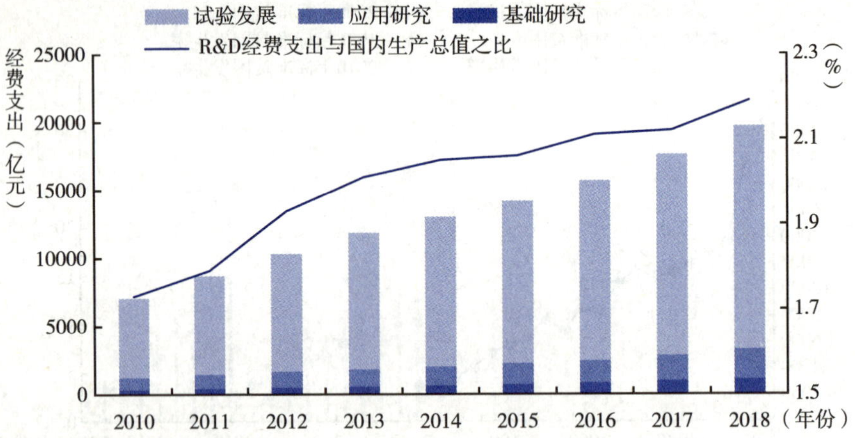

图 22　2010~2018 年研究与试验发展（R&D）投入情况

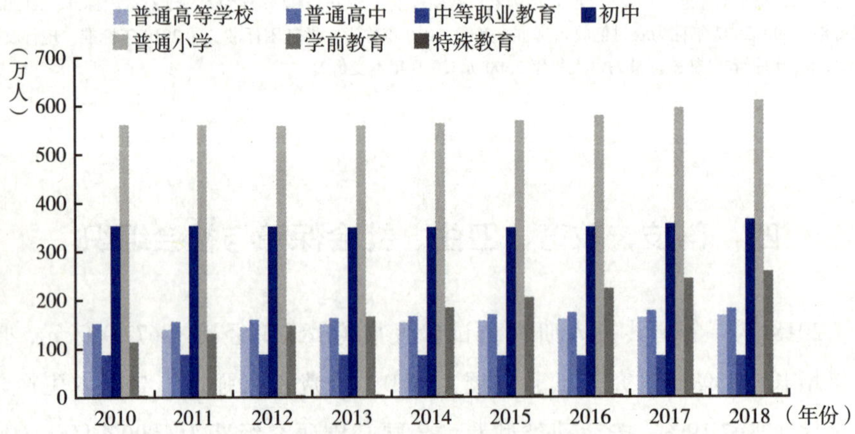

图 23　2010~2018 年全国专任教师人数

社会卫生支出 25810.8 亿元（占 43.7%），个人卫生支出 16912.0 亿元（占 28.6%）。人均卫生总费用为 4237.0 元。

随着社会保障体系建设的推进，劳动者的各项保险制度逐步建立和完善，覆盖人群不断扩大，保障能力不断增强。2018 年，全国参加基本养老保险人数为 94293.3 万人；参加基本医疗保险人数为 134458.6 万人；参加失业保险人数为 19643.5 万人；参加工伤保险人数为 23874.4 万人；参加生育保险人数

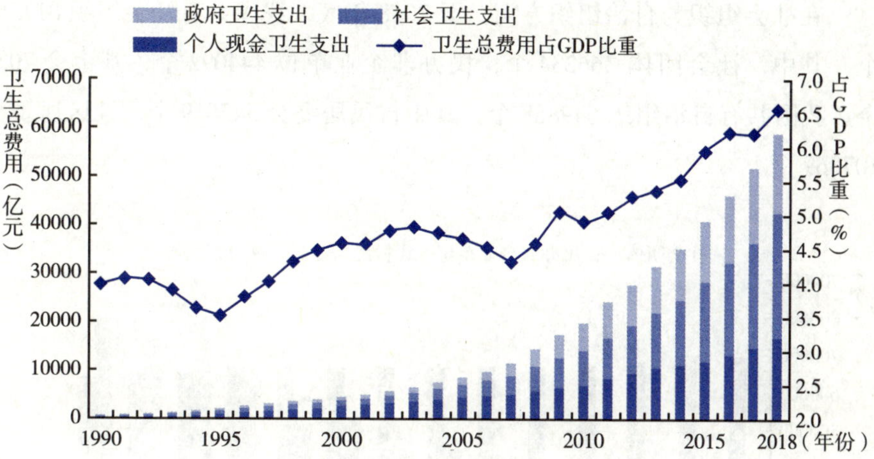

图 24　1990~2018 年卫生总费用支出情况

为 20434.1 万人。其中，全国参加基本医疗保险人数 13.4 亿人（我国总人口 13.9 亿），接近全民医保（2017 年医保人数巨幅增长，也有统计口径上的变化原因，此前未并入进来的农村合作医疗等也被纳入统计了）。

全年五项社会保险基金收入合计 79254.8 亿元，增长 18.0%。基金支出合计 67792.7 亿元，增长 18.6%。2018 年底社会保险基金累计结余 89775.5 亿元。

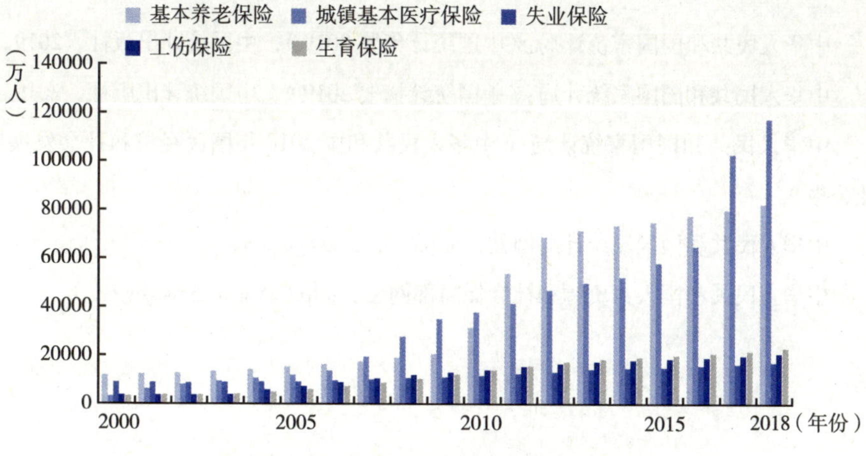

图 25　2000~2018 年社会保险参保人数

在社会组织与自治组织方面，至2018年底，我国共有社会组织817360个，其中，社会团体366234个，民办非企业单位444092个，基金会7034个。我国共有自治组织649888个，其中村民居委会542019个，社区居委会107869个。

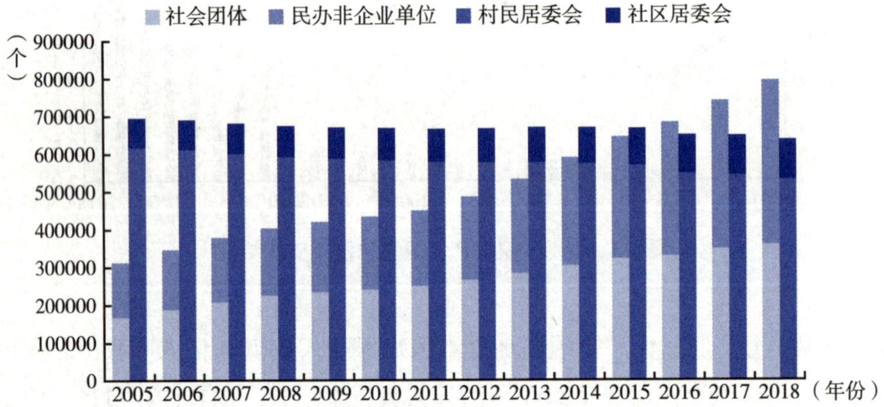

图26　2005~2018年社会组织发展情况

参考文献

中华人民共和国国家统计局:《中国统计年鉴2019》，中国统计出版社，2019。

中华人民共和国国家统计局:《中国统计摘要2019》，中国统计出版社，2019。

中华人民共和国国家统计局:《中华人民共和国2018年国民经济和社会发展统计公报》。

中华人民共和国国家统计局网站，http://www.stats.gov.cn。

中华人民共和国人力资源和社会保障部网站，http://www.mohrss.gov.cn/。

Abstract

This report is the 2019 annual analysis report (the Blue Book of China's Society) of the Research Group of "Analysis and Prediction of China's Social Situation" of the Chinese Academy of Social Sciences. It is written by experts from research institutions, university and national government departments organized by the Institute of Sociology of the Chinese Academy of Social Sciences.

This report analyzes the situation of China's economic and social development in 2019. According to the report, 2018 is the 40th anniversary of the implementation of China's Reform and Opening-up Policy, 2019 is the 70th anniversary of the founding of the People's Republic of China, and 2020 is the last year for China to achieve the goal of building a moderately prosperous society in an all-round way. These three years are of great importance in China's modernization progress as a new starting point for China's new journey of development. The development and construction of new China in the past 70 years, especially the great achievements of reform and opening up in the past 40 years, have laid a solid foundation for China's new journey towards modernization, and created greater development space and opportunities. China also faces a series of new challenges. 2020 is the key year for China to meet these new challenges. China will further establish the national governance system with Chinese characteristics, and continue to promote the modernization of the national governance system and governance capacity. The report also pointed out that while the overall pattern of economic and social development is stable, it also faces many problems and challenges.

Based on detailed statistical data and field survey data, this report is divided into four parts. With one general report and 18 individual reports, it discusses the overall situation and future situation of China's economic and social development in 2019. The general report analyzes the overall situation of economic and social development in 2019, as well as the macro problems and challenges, and puts forward some countermeasures and suggestions to deal with the challenges and problems in 2020. The second part is composed of six reports, which comprehensively analyzes the situation and problems in the fields of employment, residents' income and consumption, education, social security, medical and health system reform and public security in 2018. The third part consists of six survey reports, which analyze the quality of social development, youth network literacy, social mobility in megacities, the development of volunteers, the poverty alleviation of the rural poor with social assistance and the business environment in major cities in China with detailed survey data. The fourth part is composed of six special reports, three of which systematically describe and analyze the public opinion on the internet, food and drug safety, environmental protection and public health development of China in 2019. They not only affirm the progress and achievements made in 2019, but also analyze the existing problems and new challenges. The other two focus on analyzing the current situation of China's labor relations, rural revitalization and rural poverty alleviation. In all these issues, each report has put forward targeted countermeasures and suggestions.

Contents

Ⅰ General Report

Abstract: In 2019, China's economy has maintained steady development, and the employment situation is generally stable. And the income growth of urban and rural residents is synchronous with the economic growth, and the consumption structure of residents tends to be rationalized. Furthermore, the implementation of the rural revitalization has achieved significant results, and the rate of urbanization has crossed the threshold of 60%. The social security continues to make progress with the promotion of Healthy China Action. However, the economic and social development still faces many difficulties and challenges. The structural pressure of employment situation is very prominent. The ability of social governance at the grass-roots level needs to be improved urgently. The Rural Revitalization faces various difficulties and bottlenecks. The tension between environmental protection and regional development is intensified. In 2020, China will enter a new journey of modernization, and its economic and social development will demonstrate many new features.

Keywords: New Journey of Modernization, Urban Society, Urban-rural Integration, Healthy China Action

Ⅱ Reports on Social Development

Abstract: In 2019, China's residents' income grew rapidly, and the income gap tended to narrow; the consumption level of residents steadily improved, and the quality of life continued to improve. Meanwhile, consumer confidence ran to a high level, and employment and income confidence remains at a high level. It is expected that in 2020, China's economy will start a new round of development. It is expected that the annual economic growth will be about 6%. In order to promote the continuous growth of income and consumption of urban and rural residents in China, it is suggested that the government should expand social employment channels and enhance the employment ability of residents. Government also needs to reasonably regulate income distribution and expand the middle-income groups; adhere to the stability of housing condition and improve the consumption expectation of residents; improve the quality of supply and promote a strong domestic market; create a good consumption environment and enhance the consumption level of residents.

Keywords: Residents Income, Residents Consumer, Consumer Confidence

Abstract: Under the background of increasing downward pressure of economic growth in 2019, China's employment situation remained generally stable. The employment growth remained at a high level, the unemployment level was relatively low, and the unemployment rate was within the control target. But at the same time, we should also see that the current external environment and the domestic development increase risks, and the regional and industrial economic development is obviously differentiated. Meanwhile, the trend of the employment indicator is weakening, and the pressure to stabilize employment is increasing. The future employment development faces more challenges. We will continue to give priority to employment, keep economic growth within a reasonable range, promote high-quality development, strengthen new engine of employment, and maintain overall employment stability.

Keywords: Employment, Labor Market, Employment Stability

Abstract: In the 70 years since the founding of the People's Republic of China, China's social security has made historic achievements from the partly-covered welfare to the systematic arrangement of comprehensive welfare, from the survival-oriented welfare to the development-oriented welfare, and from the protection of people's basic welfare to the systematic design of pursuing social fairness. In 2019, China's social insurance system runs smoothly, health and pension security shows a rapid development trend, the security policies and practices of veterans goes hand in hand, and the construction of the system for children's education is accelerating. However, there are still many problems in China's social security, such as the resistance in the implementation of the reform of social security collection system, unreasonable financing and structure of long-term care insurance, new division brought by institutional reform, and challenges in the performance evaluation of policies and regulations. 2020 is the end of the 13th Five Year Plan. At that time, China will build a moderately prosperous society in an all-round way, and people's livelihood and social security will face a new stage. Accelerating the implementation of the spirit of the Fourth Plenary Session of the 19th Central Committee is the key for further reform.

Keywords: Health Security, Pension Support, Veterans' Social Security, Education for Children

Abstract: 2019 is the year for China to build a moderately prosperous society. The development of education shows a steady and progressive trend. Remarkable achievements have been made in education system at all levels, and significant breakthroughs have been made in educational reform and development. And innovative teachers with high quality and specialization are gradually establishing, and high-quality educational resources will promote the balanced development of all kinds of education at all levels. In the future, we will continue to fully implement the fundamental task of comprehensive education, and promote the modernization of the educational governance system and capacity.

Keywords: Education Reform, Education Development, Education Balance

Abstract: In 2019, under the background of the 70th anniversary of the founding of the People's Republic of China, the anti-terrorism situation in China was in positive trend, and there was no violent terrorist incident that seriously affected the social security. But the violent conflict in Hong Kong seriously affected the social security and stability. The criminal cases and public security cases filed and accepted by the public security institutions are all on the trend of decline. The homicide, injury and robbery cases closely related to the people's personal safety and the crimes of disturbing the order which related to the social public order are gradually decreasing, which ensures the overall safety and order of the society. The number of cases of prostitution and gang violence is on the rise. At present, China's social security is still facing several problems in some areas, such as the gang violence, economic crimes, network crimes, fraud crimes, food safety related crimes, and tax related crimes. It is suggested that we should strengthen our political position, continue to deepen the fight against crime, give full function to the mechanism of social cooperation, and further promote the construction of big data for public security. Meanwhile, it is important to build a multi-level fraud prevention and control system, and coordinate operations to effectively guarantee the food safety. Also, it is critical to strengthen all perspective investigation and social control, and improve the level of social security prevention and control.

Keywords: Public Security Situation, Prevention and Control System, Social Order

Abstract: After ten years of the new medical reform, 2019 is the year when the Health China Strategy has entered the critical stage. In addition to deepening the joint reform of medical care, medical insurance and medicine, medical reform is given high priority. On the basis of summarizing the achievements and challenges of medical reform in the past 10 years, this report interprets the importance of the policies and planning of medical reform in 2019. China's public health service system has made an important contribution to the improvement of people's health level and the development of national economy and society. After the medical reform in 2009, the financial investment in public health institutions and public health projects has increased steadily. However, compared with the rapid growth of medical service system investment and cost, it still shows a relative slow rate. The unbalanced development of medical prevention system and the fragmentation of the whole health service system have become the bottleneck problems that restrict the further promotion of medical reform goals and the construction of a healthy China. In addition, the report also summarizes the adjustment and expansion of the function of disease prevention and control institutions, the reform of the operation and incentive mechanism of disease prevention and control institutions, and the attempts of integrating disease prevention institutions into the construction of regional medical communities.

Keywords: Public Health, New Medical Reform, Construction of Medical Community, Healthy China

Ⅲ Reports on Social Survey

Abstract: With social and economic development, the living standard has been enhanced to a significant degree. On the one side, the basic system of social safety net has been reformed to meet the general public's requirement. On the other side, the economic and employment condition has been improved greatly. Meanwhile, high level of recognition on social value and belief ensures the stability of social development. And the general public show universal consensus on the situation of social justice and fairness. At the same time, people's evaluation of social and political participation has been more positive.

Keywords: Social Development Quality, Public Social Service, Social Cohesion, Social Empowerment

Abstract: Based on the data of "Survey of Living Conditions of Residents in Megacities in the New Era", this report makes a descriptive analysis of the social mobility of residents in Shanghai, Guangzhou, Tianjin, Chongqing and Wuhan from the aspects of regional mobility, occupational mobility and inter-generational mobility. It is found that the megacities in China are highly attractive to the migrant population, and the institutional mobility is significant. The inter-generational mobility shows a high level of upward mobility. Different cities have their own distinct characteristics and differences in regional mobility, career mobility and inter-generational mobility. The process of reform and opening-up and market-oriented reform has injected a continuous impetus into the social mobility of urban residents, and the further reform process will improve the dynamic social mobility.

Keywords: Megacities, Social Mobility, Regional Mobility, Class Mobility, Inter-generational Mobility

Abstract: Young people are in close contact with the Internet since they were young. How to improve their network literacy and cultivate civilized and rational Internet habits is an urgent research topic. This report uses the survey data of 22685 teenagers and studies their network literacy to investigate the current situation and problems of teenagers' network literacy. Generally speaking, the network literacy of Chinese contemporary youth is relatively high.Firstly, the data show significant network norm literacy, followed by the network security literacy, while the network skills and network learning literacy are relatively low. The problems of youth network literacy are mainly demonstrated in the aspect that the digital gap between urban and rural areas which changes from the hardware gap to the software gap, and the basic network skills literacy and network innovation ability literacy are insufficient. The network literacy of rural youth are relatively low, and the network literacy education in schools is lagging behind. The report suggests that we should launch the top-level design of cultivating young people's network literacy, and establish a strategic pattern of co-governance among the government, enterprises, schools, families and other social sectors, so as to enhance young people's network literacy and overall quality. All the factors are critical to enhance the competitiveness of national economic and social development.

Keywords: Teenagers, Young People, Network Literacy, Network Protection, Network Skills

Abstract: Based on the national survey data collected in 2019 by China's Social

Situation (CSS) and the three survey data from 2013 to 2017, this report analyzes the residents' attitude and characteristics about 14 social issues, including economic life, public service, social environment and social justice, as well as the changes in the period and generation. It is found that the difficulty and high cost of medical treatment are the major social problems, followed by the problems of the gap between the rich and the poor, high housing prices and rising prices. The post-90s' residents are dissatisfied with the gap between the rich and the poor and worried about unemployment.

Keywords: Social Issues, Residents Concern, Generation Analysis, CSS Survey

Abstract: Business environment is an important soft power for the development of a country. As a systematic project, business environment involves political environment, economic and trade system, market access, factor flow, legal construction, cultural atmosphere, government environment, living environment and other aspects. A positive business environment is an important prerequisite for promoting the high-quality development of China's economy. This report uses the data of "national business environment and evaluation index survey of private entrepreneurs", and the report bases on the subjective evaluation of current business environment by private entrepreneurs. Also, the report studies and analyzes the current situation and existing problems of business environment in 34 cities in China, and puts forward corresponding policy suggestions.

Keywords: Business Environment, Private Enterprise, Economic Development, Government and Business Relationship

B.13 Report on the Current Situation of Social Volunteers in China in 2019

Zou Yuchun, Zhang Dan, Zhang Bin, Wang Hanfei and Cui Chenjie / 224

Abstract: Voluntary service is not only an important part for people to participate in public life, but also an important part of the modernization of national governance system and governance capacity. Understanding and evaluating the current situation of volunteers in China will help promote the sustainable development of volunteer service. This report uses the data of the voluntary service in the 2019 Chinese Social Survey. The main findings are as follows: (1) active volunteers in China account for one quarter of the total number of respondents, which is basically the same as that in 2017, and the voluntary service has created huge economic benefits; (2) Party members and high income family are more likely to become active volunteers; (3) In the category of voluntary service, the participation rate of "environmental protection" is the highest; (4) the regional difference of voluntary service participation in various fields is decreasing, but the difference between supply and demand is still large; (5) compared with the inactive volunteers, the economic situation of the active volunteers is relatively better, and the social mentality is more active. Finally, this report summarizes the main trends for the improvement of volunteer and voluntary service in China, and puts forward corresponding suggestions.

Keywords: Volunteer Service, Active Volunteer, Participation of Volunteer Service, Volunteer

B.14 The Report on the Poverty Alleviation with Social Assistance of the Rural Poor Population

Jiang Zhiqiang, An Chao / 242

Abstract: Social assistance plays an indispensable role in poverty alleviation.

Since the 18th National Congress of the Communist Party of China, the orientation of social assistance in poverty alleviation has become more clear, and the policy system has become more precise and reasonable. According to the survey data, the poor families in the rural areas present multiple vulnerabilities in terms of population characteristics, and living burden and economic conditions. To solve the basic living problems, social assistance policies are still needed to make sustained efforts. At the same time, after all the poor people in rural areas are lifted out of poverty in 2020, the work of social assistance for poverty alleviation needs to change from focusing on supporting the poor people to supporting the people who are lifted out of poverty; and from focusing on identifying the poor to focusing on accurate assistance and stable poverty alleviation. Also, it is important to make policy change from focusing on income transfer assistance to focusing on service-based assistance, and accelerate the construction of a multilevel security system for poverty alleviation.

Keywords: Social Assistance, Precise Poverty Alleviation, Bottom Line Social Assistance

Ⅳ Reports on Sepecial Subjects

Abstract: in 2019, the US-China trade conflict is in full swing. And Hong Kong's violence has lasted for several months, and there is still a long way for the task to deter violence and control chaos. The severe external situation stipulates the patriotic enthusiasm of the people in the mainland, especially the young people. The celebration of the 70th anniversary of the People's Republic of China and the recognition of the outstanding people have inspired the national spirit. At the same time, the downward pressure of the economy is still great, and the grass-roots social governance is required to reduce social risk. We need to pay more attention to the public opinion on the evaluation of social governance, the realization of scientific decision-making process, and timely revision and improvement of the decision-making according to the feedback of public opinion. At the Fourth Plenary Session of the 19th Central Committee of the Communist Party of China, a number of major issues concerning the modernization of the national governance system and governance capacity were planned. With the strong leadership of the Party Central Committee and the systematic reform, the pressure resistance and the ability of reducing risk of Chinese society will be further enhanced.

Keywords: Grassroots Social Governance, Populism, Hidden Public Opinion

Abstract: Food and drug safety is the responsibility of the whole society, which is related to the health and life safety of the people and the future of China. The report of the 19th National Congress of the Communist Party of China clearly puts forward the implementation of the food safety strategy to protect people's food safety. At the same time, the report proposes the reform of drug pricing and drug supply system. The above requirements reflect the high importance attached to the safety and health of the people by Xi Jinping. This report summarizes the general situation of China's food and drug safety in the past year. With the introduction of the proposal of the CPC Central Committee and the State Council on deepening reform and strengthening food safety work, as well as the revision of the regulations for the implementation of food safety law and the drug administration law, the food and drug regulatory system has been improved greatly, and the overall situation of China's food and drug safety has been stable. Based on the analysis of the relevant data from the government supervision department, this paper summarizes the existing problems of food and drug safety. The problems in food mainly focus on the excessive use of food additives, microbial pollution and the excessive residue of agricultural and veterinary drugs, as well as the substitution and counterfeit products. Meanwhile, the problems of the content of pharmaceutical ingredients and the harmful residual substances are also central problems. By analyzing the safety problems of food and drug, this paper puts forward a series of suggestions to improve the safety of food and drug in China, such as strengthening the main responsibility of producers and operators, in-depth investigation of potential risks, carrying out relevant exploratory experiments and intelligent supervision, and ensuring and maintaining the food safety.

Keywords: Food Safety, Drug Safety, Safety Supervision

Abstract: Since the Eighteenth National Congress of the CPC, Xi Jinping's thought of ecological civilization has been established, and the ecological civilization has been written into the Constitution and the Party Constitution. China's governments at all levels have thoroughly implemented the spirit of Xi Jinping's ecological civilization thought and the National Conference on Ecological Environmental Protection, which vigorously promoted the concept of green development in the hearts of the people, accelerated the top-level design and systematic construction of ecological civilization, enhanced the ability of ecological environmental governance, and continuously improved the quality of ecological environment. The year of 2020 is the checkpoint of "three major battles". China will continue to adhere to the guidance of Xi Jinping's thought of ecological civilization as guidance to the high quality development . The strategic strength of ecological civilization construction will continue to be strengthened. Through the construction of an ecological environmental protection system with universal participation, we will make a positive contribution to the construction of a beautiful world, and express China's vision and contribution to the world.

Keywords: Xi Jinping's Ecological Civilization Thought, Environmental Protection, Sustainable Development, Ecological and Environment Governance, Green Life Style

B.18 2019: The Current Situation of China's Labor Relations under the Era of Historical Change

Qiao Jian / 311

Abstract: in 2019, under the background of economic downturn and intensified trade frictions, the employment is still growing steadily, but the investigation shows that the unemployment rate has increased slightly. Meanwhile, wages continue to grow steadily and social insurance has expanded coverage. The reduced social security rates have lightened the burden of enterprises. The total amount of work safety accidents has decreased, and the prevention and treatment of pneumoconiosis has unfolded. Furthermore, the amount of labor disputes have risen, and collective labor disputes in export zones have picked up. In view of the existing problems of the new type of occupation, this paper discusses the regulatory efforts and policy recommendations for the protection of the rights and interests of the new type of workers. This paper also summarizes the current situation of different groups of workers, and the progress of the team building of industrial workers with the introduction of new policies, local practices and existing problems.

Keywords: Centennial Change, Digital Economic Regulation, Industrial Workers' Team Building

Abstract: In the key period of the combination of poverty alleviation and rural revitalization, it is of great significance to scientifically study and judge the situation of poverty alleviation and Rural Revitalization and the trend of their organic connection, which will promote the development of rural society as a whole. By 2019, China's poverty alleviation has reached the basic goal of eliminating absolute poverty in rural areas on a large scale, and multiple measures have also given full reach to income enhancement from poverty alleviation, and the institutional mechanism for poverty alleviation has been basically established. The Rural Revitalization has also achieved initial results, and the multiple revitalization has been actively promoted, and the institutional mechanism for Rural Revitalization has gradually improved. The positive results of poverty alleviation and Rural Revitalization have laid a foundation for the organic convergence of the two areas, which mainly shows that the convergence mechanism of the two areas. In order to achieve the high-quality development of rural society and the improvement of farmers' identity of recognition, we should further strengthen the unity and coordination, enhance the cohesion momentum and strengthen the awareness of the peasants population.

Keywords: Poverty Alleviation, Rural Revitalization, Organic Connection with China, Multiple Poverty Aueviation, Multiple Revitalization

Abstract: This report first reviews the policy progress of China's medical and health system reform in 2009-2018. The basic medical insurance system covers the whole people in China, and the medical insurance management system has been strengthened through the establishment of the National Medical Security Bureau. The reform of public hospitals has been continuously deepened in the medical service system, and the government investment has been increased to eliminate the problem of medical support with drugs; and the "4+7" pilot drug volume procurement has been implemented in the drug supply system. However, the relevant data shows that, while the government's financial investment has increased significantly, the growth rate of drug revenue in public hospitals has not slowed down significantly. And the hierarchical diagnosis and treatment system for medical treatment has not been established, and the proportion of patients in three-level hospitals reached 51.5% and 46.4%. The drug pricing mechanism and medical insurance drug payment standard are still under experiment. In addition, the report also analyzes the challenges faced by China's medical and health development and system reform, and puts forward corresponding policy recommendations.

Keywords: National Medical Insurance, Medical Insurance Management System, Health Poverty Alleviation, Public Hospital Reform, Hierarchical Diagnosis and Treatment System, Drug Volume Procurement

V Appendix

皮 书

智库报告的主要形式
同一主题智库报告的聚合

皮书定义

皮书是对中国与世界发展状况和热点问题进行年度监测，以专业的角度、专家的视野和实证研究方法，针对某一领域或区域现状与发展态势展开分析和预测，具备前沿性、原创性、实证性、连续性、时效性等特点的公开出版物，由一系列权威研究报告组成。

皮书作者

皮书系列报告作者以国内外一流研究机构、知名高校等重点智库的研究人员为主，多为相关领域一流专家学者，他们的观点代表了当下学界对中国与世界的现实和未来最高水平的解读与分析。截至 2020 年，皮书研创机构有近千家，报告作者累计超过 7 万人。

皮书荣誉

皮书系列已成为社会科学文献出版社的著名图书品牌和中国社会科学院的知名学术品牌。2016 年皮书系列正式列入“十三五”国家重点出版规划项目；2013~2020 年，重点皮书列入中国社会科学院承担的国家哲学社会科学创新工程项目。

中国皮书网

（网址：www.pishu.cn）

发布皮书研创资讯，传播皮书精彩内容

引领皮书出版潮流，打造皮书服务平台

栏目设置

◆关于皮书

何谓皮书、皮书分类、皮书大事记、

皮书荣誉、皮书出版第一人、皮书编辑部

◆最新资讯

通知公告、新闻动态、媒体聚焦、

网站专题、视频直播、下载专区

◆皮书研创

皮书规范、皮书选题、皮书出版、

皮书研究、研创团队

◆皮书评奖评价

指标体系、皮书评价、皮书评奖

◆互动专区

皮书说、社科数托邦、皮书微博、留言板

所获荣誉

◆2008 年、2011 年、2014 年，中国皮书网均在全国新闻出版业网站荣誉评选中获得“最具商业价值网站”称号；

◆2012 年,获得“出版业网站百强”称号。

网库合一

2014年，中国皮书网与皮书数据库端口合一，实现资源共享。

S 基本子库
UB DATABASE

中国社会发展数据库（下设 12 个子库）

整合国内外中国社会发展研究成果，汇聚独家统计数据、深度分析报告，涉及社会、人口、政治、教育、法律等 12 个领域，为了解中国社会发展动态、跟踪社会核心热点、分析社会发展趋势提供一站式资源搜索和数据服务。

中国经济发展数据库（下设 12 个子库）

围绕国内外中国经济发展主题研究报告、学术资讯、基础数据等资料构建，内容涵盖宏观经济、农业经济、工业经济、产业经济等 12 个重点经济领域，为实时掌控经济运行态势、把握经济发展规律、洞察经济形势、进行经济决策提供参考和依据。

中国行业发展数据库（下设 17 个子库）

以中国国民经济行业分类为依据，覆盖金融业、旅游、医疗卫生、交通运输、能源矿产等 100 多个行业，跟踪分析国民经济相关行业市场运行状况和政策导向，汇集行业发展前沿资讯，为投资、从业及各种经济决策提供理论基础和实践指导。

中国区域发展数据库（下设 6 个子库）

对中国特定区域内的经济、社会、文化等领域现状与发展情况进行深度分析和预测，研究层级至县及县以下行政区，涉及地区、区域经济体、城市、农村等不同维度，为地方经济社会宏观态势研究、发展经验研究、案例分析提供数据服务。

中国文化传媒数据库（下设 18 个子库）

汇聚文化传媒领域专家观点、热点资讯，梳理国内外中国文化发展相关学术研究成果、一手统计数据，涵盖文化产业、新闻传播、电影娱乐、文学艺术、群众文化等 18 个重点研究领域。为文化传媒研究提供相关数据、研究报告和综合分析服务。

世界经济与国际关系数据库（下设 6 个子库）

立足“皮书系列”世界经济、国际关系相关学术资源，整合世界经济、国际政治、世界文化与科技、全球性问题、国际组织与国际法、区域研究 6 大领域研究成果，为世界经济与国际关系研究提供全方位数据分析，为决策和形势研判提供参考。

法律声明

“皮书系列”（含蓝皮书、绿皮书、黄皮书）之品牌由社会科学文献出版社最早使用并持续至今，现已被中国图书市场所熟知。“皮书系列”的相关商标已在中华人民共和国国家工商行政管理总局商标局注册，如LOGO（ ）、皮书、Pishu、经济蓝皮书、社会蓝皮书等。“皮书系列”图书的注册商标专用权及封面设计、版式设计的著作权均为社会科学文献出版社所有。未经社会科学文献出版社书面授权许可，任何使用与“皮书系列”图书注册商标、封面设计、版式设计相同或者近似的文字、图形或其组合的行为均系侵权行为。

经作者授权，本书的专有出版权及信息网络传播权等为社会科学文献出版社享有。未经社会科学文献出版社书面授权许可，任何就本书内容的复制、发行或以数字形式进行网络传播的行为均系侵权行为。

社会科学文献出版社将通过法律途径追究上述侵权行为的法律责任，维护自身合法权益。

欢迎社会各界人士对侵犯社会科学文献出版社上述权利的侵权行为进行举报。电话：010-59367121，电子邮箱：fawubu@ssap.cn。

社会科学文献出版社

法律声明